Heinrich Eduard Bonnell

Die Anfänge des karolingischen Hauses

Heinrich Eduard Bonnell

Die Anfänge des karolingischen Hauses

ISBN/EAN: 9783743647428

Hergestellt in Europa, USA, Kanada, Australien, Japan

Cover: Foto ©ninafisch / pixelio.de

Weitere Bücher finden Sie auf **www.hansebooks.com**

Jahrbücher

der

Deutschen Geschichte.

AUF VERANLASSUNG
UND MIT
UNTERSTÜTZUNG
SEINER MAJESTÄT
DES KÖNIGS VON BAYERN
MAXIMILIAN II.

HERAUSGEGEBEN
DURCH DIE
HISTORISCHE COMMISSION
BEI DER
KÖNIGL. ACADEMIE DER
WISSENSCHAFTEN.

Berlin,
Verlag von Duncker und Humblot.
1866.

Die Anfänge

des

karolingischen Hauses.

Von

Heinrich Eduard Bonnell.

AUF VERANLASSUNG
UND MIT
UNTERSTÜTZUNG
SEINER MAJESTÄT
DES KÖNIGS VON BAYERN
MAXIMILIAN II.

HERAUSGEGEBEN
· DURCH DIE
HISTORISCHE COMMISSION
BEI DER
KÖNIGL. ACADEMIE DER
WISSENSCHAFTEN.

Berlin,

Verlag von Duncker und Humblot.

1866.

Herrn Professor

Leopold von Ranke

in dankbarer Verehrung gewidmet.

Vorwort.

Der Band Jahrbücher der deutschen Geschichte, welcher hiermit vor die Oeffentlichkeit tritt, bildet die Einleitung zu der Geschichte des fränkischen Reichs unter den Karolingern. Nachdem er in seinem ersten Abschnitte eingehende Untersuchungen über die Herkunft derselben gebracht hat, entrollt sein zweiter Abschnitt auf verhältnißmäßig wenigen Blättern den Zeitraum eines Jahrhunderts seit dem ersten Auftreten ihrer beiden Stammväter bis zum Tode des mittleren Pippin.

Ließ nun jener erste Abschnitt die Anwendung der strengen Form, welche Jahrbücher sonst fordern, überhaupt nicht zu, so mußte von derselben auch im zweiten fast gänzlich Umgang genommen werden. Denn es war hier ein äußerst dürftiges, lückenhaftes Material zu verarbeiten, welches durchaus kein stetiges Fortschreiten von Jahr zu Jahr, sondern unter mehr sprungweisem Vorgehen höchstens ein jeweiliges Innehalten bei einem hervorragenden Ereigniß oder einer namhaften Persönlichkeit gestattete, an welche sich dann eine oder die andere Jahreszahl hin und wieder anheften ließ.

Je weniger indeß die strenge Form der Jahrbücher gewahrt werden konnte, um so mehr bot sich Gelegenheit, der hauptsächlichsten Aufgabe derselben gerecht zu werden, und eine unnachsichtige Kritik sowohl der Quellen als auch der Bearbeitungen dieses Theils der Geschichte zu üben, soweit ihnen irgend welche Bedeutung beigelegt worden ist. Unter den Quellen, die hierbei in Betracht kommen,

standen in erster Reihe die Annalen von Metz, unter den Bearbei=
tungen die neuerdings preisgekrönte Geschichte der Karolinger von
Warnkönig und Gerard. Es schien nothwendig, diesen beiden eine
besondere Aufmerksamkeit zu widmen, den ersteren namentlich in
einem längeren Excurse, der letzteren an den geeigneten Stellen.

Der Verfasser hofft, daß es ihm gelungen sein möge, die Irr=
thümer überzeugend darzuthun, in welche durch eine allzu gläubige
Aufnahme jener Quellen, vorzüglich der Annalen von Metz, die
späteren Bearbeiter derselben sämmtlich mehr oder weniger verfallen
sind, und welchen gerade das eben erwähnte Werk von Neuem die
Weihe ertheilen zu wollen das Ansehn hat.

Doch hat er sich nicht bloß verneinend verhalten mögen, und
während er bemüht war, ein Bild der Anfänge des karolingischen
Hauses zu geben, das möglichst frei wäre von allen Zuthaten, welche
ihnen seit früher Zeit aufgebürdet, und mit den Jahrhunderten zu
einer die geschichtliche Wahrheit fast erdrückenden Lawine angewach=
sen sind: ist er gleichzeitig beflissen gewesen, in einer andern Rich=
tung als der bisher üblichen, der Herkunft der Karolinger nachzufor=
schen. Weiter hat er es aber auch für zweckdienlich erachtet, zur
besseren Verständigung über das Verhältniß, in welchem das an=
brechende karolingische Zeitalter die einzelnen Theile des Franken=
reichs zu einander fand, in einer besondern Beilage die Theilungen
desselben unter den Merowingern sorgfältig zu erörtern. Er ver=
hehlt sich keineswegs, wie schwierig es sein wird, sein hier wie dort
gewonnenes Ergebniß einer Anerkennung gewürdigt zu sehen, da er
damit von allen bisher mit Vorliebe gehegten und überall wieder=
holten Vorstellungen auf diesem Gebiete weit abweicht, und nament=
lich auch zu bewährten Forschern auf demselben in Widerspruch tritt.

Berlin, im September 1865.

H. Ed. Bonnell,
Dr. phil.

Inhalt.

Erster Abschnitt:

Zweiter Abschnitt:

Excurse:

Inhalt. XIII

Beilage:

Die

Anfänge des karolingischen Hauses.

—— ——

Erster Abschnitt.

—

Untersuchungen über die Herkunft der Karolinger.

———

Zu allen Zeiten hat sich das Bestreben kund gethan, Männern, Geschlechtern, Völkern berühmten Namens eine mehr als gewöhnlich menschliche Herkunft anzudichten, und in der Christenheit so gut wie vordem in der heidnischen Welt hat sich in dieser Hinsicht eine Art von Cultus ausgebildet. Aber so sehr darin auf den ersten Blick sich jene von dieser zu entfernen scheint, so wenig ergiebt eine genauere Betrachtung, daß dies der Fall sei. Die heidnische Welt erklärte ihre Helden für erdgeborne Göttersöhne; dadurch umgab sie zunächst die Geschlechter, denen ihre Heroen entstammten, gewöhnlich ihre Königsfamilien, mit einem gewissen Nimbus, gewann dann aber in der Regel dadurch zugleich eine der höchsten Gottheiten als Stammvater oder Stammmutter ganzer Völkerschaften. Der Christenheit ist nun freilich eine derartige Kindschaft zu ihrem Gotte versagt; sie hat daher in der That zuweilen ihre Zuflucht zu den Heroen der heidnischen Welt genommen. Und ist eine Stammtafel erst bis zu einem Alexander Aeneas Herkules fertig — wer kann es dann wehren, daß Jupiter und Venus und Mars und andere Gottheiten wenigstens über den Rand derselben hervorschauen? Jene Söhne und Enkel der Götter sind ja nun einmal ohne diese ihre Väter und Ahnen nicht denkbar!

Aber war es denn durchaus nothwendig, zu heidnischen Heroen und Gottheiten zu greifen, wenn man einem christlichen Helden und seinem Geschlechte einen vorzüglichen Glanz der Herkunft verleihen wollte? Hat nicht der fromme Glaube einer Reihe von Jahrhunderten einen reichen Ersatz für jene heidnischen Gestalten in einer stattlichen Reihe christlicher Heiligen und Märtyrer geschaffen? Dem Schmeichler mochte es freilich schöner klingen, wenn er seinem gepriesenen Helden zurief, Tugend verleihe zwar Glanz und Größe, aber wahrhaft großartig und anbetungswürdig erscheine erst derjenige, dessen Ahnenreihe sich den Tagen der Weltschöpfung nähere; das christlich fromme Gemüth dagegen fand den herrlichsten Lohn in dem Gedanken, zu den Männern und Frauen als den Ahnen seines Geschlechtes aufblicken zu dürfen, welche ihrem Glauben treu gelebt,

1*

denselben mit ihrem Blute besiegelt und sich dadurch das Mittler-
amt zwischen Gott und den Menschen erworben hatten.

Dieser Gegensatz offenbart sich recht deutlich, wenn man die
Stammbäume, welche die Verherrlichung französischer Könige zum
Zweck hatten, mit demjenigen vergleicht, welchen der Auftrag des
Kaisers Maximilian I. hervorrief.

Denn verschmähten die Verfasser jener französischen Königs=
stammbäume auch nicht, christliche Heilige in dieselben aufzunehmen,
so ging ihnen doch irdische Hoheit und Größe über Alles. Darum
häuften sie, was einst mächtig war und wessen Macht noch dauerte,
zu dem einzigen Stammbaume ihres Gefeierten zusammen, pflanzten
dessen Wurzeln in graue Vorzeit, und pfropften auf den uralten
Stamm verjüngende Reiser nicht minderen Adels. Also gewannen
sie es, daß sie unter einem Schwall rhetorischer Floskeln scheinbar
abwehrend auf die Heroen und Götter der alten Welt hindeuten,
aus dem Dunkel der Mythe und Sage aber das Geschlecht ihres
Helden heraustreten lassen konnten mit drei geschichtlich nachweisbaren
Männern als ersten Stammvätern, den Vertretern derjenigen drei
Elemente, welche, allmählich zum französischen Volke verschmolzen,
dessen Beherrscher unter ihrem Scepter vereinigen.

Ferreolus, Praefectus Praetorio Galliarum, vertritt das
altgallische Element; das Ansehen, welches seine Familie lange
Zeit bei ihren Landsleuten genoß, hatte einst die erobernden Römer
gewissermaßen genöthigt, auf die altgallischen Würdenträger, denen
Ferreolus angeblich entstammte, gleich anderen neu eingeführten
römischen Aemtern auch jenes des Praefectus Praetorio zu übertragen.

Neben Ferreolus steht Avitus, der römische Kaiser, der sich
in Gallien aufwarf, aber nur kurze Zeit den Purpur trug; seine
Tochter vermählt sich dem Sohne des Ferreolus, das römische* dem
gallischen Elemente.

Und der erste Sprößling dieser Ehe, Ansbert, söhnt durch seine
Vermählung mit der fränkischen Königstochter, der Enkelin Childe=
richs, des ersten historischen Königs der in Gallien festen Fuß
fassenden Franken, die beiden in seiner Person vereinigten Elemente
mit dem dritten, dem neu eingedrungenen germanischen Elemente aus.

Wie bescheiden erscheinen da neben dieser Fülle irdischen Glanzes, der seine aus solchem Herde aufschießenden Strahlen dann weiter
über alle Herrschersitze Europas breitet, — die hundert und einige
Heiligen, welche Kaiser Maximilian I. zu einem Stammbaume des
habsburgischen Hauses zu vereinigen befahl!¹)

---

¹) Sie sind, in den Jahren 1517 und 1518 von verschiedenen Meistern in
Holz geschnitten, nochmals im Jahre 1799 zu Wien herausgegeben worden unter
dem Titel: Images des Saints et Saintes issus de la famille de l'empereur
Maximilien I. En une Suite de 119 planches gravées en bois par differens
graveurs d'après les dessins de Hans Burgmaier. Drei, außer diesen 119
wieder abgedruckten, noch in der kaiserlichen Bibliothek zu Wien befindliche
Platten konnten als zu sehr verwittert bei der neuen Ausgabe nicht mehr be-

Und doch verfolgte diese Aufstellung Maximilians unläugbar einen ähnlichen Zweck, wie jene französischen Stammbäume[1]). Vergegenwärtigen wir uns die Sachlage zur Zeit ihres Entstehens!

Das schnelle Hinsterben der gekrönten Häupter aus dem Stamme der Valois eröffnete die Aussicht, daß bald ein anderes Geschlecht auf den französischen Thron berufen werden möchte. Da war das nächstberechtigte nun das der Bourbons — ein ketzerisches! Und niemals — so ließ sich Papst Sixtus V. vernehmen — könne ein Ketzer den Thron Frankreichs besteigen, kein Anderer als ein Katholik dürfe König von Frankreich sein![2]) Er dachte dabei wohl an das eifrigst katholische Haus der Guisen, das seinerseits gleichfalls nicht unthätig war, seine vermeintlichen Ansprüche auf den französischen Königsthron außer der Berechtigung, welche ihm die strengste Rechtgläubigkeit gab, noch durch den unfehlbar nöthigen Stammbaum zu erhärten. Einen solchen herzustellen, machte sich ein Priester von Toul, François de Rosières[3]), verdient, in dem er eben so gut jenen alten Merwich wie alle Capetinger als Thronräuber schilderte, die Karolinger aber als eine jüngere Linie von dem durch Merwich verdrängten rechtmäßigen Thronerben, Albero, ableitete, auf einen Nachkommen dieser jüngeren Linie dann auch die Rechte der älteren vereinigte, und diese im Laufe der Zeit an das damals in Lothringen regierende Haus der Guisen gelangen ließ.

Mit diesem Versuche ziemlich gleichzeitig fallen die Anfänge der bourbonischen Stammbäume, welche somit neben der Absicht der Schmeichelei einen politischen Zweck verfolgten. Und einen solchen glauben wir auch in Maximilians Aufstellung zu bemerken!

Das habsburgische Haus hatte damals erst unlängst sein burgundisches Erbe angetreten, und man kann nicht die Namen jener Heiligen lesen, nicht das Castrum Habendum des heiligen Romarich, des Freundes des heiligen Arnulf von Metz, der selber dort bestattet ward, „Habsburg" geheißen finden[4]), ohne zu argwöhnen, es sei

---

nutzt werden. Ein auf dem K. Kupferstich-Cabinet zu Berlin befindliches Exemplar der ersten Ausgabe begreift 124 oben mit dem Namen von Heiligen bedruckte Blätter, von denen 35 ohne Holzschnitte sind. Mehrere dieser letzteren sind in der Ausgabe von 1799 mit Holzschnitten versehen worden, während andere in der ersten Ausgabe befindliche Holzschnitte ganz fehlen.

[1]) Wir heben nur folgende hervor: Claude Paradin, Alliances genealogiques des rois et princes de Gaule. 3. edit. Genevo 1636; zuerst 1561. — Jos. Texera, Stemmata Franciae, item Navarrae Regum, a prima utriusque gentis origine usque ad .... Henricum Magnum. Lugd. Bat. 1619; zuerst 1590. — Scevole et Louis de Saincte-Marthe, Histoire genealogique de la maison de France, in der ersten Ausgabe, Paris 1619, nur bis zu den Capetingern geführt, nachher, Paris 1628, in zwei Foliobänden, auf Karolinger und Merowinger ausgedehnt. — Du Bouchet, La veritable origine de la seconde et troisieme lignee de la maison royale de France. Paris 1646. — Adr. Jourdan, Histoire de France et l'origine de la maison royale. Paris 1679.

[2]) Ranke, Fürsten und Völker von Süd-Europa. 4. Aufl. Bd. III. S. 172.

[3]) Stemmatum Lotharingiae ac Barri Ducum Tomi VII. Paris. 1580. Vgl. De Thou histor. lib. 78. a. 1583; Ranke, Französische Geschichte Bd. I. S. 404.

[4]) Unter dem Holzschnitte, der den heiligen Arnulf darstellt, liest man:

darauf abgesehen, das Haus Habsburg seinen neuen Unterthanen näher zu rücken, „als ein durch Heilige gleichsam legitimes Herrscherhaus darzustellen."

Es würde sich damit aber nur ein Streben wiederholen, welches bereits den Karolingern selbst zur Last gelegt worden ist; wir werden sehen, mit welchem Rechte. —

Ein Gedicht, welches allem Anschein nach bald nach dem Tode Ludwigs des Frommen zur Feier der Thronbesteigung seines jüngsten Sohnes Karl verfaßt ist, preist weniger diesen noch in jugendlichem Alter stehenden König, welcher dereinst erst von sich reden machen soll[1]), als vielmehr das erhabene Geschlecht, dessen hoffnungsvoller Sprößling er ist. Indem es dabei aber einen Stammbaum dieses Geschlechts aufstellt, weist es auf einen in ungebundener Rede vorhandenen Entwurf desselben hin[2]), den ebenfalls zu besitzen wir uns glücklich schätzen.[3])

Und zwar in drei eigenthümlich auseinandergehenden Fassungen ist er uns überkommen. Denn bis auf Ludwig den Frommen im Wesentlichen desselben Inhalts steuern dieselben von hier aus je auf einen der drei überlebenden Söhne dieses Kaisers bald mit nur oberflächlicher Berücksichtigung bald mit gänzlicher Uebergehung der anderen Brüder los. Während eine Fassung nur Lothar nennt, den sie als Kaiser bezeichnet[4]), hebt die andere nur den nach dem Vater genannten Nachfolger desselben in Ostfranken, Ludwig, hervor[5]); die dritte aber, indem sie ausführt, daß die anderen Söhne ihrem Vater von der Königin Irmingard geboren worden, betont recht ausdrücklich daneben, daß Karl, der glorreiche König, die Kaiserin Judith zur Mutter habe.[6])

Daß auf diese drei Fassungen der Hader der Söhne Ludwigs unter einander und ebenso gewiß der Anspruch jedes derselben auf die Kaiserkrone, wie vielleicht auch der Widerwille der beiden älteren, Lothar und Ludwig, gegen die Betheiligung des jüngsten, Karl, an

---

„bestattet auf den Berg, zu derselben Zeiten geheißen Habspurg, yetz der heilig Berg oder Sant Johans Berg genant, unweyt von Römelsberg."

[1]) Origo et exordium gentis Francorum, Monum. German. SS. Tom. II. p. 312. 313:
(Hluduicus) Transiit ad Christum, vitamque remisit in astra.
  Tu modo quem robur regni comitatur ab annis,
  Karole, scande thronum, regum successor avorum......
  Cum scribenda tibi fuerint insignia gesta,
  Et matura suis aetas adoleverit annis,
  Prosequar ulterius.

[2]) a. O. p. 312: Cum tibi prosa tuum celebraret in ordine gentem,
  Versibus hanc nostre libuit cecinisse camene.

[3]) Domus Carolingicae genealogia, Mon. German. SS. Tom. II. p. 308 ss.

[4]) a. O. p. 309: Ludovicus genuit domnum Lotharium imperatorem.

[5]) a. O. p. 309: ne p: Hludovicus . . . . regnavit annos 26 . . . Post quem Hludovicus, filius et aequivocus ejus, in orientali Francia suscepit imperium. Qui anno praesente, i. e. 867, 27 annos regnare videtur.

[6]) a. O. p. 309: Hludovicus piissimus augustus genuit tres filios ex Irmingarda regina, id est Lotharium Pippinum et Hludowicum; ex Judith vero imperatrice genuit karolum gloriosum regem.

der Verwaltung des väterlichen, bei seiner Geburt bereits unter sie
getheilten Erbes nicht unerheblichen Einfluß geübt habe, läßt sich
wohl denken. Daß aber einer dieser drei Brüder der Urheber des
ganzen Stammbaums gewesen sei, ist nicht wahrscheinlich. Viel=
mehr muß derselbe bereits fertig auf sie gekommen, also schon unter
dem Vater vorbereitet sein, und mag dann Karl den Anstoß gegeben
haben, ihn zur Begründung weiterer Ansprüche auszubeuten.[1])

Wie nun leicht ersichtlich ist, zerfällt der Entwurf des Stamm=
baums in zwei, wenn nicht mehr Theile, davon in jenem Gedichte
nur der erste wiedergegeben ist, der mit Ansbert dem Senator und
Gemahle Blithilds, der Tochter Chlothars des Frankenkönigs, an=
hebend, dessen drei Söhne Arnoald oder Arnold, Feriolus und
Modericus nebst einer Tochter Tarsitia nennt, Arnoald zum Vater
Arnulfs macht, diesem zwei Söhne, Flodulf und Anschisus, giebt,
und von Anschisus in gerader Linie bis zu Ludwig dem Frommen
und zu dessen Söhnen aufsteigt, während die übrigen Theile sich
über die Geschwister Ansberts, die Brüder Deotarius, Firminus,
Gamardus, der auch Babo heißt, Agiulf und Raginfrid oder Rainfrid
und die Schwestern Goda und Maria verbreiten, und sich selbst noch
über die Kinder und Kindeskinder dieser Geschwister auslassen, dem
Rainfrid zwei Söhne Mummolus oder Mummolinus und Hictor,
dem Gamardus außer den Töchtern Dodane und Dobalinane zu
Söhnen bald Godinus, Goverigus, der auch Abbo, und Ratbert,
bald Godinus, Desiderius und Ricbert, und endlich dem Godinus
entweder nur eine Tochter Sigolina zuschreiben, oder auch wohl jenen
Goverigus als Bruder neben Sigolina setzen.[2])

Ohne Zweifel würden wir nun zu weit gehen, wollten wir aus
den hierbei bemerkten Abweichungen im Stammbaum den Schluß
ziehen, alle nicht in jenem Gedichte enthaltenen Namen wären später
zu dem ursprünglichen Entwurfe hinzugefügt, und wir hätten es

---

[1]) Wenigstens scheint die Jahreszahl 867 (s. S. 6. Anm. 5), wenn sie über=
haupt ursprünglich ist, darauf hinzudeuten, daß Ludwig, der ostfränkische König,
erst sehr spät sich des Stammbaums bediente.

[2]) Der Stammbaum würde also entweder folgende Gestalt haben:

Ansbert. Deotarius. Firminus. Gamardus. Aigulf. Raginfrid. Goda. Maria.
Gemahlin Bli-
thild, Tochter
Chlothars.

| Arnoald. Feriolus. Modericus. Tarsicia. | Mummolus oder Mummolinus | Hictor. |

Arnulf.

Flodulf. Anschisus. Godinus. Goverigus. Ratbert. Dodane. Dobalinane.

Pippin　Sigolina.
u. s. w.

oder auch in Hinsicht der Nachkommenschaft des Gamardus also aussehen:

Gamardus, der auch Babo.

Godinus. Desiderius. Ricbert. Dodane. Dobalinane.

Goverigus, der auch Abbo. Sigolina.

Die offenbar von einem Mönche des Klosters St. Wandrille herrührende

hier mit Zusätzen zu thun, die einer Epoche angehören, vielleicht weit entfernt von derjenigen, in welcher der eigentliche Stammbaum entstand. Dem ist nicht durchweg so; denn ist auch der in Rede stehende Entwurf gewiß nicht in seiner ersten Gestalt auf uns gekommen und sogar deutlich interpolirt[1]), so offenbart sich doch ein so inniger Zusammenhang zwischen einzelnen Namen der verschiedenen Theile, daß ältere Vorarbeiten auf Dasjenige, was uns heut als späterer Zusatz erscheint, wenigstens theilweise eingewirkt haben müssen; andere Namen mögen freilich erst in späterer Zeit zum weiteren Ausbau des Stammbaums herbeigeschafft, wieder andere in einer Weise verwerthet sein, welche anfänglich nicht in der Absicht lag. Aber sehen wir zu, was in dieser Hinsicht die Prüfung der einzelnen Namen ergiebt, für deren Gesammtheit wir die Bezeichnung „arnulfingisch" nach dem bedeutendsten in ihrer Reihe annehmen wollen.

Am Auffälligsten tritt uns solcher inniger Zusammenhang bei den Namen Feriolus und Firminus entgegen, deren jener in dem ersten Theile, dieser in den scheinbaren Zusätzen vorkommt, und wir beginnen eine eingehendere Besprechung der einzelnen Namen des Stammbaums um so lieber gerade mit Feriolus und Firminus, als auf ihr Vorkommen in der Geschlechtstafel der Arnulfinger hin Neuere[2]) die romanische Herkunft der Karolinger für ausgemacht erklärt haben.

Der Feriolus des Stammbaums — kein anderer Name als der in den Akten der Heiligen mehrfach wiederkehrende Ferreolus[3]) — wird uns als Bischof von Uzes vorgeführt, und gehörte somit allerdings derselben Familie an, wie sein Vorgänger auf dem bischöflichen Stuhle von Uzes, Firminus, der nach dem Stammbaume ebenso wie nach seiner Biographie[4]) als des Ferreolus Vaterbruder erscheint. Wenn nämlich anders die Biographie des heiligen Firminus uns recht berichtet, waren seine Eltern Ferreolus und Industria, seine Vaterstadt Narbonne, und verließ er diese, selbst ein erst zwölfjähriger Knabe, mit dem siebenjährigen Ferreolus, seinem Brudersfohne, um sich unter der Leitung des ihm gleichfalls verwandten greisen Bischofs Moricius von Uzes dem Dienste des Herrn zu widmen. Er folgte dann auch, als Moricius im Jahre 537 achtzigjährig starb,

---

Einschaltung des heiligen Wandregisil und seines Vaters, und zwar des letzteren als eines Sohnes Arnulfs, sowie des von Ebruin ermordeten Herzogs Martin als eines Sohnes Flodulfs, übergehen wir hier füglich.

[1]) S. vor. Anm. am Ende.
[2]) Leo, Karl der Große, seiner Abstammung nach ein Romane, in „Rosenkranz, Neue Zeitschrift f. d. Gesch. der german. Völker." Bd. I. Heft 4. S. 271 ff.
[3]) Ueber die Heiligen des Namens Ferreolus vgl. Bolland. Septemb. 18. p. 60 ss. 783 ss.; über Ferreolus von Bienne noch besonders Apollinaris Sidonii Epist. ad Mamertum Papam. lib. VII. ep. 1.; Adonis Chronicon, Mon. Germ. SS. Tom. II. p. 319; Vita S. Clari Abb. Vienn., Mabill. sec. II. p. 483; Venantii Fortunati Opera Tom. I. lib. VIII cap. 7.
[4]) Bolland. Octob. 11. p. 635 ss.; Le Cointe, Annales ecclesiastici Francorum. Tom. I. p. 549. 787.

demselben im Bischofsamte, verwaltete es sechszehn — nicht, wie
seine Biographie wohl nur in Folge Schreibfehlers angiebt, sechs=
undvierzig — Jahre hindurch und übergab es sterbend seinem Neffen
Ferreolus.

Wünschenswerth wäre nun, die Biographie des Firminus ließe
sich auch über die Eltern des Ferreolus aus. Denn was seine ei=
gene Biographie[1]) darüber sagt, daß sie Ansbert und Blithild ge=
heißen, kann uns nichts nützen; sie spricht dies fast wörtlich dem
Stammbaume nach, während sie sonst zum guten Theile offenbar
jener Biographie des Firminus ihr Dasein verdankt. Wie indeß
auch immer die Eltern des Ferreolus geheißen haben mögen, einem
romanischen Geschlechte gehörte sein Vater zweifelsohne an, und dem
narbonensischen Senate, den wir schon bei Tacitus[2]) mit Aus=
zeichnung erwähnt finden, mag er gleichfalls beizuzählen gewesen
sein, wie denn auch der Stammbaum Ansbert als Senator darstellt;
ja noch mehr, wir mögen in Ferreolus, mithin also auch in Firmi=
nus, Sprößlinge jener altberühmten Familie der Tonantii Ferreoli
vor uns haben, deren Stammbaum sich mit Hülfe der Schriften
des Bischofs Sidonius Apollinaris von Clermont[3]) dann weiter
bauen läßt; freilich aber muß man den als Vater des Ferreolus von
Uzes einzurückenden Ansbert mit einem Fragezeichen begleiten[4]), d.
h. gerade an der Stelle, welche die Brücke zwischen dem Geschlechte
der Tonantii Ferreoli und den Arnulfingern bilden sollte, ein ge=
wichtiges Bedenken äußern.

Doch der Stammbaum bezeichnet weiter den Ferreolus als
Märtyrer[5]). Wir wissen durch Gregor von Tours[6]), daß er,
reich an Weisheit und Einsicht, ein sehr heiliger Mann, im Jahre
581 die Zeitlichkeit segnete; von einem Märtyrerthum hören wir

---

[1]) Deren angebliches Bruchstück bei Du Bouchet, La veritable origine
p. 30.

[2]) Annal. lib. XII. cap. 23.

[3]) O. Sollii Apollinaris Sidonii Arvern. Episc. Opera, Jac. Sirmondi
S J. cura. Ed. 2. Paris 1652. 4⁰.

[4])   Ferreolus,
                  Gemahlin eine Tochter des Syagrius.

Tonantius Ferreolus.	Roriclus,	Firminus.
Gem. Tochter des Avitus.	Bischof von Uzes.	
Tonantius.	Ferreolus.	
	Gem. Industria.	
S. Firminus,	(Ansbert?)	
Bischof von Uzes.		

                        S. Ferreolus,
                     Bischof von Uzes.

[5]) Mon. Germ. SS. Tom. II. p. 309: Feriolus quidem episcopus effectus est in Uccia civitate; martyrio coronatur, ibique requiescit in
pace.

[6]) Histor. Francor. eccles. lib. VI. cap. 7: Ferreolus Uccensis episcopus, magnae vir sanctitatis, obiit, plenus sapientia et intollectu; qui libros
aliquos epistolarum, quasi Sidonium secutus, composuit.

nichts. Aber es giebt einen anderen Märtyrer dieses Namens, den um das Jahr 300 lebenden Bischof von Vienne[1]); vielleicht ist von diesem das Märtyrerthum auf jenen übertragen worden, dessen Name jedenfalls ein in dem ganzen Bezirke von der Rhone bis zur Garonne und vom Lot bis zu den Pyrenäen hoch angesehener sein mußte. Denn noch heutigen Tages klingt derselbe dort in zahllosen Ortsnamen wieder[2]), während der seines Oheims Firminus nur in unmittelbarer Nachbarschaft von Uzes und hie und da jenseits der Rhone gehört wird.[3])

Wenden wir uns aber nun weiter zu den dem Firminus und Ferreolus im Stammbaum zunächst stehenden Namen, so bemerken wir da sogleich wieder ein Verhältniß, wie es zwischen ihnen, dem Oheim und Neffen auf demselben Bischofsstuhl bestand, zwischen Deotarius und Modericus, jenem unter den Erweiterungen, diesem in dem ersten Theile, beiden Bischöfen von Arsat. Modericus ist ohne Zweifel kein anderer als der Bischof Munderich von Arsat, über den uns Gregor von Tours[4]) ausführlich berichtet.

Zum Nachfolger des Bischofs Tetricus von Langers bestimmt, erhielt Munderich einstweilen das erzpriesterliche Amt zu Tonnère am Armençon, zog aber den Unwillen des Königs Guntram dadurch auf sich, daß er König Sigbert mit Lebensmitteln unterstützte, als derselbe im Jahre 572[5]) gegen jenen zu Felde zog. Er wurde deshalb in einen Thurm an den Ufern der Rhone gesperrt, und brachte hier zwei Jahre unter schweren Leiden zu, bis die Bitten des Bischofs Nicetius ihn erlösten, und ihm zu diesem nach Lyon zurückzukehren gestattet wurde. Zwei Monate lebte er hier, konnte indeß seine Wiedereinsetzung in das Erzpriesteramt nicht erlangen, trat deshalb zum Könige Sigbert über, und ward von ihm mit dem Bisthum Arsat begabt. Hier hatte er fünfzehn Kirchspiele unter sich, welche früher die Gothen inne gehabt, jetzt Bischof Dalmatius von Rhodez in Anspruch nahm.

---

[1]) Dieser (s. S. 8. Anm. 3.) und nicht der Zeitgenosse unseres Ferreolus, Bischof Ferreolus von Limoges, ist Märtyrer, wie fälschlich nach Ussermann in den Mon. Germ. SS. Tom. II. p. 309 Nr. 2 angegeben wird.

[2]) In dem oben näher bestimmten Gebiete drängen sich, wie ein Blick in die große s. g. Cassini'sche Karte von Frankreich lehrt, die Namen, welche theils unzweifelhaft nach einem der heiligen Ferreoli benannt sind (als z. B. St. Ferreol an Hérault, an der Aube, zwischen dieser und dem Sor, zwischen Garonne und Gers; St. Ferreol Hermitage, Ferreol und Feriol, sämmtlich unweit Perpignan; zweimal St. Ferriol, dazu Tuil. St. Ferriol und Bassin de St. Ferriol um den Sor herum; Feriol und St. Ferreol nördlich von der Garonne unweit Agen, Feriols im Nordosten von Albi) theils einen Zusammenhang mit denselben anzudeuten scheinen (als Ferrals, Feral, Ferreyrolles, Farayrolles u. dergl.).

[3]) St. Firmin dicht bei Uzes und Firminargues westlich davon; St. Firmin zwischen den Flüßen Bleonne und Asse unweit der Durance; Firmin bei Carpentras nordöstlich von Avignon.

[4]) Histor. lib. V. cap. 5.

[5]) Gregor. Turon. Histor. lib. IV. cap. 47.

Aus dieser Mittheilung Gregors ergiebt sich etwa das Jahr 575 als dasjenige der Einsetzung Munderichs, zugleich aber auch eine gründliche Verwirrung der auf das Bisthum Arsat bezüglichen Angaben des Stammbaums.[1]

Denn wie ist es möglich, daß Bischof Aigulf von Metz, welcher erst im Jahre 587[2] zu seiner Würde gelangte, den Vorgänger Munderichs auf dem Bischofsstuhle von Arsat, Deotarius, in sein Amt einführte, wenn Munderich selbst bereits ums Jahr 575 — und das ist die späteste Annahme — von König Sigbert das Bisthum Arsat erhielt? Dieses, angeblich eine Stiftung des Deotarius, mag nun zwar, wie ja das ganze Gebiet, in dem es lag, den Königen von Metz unterthan war, in einem kirchlichen Verbande zu dem Bisthum Metz gestanden[3] haben, aber welcher Art derselbe gewesen, können wir uns nicht entschließen, aus den höchst wirren Angaben des Stammbaums, der einzigen Kunde, die wir davon haben, zu bestimmen[4]). Halten wir uns daher an die Aussage Gregors

---

[1] Mon. Germ. SS. Tom. II. p. 310: Tempore bonae memoriae domno Hugiulfo episcopo sic domnus Theutbertus, rex Francorum, vicum Arisidum per suum praeceptum partibus beati Stephani protomartyris Mettinsis ecclesiae deligavit. Et domnus Arnoaldus, nepus ipsius Hajulfus, accepit exinde de ipso vico Arisido confirmationem tempore domno Flothario rege Francorum partibus sancti Stephani. Similiter domnus Dagobertus rex Francorum et Sigibertus ipso vico ad praedicta ecclesiae beati Stephani per eorum praeceptiones confirmaverunt. Et domnus Haginlfus prius germanum suum Deotarium episcopum constituit in ipso Arisido, et post domno Deotario nepus ipsius, domnus Modericus, est ordinatus in ipso Arisido episcopus per ordinationem pontificis Mottensium urbis. — Vgl. Gesta Episc. Mettens. Mon. Germ. SS. Tom. X. p. 538; Bolland. Oct. 23. p. 32ss.: De S. Theodorito; p. 122ss.: De S. Leothadio; Jul. 21. p. 135: De SS. Victore, Alexandro, Longino, Feliciano M. M. et forsan Deutherio (Dothero) vel Eleutherio.

[2] Die Begründung dieser Annahme wird später erfolgen, s. Excurs IX.

[3] Ausführlich handelt hiervon A. F. Baron de Gaujal, Études historiques sur le Rouergue. Paris 1858. Tom. III. p. 221ss.: De l'Evêché d'Arisitum érigé en Ronergue au 6e siècle de l'ère chrétienne. Beglaubigt wird hier (p. 240) die Unterordnung von Arsat unter Metz durch Beispiele, aus denen ein kirchlicher Verband gerade des Rouergaues zu Metz hervorgeht, sowie ferner (p. 246) durch den Umstand, daß in dem Ländchen Larzac, wie heut der Name lautet, eine verhältnißmäßig große Anzahl von Kirchen dem heiligen Stephan, dem Schutzpatrone von Metz, geweiht sind. Dies möchte sich allenfalls noch hören lassen, wenn nicht etwa gerade das wiederholte Vorkommen solcher Kirchen in dieser Gegend erst den Gedanken eingegeben hat, jene Unterordnung zu behaupten, zu deren weiterer Beglaubigung nun aber (p. 241) angeführt wird, das Bisthum habe bei der unmittelbaren Nachbarschaft der Gothen, deren gewiß auch noch eine große Menge in seinem Sprengel angesessen war, gleichsam in partibus infidelium gelegen. Allerdings erschienen die arianischen Gothen den rechtgläubigen Schriftstellern jener Zeit überall ärger als Juden und Saracenen, doch verstehen wir nicht, wie dadurch ein Verhältniß zwischen Arsat und Metz veranlaßt werden konnte, ähnlich den als Beispiel angeführten zwischen Arabus und Straßburg, Thermopylä und Laon, Madaura und Metz?

[4] Denn wir können uns nicht zu der unbedingten Verehrung für jedes Schriftstück der Vorzeit herbeilassen, welche de Gaujal (p. 241) zu dem Ausruf veranlaßt: Quel était le motif de cette donation et de cet assujet-

von Tours, daß Bischof Dalmatius von Rhodez die fünfzehn den
Sprengel von Arsat bildenden Kirchspiele in Anspruch genommen
habe, eine Aussage, die überdies stillschweigend jene Angaben des
Stammbaumes zu verneinen scheint.

Uebrigens aber verschwindet das Bisthum Arsat bald wieder,
und es werden außer Deotarius und Munderich uns nur noch zwei
Bischöfe auf seinem Stuhle genannt[1]), deren letzterer ebenfalls einen
Namen trägt, welcher uns hier angeht.

Wir wissen bereits, daß der Stammbaum einen Mummolus
oder Mummolinus als Neffen Ansberts durch dessen Bruder Raginfrid nennt, ihn als Patricius bezeichnet und neben ihn einen
Bruder Namens Hictor stellt. Wer dieser Hictor gewesen, möchte
sich schwer entscheiden lassen; denn nur ein einziges Mal erscheint
in den Quellen jener Zeit[2]) der Name Hictor als der eines Patricius von Marseille in der zweiten Hälfte des siebenten Jahrhunderts, sowohl zu spät, um zu Arnulf in dem Verwandschaftsverhältniß stehen zu können, welches ihm der Stammbaum zuschreibt,
als auch zu grell gegen die sonstige fromme und heilige Versammlung in demselben abstechend, als daß wir ihn derselben ebenbürtig anerkennen möchten; nur soviel halten wir fest, daß der Name
Hictor jedenfalls auf einen Romanen hinweist, wie ja auch eben
jener Patricius Hictor in der Provence heimisch zu sein scheint.

Doch fast noch bestimmter auf einen Romanen deutet der
Name seines angeblichen Bruders Mummolus oder Mummolinus
hin, und so oft uns dieser Name begegnet, ist in der Regel Aquitanien oder sonst romanisches Land das Gebiet, an das er sich heftet.

Da ist jener Mummolus-Eunius, der Patricius des Königs
Guntram[3]), der, wiewohl nicht erweislich in Aquitanien geboren, doch
in den verschiedensten Gegenden desselben, in Toulouse, Bordeaux,
Comminges thätig, an letzterem Orte im Jahre 585 ums Leben
kommt, als er im Aufstande gegen seinen rechtmäßigen Herrn, König
Guntram, die Partei des Prätendenten Gundowald ergriffen hat. —
Da ist ferner ein Mummolus, ein Zeitgenosse jenes Patricius, der,
vermuthlich Majordomus an Chilperichs Hofe[4]), von der Königin
Fredegunde beschuldigt wird, durch Zaubermittel den Tod ihres
Söhnchens Theuderich herbeigeführt zu haben; gefoltert und zum
Tode verurtheilt, jedoch begnadigt, soll er zu seiner Demüthigung
auf einem Karren nach der Stadt Bordeaux, wo er geboren, geführt
werden, stirbt aber, unterwegs von einem Schlaganfall getroffen, um

tissement? Il est ignoré; mais quand les historiens contemporains affirment
des faits, peut-on les nier douze siècles après, uniquement parce qu'on ne
peut en connaitre la cause?

[1]) de Gaujal. Tom I. p. 201; II. p. 230.
[2]) Vita S. Leodegarii Episc. Augustod., Mabill. sec. II. p. 679ss.; —
Vita S. Praejecti Epiec., Mabill. sec. II. p. 643.
[3]) Gregor. Turon. Histor. lib. VII. cap. 27. 28. 31. 34. 38. 39.
[4]) ibid. lib. VI. cap. 35. Giesebrecht in den Geschichtschreibern der deutschen Vorzeit übersetzt hier praefectus durch Majordomus. Vgl. Pertz, Hausmeier S. 13. 148 ff.

das Jahr 585. — Und da ist noch ein dritter — ein Heiliger des
Namens Mummolus oder Mummolenus[1]), dessen Gebeine, außer
einem in besonderem silbernen Schreine verschlossenen Arme, ein
mit vergoldetem Holze überkleidetes Marmormonument im Kreuzes=
kloster zu Bordeaux bewahrte, und dessen Fest, nach der Versicherung
Mabillons, noch im siebzehnten Jahrhundert die Einwohnerschaft
dieser Stadt vom achten August beginnend acht Tage hindurch feierte,
weil sie ihm eine heilende Kraft für Kopfleiden zuschrieb. Angeblich
als ein Siebziger im Jahre 678 gestorben, ist er nun wieder ein
Zeitgenosse eben des Mummolus, den Einige zum Bischof von Ar=
sat[2]), Andere dagegen zum Bischof von Uzes[3]) machen.

Wir vertiefen uns nicht in eine Erörterung der Streitfrage,
ob der durch die Schenkung eines in seiner Diözese belegenen Grund=
stücks seitens Königs Sigbert an den heiligen Amandus und durch
die seitens des letzteren darauf geschehene Gründung des Klosters
Nant in seinen Rechten gekränkte Mummolus Bischof von Arsat
oder von Uzes und derselbe gewesen sei, der den heiligen Abt Ai=
gulf von Lerins einkerkern und seines Klosters Gut plündern läßt[4]).
Denn für unsere Zwecke bedeutet das Ländchen Larzac[5]) ebensoviel
wie die benachbarte Uzège, da es uns nur darauf ankommt festzu=
stellen, daß im romanischen Theile des fränkischen Reiches der Name
Mummolus oder Mummolinus häufig wiederkehrt, und nicht nur
Bischöfe und Aebte, sondern selbst Heilige dieses Namens genannt
werden. Aber haben wir auch einen durch viele Jahrhunderte hin=
durch — und wir wissen nicht, ob nicht vielleicht noch heut — hoch=
gefeierten Heiligen Mummolus gefunden, so sind wir doch hier we=
niger glücklich gewesen als zuvor in Betreff des heiligen Ferreolus,
indem wir keine Spur einer weiteren Verbreitung seiner Verehrung
über Aquitanien in einem Erscheinen seines Namens auf der Karte
entdecken konnten.

---

[1]) S. Mummoli Abb. Floriac. secundi Elogium historicum, Mabill.
sec. II. p. 674 ss.

[2]) S. S. 12. Anm. 1.

[3]) Vita S. Amandi Episc. Traject. auct. Baudemundo Mon. Elnon.
aequali, Mabill. sec. II. p. 718; Bolland. Febr. 1. p. 853.

[4]) Vita S. Aigulfi Abb. Lerin. et Martyris auct. Adrevaldo Mon.
Floriac., qui Caroli Calvi principatu floruit, Mabill. sec. II. p. 660 ss.

[5]) Spruners historischer Atlas Blatt 12: „die Reiche der Karolinger"
setzt irrig Arisita in den westlichen Winkel des Rouergaues gegen den Albi=
gensergau hin an den Aveyron. Le grand Dictionnaire géographique, historique et critique par M. Bruzen de la Martinière beschreibt die Lage also:
Arisitum ville de France, et autrefois épiscopale, selon Grégoire de Tours;
elle est détruite, et on en voit encore les ruines dans le petit pays d'Arsat
au Rouergue, près de Milhau vers le Languedoc. Auf der s. g. Cassini'schen
Karte finden wir ein kleines Plateau, das sich von Milhau und dem Tarn
südlich bis gegen die Quelle des Orbflußes erstreckt, und an dessen Nord= und
Südrande Rochers du Larzac angegeben sind, während etwa im Mittelpunkte
St. Eulalie du Larzac und an dem Ostabfall unweit des Flüßchens Dourbie
St. Sauveur du Larzac liegen. Jenes von Amandus gestiftete Kloster Nant
übrigens, am linken Ufer des Dourbie gelegen, gehörte vermuthlich noch zu
Larzac.

Weiter nennt nun der Stammbaum, wie schon erwähnt, den Vater des Mummolus, Raginfrid oder Rainfrid. Du Bouchet[1]), der selten um einen Rath verlegen ist, identificirt denselben ohne Bedenken mit dem bei Gregor von Tours[2]) genannten Vater des Patricius Mummolus-Eunius, dem durch die Ränke des eigenen Sohnes um sein Amt betrogenen Grafen Päonius von Auxerre. Doppelte Namen sind zwar nicht selten, lassen sich aber auch nicht ohne Weiteres annehmen, wenn es gilt eine Persönlichkeit festzustellen; wagen wir ja doch auch nicht, in den Namen des Stammbaums, für welche uns jeder Anhalt fehlt, bestimmte Personen wiederzuerkennen, sondern begnügen uns, soviel als möglich Träger solcher Namen beizubringen, in der Erwartung, mit ihrer Hülfe endlich doch ein Urtheil über den Stammbaum im Ganzen fällen zu können, wo ein solches im Einzelnen nicht geschehen durfte. Und haben wir zu diesem Zwecke zuvor eine Anzahl Männer des Namens Mummolus herbeigezogen, so lassen wir uns jetzt durch den Namen seines Vaters Raginfrid oder Rainfrid auf einen elsässischen Märtyrer hinführen, dessen Namen bald Regnifrid oder Reginfrid bald Rainfrid lautet[3]). Auch er scheint Aquitanier von Geburt; er verläßt als Begleiter des Bischofs Desiderius dessen Heimath Rhodez, um zu der Schwelle der Apostel zu wallfahrten, lenkt damit aber zugleich auch unsere Aufmerksamkeit auf diese Stadt, welche, dem früher besprochenen Gebiet im Nordwesten benachbart, damals schon gelegentlich berührt wurde, während sie jetzt für einen Moment in den Vordergrund tritt.

Denn der Stammbaum selbst erwähnt[4]) ihrer als des Wirkungskreises einer Schwester des Modericus und Ferreolus, der heiligen Tarsicia, an deren Grabe täglich Zeichen und Wunder geschahen, und die selbst einen Todten noch nach ihrem Tode erweckt haben soll. Und in der That bestätigt diese Aussage des Stammbaums über die heilige Tarsicia eine anderweite Mittheilung[5]) — mag sie nun auf Wahrheit oder Dichtung beruhen —, daß in einer Grotte zu Rubelle bei Rhodez diese Heilige gelebt habe und gestorben sei, ihren Leichnam aber das Kloster des heiligen Saturninus aufgenommen habe. Wann dies geschehen, erfahren wir freilich nicht, doch bemerken wir, daß das hier vermuthlich gemeinte der Regel des heiligen Benedict unterworfene Frauenkloster Saint-Sernin-lez-Rodez nicht vor dem letzten Viertheil des neunten Jahrhunderts genannt

---

[1]) a. O. p. 41.
[2]) Histor. lib. IV. cap. 42.
[3]) De SS. Desiderio Episcopo et Reginfrido, Regnifrido aut Rainfrido Archidiacono MM. in Alsatia, Bolland. Sept. 18. p. 788 ss.: Desiderius Rhodonis civitatis indigena, non exiguis parentibus oriundus .... sumpsit consilium bonum, scilicet ut Apostolorum limina visitaret .... ducens etiam secum socium suum Regnifridum diaconum suum et filiam in baptismo.
[4]) Mon. Germ. SS. Tom. II. p. 309: Tarsicia, virgo Christi, in virginitate sua perseverans, in Rodinis civitate requiescit.
[5]) De S. Tarsitia virgine apud Rutenos in Gallia, Bolland. Jan. 15. p. 1068. — Vgl. de Gaujal Tom. 3. p. 259.

wird [1]); die Karte zeigt keine Spur einer verbreiteteren Bedeutung
dieser Heiligen, was dafür um so mehr wieder der Fall ist mit dem
Namen, den einer der Söhne ihres Vaterbruders Gamardus, Desiberius, führt.

Wie wir oben bei Mummolus bemerkten, so ist auch der Name
Desiberius durchaus heimisch in Aquitanien. Wir erwähnten soeben
schon einen Eingeborenen von Rhodez dieses Namens, der mit seinem
Begleiter Rainfrid im Elsaß den Märtyrertod erlitt. Auch einen
Herzog Desiberius finden wir in dem südlich der Rouergue benach-
barten Albigensergau, der, nachdem er in verschiedenen Gegenden
Aquitaniens thätig gewesen, von den Bürgern von Carcassonne im
Jahre 587 erschlagen wird, als er eben seine beste Habe aus dem
Gebiete der Stadt Albi vor König Childebert II. retten will [2]).
Aber vor allen Dingen ist es, der uns hier beschäftigt, der Bischof
Desiberius von Cahors, jener gegen Westen von Rhodez, nordwestlich
von Albi gelegenen Hauptstadt des an die Gebiete dieser beiden
Städte grenzenden Quercy. [3])

Die Familie dieses Bischofs Desiberius von Cahors ist heimisch
in Albi, er selbst dort geboren; seine Eltern heißen Salvius und
Harchenefreda, zwei Schwestern Avita und Selina, zwei Brüder
Rusticus und Siagrius; jener ums Jahr 618 zum Kleriker geweiht
ist Archidiacon und Abt zu Rhodez gewesen und dann Bischof von
Cahors geworden, dieser ums Jahr 621 zum Grafen von Albi und
Judex von Marseille erhoben, Desiberius endlich, zuerst im Jahre
629 Nachfolger seines Bruders Siagrius, schon im folgenden nach
dem Tode des Rusticus ebenfalls zum Bischof von Cahors geweiht,
und stirbt im Jahre 655.

Das ist nun freilich ein Familienverband, der weit von dem
arnulfingischen Stammbaume abgeht, in welchem Desiberius als Sohn
des Gamardus-Babo einmal an derselben Stelle steht, wo früher
Goverigus sich fand; dieser ist, vor dem Desiberius gewissermaßen
ausweichend, in das Verhältniß eines Neffen desselben von seinem
Bruder Godinus hinabgeglitten, und erscheint jetzt als Bruder Si-
golinas, als deren Vaterbruder er zuvor gegolten [4]). Wir wissen
aber, daß eben der heilige Desiderius von Cahors unter dem Namen
Saint-Gery verehrt wird [5]); und vielleicht schon frühzeitig hat sich
im Munde des Volkes sein Name, der noch heut auf der Karte nicht
bloß Saint-Gery, sondern selbst Saint-Juery und Saint-Jory

---

[1]) de Gaujal Tom. 2. p. 460.
[2]) Gregor. Turon. Histor. lib. V. cap. 13. 14; lib. VI. cap. 12. 31;
lib. VII. cap. 9. 10. 27. 28. 34. 43. lib. VIII. cap. 27 45.
[3]) Vita Desiderii Episc. Oaturc. scr. ab anonymo fere aequali, Bouquet. Tom III. p. 527 ss.
[4]) S. oben S. 7. Anm. 2.
[5]) Les Vies des Saints, composées sur ce qui nous est resté de plus
autentique et de plus assuré dans leur Histoire; Disposées selon l'ordre
des Oalendriers et des Martyrologes. Tome VIII. Nouv. édit. Paris 1739.
in 4°. p. 14: Saint Gery evesque de Cahors, lat. Desiderius.

lautet[1]), in einer Weise gestaltet, daß es leichter war daraufhin einen
neuen lateinischen Namen zu bilden, als den vergessenen Ursprung
jener volksthümlichen Benennung wieder aufzufinden. Einen Anhalt bot dabei dann der Name des metzer Bischofs Goerich[2]), ohne
daß vielleicht die Absicht vorlag, diesen in den Stammbaum hineinzuziehen. Zwar ist dem Goverigus des Stammbaums der Beiname
Abbo gegeben, gleich jenem Bischof von Metz, aber wohlmöglich erst
bei Gelegenheit einer späteren gewaltsamen Herbeiziehung und Aus-
beutung des Katalogs der Bischöfe von Metz, an welche man anfänglich, wie wir noch zu begründen versuchen werden, sehr wenig
gedacht zu haben scheint; zwar bestätigt auch die eigene Biographie
des Bischofs Goerich von Metz[3]) dessen Verwandschaft mit dem heiligen Arnulf, und somit seine Zugehörigkeit zu dessen Stammbaum,
aber welchen Glauben verdient sie?

In zwiefacher Gestalt auf uns gekommen, einer kürzeren, offenbar älteren, und einer längeren, zu der jene kürzere leider von einem
Unberufenen[4]) ausgearbeitet ward: läßt die Biographie Goerichs denselben nach seiner Erblindung aus Aquitanien nach Metz wandern,
wo er nach Arnulfs, seines Blutsverwandten, Rücktritt vom Bischofs-

---

[1]) Die Namen der Heiligen haben sich im Volksmunde gerade in den
Gegenden Frankreichs, die uns hier angehen, in einer Weise verkehrt, daß sie
zum Theil gar nicht wiedererkannt werden könnten, ließe sich nicht aus den verschiedensten oft dicht neben einanderstehenden Formen eine Kette bilden, die sicher
von einer zur anderen hinüberleitete. So gehören zu den verbreitetsten Heiligen
in Aquitanien St. Sernin, St. Caprais, St. Aignan, St. Bausile, St. Cirq.
Von dem zuerst genannten heißt es in Les Vies des Saints l. l. Tom. VIII.
p. 234: Saint Saturnin, premier evêque de Toulouse et Martyr, que le
vulgaire appelle Saint Sernin, et autrement encore selon la diversité des
lieux de la France; zu diesen anderweitigen Benennungen gehören: St. Serni
und St. Sadournin. Der zweite erscheint als St. Caprais, St. Caprair, St.
Capraisy, St. Crabary, St. Crabé. Den dritten finden wir als St. Aignan,
St. Agnan, St. Agnant, St. Aignian, St. Ignan. Noch größere Abwechselung
bietet der vierte St. Bausile, St. Beausile, St. Bauzile, St. Beauzile, St
Bauzille, St. Bazille, (Ste. Bazeile, Bauzelle), St. Bauzeil, St. Bauzel, St.
Bauzely, St. Beauzelly, St. Beaulize. Am Interessantesten aber wechselt fünf-
tens St. Ciriace, St. Cyrac, St. Sirac, St. Cyrice, St. Ciryce, St. Cirice,
St. Sirix, St. Cirgue, St. Cirq, St. Circ, St. Cizy, St. Quirc, (St. Queri?),
St. Cric, St. Cry. Auch für St. Ferreol sahen wir oben schon St. Fereol,
Feriol, Ferriol. Warum also nicht für St. Gery, St. Gerys, St. Geri (ge-
hört hierher vielleicht St. Queri?) St. Juery, St. Jory? Letzteres nähert sich
freilich bereits dem St. Jordy, welches gleichbedeutend dem St. George ist, gehört aber wohl nicht hierher, sondern zu jenem St. Gery, neben dem übrigens
auch St. Dezery und St. Drezeri steht, etwa wie neben St. Denis die vollere
Form St. Dionizy. — Gelegentlich sei hier noch angeführt, daß auch der heil-
lige Gaugericus, Bischof von Cambray und Arras, französisch St. Gery, in
Belgien St. Guric heißt, Acta Sanctorum Belgii selecta ed. Jos. Ghesquierus
Tom. II. p. 255.

[2]) Mon. German. SS. Tom. II. p. 269: Goericus Episcopus sive Abbo. —
Pauli Gesta Episc. Mettens., Mon. German. SS. Tom. II. p. 267. Goericus
qui et Abbo vocitatus est.

[3]) Vita S. Goerici auct. anonymo, Bolland. Sept. 19. p. 47 ss.; die
ältere Fassung: Arnulfus tibi carus amicus et propinquus, die jüngere: Arnulfus carne et sanguine tibi propinquus.

[4]) Während es z. B. in der älteren Fassung mit Rücksicht auf die aria-

amte im Jahre 627 ¹) dessen Nachfolger wird. Den Moment dieser
Uebersiedlung giebt sie ziemlich genau dahin an, daß Theubebert König,
Arnulf Bischof gewesen sei, mithin auf das Jahr 612, das erste des
Bisthums Arnulfs, das letzte der Regierung Theuberts, den gleich
darauf sein Bruder Theuderich von Land und Leuten jagte. Ueber
die Stellung Goerichs in Aquitanien weicht aber nun die jüngere
Fassung weniger von der älteren ab, als daß sie vielmehr zu viel,
wo jene zu wenig, bietet. Denn während nach der beliebten Art
der Heiligenakten, die weltlichen Verhältnisse neben den geistlichen
möglichst oberflächlich abzuhandeln, die ältere Fassung ihren Mann
nur in ganz allgemeinen Ausdrücken einen tapfern Krieger nennt,
der in erster Reihe den Feind bestanden und manch Siegeszeichen
davongetragen, läßt die jüngere ihn vom Grafen zum Herzoge, vom
Herzoge zum „Rex" von Aquitanien aufsteigen, nachdem der letzte
ihm verwandte Inhaber dieser Würde gestorben ist ²), und gegen
Basken, Gothen, Saracenen mit Ruhm ankämpfen.
Ein „Rex" in seiner wahren Bedeutung als König von Aquitanien erscheint zwar einige Jahre nach Goerichs angeblicher Uebersiedlung in der Person des jüngeren Sohnes Clothars II, Charibert ³), vor-
her ist aber von einem solchen nicht die Rede; nur etwa der höchste
Verwaltungsbeamte in der Provence von Marseille führt den Titel
„Rector", der sich neben anderen Titeln aus der Zeit der Römer-
herrschaft hier erhalten hatte ⁴). Möglich nun, daß Goerich dieses
Amt eines Rector Provinciae Massiliensis bekleidete, welches zu
der Grafen- und Herzogswürde über Arvern, Rhodez, Uzes, Albi in
Beziehung stand. Denn der zum Herzog über Arvern, Rhodez und
Uzes bestellte Nicetius wird im Jahre 587 Rector Provinciae
Massiliensis und der übrigen in jener Gegend gelegenen, zu Childeberts Reiche gehörigen Städte ⁵), und von dem Bruder des Bischofs
Desiderius hörten wir schon, daß er, ums Jahr 621 zum Grafen
von Albi und Judex von Marseille ernannt, bis ins Jahr 629 dieses
Amt verwaltete, wo ihm dann Desiderius auf kurze Zeit folgte. Bis
dahin war derselbe, am Hofe Clothars II und Dagoberts hochangesehen,
mit dem Amte eines Schatzmeisters betraut, wie seine Biographie
uns berichtet, und sein Briefwechsel zu bestätigen scheint, da wiederholt in demselben an den Verkehr und die Bekanntschaft des Desiderius bei Hofe erinnert wird, besonders in zwei Briefen, deren

nischen Gothen heißt: paganorum infestatio perurgebat, umschreibt dies die
jüngere: Saracenorum, Gothorum, Wasconum ceterarumque diabolicarum
pestium vastissimo turbine tum temporis Aquitaniae regnum et tota Francia quatiebatur.
¹) Die Begründung dieses Jahres für den Rücktritt Arnulfs s. Excurs IX:
Die Bischöfe von Metz u. s. w.
²) Post comitatus dignitatem, post ducatus ordinem ultimo Galliae
Aquitaniae rege defuncto ex genero parentibusque regiis fascibus communi
assensu omnis ordo, omnis actus sublimare festinant.
³) Fredegarii Chron. cap. 57.
⁴) Gregor. Turon. histor. lib. VIII. cap. 43. Vgl. Giesebrecht in den
Geschichtschreiber der deutschen Vorzeit zu Gregor v. Tours Buch IV. Cap. 24.
⁵) Gregor. Turon. histor. lib. VIII. cap. 18. 43.

einer von Desiderius an einen gewissen Abbo, der andere von diesem Abbo an Desiderius gerichtet ist[1]). Aus einem dieser Briefe geht zugleich hervor, daß Abbo und Desiderius am Hofe Chlothars ge= meinsam verkehrten[2]); und erwägt man nun, daß der Name Abbo ein Beiname des Bischofs Goerich von Metz sowohl wie des Gove= ricus des Stammbaums ist, und daß der nachherige Bischof Goerich um das Jahr 612 von Aquitanien nach Metz gelangt sein soll, so scheint Alles sich bestens zu fügen.

Allein, um von der jüngeren Fassung der Biographie Goerichs von Metz garnicht zu reden, wir können auch der älteren keinen Platz einräumen, wie er nur einem ächten Aktenstücke gebührt. Denn warum schweigt der auf die Aufforderung des Bischofs Angelramn von Metz[3]) ums Jahr 784[4]) die Geschichte der metzer Bischöfe schreibende Paulus[5]), der doch gewiß von seinem Auftraggeber aufs Beste bei seiner Arbeit unterstützt wurde, warum schweigt er über Goerichs aquitanische Herkunft und einstige Bedeutung so gut wie über seine Verwandschaft mit seinem Vorgänger Arnulf, und begnügt sich kurz seinen Namen zu verzeichnen? Und warum gehen nach ihm noch weitere Jahrhunderte schweigend über Goerich hinweg, bis plötzlich in der zweiten Hälfte des zehnten Jahrhunderts — wie uns ein angeblicher Augenzeuge, der Abt des Klosters St. Symphorien zu Metz, Constantin, etwa ums Jahr 1012 erzählt[6]) —, nachdem Bischof Dietrich von Metz zu Epinal im Chaumontois ein Kloster gebaut, nächst Gott dem heiligen Goerich geweiht, und dessen Gebeine von Metz dorthin übertragen hatte, der heilige Bekenner Christi, Goerich, durch zahlreiche Zeichen und Wunder der Welt offenbart, welchen Lohn sein frommer Wandel bei dem Herrn gefunden, und nun sein weit und breit über alle Lande erschallender Preis die Un= glücklichen, welche schreckliche Seuche an Armen und Füßen heim= sucht, an Krücken und auf Karren herbeiströmen macht, um Genesung durch seine Fürsprache zu suchen und zu finden.[7])

Es fällt aber diese glänzende Erneuerung des Gedächtnisses des Bischofs Goerich in eine Zeit, wo die Bischöfe von Metz, Adal= bero I., Dietrich und Adalbero II., in einem Zeitraume vom Jahre 927 bis zum Jahre 1005 auf alle Weise bemüht waren, ihren

---

[1]) Du Chesne Histor. Franc. Scriptores Tom. I. p. 878. 886.

[2]) l. l. p. 873: Domno semper suo Abboni Papae Desiderius peccator......sicut nos sub seculi habita in contubernio screnissimi Flotarii
principis mutuis solebamus relovare tabellis, ita jam nunc illa ad plenum
deposita vanitato dulcia liceret Christi ruminaro praecepta.

[3]) Pauli Histor. Langobard. lib. VI. cap. 16.

[4]) Abel in der Einleitung (S. XV) zum Paulus Diakonus, in den Geschichtschreibern der deutschen Vorzeit.

[5]) Pauli Warnefridi liber de Episcopis Mettensibus, Mon. Germ. SS.
Tom. II. p. 260 ss.

[6]) Vita Adalberonis II. Mett. Episc. auct. Constantino Abb., Mon.
Germ. SS. Tom IV p. 658 ss. — Benützt von Sigbert von Gemblour in der
Vita Deoderici Episc. Mett., Mon. German. SS. Tom IV. p. 461 ss. — Vgl
Widrici Vita S. Gerardi Ep., Mon. Germ. SS. Tom IV. p. 493.

[7]) Vita Adalberonis II. l. l. p. 662; Vita Deoderici l. l. p. 469.

Sprengel zu verherrlichen [1]). Und sie mögen dies gethan haben, nicht allein durch Reformirung und Neugründung der Klöster, durch Erwerbung zahlreicher Gebeine von Heiligen, sondern auch durch Auffrischung und wohl selbst Erdichtung von Sagen und Legenden, welche sich an ihre Vorgänger auf dem bischöflichen Stuhle von Metz knüpften. Einen Beweis dafür glauben wir auch in dem Umstande zu finden, daß gegen das Ende[2]) eben der Biographie des zweiten Adalbero, aus der wir Obiges entnehmen, ihr Verfasser, diejenigen Bischöfe aufzählend, welche im Kloster St. Symphorien zu Metz ihre Grabstätte gefunden, nächst Arnulf, den derzeit staunens- werth wunderthätigen Goerich und seinen Bruder Godo, beide blutsverwandt dem Vorgänger Arnulf nennt, genau so wie Goerich allein dessen eigne Biographie, die nun in der einen, wie in der anderen Fassung gewiß erst durch die wachsende Verehrung des Hei- ligen hervorgerufen ward. Zugleich verbreitet sich auch die Kunde von Goerichs einstiger Bedeutung für Aquitanien und von seiner Pilgerfahrt nach Metz[3]), wobei vielleicht der verwandte Name des gleichzeitigen Heiligen Goar, dem aquitanische Herkunft ebenfalls zu- geschrieben ward[4]), vielleicht auch nur der Umstand maßgebend ein- wirkte, daß Aquitanien, in seinen südlichen Gegenden lange Zeit in der Gewalt der arianischen Gothen und vielfach von den Saracenen heimgesucht, theils wirklich ergiebiger als andere Länder an Männern und Frauen sein mochte, welche unter Verwilderung und Unglauben ihr Herz gestählt hatten, um desto eifrigere Bekenner und Verkünder der wahren Lehre Christi zu werden, theils in den Augen der ent- fernteren Beobachter sich als ein Land gestaltete, recht geeignet, um darauf das Wort des Herrn anzuwenden, das er zu Abraham sprach: „Gehe aus Deinem Vaterlande und von Deiner Freundschaft und aus Deines Vaters Hause, in ein Land, das ich Dir zeigen will"[5]). Finden wir doch dieses Wort gerade in einem Werke[6]) eines der ausge- zeichnetsten und gelehrtesten Geistlichen derselben Zeit, in der unser Heiliger sein Licht leuchten zu lassen anhub, des Bischofs Notker von

[1]) Wattenbach, Deutschlands Geschichtsquellen im Mittelalter S. 186. 187.
[2]) V. Adalb. l. l. p. 671. 672: b. Goericus, nostris temporibus mira- bilis miraculorum operator, et s. Godo, germanus ejusdem pontificis Goorici, qui s. Arnulfi etiam sanguine et carne affines in episcopatu successerant.
[3]) Vita altera S. Arnulfi auct. Umnone, Bolland. Jul. 18. p. 444: Contigerat autem illis in diebus, ut ..... Goericus, filius Gamardi, fratris avi paterni hujus b. Arnulfi, ab Aquitania ..... Mettim devenisset. Hic primo suae gentis fuerat rex officio. — Hugonis Abb. Flaviniac. Chronicon, Mon. Germ. SS. Tom. VIII. p. 337: Regnante Theodeberto rege s. Goericus, rex Aquitaniae ultimus, justis pollens moribus a Domino caecitate per- cussus, revelatione angelica Mettim venit, cui praeerat s. Arnulfus pro- pinquus ejus. — Gesta Episc. Mettens. sec. 12., Mon. Germ. SS. Tom. X. p. 539: Goericus sanctus, qui et Abbo dictus est .... Hic primo rex Aqui- tanorum fuerat.
[4]) Vita S. Goaris confess. et erem. auct. anon. subaequali, Mabill. sec. II. p. 275 ss.
[5]) Genesis cap. 12. v. 1.
[6]) Vita S. Hadalini Confess. condit. monast. Cellensis prope Diona- tum ad Mosam auct. Notkero Leod. Episc., Mabill. sec. II. p. 1013.

Lüttich[1]), gebraucht, indem er die Heiligen aufzählt, welche ihr Vater-
land Aquitanien verließen und in das Frankenreich einwanderten.

Können wir uns darnach nun nicht mit Goerichs aquitanischer
Abkunft befreunden, und höchstens eine amtliche Beziehung desselben
zu dem Süden des fränkischen Reiches gelten lassen[2]), so bietet sich
doch weniger ein Anhalt, diese in einem weltlichen Amte zu suchen,
welches ihn vorübergehend nach Aquitanien geführt habe, als viel=
mehr in seinen bischöflichen Befugnissen.

Diese nöthigten ihn, ein wachsames Auge auf die im Süden
gelegenen Besitzungen der Kirche von Metz zu haben, und eben einer
von jenen zuvor erwähnten Briefen, welche er — denn er ist der
Abbo, der dort genannt wird, — mit dem Bischof Desiderius von
Cahors wechselte, beweist, wie er sich angelegen sein ließ, die Rechte
seiner Kirche zu wahren, indem es sich darin um das derselben zu=
stehende Gut Rotoboul im Rouergau handelt.[3])

Derselbe Brief ist aber auch noch aus dem Grunde merkwürdig,
weil er mehrere Namen nennt, welche an den Stammbaum erinnern,
nämlich Babo und Chedenus oder Gedenus, und zwar den letzteren
geradezu als den leiblichen Bruder des Schreibers[4]). Die Bollan=
disten[5]) haben es darnach für ausgemacht erklärt, daß dieser Brief
die Aussage des Stammbaums beglaubige, welcher einmal, wie wir
wissen[6]), Goverigus und Godinus als Brüder neben einanderstellt;
Godinus und Gedenus gilt ihnen einerlei.

Wir wollen gelten lassen, daß die Aehnlichkeit der Schriftzeichen
eine Verwechslung dieser Namen möglich mache, deßhalb dürfen wir
sie aber doch nicht ohne Weiteres für gleichbedeutend erklären. Denn
genauer betrachtet leiten sie auf sehr verschiedene Stämme hin, und
möchten sich allenfalls Gedenus, Chedenus, Cedinus auf den gleichen
Stamm zurückführen lassen, während Godinus jedenfalls für sich
allein, weit entfernt von jenen stehen bleibt. Daher wird sich auch
kaum der Gedenus oder Chedenus des Briefes mit dem Godinus des
Stammbaums identificiren lassen.[7])

---

[1]) Ueber Notker, der in den Jahren 972 bis 1008 Bischof von Lüttich war,
s. Wattenbach a. O. S. 191.

[2]) Wie die Vita alt. Arn. (s. S. 19 Anm. 3) in den Worten „rex officio"
fast anzudeuten scheint. Doch über die Bedeutung dieser Vita s. Excurs III.

[3]) Du Chesne Tom. I. p. 886: Domno semper próprio Desiderio
Apostolico Papae Abbo peccator.... De villa autem Rotovollo sicut scitis
dominus Dagobertus rex ipsam pro amplius quam 500 solidos in luminaria
ad Basilicas Metenses delegavit. — Vgl. de Gaujal Tom. II. p. 240.

[4]) L l.: Litteras gratiae vestrae tam per anteriores missos, qui cum
filio vestro Chedeno venerunt, quam et qui postea cum Babone, accepi.
Vos vero taliter cum domna Bobila agite, ut exemplaria, quae pro filio vestro
germano meo Gedeno direxi, firmare debeat.

[5]) Zur Vita altera Arnulfi Jul. 18. p. 445. n. c.

[6]) S. oben S. 7. Anm. 2.

[7]) In jenem Briefe selbst wechselt die Schreibart des Namens zwischen
Gedenus und Chedenus, obwohl doch gewiß von derselben Person an beiden
Stellen die Rede ist. Ebenso heißt der im Jahre 590 gegen die Franken
kämpfende Herzog bald Cedinus bald Chedinus (Gregor. Turon. histor. lib. X.

Aber noch weniger freilich möchte dieser letztere, wenn auch des=
selben Stammes, derselbe Name mit Gobo sein, den wir, vermuthlich
auf Grund des in dem Stammbaume vorkommenden Gobinus, in
der Biographie des Bischofs Adalbero II. von Metz als Goerichs
leiblichen Bruder genannt finden [1]), als es galt, zur Verherrlichung
des metzer Bisthums ein Uebriges zu thun.

Doch wie ist es jetzt mit dem zweiten Namen, Babo, den jener
Brief nennt, und den der im Stammbaum einmal als Vater, dann als
Großvater Goerichs genannte Gamardus als Beinamen führt? Der
Brief erwähnt seiner in einer Weise, daß, namentlich in Rücksicht
auf den neben ihm stehenden genau bezeichneten Gedenus, ein ähn=
liches Verhältniß desselben zu Goerich wie das des Gedenus kaum,
am wenigsten aber vermuthet werden kann, dieser Briefträger Babo
sei der Vater Gamardus=Babo des Briefstellers Goerich=Abbo.

Da finden wir nun in der Biographie der heiligen Segolena [2]),
welche wir der Sigolina des Stammbaums für identisch halten, und
deren Familie gleich derjenigen des Bischofs Desiderius von Cahors zu
Albi heimisch und angesehen ist, den Namen Babo wieder. Denn
Einer der Brüder dieser Heiligen, Babo geheißen, ist Herzog von Albi,
Segolenas Geburtsstadt; er führt also denselben Namen, wie ihr
Großvater im Stammbaum. Aber so sehr diese Erscheinung des=
selben Namens gerade bei Großvater und Enkel dem Stammbaume
zur Stütze dienen muß, so sehr tritt ihm der weitere Umstand ent=
gegen, daß der Vater Segolenas ihm zufolge Gobinus, in ihrer
Biographie aber Chramsich heißt. Wir vermögen nun nicht, wie
Du Bouchet [3]), zwei derartig verschieden benannte Personen zu
einer zu verschmelzen, zumal gar kein Anhalt vorliegt, eine dieser
Benennungen als einen Beinamen neben der anderen als der Haupt=
benennung zurücktreten zu lassen, wie dies bei Abbo und Babo der
Fall war [4]); vielmehr überzeugen wir uns, daß wir hier in einen
Familienkreis eingetreten sind, der mit dem arnulfingischen Stamm=
baume nichts gemein hat.

Jener Babo aber, den Abbos Brief nennt, mag entweder der
Bruder Segolenas oder sonst ein Glied ihrer Familie gewesen sein,

cap. 3; Pauli Gesta Langob. lib. III. cap. 33). Doch setzt Förstemann Altdeutsches namenbuch Bd. I. Personennamen. Nordh. 1856. Gedenus auf
S. 455 freilich mit einem Fragezeichen zu dem Stamme „Gad", getrennt von
Chedenus, Chedinus, die wir S. 652 dem Stamme „Hedan" beigesellt finden,
während Godinus S. 531 dem Stamme „God" zugesprochen wird.

[1]) S. oben S. 19 Anm. 2.
[2]) Vita S. Segolenae auct. anon. coaevo, Mabill. sec. III. ps. 2. p.
540 ss.; Bolland. Jul. 24. p. 628 ss.
[3]) S. oben S. 14.
[4]) Als Beinamen scheinen übrigens gerade Namen, wie Abbo, Babo und
ähnliche beliebt gewesen zu sein, welche dann mehreren oder vielleicht allen Fa-
milienmitgliedern beigelegt wurden. So erscheinen z. B. in der Vita S. Salabergae Abb. Laudun., Mabill. sec. II. p. 424 zwei Brüder Leubuinus und
Fulculfus mit Beinamen Bobo, und in der Vita S. Agili Abb. Resbac., Mabill. sec. II. p. 321 drei Brüder Ado, Rado und Audoenus mit dem Beinamen
Dado. Ueber die Vermuthung, daß die Namen Ado und Rado demselben zu-
kämen, vgl. Mabill. sec. II. p. 486. n. 3.

je nachdem wir ihre Lebenszeit früher oder später annehmen. Denn nicht so leicht möchte sich dieselbe bestimmen lassen [1]), und es hieße auch noch die letzte Möglichkeit, daß diese Heilige zu dem arnul-fingischen Stammbaume in der behaupteten Weise gehört habe, gänz-lich hinwegräumen, wollten wir mit Mabillon ihre Lebenszeit in das achte Jahrhundert verlegen. Den Hauptanlaß zu dieser Annahme mag ein zweiter Bruder Segolenas gegeben haben, welcher kurzweg als Bischof Sigbald bezeichnet, der gleichnamige metzer Bischof ge-wesen sein soll, der in den Jahren 716 bis 741 thronte [2]). Aber er könnte ebenso gut als Bischof von Cahors zur Ausfüllung der Lücke beitragen, welche sich in dem Cataloge der Bischöfe dieser Stadt nächst dem heiligen Desiderius findet. Dann hätte wenigstens der vielfach von der Gicht geplagte Mann leichter seine in dem Albigensergau in ihrer Klosterstiftung, vermuthlich [3]) bei L'Isle, eine Strecke unterhalb Albi am Tarn, weilende Schwester so häufig, wie uns erzählt wird, besuchen können.

Und wie nun Desiderius, dessen Familie vielleicht derjenigen Segolenas an Verwandtschaft ebenso nahe stand, wie sie ihr an irdi-scher und geistlicher Hoheit zugleich ebenbürtig erscheint, um seinen Bischofssitz her als St. Gery, um Albi und L'Isle herum aber wech-selnd bald unter jenem Namen bald als St. Juery und jenseits des Tarn und seines Nebenflusses, des Agout, sogar als St. Jory ver-ehrt wird: so zählen wir von Albi abwärts am Tarn und gegen den·Agout hin noch heut auf der Karte dreimal den Namen St. Si-goulaines oder Sigolène, während über den Tarn gen Norden und weiter umher im Gau von Albi zahllose Namen der Karte daran erinnern zu wollen scheinen, daß sie einst nach jener Heiligen ge-nannt worden [4]), deren Leib in silbernem Sarge auf dem Hochaltare der Cathedrale von Albi zu andächtiger Verehrung aufgestellt ward. [5])

Daß aber diese albigensische Segolena eine andere Heilige ge-wesen als diejenige, der zu Metz eine Kirche geweiht ward [6]), ist nicht anzunehmen, wenn auch jene als Wittwe, diese als Jungfrau

---

[1]) Mabill. sec. II. p. 541.

[2]) Catalogus Episc. Mettens., Mon. Germ. SS. Tom. II. p. 269. — Vita Chrodegangi Episc. Mettens. auct. ut videtur Johanne Abb. Gorz., Mon. Germ. SS. Tom. X. p. 558.

[3]) Vermuthlich; denn Segolenas Stiftung, Monasterium Troclarense ge-nannt, ist nicht weiter aufzufinden, als daß man annimmt, der mit dem Namen Insula bezeichnete Ort, wo die Nonnen jenes Klosters ihre Grabstätte hatten, habe nicht fern von demselben an der Stelle des heutigen Städtchens L'Isle am Tarn gelegen, und gewiß irrt Mabillon nicht, wenn er la Grave am Tarn, halbwegs zwischen Albi und L'Isle als den Ort bezeichnet, wo das Kloster ge-legen, denn dicht dabei zeigt die Karte noch heut ein St. Sigolène.

[4]) So finden wir unter Anderm neben vielen Signols, Sigouls, Segonaine, Seignalens u. dgl. auf der Cassini'schen Karte nördlich von la Grave über dem Tarn ein Segoulié, wo die Homann'sche Karte von Languedoc vom Jahre 1742 ein S. Sigouleines angiebt.

[5]) Mabill. sec. III. ps. 2. p. 550. n. a.

[6]) Mabill. Annales Benedictini Tom. 1. p. 607.

bezeichnet wird[1]). Denn einmal ist die Bezeichnung einer Heiligen als einer Jungfrau, mag sie im ehelichen Stande gelebt haben oder nicht, sehr gewöhnlich[2]), und dann läßt sich nicht ohne Grund vermuthen, daß eben ihr angeblicher Familienzusammenhang mit den Karolingern die Gründung einer Kirche auf ihren Namen, wohl auch in jener Zeit, auf die wir schon wiederholt hinwiesen, zu Metz veranlaßt habe.

Wir scheiden indeß von dieser Heiligen jetzt, indem wir nur noch einige Worte über die schon wiederholt genannten, als ihr Vater und ihr Großvater im Stammbaum stehenden Godinus und Gamardus hinzufügen. Von Godinus wissen wir nichts; der Stammbaum selbst bietet keinen Anhalt, und in anderen Quellen der Zeit kommt außer dem Anstifter einer Waffenerhebung in der Champagne im Jahre 575[3]) kein Godinus vor. Nicht anders verhält es sich mit seinem angeblichen Vater Gamardus; nur ein Mönch dieses Namens im Kloster St. Wandrille erscheint in der zweiten Hälfte des sechsten Jahrhunderts. Er ist der Bruder des heiligen Bischofs Erembert von Toulouse[4]) und vielleicht sein Name gleich dem seines bisher noch ganz unberührt gelassenen dritten Sohnes Ricbert, der auch unter dem Namen Ratbert erscheint[5]), nicht ohne Antheil der schriftstellerischen Thätigkeit im Kloster St. Wandrille in den Stammbaum gekommen; wenigstens bemerken wir die Erwähnung der Gebeine eines heiligen Ricbert, welche auf einem diesem Kloster gehörigen Grundstück ruhen.[6])

Aber neben Gamardus steht nun der oben bei der Betrachtung der Namen Deotarius und Modericus bereits erwähnte, hier, indem

---

[1]) Comment praev. ad Vitam S. Segolenae, Bolland. Jul. 24. p. 628 ss. — Der karolingische Stammbaum sagt übrigens ausdrücklich Domna Sigolina, während er von Tarsicia und anderen weiblichen, hier garnicht in Betracht kommenden angeblichen Mitgliedern des karolingischen Geschlechts als von Jungfrauen redet.

[2]) Sollte diese Behauptung noch des Beweises bedürfen, so würde derselbe vielleicht nicht treffender geliefert werden als durch eine Stelle der Epistola Willelmi Abbatis in der Historiae Franco-Merovingicae Synopsis, seu, Historia succincta de gestis et successione regum Francorum, qui Merovingi sunt dicti, a R. P. D. Andrea Silvio, Reg. Marcian. Coenobii Magno Priore.... conscripta, et a D. Willelmo Abb. Andern. continuata. Opera Raph. de Beauchamps in vulgum emissa, Duaci Catuac. 1633. in 4º. p. 808: nec aliquem moveat, quod a Marcianensibus Rictrudis, ab Andrensibus vero Rotrudis vocatur, quod illi Marito sociata et multiplici sobole foecundata, a nobis autem virginitatis honore beata praedicatur..... Si juvenili aetate Marito nupsit et ex eo prolem non tam saeculo quam deo progenuit, nostrae assertioni non est contrarium, quia viro defuncto secundas nuptias sprevit, ad vitam coelibem se omnino transtulit, in sancto viduitatis proposito vitae residuum feliciter explevit, et ita virginitatis merito non carebit. Doctores enim nostri distinguunt triplex genus virginitatis, quia est virginitas carnis, virginitas mentis et virginitas professionis.

[3]) Gregor. Turon. histor. lib. V. cap. 3.

[4]) Vita S. Eremberti Episc. Tolos., Mabill. sec. II. p. 604 ss.

[5]) S. oben S. 7.

[6]) Gesta abbat. Fontanell., Mon. Germ. SS. Tom. II. p. 283.

wir weitergehen, noch einer gründlichen Erörterung bedürfende Aigulf. Sehen wir zuvörderst ganz davon ab, daß er, der überhaupt nur in den Erweiterungen des Stammbaums zum Vorschein kommt, daselbst als Bischof von Metz bezeichnet wird, und forschen in den Akten der Heiligen nach dem Namen Aigulf, so finden wir ihn dort zweimal vertreten, durch einen Bischof von Bourges[1]), der in der ersten Hälfte des neunten Jahrhunderts etwa ein Menschenalter hindurch sein Bisthum verwaltete, und unter den abweichendsten Verkürzungen seines Namens[2]) am 22. Mai in Frankreich gefeiert wird, — und durch einen Märtyrer, der, im Laufe des siebenten Jahrhunderts Abt von Lerins, hier näher betrachtet zu werden verdient.[3])

Frühzeitig in das neugegründete Kloster Fleury an der Loire eingetreten, zeichnete er sich bald so sehr durch Frömmigkeit und Einsicht aus, daß der Abt des Klosters, eben der Mummolus, von dessen Verehrung in Bordeaux wir oben[4]) sprachen, ihn erwählte, den Leib des heiligen Benedict von Monte Cassino nach Fleury zu schaffen. Die Ausführung dieses Geschäfts[5]) — wahrscheinlich waren es aber nur einige Körpertheilchen, die er hinüberführte, — gaben ihm solches Ansehen, daß die Mönche von Lerins ihn zu ihrem Abte erbaten; er folgte ihrem Rufe, erregte indeß bald durch seine strenge Zucht sich Widersacher im Kloster, sie bemächtigten sich seiner, warfen ihn in ein Schiff, und ermordeten ihn unter vielen Martern auf der Insel Capraja an der Küste von Toskana ums Jahr 675. Seinen Leib aber, der bald nach Lerins zurückgeschafft wurde, verherrlichte Gott durch viele Wunder, und mit der Zeit wuchs die Verehrung desselben also, daß im letzten Viertheil des zehnten Jahrhunderts seine Ueberführung nach Provins stattfand[6]), nachdem etwa ein Jahrhundert zuvor sich ein Biograph gefunden hatte, der freilich in der Vorrede sich gegen den Vorwurf, er erfinde einen Märtyrer, meint vertheidigen zu müssen.[7])

Jedenfalls glauben wir nun an diesen Heiligen des Namens Aigulf, der uns wiederum auf romanisches Gebiet an die Südküste der Provence führt, weit eher denken zu müssen, als an den offenbar untergeschobenen Bischof Aigulf von Metz, wenn dieser seiner Lebens=

---

[1]) De S. Aygulpho sive Aiulfo Archiep. Bituric. in Gallia, Bolland. Mai. 22. p. 175 ss.

[2]) St. Ayoul, Ayeul, Au, Hou. Vgl. Stadler und Heim, Vollständiges Heiligen-Lexicon. Bd. I. Augsb. 1858. s. v. Aygulphus.

[3]) Vita S. Aigulfi Abb. Lerin. et Mart. auct. Adrovaldo Mon. Floriac., qui Caroli Calvi principatu floruit, Mabill. sec. II. p. 656. ss.

[4]) S. 13.

[5]) Vita S. Aigulfi p. 658; Historia Translationis S. Benedicti ab Adrevaldo seu Adalberto Mon. Floriac. scripta sec. 9. nebst der Dissertatio praevia, Mabill. sec. II. p. 337. ss.

[6]) De translatione reliquiarum S. Aigulfi in Castrum Pruvinense, Mabill. sec. II. p. 666.

[7]) Vita S. Aigulfi p. 657: Sed non me fugit quorundam usus semper quaeritantium, quo dentem lacerum figere queant, quorum forsan sententia erit: Quid nobis rudem adducitis, vel potius confingitis Martyrem?

zeit nach auch viel beffer als jener Heilige sich zu einem Großoheim
Arnulfs geeignet hätte. Daß es darauf bei Herstellung des Stammbaums gar nicht ankam, wird im Weiteren erhellen; hier nöthigt
uns zum Verweilen die eigenthümliche Stellung Aigulfs, welche er
in der Biographie des Bischofs Chlodulf[1]), des ältesten Sohnes
Arnulfs, einnimmt. Denn in der Stammtafel, welche sie enthält,
zeichnen den Ahnherrn des arnulfingischen Geschlechtes, Ansbert, zwar
schon Reichthum, hohe Würden der Kirche, erlauchte Verwandschaft
aus, und neben vier andern Brüdern, die theils in heiligen Aemtern,
theils selbst mit der Krone der Heiligkeit geschmückt, theils Väter
von Heiligen sind, steht Aigulf, der Bischof von Metz, der Sohn
einer Tochter Chlodwigs, des Hauptes des merowingischen Königs-
hauses. Allein diese Mutter Aigulfs ist nicht auch Ansberts Mutter[2]),
und dieser selber sonnt sich nur in dem Wiederscheine des Glanzes,
den seine Brüder auf ihn ausstrahlen, noch lange nicht hinreichend
getragen durch die eigene senatorische Würde, die ja doch nur gleich
einer an die entschwundene Herrlichkeit der Vorzeit mahnenden Ruine
in die neue Epoche hinüberragt.

Auf den ersten Blick erscheint nun diese Stammtafel, in der
wir vergeblich Blithild suchen, die doch sonst die Arnulfinger und
Merowinger mit einander verknüpft, wie ein frühster Versuch derartiger Verknüpfung, d. h. die Biographie Chlodulfs läßt sich wie
eine Vorarbeit zu dem Stammbaume an, den wir in Gegenwärtigem
zergliedern. Allein bei genauer Betrachtung gewinnt sie ein anderes
Ansehen.

Offenbar nämlich erwuchs sie zu ihrem jetzigen Umfange erst
allmählich aus einer Anfangs kurzen Legende zum Zweck der jähr-
lichen Gedächtnißfeier der im Jahre 959 erfolgten Uebertragung der
Gebeine Chlodulfs nach der seit Kurzem als Grabstätte seines Vaters
Arnulf geltenden Abtei Lay im Chaumontois bei Nancy[3]). Ihre
Entstehung und Ausbildung fällt somit wieder in eben jene Zeit der
beiden Adalbero und des zwischen ihnen thronenden Dietrich, und
wir irren gewiß nicht, wenn wir ihr die Absicht unterlegen, mit dem
karolingischen Stammbaum die metzer Bischöfe Aigulf, Arnoald,
Goerich und etwa auch schon Godo in Verbindung zu bringen; wird
doch auch nirgends mit solchem Nachdruck, wie in dieser Biographie
hervorgehoben, daß viele bereits aus Chlodulfs Geschlecht, die ersten
an Adel im ganzen Francien, die berufensten an Heiligkeit, an Werken und Wundern, seit Verlauf von vielen Jahren auf dem heiligen

---

[1]) S. Excurs I: Die Biographie des Bischofs Chlodulf von Metz.

[2]) So glauben wir wenigstens verstehen zu müssen, wenn es heißt (Mabill.
sec. II. p. 1044): Arnoaldus quom dicimus patrem habuit Anspertum, qui
ditatus non solum rerum opulentia, verum fratrum dignitate et consociali
excellentia gloriosus effulsit. S. nempe Aigulfus Mottensium praesul mag-
nificus, quem Gesta Mottensium Pontificum ex filia Chlodovei Regis procreatum dicunt....., Leotarius Arisidi pontifex....

[3]) S. Excurs I: Die Biographie des Bischofs Chlodulf von Metz.

Stuhle von Metz gesessen und ihren wie seinen Ruhm bis zu den Himmeln erhoben hätten.[1]

Arnoald, den Vater des heiligen Arnulf, bezeichnet nun zwar die Biographie Chlodulfs[2] nicht ebenso ausdrücklich wie Aigulf als Bischof von Metz, aber es versteht sich ja von selbst, daß er dazu wird, sobald einmal die Aussage des Paulus, Aigulf sei der Sohn einer Tochter Chlodwigs gewesen, herangezogen ward, indem derselbe Paulus unmittelbar darnach Aigulfs Nachfolger, Arnoald, dessen Neffen nennt, ohne jedoch bei einem von beiden auf einen Zusammenhang mit dem heiligen Arnulf auch nur im Entferntesten hinzudeuten.[3]

Daß man bei der Einreihung Arnoalds oder Arnolds — denn beide Formen werden gelesen — in den Stammbaum[4] jenen Bi-

---

[1] Mabill. sec. II. p. 1045. 46. — Die also bis zum zehnten Jahrhundert auf sechs Angehörige von Chlodulfs Geschlecht, die fast hinter einander (mit zwei bis drei Jahren Unterbrechung durch Pappolus) den Stuhl von Metz inne hatten, gebrachte Reihe von Bischöfen: Aigulf, Arnoald, Arnulf, Goerich, Godo und Chlodulf vermehrt neuerdings um den siebenten, Ansbert, durch einen Schreibfehler — Waitz, Verfassungsgeschichte Bd. III. S. 12, Anmerk. 1, der übrigens ebendort „die Angaben der Gen. regum Francorum, nach denen auch die unter sich verwandten Bischöfe Aigulf und Ansbert (soll heißen Arnoald) und ebenso spätere dieser Familie angehören sollen, ebenso wie anderes das sie berichtet fabelhaft" nennt.

[2] Mabill. sec. II. p. 1044; vgl. S. 25 Anmerk. 2.

[3] Mon. Germ. SS. Tom. II. p. 264: Aginlfus qni fertur patre ex nobili senatorum familia orto, ex Chlodovei regis Francorum filia procreatus. Post istum exstitit nepos ipsius, nomino Arnoaldus.

[4] S. oben S. 7. — Warnkoenig et Gerard, Histoire des Carolingiens. Bruxelles — Paris 1862. (2 voll. in 8º.) Tom. I. p 115: La généalogie des Carolingiens, publiée dans le tome II des Monumenta de Pertz, commence par Arnoldus, vir illustris qui genuit Arnulphum. Wir haben jedoch vergeblich unsere Augen angestrengt, selbige Stelle zu entdecken, bemerken aber bei der gegenwärtigen ersten Erwähnung dieses Buches sogleich Folgendes. Demselben ist von Seiten der Brüsseler Akademie der Preis für die Lösung der Aufgabe endlich zuerkannt worden, welche seit Jahren bereits gestellt, Beantwortung der Frage nach Herkunft und Geschichte der Karolinger forderte, so weit sich letztere auf Belgien bezieht. Wie weit bei dieser Preisertheilung der Ueberdruß der Herren Preisrichter an der sich jährlich wiederholenden Begutachtung mangelhafter Bewerbungsarbeiten, wie weit etwa auch das Verdienst des als gelehrter Forscher rühmlichst bekannten Warnkönig um die Arbeit namentlich in dem uns hier weniger beschäftigenden Theile mitgewirkt hat, lassen wir dahin gestellt. Uns interessirt eben nur der Theil der Arbeit, welcher die Herkunft der Karolinger behandelt, und welchen wir ohne Bedenken Herrn Gerard zuzuschreiben um so mehr uns berechtigt glauben, als derselbe sich beeilt hat, in einem zweiten Buche Histoire des Francs d'Austrasie Tom. I. p. 326—411, wenn auch etwas verkürzt, doch zum Theil noch wörtlich, die Anschauung wiederholt darzubieten, welche er keineswegs aus eigner neuen Forschung gewonnen, sondern nur aus den Ergebnissen früherer Arbeiten sich angeeignet hat. Eine Sichtung des brauchbaren Materials von dem unbrauchbaren Wuste hat leider garnicht stattgefunden, obgleich doch Herrn Gerard darin gerade auch von einigen seiner häufig citirten Gewährsmänner trefflich vorgearbeitet war. Aber freilich hätte diese Sichtung von dem Endziel, der brabantischen Herkunft der Karolinger, welches Herr Gerard sich ersichtlich gesteckt hat, entschieden abführen müssen. Unsere gegenwärtige Untersuchung begreift nun zwar an sich selbst schon die Widerlegung des Herrn Gerard in sich, indem sie überhaupt die Ansicht von der brabantischen Herkunft

schof im Auge gehabt habe, glauben wir noch weniger, als wir dies in Rücksicht Aigulfs zuzugeben geneigt wären, dürfen wir aber zuvörderst an der nackten Hinstellung dieses Namens ohne jede nähere Bezeichnung schließen, so mag sich derselbe zwischen Ansbert und Arnulf einzig aus dem Grunde eingedrängt haben, weil frühzeitig in den verschiedenen Idiomen ein Name bald Arnulf bald Arnoald oder ähnlich lautete.[1]

Vielleicht hat aber auch hier wieder das Streben eingewirkt, einen Zusammenhang mit dem romanischen Gebiete im fränkischen Reiche herzustellen[2]), während gleichzeitig sich gerade dieser Name noch nach einer andern Seite hin ergiebig erwies.

Denn wollen wir auch nicht Namen, wie Arnold, Ernold, Er-

---

der Karolinger bekämpft. Doch ist es in Rücksicht auf die Umstände, welche deren erste Veröffentlichung in der Histoire des Carolingiens und wiederholte Darbietung in der Histoire des Francs veranlaßten und begleiteten, uns nothwendig erschienen, im Laufe derselben gerade auf das erstere Werk — das zweite bleibt füglich unbeachtet — und auf dessen Schwächen, zu denen namentlich auch große Ungründlichkeit und Flüchtigkeit in Behandlung der benützten Quellen und Autoren zählen, bei sich bietender Gelegenheit näher einzugehen.

[1]) Den nächsten Beweis dafür liefert eine dem 12. Jahrhundert angehörende Handschrift der Domus Caroling. geneal., Mon. Germ. SS. Tom. II. p. 309, in der es heißt: Arnoldus episcopus tempore juventutis sue cum esset majordomus in palatio Theoderici regis, ex legitima matrimonii copula tres filios procreavit, Anchisum, Walchisum, Clodulfum. — Vgl. Ekkehardi Chron. univ., Mon. Germ. SS. Tom. VI. p. 118: S. Arnolfi pater fuit Arnolfus. — Weiter finden wir auch König Arnulf wiederholt Arnoldus genannt in Ekkehardi IV. Casus S. Galli, Mon. Germ. SS. Tom. II. p. 82. 83. 90. — Andere zahlreiche Beispiele f. sonst in den Mon. Germ. — In der schon (S. 23. Anm. 2) angeführten Epistola Willelmi Abb. heißt es p. 807: Siquidem etsi per vitium scriptorum aut per prolixi temporis spatium in una syllaba discrepamus (nämlich im Namen Rictrub — Rotrub), in gallico tamen et flandrensi idiomate in ejus vocabulo concordes sumus: sicut, unum eundemque hominem, a quibusdam Arnulphum, a quibusdam Ernaldum, a quibusdam vero Arnaldum nuncupari videmus. — In der dem lateinischen Original gleichzeitigen Traduction de la Chronique de Dynter par Jehan Wauquelin, publiée par P. F. X. de Ram. Bruxell. 1854—60 in 4°. heißt es Tom. I. ps. 2. p. 123: le duc Ansbert..... qui d'icelle Blichilde aut le prince Ernoul et sainct Féréole.... Et Arnoul engendra de saincte Ode sa femme le prince sainct Arnoul. — De Brabantsche Yeesten, of Rymkronik van Braband, door Jan de Klerk, uitgiv. door J. F. Willems. Brussel 1839. Tom. I. p. 13: Arnout wart sint bisscop te Mes; u. p. 22: Ende dese Arnout, als God woude, Wan den goeden sinte Arnoude; Ende sinte Arnout, die heilighe wise, Wan Begghen man, Angise. — In Stadler und Heim, Vollst. Heil.-Lex. Bd. I. S. 318 werden zwei Heilige des Namens Arnulf erwähnt, welche einer ein lothringischer Märtyrer als St. Arnoul, der andere ein Bischof von Soissons als St. Arnout verehrt werden sollen; sie gehören dem zehnten und eilften Jahrhundert an.

[2]) Im ganzen Süden Frankreichs kommen sehr häufig Ortsnamen vor, welche an den Namen Arnold oder Arnoald erinnern, als Arnaub, Montarnaud, Arnautel, Arnautel, Arnaubis, Arnauboul, Arnautoue u. dgl. m. Das zwischen Lot und Garonne, nördlich der Mündung des Gers in die letztere liegende St. Arnaub mag aber vielleicht erst nach dem im Jahre 1579 von den Hugenotten im Gebiet von Cahors getödteten Minoriten Arnaldus Virganastus so genannt sein. Vgl. Stadler und Heim Bd. I. S. 315.

chinoald für durchaus gleichbedeutend erklären[1]), so ist doch die Neigung dazu vorhanden gewesen, wo es im Interesse lag[2]); warum
also könnte dieselbe nicht auch hier ihr Spiel getrieben haben? Erchinoald, der Majordomus Chlodwigs II., des Sohnes Dagoberts,
erscheint[3]) in einem Verwandschaftsverhältniß zu letzterem Könige,
welches durchaus demjenigen entspricht, in dem nach Einigen[4]) Arnulfs Vater, Arnoald, zu ihm stehen würde, als Blutsverwandter
durch die Mutter, wenn darunter eben ein Schwestersohn verstanden
werden kann. Und er ist darunter verstanden worden, als es den
Mönchen des Klosters Marchiennes daran lag, ihre Patronin, die
heilige Rictrud, mit Karolingern und Merowingern in Familienzusammenhang zu bringen.[5])

Nun ließe es sich zwar immer noch eher hören, daß der Majordomus und Reichsverweser für den jungen König Chlodwig II.
sein Vetter, als daß Arnulf, der bei der Erhebung Chlothars II. zum
Könige über Auster und Burgund schon Bischof war, dieses Königs
Urenkel gewesen, und es wäre damit noch nicht der schlimmste Ana-
chronismus seitens der Verfertiger des arnulfingischen Stammbaums
begangen worden, wenn ihnen gleich den Mönchen von Marchiennes
eine derartige Auslegung des zwischen Erchinoald und Dagobert bestehenden Verwandtschaftsverhältnisses passend geschienen hätte, das
nach unserer Ansicht durch Dagoberts Mutter vermittelt wurde.

Allein wir sahen oben bereits, wie nicht nur der Name Erchinoald, sondern auch Ernold mit Arnold identificirt wurde. Eine
innige Beziehung dieser beiden Namen zu einander erscheint freilich
schon möglicher als diejenige eines von ihnen zu Erchinoald; doch
ist es ebenso mit der Möglichkeit einer Beziehung der Persönlich-
keiten, welche hier die Namen Arnold und Ernold führen, einer
Identität derselben? Ernold heißt der Vater der heiligen Rictrud,
ein Baske von Geschlecht, in der allerdings erst im zehnten Jahr-

---

[1]) Ueber diese Namen vgl. Foerstemann namenbuch Bd. I. S. 118. 377.
384. 385.

[2]) In den Prolegom. zu der Hist. Franco-Merov. Synopsis p. 365 lesen
wir: Hernaldus seu Ernoldus vel Arnoldus seu Erkenoldus (Ita scripsit
J. Molanus In Natalibus SS. Belgii, ad 12. Maji) cognomento Nobilis, et
Lickia seu Lucia, uterque parens S. Rictrudis.

[3]) Fredegarii chronicon cap. 84: consanguineus de genitrice Dagoberto.

[4]) Libellus de Majoribus domus regiae, Duchesne Histor. Francic.
Scriptores, Tom. II. pag. 1.: Ansbertus Senator, qui ex Blithild filia secundi Chlotharii genuit Arnoldum patrem S. Arnulfi. — S. auch die folgende Anmerk.

[5]) Chronicon Marchianense, Bolland. Febr. 2. p. 303.: Lotharius duxit
uxorem Beretrudam quamdam nobilem puellam, ex qua genuit Dagobertum
regem et Blithildem sororem ejus secundum quosdam chronographos. Alii
dicunt, hanc filiam fuisse primi Lotharii avi istius. Haec nupsit Ansberto
Duci nobili in Germania, unde processit Karolida progenies regia. Ex hac
progenie nati sunt tres clarissimi principes Adalbaldus dux, et fratres ejus
Herchenoldus, Majordomus occidentalis Franciae, et Sigebertus comes.
Huic Adalbaldo nupsit gloriosa matrona Rictrudis.

hundert verfaßten Biographie dieser Heiligen[1]); da aber deren Vermählung mit Abalbald erst ums Jahr 630 erfolgte, während Dagoberts Bruder, Charibert, in Toulouse Hof hielt[2]), und sie dann im
Jahre 687, vierundsiebzigjährig starb[3]), so wurde sie etwa um dieselbe Zeit geboren, wo Arnulf Bischof ward, und sie müßte doch eine
Schwester desselben gewesen sein, wenn ihr Vater Ernold und Arnulfs Vater Arnoald eine Person waren! Wir glauben daran nicht,
und es ist auch nirgends ausdrücklich gesagt worden. [4])

Neben dem Namen Arnoald oder Arnold wird uns indeß für
Arnulfs Vater noch ein zweiter genannt, der in der mannichfachsten
Schreibweise auf uns gekommen bald Burtgisus oder Buotgis[5]),
bald Bobnotgilsus oder Bodogisillus[6]) lautet. Die Schriftstücke,
welche ihn bringen, geben uns über denselben aber noch weitere Auskunft, nennen ihn aquitanischer Herkunft, den dritten Sohn Ansberts,
welcher aus Aquitanien nach dem Norden des Frankenreichs[7]) über-
siedelnd, vom Könige Gunthar — ist wohl Guntram? — dem Bruder seiner Mutter gnädig aufgenommen, und weil dieser kinderlos
ist, zum Erben eingesetzt, mit Oda, der Tochter eines der edelsten
suevischen Geschlechter, vermählt wird, mit der er den heiligen Arnulf erzeugt.

In nahem Zusammenhange mit dieser Ausführung steht offen-

---

[1]) Vita S. Rictrudis Abbatissae Marcianensis, ab Hucbaldo Elnon. Mon.
scripta a. 907, Mabill. sec. II. p. 937.

[2]) Mabill. sec. II. p. 940. 941.

[3]) Mabill. sec. II. p. 950.

[4]) Wir können uns nicht versagen, hier auf folgenden Umstand aufmerksam
zu machen. Oben (S. 23 Anm. 2) wurde gelegentlich angemerkt, daß die von den
Klosterinsassen zu Marchiennes unter dem Namen Rictrud verehrte Patronin zu
Andres bei Ardre im Pas-de-Calais Rotrud geheißen wurde. Der Name Rotrud ist nun ein wiederholt in der karolingischen Familie vorkommender; ihn
führt eine Tochter Karls des Großen sowohl als auch seines Enkels Lothar
(Einhardi Vita Karoli M. cap. 19, Mon. Germ. SS. Tom. II. p. 453. —
Eckhart Commentarii de reb. Franc. orient. Tom. II. p. 347), und Habri-
anus Valesius (Rer. Francic. Tom. III. p. 469) hat sich dadurch bestimmen
lassen, die erste Gemahlin Karl Martels ebenfalls Rotrud zu nennen, und sie
als diejenige Rotrud zu bezeichnen, deren Tod in den Annales Petaviani (Mon.
Germ. SS. Tom. I. p. 9: Chrotrudis moritur), Laureshamenses (l. l. p. 24:
Hortrudis mortua) und Nazariani (l. l. p. 25: Hrottrudis mortua) zum Jahre
725 ganz kurz vermerkt wird. Zwei Jahre zuvor haben aber die Annales Ala-
mannici (l. l. p. 24) und Nazariani (l. l. 25), jene als Sohn Karls, diese als
Sohn Drogos, des Stiefbruders Karl Martels, einen Arnold genannt. Wäre
jetzt das Vorkommen des Namens Rotrud in der karolingischen Familie ein Beweis, daß dieser Name schon zuvor in derselben gebräuchlich gewesen, ließe sich
da nicht dasselbe auf Grund jenes Arnold behaupten, sodaß etwa auch der Vater
Arnulfs so geheißen haben könnte?

[5]) Vita altera S. Arnulfi, Bolland. Jul. 18. p. 426. 441. — Vita tertia
S. Hildulfi Episc. Trevir., deinde Abb. Mediani Monast. in Vosago, sec. 11.
conscr., Bolland. Jul. 11. p. 228. — Extrait du Ms. de St. Vincent de Metz,
zuerst bei Meurisse, Histoire des Evesques de l'Eglise de Metz. Metz 1634
in fol. p. 85, nach ihm bei Du Bouchet l. l. p. 31.

[6]) Aug. Calmet, Histoire ecclesiastique et civile de Lorraine. Tom. I.
preuves. p. 75 ss.

[7]) Du Bouchet l. l: in primam Germaniam et Belgicam.

bar jene Mittheilung Sigberts von Gemblour, im Jahre 711 habe
sich die Gemahlin des Aquitanierherzogs Boggis in Gallien den
Ruf der Heiligkeit erworben[1]). Du Bouchet[2]), der besonders großes
Gewicht auf diese heilige Oda als Arnulfs Mutter legt, äußert hier
die Vermuthung, durch ein Versehen wären die entsprechenden Jahre
der Regierungen Justinians II. und Justins II. mit einander verwechselt. Das ließe sich hören; wir würden dann das Jahr 571
erhalten, welches für die Lebenszeit und etwa das Todesjahr der
Mutter Arnulfs wohl geeignet wäre. Bevor wir aber diese in jene
frühere Zeit zurückversetzen, müssen wir sie gänzlich trennen von der
Heiligen ihres Namens[3]). Denn die durchaus willkürliche Ver-
mischung der angeblichen Mutter Arnulfs mit der Heiligen Oda ist
mit der Zeit zu einem fast unentwirrbaren Fabelknäuel angewachsen,
indem man jene zur Vaterschwester des heiligen Hubert von Lüttich
machte, sie als die Wittwe des jüngst verstorbenen Herzogs Boggis
von Aquitanien in Begleitung Huberts vor der Wuth Ebruins zu
Pippin fliehen und an Stelle der heiligen Oda zu den Füßen des
heiligen Lambert niedersitzen[4]), Hubert von Lüttich aber statt des
gleichnamigen Heiligen von Marolles[5]) nach Rom wallfahrten, und
schließlich noch eine in der Biographie der heiligen Oda erwähnte
Schenkerin eines Grundstücks mit dieser und der Wittwe des Boggis
zu einer Person verwachsen ließ.[6])

Zwar scheint nun eine Urkunde aus der Zeit Ludwigs des Frommen und Karls des Kahlen[7]) bestätigen zu wollen, daß wirklich die
Wittwe eines von ihr um die Mitte des siebenten Jahrhunderts genannten Herzogs Boggis von Aquitanien noch im Anfange des achten
Jahrhunderts habe leben können. Allein dieser Urkunde ist so überzeugend ihre Unächtheit nachgewiesen worden[8]), daß sie einer Zurück-
versetzung der Gemahlin des Boggis und somit auch dieses selbst in
das Ende des sechsten Jahrhunderts nicht mehr hindernd in den
Weg tritt.

Wenn wir jetzt aber diesen Herzog Boggis mit dem Vater Arnulfs Buotgis identificiren, so glauben wir kein so großes Wagstück

---

[1]) Chronica, Mon. Germ. SS. Tom. VI. p. 329: A. 711. S. Oda uxor
Boggis ducis Aquitanorum sanctitate claret in Gallia. — Nach Sigbert
öfters wiederkehrend.

[2]) Du Bouchet l. l. p. 27. 29. 31.

[3]) Vita S. Odae, Acta Sanctorum Belgii illustr. Jos. Ghesquierus Tom.
VI. p. 629ss.

[4]) Vita quarta S. Lamberti auct. Nicolao canon. Leod. sec. 12., Boll-
land. Sept. 17. p. 611.

[5]) Historia S. Huberti, principis Aquitani conscr. a Joh. Roberti. Lu-
xemb. 1621. p. 21ss. — Vgl. Vita S. Huberti Maricolensis, Bolland. Mart.
25. p. 559ss.

[6]) Vita quarta p. 611.

[7]) Privilegium Erectionis Monasterii B. Mariae de Alaon Ord. S. Benedicti, Collectio max. Concil. omn. Hispan. et novi orbis cur. J. S. de
Aguirre. Tom. IV. p. 129.

[8]) Rabanis, Essai historique et critique sur les Mérovingiens d'Aqui-
taine et la Charte d'Alaon. Bordeaux 1841. Paris. 1856.

zu unternehmen[1]). Wir gewinnen damit freilich vor der Hand nur
soviel, daß wir wieder auf romanischem Boden uns bewegen und
hier suchen können, mit Hülfe einer oder der anderen Form, in der
uns der zweite Name des Vaters Arnulfs überkommen ist, eine Persönlichkeit zu entdecken, auf welche sich etwa die uns über jenen gegebenen Nachrichten beziehen ließen.

Da finden wir denn in der That einen Rector Massiliae Bobegisil,
der nach einer Amtsführung, welche ihm alle Herzen gewonnen hat, ab-
berufen, nach Germanien, also dem von Deutschen bewohnten Theile des
Frankenreiches, zurückkehrt. Einen Herzog nennt ihn der Dichter[2]) selbst,
durch den wir ihn kennen lernen, und was er als Rector Provinciae für
eine Bedeutung für Aquitanien hat haben können, geht aus dem schon oben[3])
zur Sprache gekommenen Verhältniß der Provence von Marseille zu
einer Anzahl aquitanischer Gaue hervor, das eben in dem Zeitraume
bestand, in welchem wir auch Bobegisils Amtsführung setzen müssen.
Wann aber mag dieselbe ihr Ende gefunden haben? Dürfen wir
diesen Herzog Bobegisil mit einem uns von Gregor von Tours[4])
genannten Herzog desselben Namens identificiren, so würde er im
Jahre 585 hochbetagt gestorben sein, müßte also etwa um 570 sein
Amt niedergelegt haben, da wir zufällig wissen, daß, nachdem im
Jahre 573 Jovinus das in Rede stehende Amt verloren hat, Albinus,
Dynamius und Nicetius in demselben bis zum Jahre 585 einander
ablösen[5]). Die Rückkehr Bobegisils kann nun zwar zunächst nur
nach dem Reiche Sigberts geschehen sein, dessen Unterthan der Verwalter jener Landschaften sein mußte, aber als Guntrams Neffe stand
er auch zu diesem in einem Verhältniß, welches sich, wie oben schon
gesagt wurde, in der Vermählung und Erbeseinsetzung Bobegisils seitens dieses Königs geäußert haben soll. Doch Guntram ward erst
im Jahre 577 kinderlos, und nahm noch in demselben Jahre den
Sohn Sigberts, Childebert, an Sohnes- und Erbesstatt an[6]), und
an diesem Verhältnisse wurde in Zukunft nichts wieder geändert, so
mannichfache Irrungen zwischen Oheim und Neffen auch stattfanden.
Es möchte also um die Erbeseinsetzung Bobegisils etwas mißlich aus-

---

[1]) Ueber Buotgis, Boggis, Bobegisil vergl. Förstemann namenb. Bd. I.
S. 291.

[2]) Venantii Fortunati Episc. Pictav. carm. lib. VII, 5, Du Chesne
Scriptor. Tom. I. p. 497:

> Pectore de sterili si flumina larga rigarem,
> Non te sufficerem, Dux Bodegisle loqui . . . .
> Massiliae ductor, felicia vota dedisti,
> Rectoremque suum laude perenne refert.
> Hic tibi consimili merito Germania plaudit,
> Cujus ad laudem certat uterque locus.
> De bonitate tua lis est regionis utraeque:
> Te petit illa sibi, haec retinere cupit.

[3]) S. 17.

[4]) Histor. lib. VIII. cap. 22.

[5]) ibid. lib. IV. cap. 43. lib. VI. cap. 7. 11. lib. VIII. cap. 43.

[6]) ibid. lib. V. cap. 17. 18.

sehen, während seine Vermählung durch Guntram allenfalls noch stattgefunden haben könnte; wäre doch selbst jene Stelle bei Gregor von Tours[1]), welche Bodegisils Tod im Jahre 585 berichtet, dieser Annahme Vorschub zu leisten geeignet. Denn es scheint darnach, als habe Bodegisil junge Söhne hinterlassen, und sei — vielleicht gerade aus Anlaß seiner Verwandschaft mit dem herrschenden Geschlechte — zu fürchten gewesen, es möchte die Jugend seiner Söhne zu deren wesentlichen Beeinträchtigung an Hab und Gut benutzt werden. Daß es nicht geschah, könnte die Verwendung bewirkt haben, welche den hinterlassenen Kindern der damals am Hofe Childeberts hochangesehene Bruder Bodegisils, Gundulf, zu Theil werden ließ.

Leider aber entkeimt dieser Gedanke dem ersten Blick in das vorgebliche Bruchstück einer Biographie Bischofs Gundulf von Mastricht[2]), welches diesen Bischof mit dem in des heiligen Arnulf älterer Biographie genannten gleichnamigen Erzieher desselben verschmilzt, und zum Bruder seines Vaters Bodegisil macht, sich indeß bei näherer Prüfung, weniger durch seinen Inhalt als vielmehr durch seine Geschichte, ebensogut als eine Täuschung erweist wie das zweite Schriftstück, aus dem wir unsere Kenntniß über die Schicksale des Vaters Arnulfs schöpfen und Näheres über seine Mutter erfahren, — jener zuerst in der Geschichte der Bischöfe von Metz von Meurisse mitgetheilte angebliche Auszug einer zu St. Vincent in Metz aufgefundenen Handschrift[3]). Derselbe ist nichts als eine mit fehlerhaften, der anerkannten geschichtlichen Wahrheit widersprechenden Nachrichten vermischte Zusammenstellung aus des Paulus und der spätern erst dem zwölften Jahrhundert angehörigen Geschichte der Bischöfe von Metz[4]) und — der jüngeren Biographie des heiligen Arnulf.

Letztere, gerade die Quelle des Verfassers jenes Auszugs für dasjenige, um das es sich hier vorzugsweise handelt, für den Namen und die aquitanische Herkunft des Burtgisus, wie dort Arnulfs Vater heißt, und die suevische, von ihr freilich nicht namhaft gemachte Mutter Arnulfs, ist aber zugleich das dritte und letzte der Beweisstücke, welche von den die in Rede stehenden Nachrichten wiederholenden wegen ihres Anspruchs auf Ursprünglichkeit hier Berücksichtigung fordern. Doch ist auch sie nicht, wofür sie gelten möchte, sondern offenbar wiederum ein Werk der bereits wiederholt von uns bezeichneten Epoche, unter dem unläugbaren Einflusse Bischofs Adalbero I. von Metz um die Mitte des zehnten Jahrhunderts nur dazu gefertigt, das schon[5]) genannte Lay im Chaumontois als die Geburtsstätte des heiligen Arnulf zu beglaubigen, hat die uns vorliegende Gestaltung indeß wohl erst später im eilften Jahrhundert erhalten.[6])

---

[1]) id. lib. VIII. cap. 22: Obiit his diebus Bodegisilus dux plenus dierum, sed nihil de facultate ejus filiis minutum est.

[2]) S. Excurs II: das Bruchstück einer Biographie Bischofs Gundulf von Mastricht.

[3]) S. oben S. 29 Anm. 5.

[4]) S. Excurs IX: die Bischöfe von Metz u. s. w.

[5]) S. 25.

[6]) S. Excurs III: die jüngere Biographie des h. Arnulf von Metz.

Im Besitze Evas, der Wittwe eines Grafen Hugo, der ein
Nachkomme des heiligen Arnulf von dessen Sohne Chlodulf sein
wollte, und dessen Sohn Bischof Ulrich von Rheims darum auch
mit Genehmigung Adalberos im Jahre 957 jene Uebertragung der
Gebeine Chlodulfs nach Lay veranstaltete[1]), finden wir dieses nämlich zum ersten Male ums Jahr 935 aus Anlaß einer Zusammenkunft genannt, welche daselbst zwischen der Besitzerin und ihrem An-
walt, einem Beamten des metzer Bischofs, Namens Albulfus, vielleicht eben schon zu dem Zwecke stattfand[2]), die Schenkung Lay's
an die Kirche des heiligen Arnulf zu Metz, als deren vorzüglichsten
Grund die Schenkungsurkunde den Umstand hervorhebt, daß Arnulf
daselbst das Licht der Welt erblickt habe[3]), anzubahnen. Dieses
letzteren Umstandes erwähnt aber außer der Urkunde, welche wir etwa
ums Jahr 950 setzen können, nur noch die jüngere Biographie Arnulfs[4]), so daß wir an dem innigen Zusammenhange beider nicht
zweifeln; freilich fällt damit zugleich Alles zusammen, was wir über
Arnulfs Eltern aus den angezogenen Schriftstücken aufzubauen
hofften.[5])

Es bleibt uns jetzt, bevor wir unsere Betrachtung der einzelnen
Namen des Stammbaums schließen, nur noch ein kurzes Wort über
die angebliche Großmutter Arnulfs, Blithild, die Vermittlerin der

---

[1]) S. oben S. 25.

[2]) Vita Johannis Abb. Gorziensis auct. Johanne Abb. S. Arnulfi, Mon.
Germ. SS. Tom. IV. p. 366.

[3]) Calmet l. l. Tom. I. preuves p. 356: Notum sit igitur praesentium
et futurorum solertiae, qualiter ego Eva Comitissa et filius meus Udelricus,
Dei gratia Remorum Archiepiscopus, in eleemosyna dilectissimi conjugis
mei Hugonis nobilissimi Comitis, filiique nostri dulcissimi atque strenui
Comitis Arnulfi, ab impiis et inimicis sanctae Ecclesiae in primaevo juventutis suae flore pro justitia Dei, quam exequebatur, impie trucidati, ad
Basilicam beatissimi Confessoris Christi Arnulfi, villam meam Layum, a
praedicto Seniore meo mihi datam dotis jure, sitam in Comitatu Calvo-
montisae condonaverim .... Quam villam specialius ipsi beatissimo Ponti-
fici Arnulfo idcirco volui delegare, quod iisdem venerandus Antistes, de
cujus germine Reges Francorum strenuissimi prodiere, in eadem villa, prae-
sentis exordium susceptit vitae, et quia filii mei ab ipso ducebant originem
ex paterno genere. — Die Bestätigung vom Jahre 958, l. l. p. 365.

[4]) Bolland. Juli. 18. p. 440: Natus est autem beatus Arnulfus Aqui-
tanico patre, Sueva matre, in castro Laycensi in comitatu Calvomontensi.
— Gerard a. O. p. 115. n. 2 neigt dazu dieses castrum Laycense an den
Laacher See unfern Andernach zu setzen!

[5]) Die übrigen oben (S. 29 Anm. 5. 6) genannten Schriftstücke finden keine
weitere Berücksichtigung, weil sie theils ihren späten Ursprung offen zur Schau
tragen, theils auf keine Ursprünglichkeit Anspruch machen. — Der Elenchus (d.
i. das Verzeichniß der Heiligen, die in den Acta Sanctorum noch bearbeitet werden sollen,) nennt zum 18. Dezember zwar zwei Heilige des Namens Bodigisilus,
deren einer, franz. St. Buèle, ein Bekenner in der Diözese Metz gewesen und
im Jahre 825 gestorben sein soll; er wird zu St. Avold verehrt, während der
andere, ein Genosse des heiligen Dignus und wie dieser als Märtyrer, doch
ohne Angabe des Orts genannt wird, wo er den Märtyrertod erlitt. Aber wir
müssen mit den Bollandisten (Comment. praev. ad Vit. S. Arnulfi Jul. 18.
p. 426. Nr. 16) die Behauptung von Meurisse (a. O. p. 94) zurückweisen, daß
der letztere von beiden irgend etwas mit Arnulfs Vater gemein haben könne.

beiden ersten fränkischen Königsfamilien, und ihren Gemahl Ansbert, hinzuzufügen.

Eine Tochter Chlothars II.[1] kann Blithild selbstredend nicht gewesen sein, und wir wollen zur Ehre der karolingischen Genealogen annehmen, daß der nicht näher bezeichnete Frankenkönig Chlothar, der als ihr Vater im Stammbaum[2] genannt wird, der Erste dieses Namens gewesen sein soll. Doch besitzen wir zum Glück ein genaues Verzeichniß der Kinder dieses Chlothar, dessen Verfasser Gregor von Tours[3] uns die sicherste Gewähr für das Nichtvorhandensein einer Tochter dieses Königs, die Blithild geheißen, dadurch giebt, daß er neben vielen Söhnen nur die einzige Chlotsinde namhaft macht. Würde nicht gerade Gregor neben dieser dem Könige der Langobarden, Alboin, vermählten Tochter Chlothars deren dem Privatmanne[4], dem Romanen, zur Gemahlin gegebene Schwester erwähnt haben? Es wäre ja mit solcher Vermählung nicht allein ein Abweichen von dem seit Anbeginn beliebten Grundsatze der germanischen Herrscher in Gallien, Italien und Spanien geschehen[5], nur Königen ihre Töchter zu geben, einem Grundsatze, von dem erst Karl der Große abging, weil er aus übergroßer Liebe zu seinen Töchtern keine derselben von sich lassen wollte[6]); — es wäre zugleich auch für die gesammte romanische Bevölkerung des fränkischen Reiches ein Ereigniß von weitgreifender Bedeutung gewesen, den Abkömmling einer ihrer angesehensten Familien — vorausgesetzt eben, daß Ansbert dem Geschlechte der Tonantier angehörte

---

[1] Libellus de Majoribus domus regiae, Bouquet Tom. II. p. 699: Ansbertus senator, qui ex Blithild filia secundi Chlotharii genuit Arnoldum, patrem S. Arnulfi. — Hiernach wohl Chron. Marchian., Bolland, Febr. 2. p. 303?

[2] Mon. Germ. SS. Tom. II. p. 308: Ansbertus ..... accepit filiam Hlotharii regis Francorum, nomine Bliotilde sive Blitilde.

[3] Histor. lib. IV. cap. 3.

[4] Denn die Angabe des Libellus de Maj. dom. reg. l. l.: Fuerunt autem Majores domus, ex quibus generatio regalis processit, primus quidem Ansbertus Senator — verdient doch wohl keine Berücksichtigung?

[5] Während die Verbindungen von Königen, namentlich bei den Franken seit der Mitte des sechsten Jahrhunderts, mit anderen als Königstöchtern nichts Ungewöhnliches sind, stehen neben den zahlreichen Fällen der Vermählungen von Königstöchtern mit Königen und Königssöhnen (z. B. bei Jornandes de rebus geticis cap. 58; Gregor. Turon. histor. lib. II. cap. 28. lib. III. cap. 5. 20. 27. lib. IV. cap. 3. 27. 28. 38. lib. V. cap. 39. lib. VI. cap. 45. lib. IX. cap. 25. 26. 28; Fredeg. chron. cap. 30; Paul. de gest. Langob. lib. I. cap. 21. 27. lib. III. cap. 29. 31) nur zwei Ausnahmen: der Langobardenkönig Grimoald giebt seine Tochter dem Grafen Trasemund von Capua, weil er ihm „ad percipiendum regnum strenuissime paruerat" (Pauli gest. Langob. lib. V. cap. 16); und eine noch jung von dem sterbenden Theoderich dem Großen hinterlassene Tochter heirathet später „servum suum Tranguilanem" in leichtsinniger Verachtung des mütterlichen Willens, der ihr „regis filium providebat"; die Sache nimmt den unglücklichsten Ausgang (Gregor. Turon. histor. lib. III. cap. 31). Ueber das Fabelhafte dieser Erzählung vgl. Giesebrecht a. O. Bd. I. S. 142; doch ist sie gewiß bezeichnend genug.

[6] Einhardi Vita Karoli cap. 19, Mon. Germ. SS. Tom. II. p. 453; Nithardi histor. lib. IV. cap. 5, Mon. Germ. SS. Tom. II. p. 671.

— zum Eidam des Frankenkönigs erkoren zu sehen. Aber nirgends findet sich eine Andeutung von diesem sowohl der Allgemeinheit als auch dem gleichzeitigen Schriftsteller persönlich nothwendiger Weise interessanten und bedeutungsvollen Ereigniß; erst nach Jahrhunderten taucht mit der Nachricht davon der Name · der Königstochter selber auf, die einst dazu bestimmt gewesen sein soll, durch ihre Hand gleich= sam den romanischen Theil der Bevölkerung in ihres Vaters Reiche mit der neuen Herrschaft auszusöhnen. Und nicht anders ist es mit Ansbert der Fall, der die von fränkischer Seite seinen romanischen Stammesgenossen gebotene Hand der Aussöhnung annehmen sollte![1])

Denn für diejenigen Theile des vorzugsweise von Romanen be= wohnten Gebietes im fränkischen Reiche, welche mit den überwiegend von Franken und Burgundern eingenommenen Landstrichen, namentlich an der Loire, zusammengrenzten, mag allenfalls zutreffen, was ge= sagt worden ist[2]), daß eine völlige Verschmelzung der fränkischen und romanischen Bevölkerung stattgefunden habe, und von einem feindseligen Gegensatze beider Elemente in dem Geschichtswerke Gre= gors von Tours nichts mehr wahrzunehmen sei, — wenn eben nicht zu einer derartigen Wahrnehmung der Umstand berechtigt, daß Gre= gor die Franken häufig als Barbaren bezeichnet, und sich seiner rö= mischen Abstammung rühmt[3]). Weiter südlich aber, wo, je dünner die fränkische Bevölkerung war, dem leicht beweglichen, unzuverlässigen, bisher an Unterdrückung gewöhnten, romanischen Volke ein um so größerer Spielraum zur Befriedigung seiner Neuerungssucht blieb[4]), kann von einer Verschmelzung gar nicht die Rede sein, und dient vielmehr eine Reihe von Unruhen in diesen Landstrichen als sicheres Zeichen einer Unzufriedenheit mit der fränkischen Herrschaft[5]) und einer Widerwilligkeit gegen dieselbe, welche das Bedürfniß, eine Aus= söhnung anzubahnen, immer fühlbarer machen und den Gedanken, eine solche zu versuchen, wecken mußte. Allein offenbar nicht auf dem oben bezeichneten Wege dachte man sie herbeizuführen, sondern vielmehr dadurch, daß man der bisherigen Zerstückelung des Landes

---

[1]) Der Stammbaum weist hier so bestimmt auf eine Tochter Chlothars und einen reichen Romanen hin, daß es uns überflüssig erscheint, auf die Heiligen mit Namen Blithild und Anobert einzugehen. Nur nennen wollen wir sie. Eine gottselige Jungfrau Blithild stirbt im Kloster Faremoutier in Frankreich (Vita S. Burgundofarae Abb. Eboriac. primae, Mabill. sec. II. p. 447). Der Name Ansbert wird durch den heiligen Bischof Ansbert von Rouen gegen Ende des siebenten Jahrhunderts (Vita S. Ansberti auct. Aigrado Mon. Fontanell. fere aequali, Mabill. sec. II. p. 1048 ss.) und einen Mönch des Klosters Ouche in der Diözese Lisieux um das Jahr 600 vertreten (Vita S. Ebrulphi Abb. Utic. auct. anon. peraut., Mabill. sec. I. p. 358). Der dritte angebliche Ver= treter dieses Namens, der ein Abt im Kloster Massay in der Diözese Cahors ge= wesen sein soll, führt einmal auch den Namen Ambert, und scheint überdies identisch mit dem heiligen Ansbert von Rouen.

[2]) Wattenbach, Geschichtsqu. S. 65.

[3]) Giesebrecht in den Geschichtschreibern der deut. Vorzeit, Einl. zu Gre= gor v. Tours S. XIII.

[4]) Roth, Geschichte des Beneficialwesens S. 62.

[5]) Roth a. O.

Einhalt that, und wenigstens die längs der Garonne sich hinziehenden Landschaften Saintonge, Perigieux, Agenois, Quercy und Toulouse nebst allem Lande zwischen der Garonne und den Pyrenäen,
das freilich zum Theil noch zu erobern war, unter einem eignen
Könige, dem jüngeren Sohne Chlothars II, Charibert, vereinigte[1]).
Der Anfang von Chariberts Regierung versprach den besten Erfolg,
aber die Kürze seines Lebens vereitelte alle Hoffnungen, sein kleiner
Sohn ward, wie es heißt, von dem Oheim Dagobert beseitigt[2]),
und die merowingische Dynastie, die sich hier auf romanischem Boden zu bilden begonnen hatte, war wieder erloschen.

An ihrer Stelle aber tauchte bald eine Reihe von Fürsten auf,
die mit den Merowingern jedenfalls ebenso wenig etwas gemein
hatten[3]), wie sie viel inniger   als jene zu irgend einer Zeit mit
der Bevölkerung des Südens durch Abstammung verwachsen waren,
und die — es sind namentlich Eudes, Hunald und Waifar — statt
einer Aussöhnung des romanischen Südens mit dem germanischen
Norden des Frankenreiches vielmehr eine vollkommene Lostrennung
des erstern von jedem Einfluß des letzteren bewirkten, während die
nunmehrigen Herren des Frankenreiches, die Majoresdomus, anderweitig beschäftigt, sich lange Zeit wenig um das kümmern konnten,
was im Süden vorging. Hier fingen inmittelst auch die Araber an,
sich geltend zu machen, und faßten namentlich in Septimanien festen
Fuß, sodaß die fränkischen Machthaber, als sie endlich ihre Aufmerksamkeit diesen Gegenden wieder nachdrücklicher zuwenden durften,
zwei Feinde zugleich zu bekämpfen fanden. Erst Pippin der König,
nachdem wohl mehr die Bedrängniß durch Aquitanier und Saracenen als sonstige Neigung zu den fränkischen Herren die Gothen,
soweit solche noch in Septimanien angesessen waren, in seine Arme
getrieben hatte, vermochte von Neuem eine fränkische Herrschaft hier
im Süden zu begründen, ohne deshalb wirklich Gebieter alles Landes bis zu den Pyrenäen, namentlich der jenseits der Garonne angesessenen Basken zu sein; selbst Karl der Große übte in diesen
Gegenden lange Zeit noch eine höchst zweifelhafte Gewalt.[4])

Da wurde dem letztern, als er im Jahre 778 gen Pampeluna
zog, von seiner Gemahlin Hildegard sein Sohn Ludwig geboren.
Er hatte dieselbe zu Caussiniojouls unweit Beziers[5]), wo er zuvor
mit ihr das Osterfest gefeiert, zurückgelassen, damit sie hier, dem Geräusch der Waffen fern und unbeängstigt durch eine zu unmittelbare
Nachbarschaft der unruhigen und widerspenstigen Bevölkerung des
Baskenlandes, ihre Entbindung erwarte. Und es ist, als spiegle sich

---

[1]) Fredeg. chron. cap. 57.

[2]) ibid. cap. 67.

[3]) Ueber die Urkunde, welche die Abstammung derselben von den Merowingern begründen sollte, das Privileg. Erect. Mon. S. Mar. de Alaon, siehe
oben S. 30.

[4]) Foß, Ludwig der Fromme vor seiner Thronbesteigung. Berlin 1858;
namentlich S. 5 Anmerk. 34.

[5]) S. Excurs IV: Die Geburtsstätte Ludwigs des Frommen.

in dem ganzen Wesen und Charakter des Sohnes, den sie hier le-
bend zur Welt brachte, indeß ein Zwillingsbruder desselben in der
Geburt verstarb, der milde und freundliche Himmel wieder, der so
rein und klar über der Stätte seiner Geburt sich wölbt. Fromm
und sanft, theilnehmend und treu, mit dem besten Herzen und der
reinsten Gesinnung ausgestattet, war Ludwig zwar weit entfernt von
der riesenhaften Kraft, welche das Reich Karls des Großen zusam-
menzuhalten erforderlich war, aber recht eigentlich geschaffen, im engeren Kreise ausgleichend und versöhnend zu walten, solange nicht
tückische Einflüsterungen falscher Freunde sich seines lenksamen Ge-
müthes bemeisterten.

Noch freilich schlummerten jene Eigenschaften in dem Kinde,
als der Vater, der bei dem Leben zweier älteren Söhne in diesem
jüngsten nicht den Nachfolger im gesammten Umfange seines Reiches
erblicken konnte, gern den Umstand, daß Ludwig auf aquitanischem,
besser noch septimanischem, Boden geboren war, benutzte, in demselben
der Bevölkerung des vorwiegend romanischen Theils der seiner Botmäßigkeit unterworfenen Lande einen eingebornen Fürsten vorzustellen.
Wohl nicht mit Unrecht mochte er meinen, durch solchen Schein der
Selbständigkeit — denn er selbst gab die oberste Leitung nicht aus
der Hand — den noch immer der fränkischen Herrschaft nicht über-
mäßig gewogenen Süden des Reiches derselben geneigter zu machen
und vielleicht gar völlig damit auszusöhnen. Darum sendete er auch
den kaum dreijährigen Knaben wirklich selbst in sein Reich, welches
im Norden fast bis zur Loire hinaufreichend, und im Nordosten von
dieser bespült, im Osten, wie es fast scheint, sogar noch über die
Rhone hinausging, also einen Theil Burgunds und namentlich die
Provence umfaßte[1]), im Süden aber bis zu den Pyrenäen und im
Westen, soweit es nicht nördlich von der Garonne das Meer erreichte,
bis in das Baskenland hinein sich erstreckte[2]), und in dieser ganzen
Ausdehnung das Königreich Aquitanien hieß, anfänglich von dem
Bajulus Arnold im Namen des königlichen Kindes regiert[3]), wel-
ches nun hier aufwuchs, indem es dem Wunsche des Vaters gemäß
möglichst der Landessitte sich anschmiegte, in der bunten baskischen
Tracht einherging, und junge Aquitanier in seiner Umgebung hatte.
Der Gefahr, welche dem heranwachsenden Knaben damit nahe trat,
der leichten Sinnesart seiner Unterthanen sich zu ergeben, suchte der
Vater dann wohl wiederum zu begegnen, indem er den Sohn zeitweilig in seine Nähe berief.[4])

---

[1]) Wenigstens zählt der Astronomus cap. 19, Mon. Germ. SS. Tom. II.
p. 616 unter den Klöstern, welche Ludwig während seiner Regierung Aquitaniens
neugründete oder wiederherstellte, auch ein Kloster Dosora auf, welches, Don-
zère, auf dem linken Ufer der Rhone im ehemaligen Fürstenthum Orange liegt.

[2]) Vgl. Foß S. 37; auch Eichhorn, Deutsche Staats- und Rechtsgeschichte.
5. Ausg. Th. 1. S. 485 Note b.

[3]) Astron. cap. 4 l. l. p. 608. 9.

[4]) Fund, Ludwig der Fromme S. 9.

Aber es bedurfte solches Mittels gewiß kaum bei dem Charakter Ludwigs, in welchem sich frühzeitig selbst der Gedanke regte, ein klösterliches oder gar einsiedlerisches Leben für das ihm bestimmte einzutauschen[1]), und der nun für das, was ihm der Vater verwehrte, einen Ersatz darin fand, Anderen Vorschub zu leisten', wenn sie die Sehnsucht trieb, der Welt zu entsagen und in der Stille dem Herrn zu dienen. Daher mehrte sich auch während seiner Regierung in Aquitanien die Zahl der Einsiedler und Klöster[2]); jene begünstigte, diese beschenkte er, und baute die verfallenen wieder auf. Und sein Beispiel fand bald genug Nachahmung unter den Großen des Landes; nicht allein daß sie in frommen Stiftungen mit ihm wetteiferten, Mancher von ihnen entschloß sich selbst in ein Kloster zu gehen, und es offenbarte sich hier einmal recht deutlich der bemerkenswerthe Zug im Charakter der Südländer, „je schrankenloser, je toller sie sich der Lust, der Freude und der Sünde der Welt hingeben können — um so unbedingter vermögen sie auch ihr zu entsagen."[3])

Sah nun auch Ludwig im Laufe der Zeit die ihm unterthane Bevölkerung und selbst die am längsten widerstrebenden Einwohner des Baskenlandes sich seiner Regierung mehr und mehr fügen[5]), so fragte sich doch, ob diese Fügsamkeit von Dauer sein würde? Ludwig selbst hatte seine Geburt für sich; zuerst seine Jugend, dann seine Nachsicht — um nicht zu sagen Schwäche — ließ den Großen des Landes Spielraum genug[6]), die Geistlichkeit war ihm als ihrem Beschützer ergeben, und wirkte gewiß in diesem Sinne auch auf die Masse des Volks; im Hintergrunde drohte schlimmsten Falles stets der gefürchtete Kaiser. Da eröffnete das Absterben der älteren Brüder Ludwigs ihm die Aussicht auf die Nachfolge im gesammten Reiche des Vaters, mit dessen Tode dann nicht nur der gefürchtete Hintergrund fortfiel, sondern zugleich die Entfernung des bis dahin im Süden residirenden Königs nöthig wurde. Leicht konnten dadurch mit Einem Schlage die nach langen Mühen errungenen Vortheile wieder über den Haufen geworfen werden; es mußte also ein Mittel gefunden werden, dies zu verhüten. Wie also, wenn man eine noch festere Verknüpfung des karolingischen Hauses mit dem bisherigen Reiche Ludwigs zu Stande zu bringen versuchte? Hatte sich schon der in Folge zufällig zusammentreffender Umstände in diesem Lande geborene König als ein Bindemittel zwischen dem Volke und seinem Geschlechte bewährt, um wie viel mehr mußte sich jenes nicht an dieses gefesselt fühlen, wenn sich dasselbe als einerlei Stammes mit ihm auswies?! Vielleicht stieg dieser Gedanke in Ludwig selbst auf, vielleicht ging er von seinen Rathgebern aus. Wir fürchten kaum zu irren, wenn wir dem Abte Benedict von Aniane am Hö-

---

[1]) Astron. cap. 19 l. l. p. 616.
[2]) Foß S. 40.
[3]) Foß S. 40.
[4]) Foß S. 23.
[5]) Foß S. 10.

rault, einen wesentlichen Antheil an dem Bestreben zuschreiben, das Geschlecht seines königlichen Beschützers und Freundes in Stammesgemeinschaft mit der Bevölkerung seines Königreichs zu bringen.

Zwar erst im Jahre 782 gegründet, aber in jeder Weise befördert durch König Ludwig, — und auf seine Fürsprache gewiß auch durch Kaiser Karl, — erfreute sich das Kloster bald einer schönen Blüthe; zahlreich von allen Seiten strömten ihm die Mönche zu, und es entsendete deren auch wieder, um andere Klöster und Abteien zu bevölkern; eine große Bibliothek zeichnete es aus [1]). Möglich ist nun, daß auch diese ausgebeutet wurde und namentlich die Werke des Apollinaris Sidonius [2]) nicht ohne Einfluß auf die unternommene Arbeit blieben; wahrscheinlicher aber bediente man sich hauptsächlich der im Volke lebenden Erinnerungen, um die zu einem Stammbaume, wie der beabsichtigte, nöthigen Namen zusammenzufinden. Welche Namen konnten da nun dem frommen Ludwig und den mit ihm oder für ihn arbeitenden Geistlichen und Mönchen geeigneter erscheinen als die von solchen Männern und Frauen, denen gottgefälliger Wandel beim Volke den Ruf der Heiligkeit eingetragen hatte, deren Grabhügel gezeigt wurden und durch die an ihnen stattgefundenen Wunder und Zeichen sich zu einer Art von Andachts- und Wallfahrtsstätten erhoben hatten, deren Todestage in größerem oder kleinerem Kreise als Festtage galten, und auf deren Namen Kirchen und Klöster, welche zahlreichen Ortschaften ihr Dasein gegeben, geweiht waren.

Das Land, welches damals Ludwig verwaltete, an sich schon reich an Heiligen beiderlei Geschlechts, ist durch die Legende noch reicher an solchen gemacht worden. Sie datiren zum großen Theile in frühe Jahrhunderte zurück, nicht immer jedoch ist ihre Verehrung wirklich so alt, wie ihre vorgebliche Lebenszeit glauben machen soll. Ebenso sind auch ohne Zweifel die zahlreichen Ortschaften, welche auf die Namen solcher Heiligen getauft sind, nicht alle von gleich hohem Alter. Aber im Verlauf der Jahrhunderte bis zum Beginn des achten hatte sich doch schon — wie uns theils glaubwürdige Schriftsteller einer früheren Periode, ein Apollinaris Sidonius, ein Gregor von Tours und andere, theils die Verfasser der Akten der Heiligen, auch wenn wir deren Nachrichten mit der strengsten Kritik behandeln, überzeugen — ein Kreis von Heiligen gebildet, die vorzugsweise auf die Landschaften Bezug hatten, um die es hier sich handelt.

Voran leuchtete dabei der Name Ferreolus oder Feriolus [3]), mehrfach in diesem Kreise vertreten; er gehörte zugleich einer Familie an, die einst von Bedeutung im Lande und namentlich auch in den Gegenden angesessen war, in welche der Zufall Ludwigs Wiege ge-

---

[1]) Foß S. 39 ff.
[2]) S. oben S. 9 Anm. 3.
[3]) Oben S. 8 ff.

stellt hatte[1]).   So knüpfte sich vielleicht das erste Band zwischen
Arnulfingern und Tonantiern; es vermittelte aber nicht nur romanische Abkunft und senatorische Würde des arnulfingischen Geschlechts,
sondern führte dasselbe zugleich weiter in den Kreis der Bischöfe und
Heiligen des Landes ein.   An Ferreolus reihten sich Firminus[2]),
Deotarius, Modericus[3]) und Mummolus oder Mummolenus[4]) als
Inhaber der beiden benachbarten Bisthümer Uzes und Arsat, deren
letzteres zu Ludwigs Zeit freilich schon nicht mehr bestand; und ist
die Verehrung ihrer Namen auch wohl nie so verbreitet gewesen
wie des Ferreolus, so haben sie doch gleichfalls ihre Stätten gehabt,
die entweder nach ihnen genannt oder wo ihre Gebeine Gegenstand
der Anbetung wurden.   Wies aber gerade in dieser Hinsicht der
Name Mummolus, wenn auch nicht in der Person dieses Bischofs,
sondern in der eines Abtes von Fleury an der Loire schon hinüber
nach dem entgegengesetzten Ende von Ludwigs Reiche, nach Bordeaux[5]),
so führte zugleich auch das Bisthum Arsat aus Septimanien hinaus
in den Rouergau ein.   Hier bot sich neben der heiligen Tarsicia von
Rudelle[6]) ein Märtyrerpaar, Desiderius und Rainfrid[7]), das zwar
nicht gerade als solches in Aquitanien verehrt, doch seiner Geburt
nach hier wurzelte, und durch den Namen Desiderius wieder Gelegen=
heit gab, an die Heiligen der Nachbargaue von Cahors und Albi
anzuknüpfen.   Desiderius[8]), ursprünglich wohl Eins mit Goverigus
oder Goericus[9]), und die gleichfalls in dem Namen mehrfacher Ort=
schaften und auf dem Hochaltare der Cathedrale von Albi verherr=
lichte Segolena[10]) wurden dem Stammbaum hinzugefügt.   Doch wie
der Name Ferreolus schon sich nicht auf septimanischen Boden be=
schränkte, sondern bis zu den Pyrenäen nach Süden, über die Garonne
hinaus nach Westen vordrang[11]): so hielten auch diese Namen an dem
engen Gaugebiete nicht fest, sondern schlugen hinüber in die Nachbar=
gaue sowohl, als auch einerseits sogar nach Metz, andrerseits aber
wieder zurück nach Septimanien.   Hier reichte dann jenem Desiderius
von Cahors wohl der gleichnamige Heilige von Vienne[12]) die Hand,
und gab hauptsächlich dem Namen, der übrigens gleich dem Ferreolus
mehrfach unter der Schaar der Heiligen und Märtyrer vertreten ist[13]),
Raum zur Verehrung im Lande[14]).   Segolena aber und Goverigus

---

[1]) Hier lag östlich von Milhau das von Apollinaris Sidonius (Propempt.
ad libell. v. 32, ed. Sirmond p. 416) erwähnte Trevidon der Tonantier.
[2]) Oben S. 8. 9.
[3]) Oben S. 10 ff.
[4]) Oben S. 12 ff.
[5]) Oben S. 13.
[6]) Oben S. 14.
[7]) Oben S. 14 ff.
[8]) Oben S. 15 ff.
[9]) Oben S. 15 ff.
[10]) Oben S. 21 ff.
[11]) Oben S. 9. 10.
[12]) Vita S. Columbani Abb., Mabill. sec. II. p. 26.
[13]) Stabler und Heim Bd. I. S. 743 ff.
[14]) Wie die Ortschaften St. Dezery, westlich von Uzes unweit des Gard,

fanden in Metz und seinem Sprengel die Stätten, welche das Andenken jener auch dort bewahren[1]), diesem in seiner Verknüpfung
mit dem Bischof Goerich neue Ehren eröffnen sollten.[2])

Damit beginnt jedoch ein andrer Einfluß bei der Weiterbildung
des Stammbaums sich geltend zu machen, ein Einfluß, der zum
Theil offenbar weit über ein Jahrhundert jünger ist, als die ersten
Bemühungen um denselben zur Zeit Ludwigs des Frommen. Es
sind dabei theils Namen benutzt, die von Anfang in demselben standen,
theils auch wohl Namen eingefügt, um gewisse Klöster und Kirchen
in innigeren Zusammenhang mit den Karolingern zu bringen, als
ihnen gebührte. In Hinsicht dessen wiesen wir gelegentlich des Namens Ricbert schon auf das Kloster St. Wandrille hin[3]), dessen
Thätigkeit sich ja übrigens in der zu sehr auf der Hand liegenden,
daher garnicht von uns berücksichtigten Einschaltung des heiligen
Wandregisil und seines Vaters Walchisus ergiebt[4]). Auch für den
Namen Gamarbus finden wir nur einen Mönch desselben Klosters[5]),
ohne jedoch hier einen gleichen Ursprung wie bei Ricbert annehmen
zu können, weil sonst seine gesammte Nachkommenschaft aus dem
Stammbaum herausfallen würde; es müßte denn der zweite Name,
der mit ihm verbunden steht, Babo, der eigentlich geltende, Gamarbus
dagegen die Einschaltung sein.

Bedeutender indeß als diese Erweiterung des Stammbaums ist
die Behandlung, die derselbe im Laufe des zehnten Jahrhunderts zu
Metz erfuhr. Wir haben auch hier schon nachzuweisen gesucht, welche
Einwirkung darauf seitens des Bisthums Metz zur Zeit der drei
Bischöfe Adalbero I., Dietrich und Adalbero II. geschah. Dem Streben
dieser Bischöfe, ihren Sprengel auf jede Weise, also auch dadurch
zu verherrlichen, daß sie ihren Vorgängern im Bisthum in möglichst
ausgedehnter Weise sowohl geistliche als weltliche Hoheit zueigneten,
kam theils die geschichtliche Verknüpfung des metzer Bischofsitzes mit
den Ahnen des karolingischen Geschlechtes, theils die Eitelkeit derer
zu Hülfe, welche sich einer Abkunft von demselben rühmten[6]), theils
boten sich ihnen Anhaltpunkte in dem arnulfingischen Stammbaume
und dem Werke des Paulus von den Bischöfen von Metz[7]). Dadurch wurden ohne Zweifel die Goverigus, Arnoald und Aigulf des
Stammbaums mit den gleichnamigen Bischöfen von Metz identificirt.

Wenn wir nun oben[8]) bei dem Namen Aigulf auf einen Märtyrer und Abt des Klosters Lerins hinwiesen, so geschah dies in

---

und St. Drezery de Courbessac zwischen Nismes und Montpellier anzudeuten
scheinen.

[1]) Oben S. 22. 23.
[2]) Oben S. 17 ff.
[3]) Oben S. 23.
[4]) Oben S. 7 Anm. 2.
[5]) Oben S. 23.
[6]) Oben S. 33.
[7]) Oben S. 26.
[8]) Oben S. 24.

Erinnerung an den von Arnulf selbst einst beabsichtigten Eintritt in dieses Kloster in Gemeinschaft seines Freundes Romarich, und es mochte die Kenntniß der dahin zielenden Mittheilung der älteren Biographie Arnulfs genügen [1]), auch das gleichfalls auf romanischem Boden gelegene Kloster Lerins in den Kreis der arnulfingischen Ahnentafel hineinzuziehen; wahrscheinlicher ist jedoch, daß der Name Aigulf erst jetzt in den Stammbaum als derjenige eines Bruders Ansberts [2]) hineinkam, weil unter den Bischöfen von Metz Aigulf als Vorgänger und Oheim Arnoalds erschien, der letztere Name indeß ohne jeglichen Hinweis auf die einstige Bedeutung seines Trägers als Vater Arnulfs im Stammbaum stand. Das würde dann auch die eigenthümliche Stellung Aigulfs in der Biographie Chlodulfs [3]) erklären, sein angeblicher Neffe Arnoald aber würde nach Entkleidung von der ihm angemaßten Bischofswürde, außer der oben schon be= besprochenen Muthmaßung über sein Erscheinen im Stammbaum [4]) etwa nur noch der Frage Raum geben, ob der einzige Anlaß zu demselben nicht vielleicht eine Pietät Ludwigs gegen den Leiter seiner frühsten Kindheit, der ja Arnold hieß [5]), gewesen sei?

Denn setzen wir selbst den Fall, der Vater Arnulfs habe wirk= lich den Namen Arnold oder Arnoald geführt! Wir können dies um so eher deshalb, weil unter allen Namen des Stammbaums gerade dieser den wenigsten Anhalt bietet, ihn irgend anderweitig unterzu= bringen, weil gerade er ebensowenig etwas gegen wie für sich hat, was in viel höherem Maße bei den ihm ähnlich im Stammbaum stehenden Namen Ansbert, Godinus und Hictor der Fall ist. Hictor [6]) und Godinus [7]) können aus Gründen, die wir oben nachwiesen, nicht in den ihnen vom Stammbaume zugedachten Verhältnissen stehen, und gegen Ansbert als den Gemahl einer Tochter des Frankenkönigs Chlothar I. spricht das Stillschweigen Gregors von Tours über diese Tochter sowohl wie über ihre Ehe, was beides zu erwähnen er wohl Veranlassung gehabt hätte. [8])

Doch würden wir einen thatsächlichen Gewinn davon haben, wenn wir wirklich den Namen Arnoald für den des Vaters des heiligen Arnulf annehmen dürften? Nach den Gesetzen der Natur, wissen wir, mußte Arnulf einen Vater und dieser wieder einen Va= ter haben, und so fort, bis zurück zur Erschaffung der Welt; wie diese Väter geheißen, ist gleichgültig, so lange ihre Namen eben nichts als Namen, leerer Schall ohne Bedeutung sind, wie das leider nur zu sehr bei Arnoald der Fall ist [9]), und so lange die übrigen Namen,

---

[1]) Mabill. sec. II. p. 111.
[2]) Oben S. 7. 24.
[3]) Oben S. 25.
[4]) Oben S. 27.
[5]) Astron. cap. 4, Mon. Germ. SS. Tom. II. p. 609.
[6]) Oben S. 12.
[7]) Oben S. 23.
[8]) Oben S. 34.
[9]) Oben S. 26 ff.

die sich umher gruppiren, bei genauerer Betrachtung theils als Hirn-
gespinste sich in Nichts auflösen, theils ihrer Lebenszeit nach von
der ihnen im Stammbaum angewiesenen Stellung weit abweichen,
theils endlich als Glieder anderer Familien sich kennzeichnen, die mit
der arnulfingischen nichts gemein haben.

Wir haben angedeutet, wie weit wir die Thätigkeit Ludwigs des
Frommen oder besser wohl derer, die mit ihm und für ihn ar-
beiteten, in Versammlung dieser Namen zu dem Stammbaume seines
Geschlechtes ausdehnen, und wo wir den Eintritt anderweitiger Bemühungen, namentlich mit Bezug auf das Bisthum Metz, wahr-
nehmen zu müssen glauben. Eine bestimmte Grenze, wo jene auf-
hörte, diese anfingen, ließ sich nicht ziehen; denn obgleich aus sehr
verschiedenartigen Beweggründen hervorgehend, kamen beide doch auf
Eins hinaus, auf eine Ausschmückung des karolingischen Stammbaums mit den Namen von Bischöfen, Heiligen und Märtyrern.
Aber geschah dies dort einzig aus dem Grunde, die große Welt durch
den Glanz des metzer Bischofstuhles zu blenden, so handelte es sich
hier dagegen nur um ein verhältnißmäßig kleines Stückchen Erde,
in welchem Wurzel zu fassen dem karolingischen Geschlechte eben
durch den Stammbaum möglich werden sollte. Daß es die Namen
von Bischöfen, Heiligen und Märtyrern waren, die man heranzog,
lag dort in der Sache selbst, hier in der vorherrschenden Gemüths-
richtung des Mannes, zu dessen Gunsten die Zusammenfügung des
Stammbaumes geschah, in der Stellung, welche die in seinem Interesse handelnden Personen einnahmen, und in der eigenthümlichen
Sinnesart des Volkes, auf welches man damit einzuwirken dachte,
sodaß also hier zutrifft, was den Karolingern an anderer, unrechter
Stelle zum Vorwurf gemacht worden ist.

In des Paulus Geschichte der Bischöfe von Metz — so hat[1])
man gesagt — „blicke nicht undeutlich die Absicht durch, die Thronbesteigung der Karolinger zu rechtfertigen und sie als ein durch
Heilige legitimes Herrscherhaus darzustellen."

Bedurfte es denn überhaupt einer derartigen Legitimirung des
karolingischen Herrscherhauses zu der Zeit, da Paulus um das Jahr
784[2]), seine Geschichte der Metzer Bischöfe verfaßte?

Eben hatte der große Karl, dieser gewaltige Fürst, dem fränkischen Reiche eine Ausdehnung gegeben, wie es nie zuvor gehabt[3]);
schon konnte er sicher sein, alle seiner Herrschaft widerstrebenden
Elemente in dem weiten Umkreise desselben zur Anerkennung zu
zwingen; und gewiß fragte er im Bewußtsein dieser seiner Macht
trotz aller Frömmigkeit und aller Ergebenheit gegen die Kirche und
ihre Diener, namentlich den römischen Bischof, ebensowenig nach

[1]) Abel in den Geschichtschreibern der deut. Vorzeit; Einleitung zum Paulus Diaconus S. XV. nach Bethmann.
[2]) Abel, Einleit. S. XV.
[3]) Gesta Episc. Mettens., Mon. Germ. SS. Tom. II. p. 265: qui Francorum regnum, sicut nunquam ante fuerat, dilatavit.

einer seine Ahnentafel zierenden Reihe von Heiligen und Märtyrern, wie nach einem Familienverbande mit den merowingischen Königen, oder gar einer romanischen Herkunft. Und kannte er auch und er= zählte im Kreise seiner Familie und Freunde Züge aus dem Leben seiner Vorfahren [1]), so spricht darin kaum die Absicht sich aus, die Erinnerungen seiner Familie auf die Nachwelt bringen zu wollen.

Wie sehr aber diese zu seiner Zeit im Argen lagen, beweist wohl am Besten das Zeugniß seines Biographen Einhard, welcher sich selbst dessen begeben mußte, über die Geburt und Kindheit, ja sogar über die Knabenjahre seines Herrn und väterlichen Freundes Mit= theilungen zu machen, weil er es für Thorheit erkannte, Dinge be= richten zu wollen, über die weder schriftliche Aufzeichnungen noch mündliche Ueberlieferungen vorhanden sind [2]). Als Einhard dies schrieb, war Karl bereits todt [3]); er soll es vorzugsweise gewesen sein, dessen Bitten im Jahre 813, als es sich zwischen Ludwig und dessen Neffen Bernhard handelte, den Kaiser dahin entschieden, dem Sohne die Nachfolge im gesammten Reiche zuzusichern [4]); er blieb auch ein treuer Rathgeber Ludwigs, und war lange bemüht, zwischen ihm und seinen Söhnen den Frieden zu erhalten [5]). Sollte er nun nichts von den Bemühungen Ludwigs um den Stammbaum seines Geschlechtes gewußt, oder vielleicht gerade mit Rücksicht auf dieselben, die er nicht billigte, jene Aeußerung gethan, und etwa auch eben deshalb vermieden haben, auf den Ahnherrn Karls, den heiligen Arnulf, Rücksicht zu nehmen, der ihm ohne Zweifel so gut bekannt war wie dem Paulus und Anderen?

Denn während Einhard innerhalb der Jahre 814 und 820 [6]) also stillschweigend über Arnulf hinweggeht, über den doch Paulus schon zu= vor als den Ahnherrn der Karolinger berichtet hat, stellt ums Jahr 835 [7]) der Chorbischof Thegan von Trier denselben als den ältest bekannten Ahnen seines Kaisers Ludwig des Frommen hin [8]). Thegan ist, wie der Wortlaut seines Werkes bekundet, mit der Ahnentafel des karolingischen Geschlechtes genau bekannt, und wir müssen uns in der That wundern, wenn er die Versicherung hinzufügt, von seinem Vater habe er erfahren und viele schriftliche Zeugnisse be= stätigten, daß dem so sei [9]). Wäre etwa auch diese Versicherung

---

[1]) Gesta Episc. Mettens. l. l. p. 264.
[2]) Vita Karoli Magni cap. 4, Mon. Germ. SS. Tom. II. p. 445: De cujus nativitate atque infantia, vel etiam pueritia, quia neque scriptis usquam aliquid declaratum est, neque quisquam modo superesse invenitur, qui horum se dicat habere notitiam, scribere ineptum est.
[3]) Wattenbach, Geschichtsqu. S. 110.
[4]) Ebd. S. 104.
[5]) Ebd. S. 105.
[6]) Innerhalb deren er das Leben Karls verfaßte; Wattenbach S. 110.
[7]) Wattenbach S. 114.
[8]) Vita Hludowici Imp., Mon. Germ. SS. Tom. II. p. 585. ss.
[9]) Thegan. cap. 1. l. l. p. 590: Qui de prosapia sancti Arnulfi, ponti= ficis Christi, ortus est, sicut paterno relatu didicimus, et multae testantur historiae.

gewissermaßen ein Protest gegen die Glaubwürdigkeit alles dessen, was in Bezug auf die karolingische Herkunft über Arnulf hinausgeht? Und wenn wir nun zum ersten Male bei der Krönung Karls des Kahlen im Jahre 869 den Bischof Hinkmar von Rheims über Arnulf hinaus auf Chlodwig hinweisen sehen, als stamme von diesem ersten Könige der Franken der fromme Kaiser Ludwig ab[1]), so könnten wir fast darauf verfallen, den ansehnlichen sonstigen Fälschungen dieses Bischofs[2]) auch den arnulfingischen Stammbaum beizugesellen. Aber würde derselbe nicht wohl weit anders ausgefallen sein, wenn er einen Bischof von Rheims zu seinem Urheber hätte? Würde dann all dasjenige, was in demselben Anspruch auf ein früheres Entstehen als im letzten Viertheil des neunten Jahrhunderts machen kann, so gänzlich absehen von allen dem Bisthum Rheims naheliegenden Verhältnissen, sich so ausschließlich um die Geburtsstätte Ludwigs in Septimanien zusammendrängen, und von ihr als seinem Mittelpunkte in Masse nur über die Gaue von Rhodez, Cahors und Albi, und höchst vereinzelt von dort weiter nach dem Norden, Westen und Süden, nirgends aber über Aquitanien hinaus, seine Strahlen entsenden? Um die Herstellung eines solchen Stammbaums zu ermöglichen, mußten Bedingungen vorhanden sein, wie wir sie eben in Bezug auf Ludwig den Frommen nachgewiesen haben. Es mußte gelten, daß karolingische Geschlecht durchaus nicht im Allgemeinen, sondern nur in ganz bestimmten im Verhältniß höchst beschränkten Grenzen „als ein durch Heilige gleichsam legitimes Herrscherhaus darzustellen."

Und wie verhält sich nun insbesondere der, solcher Absicht dienen zu wollen, geziehene Paulus in seinen Nachrichten über die Herkunft der Karolinger zu der geschichtlichen Glaubwürdigkeit?

Als sein Gönner, der große Karl, sich bemühte, ihn an den fränkischen Hof zu fesseln[3]), als Bischof Angilramn von Metz ihm die Archive seiner Kirche öffnete und ihn anfeuerte, eine Geschichte seiner Vorgänger auf dem Stuhle des heiligen Clemens zu schreiben[4]), da folgte er zwar dem Drängen des Königs und der Bitte des Bischofs. Aber wie er nur ungern seine italienische Heimath verließ, und wohl nur, weil er sich dem großen Könige für die Begnadigung seines Bruders verpflichtet glaubte, länger an dessen Hofe verweilte[5]), so benutzte er den kurzen Aufenthalt im Frankenreiche

---

[1]) Annal., Mon. Germ. SS. Tom. I. p. 484: sanctae memoriae pater suus, domnus Hludowicus pius imperator Augustus, ex progenie Ludoici, regis Francorum inclyti, per beati Remigii apostolicam et catholicam praedicationem cum integra gente conversi...., exortus per beatum Arnulfum, e cujus carne idem Hludowicus pius Augustus originem duxit carnis.

[2]) Roth, Beneficialwesen S. 461 ff.: Beylage IV. Die Fälschungen Hincmars von Rheims.

[3]) Wattenbach S. 97.

[4]) Gesta Episc. Mettens., Mon. Germ. SS. Tom. II. p. 268; Gesta Langob. lib. VI. cap. 16.

[5]) Abel, Einleit. S. X ff.

und das dort verfaßte Werk, so oft sich darin die Gelegenheit bot, sein Dankgefühl gegen seinen großen Gönner laut werden zu lassen. Daher ist denn auch in der Geschichte der Bischöfe von Metz, die über einen dem Paulus fernliegenden Gegenstand verfaßt, sonst zu keinen höheren Ansprüchen berechtigt[1]), gerade der heilige Bischof Arnulf, als Ahnherr des karolingischen Geschlechtes, mit besonderer Vorliebe behandelt[2]), und soweit es die Bestimmung des Werkes gestattete, auf seine Nachkommen bis zu Karl dem Großen Rücksicht genommen.

Doch weit entfernt, daß er irgendwelche Neigung durchblicken ließe, die Karolinger durch Heilige zu legitimiren, bespricht Paulus, ein Geistlicher seiner Zeit, vielmehr mit rührender Unbefangenheit jenes andere Glied des arnulfingischen Geschlechtes, das neben Arnulf vortrefflich zur Förderung derartiger Absichten hätte dienen können, den Bischof Chlodulf, Arnulfs älteren Sohn. Er hat noch keine Ahnung von der Heiligkeit, welche das zehnte Jahrhundert erst diesem Manne beilegen sollte, und bereitete darum auch den Späteren, die Chlodulfs Leben darzustellen beflissen waren, nicht geringe Verlegenheit, durch seine Art der Erwähnung desselben[3]). Und wie hebt sich nun gegen dieselbe erst die Weise ab, in welcher nicht allein neben diesem älteren Bruder, sondern selbst neben dem Vater, unser Schriftsteller des jüngeren, Anschisus — wie er ihn nennt —, gedenkt. Er kann, indem er noch ein zweites Mal[4]) in seiner Geschichte der Bischöfe von Metz darauf zurückkommt, nicht deutlicher sein, als er ist, um zu zeigen, daß Chlodulf ihm für die Hoheit des karolingischen Geschlechtes wenig bedeutet, vielmehr seine ganze Bedeutung von dem Vater und Bruder borgt, indeß Arnulf, der heilige Gottesmann, höchstens gleich einem schützenden Engel über dem Geschlechte des Anschisus schwebt, welcher der eigentliche Stammvater der königlichen Karolinger geworden ist.

Sollte nun aber Paulus diesen jüngeren Sohn Arnulfs etwa darum also in den Vordergrund gestellt haben, weil er durch ihn die Ableitung seines Geschlechtes von jenem troischen Anchises, dem Vater des Aeneas versuchen will? Auch dieser Gedanke ist ihm untergeschoben worden[5]). Allein so sehr er sich darin gefällt, bei jeder Erwähnung des Anschisus an jenen Anchises zu erinnern, so ist doch wohl zu bemerken, daß er jedesmal nur auf die Ableitung

---

[1]) Wattenbach S. 98.

[2]) Mon. Germ. SS. Tom. II. p. 264 ss.

[3]) S. Excurs I: Die Biographie des Bischofs Chlodulf von Metz.

[4]) Mon. Germ. Tom. II. p. 264: pluriores Anschiso quam reliquerat divitiae accesserunt, et ita in eo paterna est constabilita benedictio, ut de ejus progenie tam strenui fortesque viri nascerentur, ut non immerito ad ejus prosapiam Francorum translatum est regnum. — p. 267: Anschisi quoque, a quo semen propagatum est regium.

[5]) Mon. Germ. Tom. II. p. 305: Anschisi genus ad Anchisem, Aeneae patrem, referre primus conatus est.

des Namens von dem Namen, niemals des Geschlechtes von
dem Geschlechte hinweist.[1])

Versucht Paulus somit weder eine Legitimirung durch Heilige,
wie denn auch keine Andeutung von einem Zusammenhange der
unter sich verwandten Bischöfe, Aigulf und Arnoald, mit dem heiligen
Arnulf bei ihm sich findet, noch sonst eine Verherrlichung des karolingischen Geschlechts über die greifbare geschichtliche Wahrheit hinaus: so weiß er auch anderweitig nichts von einem Familienverbande
zwischen Arnulfingern und Merowingern, nichts von einer etwaigen
romanischen Herkunft. Bei ihm ist überall[2]) nur die Rede von einem
Uebergange der fränkischen Königskrone von dem entarteten älteren
auf ein thatkräftiges junges Geschlecht, und von dem Ausgange
dieses Geschlechts von den Männern, welche zuerst die Würde des
Majordomus in der königlichen Pfalz bekleideten, dann für die
Könige die Reichsgeschäfte verwalteten; und als er einmal[3]) dieses
Geschlecht nach seiner Volksgemeinschaft bezeichnet, heißt er es schlecht-
weg ein fränkisches, vorzüglich an Adel und Tapferkeit, — nicht
anders als schon Arnulfs erster Biograph[4]) gethan.

In diesem haben wir aber einen Mann vor uns, der sich etwa
gleich Fredegar einzig durch seine schlichte und darum glaubwürdige
Art der Berichterstattung hervorthut. Daß er auf Chlodulfs Geheiß
geschrieben, müssen wir zwar entschieden in Abrede stellen[5]), wollen
damit indeß seine Eigenschaft eines Zeitgenossen Arnulfs nicht
läugnen. Noch im Laufe des siebenten Jahrhunderts mag sein Werk
entstanden sein[6]), welches uns nun in den dürftigsten Umrissen

---

[1]) Mon. Germ. Tom. II. p. 264: Anschisi nomen ab Anchise patre
Aeneae, qui a Troja in Italiam venerat, creditur esse deductum. — p. 265:
Epitaphium Rothaidis: Ast abavus Anchise potens, qui ducit ab illo Tro-
jano Anchisa longo post tempore nomen. — Gesta Langob. lib. VI. cap. 23:
Anchis Arnulfi filius, qui de nomine Anchisae quondam Trojani cre-
ditur appellatus.

[2]) Gesta Episc. Mettens. l. l. p. 264; Gesta Langob. lib. VI. cap. 16.

[3]) Gesta Episc. Mettens. l. l. p. 264: Arnulfus ex nobilissimo fortissi-
moque Francorum stemmate ortus.

[4]) Vita S. Arnulfi auct. anon. coaevo, Mabill. Tom. II. p. 150: Arnulfus prosapia genitus Francorum, altus satis et nobilis parentibus, atque
opulentissimus in rebus saeculi.

[5]) S Excurs I: Die Biographie des Bischofs Chlodulf von Metz.

[6]) Wie vorsichtig man indeß bei Festsetzung der Zeit für die Abfassung einer
solchen Biographie zu Werke gehen muß, lehrt folgendes Beispiel. Angeblich
um das Jahr 600 lebte der heilige Licinius, Bischof von Angers. Sein Biograph
(Bolland. Febr. 13) erscheint nun auf den ersten Blick ganz unverfänglich, zwar
nicht als ein unmittelbarer Zeitgenosse des Heiligen, doch wenigstens als ein
Mann, dem mittelst Verkehrs mit den Angehörigen und Schülern Licins dessen
Lebensumstände bekannt geworden sind. Genauer betrachtet wiederholt er aber
nicht allein in der Stelle, in der er uns darüber verständigt, nur mit Hinzu-
fügung einiger Zwischensätze, wörtlich den Biographen Arnulfs, sondern setzt
auch im Uebrigen die Biographie Licins fast durchgängig aus derjenigen Arnulfs
und einer des heiligen Lambert, Bischofs von Mastricht (auct. Godescalco Diac.
Leod., Bolland. Sept. 17.) zusammen, ja, er geht so weit, selbst die auf Arnulfs Vereinigung des Bischofsamtes mit seiner weltlichen Stellung bezügliche
Partie genau zu wiederholen. Die ursprünglich als ein Werk des siebenten

ein Bild von den weltlichen Verhältnissen Arnulfs entwirft, dagegen
die größte Sorgfalt auf Ausmalung der schon auf Erden in Werken
und Wundern sich äußernden Heiligkeit desselben verwendet. Aber
weder jenes dürftige irdische Gewand, in das wir Arnulf gekleidet
sehen, noch auch die Werke und Wunder, welche durch ihn geschehen,
dürfen wir für sein ausschließliches Eigenthum erklären. Denn
gleich ihm begegnen uns zahllose Heilige, von vornehmen Eltern,
wenn nicht gar aus königlichem Stamm entsprossen, reich an irdischen
Gütern, noch reicher an Tugenden, in der königlichen Pfalz erzogen, in hohen und höchsten Aemtern, zur Ehe von Eltern und
Freunden gedrängt, endlich irdischer Macht und weltlichen Freuden
sich ganz abwendend, um als Bischöfe oder Aebte, als Mönche oder
Einsiedler ihr durch Wunder und gute Werke begnadetes Leben in
Gottesfurcht und Entsagung zu schließen.

Wissen wir indeß diese Stereotypen nach ihrer Bedeutung zu
würdigen, und aus ihnen wie aus der Schale den Kern herauszu-
finden, so erhalten wir, wenn gleich nur geringe, doch für Arnulfs
persönliche sowohl wie für die Verhältnisse der Zeit schätzenswerthe
Beiträge, und namentlich, was uns hier ja vor Allem angeht, über
seine Familie und Herkunft Mittheilungen, die sich dort zwar nur
andeutend verhalten, hier aber entschieden aufhellend wirken. Denn
während Gemahlin und Söhne Arnulfs uns namenlos vorgeführt
werden, und wir daraus für die erstere nichts, für die letzteren
wenigstens soviel gewinnen, daß wir an der ausdrücklich betonten
Zweizahl festhalten können[1]): erfahren wir zugleich auch seine fränkische Herkunft, und legen auf sie jetzt um so größeres Gewicht, als
in den Akten der Heiligen jenes und der nachfolgenden Jahrhunderte
eine senatorische, romanische, aquitanische Abstammung die gewöhnlich
beliebte ist.

Aber indem wir nun die fränkische Abkunft Arnulfs näher zu
ergründen und auf ein möglichst eng begrenztes Gebiet hinzuführen versuchen, werden wir in einen ganz neuen Ideenkreis hineingezogen. Denn
während wir es im bisherigen Verlaufe unsrer Untersuchung vornehmlich mit dem Süden des Frankenreiches zu thun hatten, und

---

Jahrhunderts erscheinende Biographie bekundet sich somit schließlich als eine
späte Composition.

[1]) Herr Gerard bescheidet sich auf Grund der Zeugnisse des ersten Biographen
„contemporain et ami de saint Arnulphe" und des Paulus Warnefridi kurz
dahin (a. O. p. 119. 120): Il n'est donc pas permis d'en douter, saint Arnulphe appartenait par sa naissance à la partie germanique de l'Austrasie
et, selon toute apparence, à la nation des Francs ripuaires. Und bald darauf
(p. 121) fügt er hinzu: Si l'origine de saint Arnulphe est celle que nous
venons d'indiquer, il nous est permis de le réclamer comme Belge, fût-il
même ne au pays de Metz ou au bord du lac de Lauch: car on, ne doit
pas considérer la Belgique dans ses limites actuelles, quand il s'agit de
déterminer une nationalité du septième siècle. Les Belges de cette époque,
c'étaient les Francs de l'Austrasie et de l'extrémité septentrionale de la
Neustrie; c'étaient les fils des Francs Saliens et ceux des Ripuaires de la
rive gauche du Rhin.

unfer Blick von dort höchſtens bis zum Bisthum Meß hinab ſchweifte,
ſehen wir uns jetzt plötzlich in die entgegengeſetzten nördlichen Land=
ſchaften jenes Reiches, das heutige Belgien und die Niederlande
verſetzt.

Die flandriſchen und brabantiſchen Verfaſſer der Reimchroniken
des dreizehnten und vierzehnten Jahrhunderts, namentlich der flan=
driſche Begründer der lehrhaften Dichtung im Gegenſatze zu den
abenteuerlichen Ritterromanen jener Zeit, Jakob van Maerlant, und
ſein brabantiſcher Bearbeiter, Jan de Klerk von Antwerpen[1]), beide
freilich trotz ihres energiſchen Proteſtes[2]) gegen

die falſchen welſchen Poeten,
Die mehr reimen als ſie wiſſen,

in gewiſſer Hinſicht ſelbſt wieder Romanſchreiber, indem ſie unter
vielem Guten und Wahren doch auch mancherlei Sagen und Fabeln,
welche ſie dem Munde des Volks oder irgend einer alten Handſchrift
entnommen haben, ohne kritiſche Sichtung in Treu und Glauben
uns darbieten, — nennen nämlich den heiligen Arnulf und zwar
Maerlant[3])

neven Vlaenderen geboren
Ende hertoge daer over Scelt,

und nach ihm de Klerk[4]) „grave neffens der Scelt bi Vlaenderen.“

Es mag ein Zufall ſein, daß die von beiden hier gebrauchten
Ausdrücke an die Benennung des zu beiden Seiten der Schelde un=
mittelbar um Gent her gelegenen Bezirks, des ſ. g. Landes Over=
ſchelde oder bei der Schelde anklingen, welches den Mittelpunkt
der flandriſchen Mark bildete[5]). Aber wir erinnern zuvörderſt da=
ran, daß dieſer Bezirk im Vertrage von Verdun an Kaiſer Lothar
gelangte, und alſo Lothringen einverleibt wurde, und fragen dann
weiter, wie denn vor Allem Maerlant zu jener Nachricht gekommen iſt?

Als vorzüglichſte Quelle für ſeinen „Geſchichtſpiegel“ diente
ihm neben einem Sigbert von Gemblour u. a.[6]), ſoviel wir wiſſen,

<hr>

[1]) Jacob van Maerlant's Spiegel Historiael Deel III. uitgeg. door de
Maatschappij der Nederlandsche Letterkunde te Leiden 1857. — Jan de
Klerk van Antwerpen, De Brabantsche Yeesten, of Rymkronyk van Bra-
bant uitgeg. door J. F. Willems. Brussel 1839. — Vgl. ebb. Introduction
p. VIII. IX. und Gervinus Geſchichte der deutſchen Dichtung Bd. II. 4. Ausg.
S. 54 ff.

[2]) De Klerk Boek II. v. 4146. 47 (p. 214). — Und ſchon gleich im
Eingang ſeiner Chronik v. 1 ff. heißt es:
Om dat van Brabant die hertoghen
Voermaels dicke sijn beloghen,
Alse dat si quamen metten swane,
Daer bi hebbic mi ghenomen ane
Dat ic die waerheit wille outdecken.

[3]) Part. III. Boek VIII. cap. 23 (p. 84).

[4]) Boek I. v. 290 ff. (p. 13).

[5]) Hierzu vgl. man den gediegenen Excurs X: „Reichsflandern und die
deutſche Burg von Gent“ in den Jahrbüchern des deutſchen Reichs unter Hein=
rich II. von Siegfr. Hirſch. Bd. I. S. 507 ff. (Berlin 1862).

[6]) Partie III. Boek VIII. cap. 74. v. 71 (p. 140): Duus scrift van
Gembloys Segebrecht; ähnlich Part. IV. Boek II. cap. 16 v. 2 (p. 269).

das kurz vor ihm im Jahre 1244 in lateinischer Prosa unter demselben, daher auch von ihm entlehnten Titel vollendete Werk des
Dominikanermönches Vincenz von Beauvais[1]), und ihm entnahm er
auch obige Nachricht. Er vermied dabei jedoch den anderweitig mit
ihr verbundenen Unsinn, Arnulf sei der Vater des Königs Pippin,
der Großvater Karls des Großen, welchen Vincenz nebst der Mittheilung, jener habe unweit Flandern in Lothringen ein Herzogthum
inne gehabt, seinerseits wieder einer älteren um das Jahr 1060 verfaßten Schrift des Paulus Damiani, Cardinalbischofs von Ostia[2]),
knechtisch und nur mit der unwesentlichen Aenderung ausgeschrieben
hat, daß er jenem in Lothringen, Damiani ihm im lotharischen
Reiche ein Herzogthum beilegt.

Berechtigt uns dies nun nicht zu der Annahme, jener bei
Maerlant und de Klerk bemerkte zufällige Anklang an den Kern der
flandrischen Mark sei die nothwendige Folge eines offenbaren Miß-
verständnisses Damiani's? Irrthümlich bezog dieser nämlich auf den
in jeder Beziehung ihm und vielleicht auch seinen Gewährsmännern
fern liegenden karolingischen Arnulf, was seine geistlichen Mitbrüder
vom Orden des heiligen Benedict, unter Berufung — wie er sagt
— auf das was sie gelesen, ihm über den Markgrafen Arnulf den
Großen oder Alten mittheilten, dessen Wirken, das in die Jahre
919 — 964 fiel, besonders in dem letzten Vierteljahrhundert - seines
Lebens wohl geeignet war, sich dem Gedächtniß dieser geistlichen
Herren dauernd einzuprägen. Denn namentlich die Benedictiner-
klöster Blandigny bei Gent und St. Bertin bei St. Omer un-
terwarf er durchgreifenden Reformen, für Herstellung der demselben Orden angehörigen Abtei St. Bavon in erstgenannter Stadt,
nachdem sie vierzig Jahr in Trümmern lag, trug er Sorge[3]), und
selbst noch das über die Grenzen seiner Herrschaft hinaus gelegene
Marienkloster zu Compiegne stattete er reichlich aus[4]). Es dank-
ten ihm dafür jener Hymnus, den ein Presbyter Witgerus zu Compiegne, wie es scheint, noch bei seinen Lebzeiten ihm zu Ehren ver-

---

[1]) Vincentii Bellovacensis Speculum quadruplex, naturale, doctrinale,
morale, historiale. Argentor. Joann Mentelin, 1473. 76. 7 voll. in gr. Fol. —
Specul. hist. lib. XXIII. cap. 75: De vita s. Arnulfi et episcopatu ejus:
Hic Arnulfus ut ait petrus damianus pater pipini fuit et avus karoli
magni. Hic non procul a flandria in lotharingia ducatum
tenebat.

[2]) S. Petri Damiani S. R. E. Card. Episc. Ostiens. Ord. S. Bened. e
Congreg. Fontis - Avellanae Opera omnia . . . . collecta studio D. Constant. Cajetani. 4 tomi fol. Paris. 1743. — Tom. III. p. 211 ss. de ab-
dicatione episcopatus ad Nicolaum II. Rom. Pap. cap. 7 (p. 127.): De
Arnulpho Metensi Episcopo. Hic profecto, sicut veredica fratrum relatione didicimus, qui descriptam ejus se lectitasse testantur historiam, in
Lotharico regno non procul a Flandria ducatus gerebat offi-
cium. Hic praeterea Pipini pater, et Caroli magni Regum avus fuit. —
Diese Schrift muß um das Jahr 1060 geschrieben sein, da der im Jahre 1058
gewählte Papst Nicolaus schon im Jahre 1061 stirbt.

a) Hirsch a. O. S. 418 ff.

[4]) Genealogiae Comitum Flandriae, Mon. Germ. hist. SS. Tom IX. p. 308.

faßte[1]), und manch andere rühmende Erwähnung in den hand-
schriftlichen Aufzeichnungen vorgenannter geistlichen Stiftungen, welche,
soweit sie der Mitte des zehnten Jahrhunderts vorhergingen, Damiani's Ordensmitbrüdern den Stoff zu ihren Mittheilungen geboten haben werden. Aus dem von ihnen gemeinten Markgrafen
Arnulf wurde aber nun natürlich durch Damiani's Verwechslung
desselben mit dem karolingischen Arnulf ein Herzog, und blieb es
bei Vincenz von Beauvais und Maerlant; erst de Klerk stellte wieder einen Grafen her, aber gewiß weniger im Rückblick auf die
durch Damiani's Irrthum hier einst in Mitleidenschaft gezogene
flandrische Mark, als vielmehr in Berücksichtigung der für die nie-
derlothringischen Herzoge weit wichtigeren Markgrafschaft Antwerpen,
von der man endlich auch anfing, der Arnulfinger eingebildete erbliche Herrschaft zu benennen, die dann, mit derjenigen der Pippiniden unter dem mittleren Pippin vereinigt, ihm, wie bei den späteren
Herzogen wirklich der Fall war, den Titel eines Markgrafen von
Antwerpen neben der brabantischen Herzogswürde eingetragen haben
soll. Man erreichte dadurch, daß beide sogenannte Ahnherren des
karolingischen Geschlechts, der heilige Arnulf sowohl wie der ältere
Pippin, jener für die Markgrafenschaft, dieser für das Herzogthum,
nicht blos die zufälligen Vorgänger, sondern geradezu die erblassen-
den Stammväter der nachmaligen Herzoge von Brabant wurden.

Denn während auf dem eben besprochenen Wege der heilige
Arnulf in Betreff der Markgrafschaft Antwerpen zu solcher Bedeutung gelangte, ward der ältere Pippin für das Herzogthum Bra-
brant in gleicher Weise in Anspruch genommen, — und damit sind
wir auf dem Punkte angekommen, wo wir auf diesen bisher ganz
außer Acht gelassenen anderen angeblichen Stammvater der Karolinger unsere Untersuchung ausdehnen können. —

In ähnlicher Weise wie um den heiligen Arnulf schaart sich um
den älteren Pippin eine Anzahl Heiliger beiderlei Geschlechts, sie
sollen aber nicht wie dort dem Süden des Frankenreichs die Ehre
sichern, daß der karolingische Stamm in seinem Boden wurzle, und
durch eine Reihe demselben angehörender Bischöfe gleichzeitig den
Stuhl von Metz verherrlichen, sondern darthun, wie das Geschlecht
der Pippiniden aus dessen Verbindung mit dem arnulfingischen jener
Stamm entsproßte — von Anfang in belgischen Landen heimisch
und volksthümlich, daselbst in zahlreichen Denkmalen fortlebe.

Da sind nicht allein, mit einziger Ausnahme seines Sohnes
Grimoald, die unmittelbarsten Angehörigen Pippins, neben seiner
Gemahlin Yduberga oder Itta und seinen Töchtern Gertrud und
Begga, seine Schwester Amalberga und deren Kinder Emebert oder
Ablebert, auch Ablebert genannt, Reinelbis und Gudula, Pharaildis
und Ermelinda, sämmtlich im Geruch der Heiligkeit und meist noch
heut in Belgien verehrt, auch der weitere Familienverband theils in

---

[1]) l. l. p. 303: Hic incipit sancta prosapia domni Arnulfi comitis
gloriosissimi filiique ejus Balduini quos dominus in hoc seculo dignetur
protegere.

seitlicher Abzweigung theils in absteigender Linie zeichnet sich durch die Fülle des Glanzes aus, den die Heiligkeit so vieler seiner Mitglieder über ihn breitet, bald sind es Ittas heilige Geschwister, Bischof Modoald von Trier und die Aebtissin Severa, bald ein angeblicher dritter Sohn des mittleren Pippin, der heilige Silvinus, von denen solcher Glanz ausgeht, bald wieder erweitert sich in abweichender Fassung des Stammbaums die Nachkommenschaft der heiligen Amalberga und zieht in den Kreis desselben eine neue Reihe heiliger Namen, die Schwestern Albegund und Waldetrub und der letzteren Gemahl Vincentius oder Madalgarius nebst ihren Kindern Madalberga und Albetrub, Landerich und Denthelinus.[1])

Wir brauchen uns jedoch hier nicht in Untersuchungen über die Zusammengehörigkeit dieser Namen im pippinschen Stammbaume zu vertiefen; die meist einer sehr späten Zeit angehörenden Biographien der zu demselben vereinigten Heiligen sind längst von einer mit wenigen Ausnahmen[2]) in hohem Grade unparteiischen Kritik in ihrem wahren Werthe gewürdigt worden, so daß, wer sich aus ihnen selber von ihrer gänzlichen Bedeutungslosigkeit wirklich nicht sollte überzeugen können, durch einen Blick in die kritische Beigabe zweifellos darüber belehrt werden muß.[3])

---

[1]) Unter Anderm findet sich dieser Stammbaum in des Edmund de Dynter Chronica nobilissimorum Ducum Lotharingiae et Brabantiae ac regum Francorum ed. Petr. Xav. de Ram. Bruxell. 1854—60. Tom I. ps. 2. p. 57 ss. Wir bemerken jedoch, daß daselbst der zuletzt genannte Denthelinus fehlt, den die französische Uebersetzung (l. l. p. 124) ergänzt: Et le quart filz (der heiligen Waldetrud) fut nommé Dentlin qui mourut en Aubes. Vergleichen wir, was „De S. Dentlino S. Vincentii filio, Ressae in Clivia (dio 14. Jul. culto.)" in den Acta Sanctorum Belgii selecta ed. Jos. Ghesquierus Tom. IV. p. 34 ss. aus einer Vita dieses Heiligen wörtlich mitgetheilt wird: Vitam S. Dentlini scribere operosum non est; sufficit enim uno verbo dicere, in albis mortuum esse, so finden wir den Anlaß zu jener Angabe. Uebrigens aber steht Denthelinus auch in einem älteren vielfach von Obigem abweichenden Stammbaume bei Jac. de Guise, Annales historiae illustrium principum Hannoniae Ps. II. lib. 9. cap. 12 (ed. le Marq. de Fortia d'Urban, Paris et Bruxell. Vol. VI. p. 306. 59).

[2]) Dazu gehört namentlich die Biographie der hl. Gertrud, s. Excurs V: Die Annales Xantenses u. s. w.

[3]) An solcher Belehrung scheint es freilich Herrn Gerard nicht gelegen zu haben; er hätte sonst nicht p. 101 ss. trotz der wiederholt citirten AA. SS. Belg. eine Anzahl jener Heiligen als selbstverständlich dem pippinschen Stammbaume angehörend aufgeführt, ein Beweis, daß es ihm überall nicht so sehr auf geschichtliche Treue als vielmehr auf das Loslassen von volltönenden Phrasen ankam, wie solche p. 101 und 105 nachzulesen sind. Zwar läßt er in einer augenblicklichen Anwandlung kritischer Laune die heiligen Pharaildis und Ermelindis mit dem Bemerken aus (p. 101 n. 2): „Divaeus (Rer. brabant. l. I. c. 3) attribue à Amelberge deux autres filles nommées Pharailde et Ermelinde; mais cette filiation est vivement contestée par l'auteur de la vie de sainte Amelberge dans les Acta SS. Belg. select. t. IV. p. 629." Aber Herr Gerard hat nun einmal Mißgeschick, und rechtfertigt auch hier wieder den Vorwurf größter Flüchtigkeit. Denn der Verfasser der Vita S. Amalbergae sagt a. O. p. 639 ganz bestimmt: „Dedit autem Deus eis (Amalbergae et Witgero) sobolem sanctissimam Aldebertum quatuorque dicatas Deo sorores, quarum una Reyneldis, altera Pharaildis, tertia Ermelindis, quarta Gudila fuit"; der Herausgeber derselben aber führt im Commentarius prae-

Aber nachdem ſchon im Mittelalter belgiſcher Patriotismus, des karolingiſchen Geſchlechtes ſich bemächtigend, Sorge getragen hat, es als den Ausgangspunkt alles deſſen zu verkünden, was in kirchlicher, politiſcher und territorialer Hinſicht für Belgien bedeutungsvoll geworden iſt, und die zu dieſem Zwecke angeſtrengten genealogiſchen Verſuche bis zum Beginn der Neuzeit ſolch anſehnlichen Stoff aufgehäuft haben, daß darauf hin jene oben erwähnte Zuſammenſtellung von mehr als hundert Heiligen zu einem Stammbaum des habsburgiſchen Hauſes ſtattfinden konnte[1]), — will natürlich jede ſpätere Epoche nicht weniger patriotiſch ſein, und ſo erleben wir denn noch heut das Beiſpiel, daß aller Kritik zum Trotz, welche längſt den richtigen Weg wenigſtens angebahnt hat, ſowohl jener Stammbaum, der angeblich im Herzen belgiſchen Landes wurzelnd ſeine Zweige über daſſelbe nach allen Richtungen hin ſchützend und ſegnend ausbreitet, mit unmerklicher Beſchränkung als ächt und wahrhaftig geprieſen, als auch allen Ernſtes wiederholt wird[2]), nicht nur daß der mittlere Pippin zu Heriſtal am linken Ufer der Maas ſeinen Wohnſitz gehabt, ſondern auch dort im Südoſten Brabants, wo Demer, Maas und Mehaigne den Haspengau abgrenzen, aber zu jener Zeit nicht Dorf noch Burg von Bedeutung zu finden geweſen, die Wiege der Pippiniden geſtanden habe. Denn knüpfe auch erſt eine jüngere Epoche den Namen des hier gelegenen Landen an den des älteren Pippin, ſo ſei dennoch Landen für ſeinen gewöhnlichen Wohnort, ja für die ſehr wahrſcheinliche Stätte ſeiner Geburt zu erachten, und müſſe hier auch noch ſein Grab geſucht werden, aus welchem ſpäter ſeine Gebeine nach der Abtei Nivelles hinübergeführt wurden.[3])

Haben wir unter dieſen Umſtänden alſo darauf gefaßt zu ſein, nicht geringen Anſtoß zu erregen, wenn wir den Pippiniden die brabantiſche Wiege ſtreitig machen, ſo wollen wir auf dieſe Gefahr hin es dennoch wagen; unſere vornehmſte Aufgabe iſt es ja, nach Kräften dazu beizutragen, daß müßige Hirngeſpinnſte nicht länger die hiſtoriſche Wahrheit überwuchern. Denn leider iſt dies heut zu

---

vius l. l. p. 629 eine Auseinanderſetzung aus des Nolanus Natales Sanctorum Belgii an, woſelbſt es ſchließlich heißt: „Alii unicum agnoscunt cum Witgero conjugium, et ex eo sanctas proles quinque, Aldebertum, Reineldem, Pharaildem, Ermelendem et Gudilam. Sed ut de tribus omnes consentiunt, sic de sanctis Pharailde et Ermelendo a multis contradicitur, et nominatim ab iis ecclesiis, in quibus hae Virgines requiescunt. — Auch Aug. Digot, Histoire du royaume d'Austrasie, Nancy 1863, 4 tomi in 8. führt den oben erwähnten Stammbaum in ſeiner ganzen Ausdehnung als wahr an Tom. IV. p. 72. 73.

[1]) S. oben S. 4.
[2]) Warnkoenig et Gorard p. 97 ss. 124.
[3]) l. l. p. 99: Bien que le nom de cette localité n'ait été attaché à celui de Pepin l'ancien qu'à une époque postérieure, on croit néanmoins que Landen fut son lieu d'habitation ordinaire, et très-probablement son lieu de naissance. L'hagiographe Surius rapporte qu'après sa mort, en 640, il fut inhumé dans sa cité (ou son bourg) de Landen, et que son corps y reposa longtemps, jusqu'à ce qu'on le transportât à l'abbaye de Nivelles.

Tage in Betreff der pippinschen Herkunft noch gar sehr der Fall, wenn auch derartige Ausgeburten der Phantasie jetzt keine Gläubigen mehr finden dürften, wie sie z. B. im Beginne der Neuzeit der wißbegierigen Welt mit ernsthaftester Miene in einem eigenthümlichen Werke[1]) dargeboten wurden, dessen Verfasser, Meister Jan le Maire, der Geheimschreiber jener Herzogin Anna von Bretagne, welche, obgleich dem Kaiser Maximilian I. verlobt, doch nach einander zwei französische Könige Karl VIII. und Ludwig XII. heirathete und im Jahre 1415 starb, die wunderbarsten Entdeckungen über das Geschlecht Karls des Großen gemacht hat[2]), und den Beweis liefert, daß sich dasselbe sowohl in männlicher als auch in weiblicher Linie auf einen Sohn Hektors, Namens Frankus, zurückführen lasse.

Liest man die lange Reihe von Schriftstellern, welche Le Maire als seine Gewährsmänner an die Spitze jedes der drei Bücher seines Werkes gesetzt hat, so staunt man über seine Belesenheit und gründliche Forschung. Eines Livius, Plinius und vieler Andern garnicht zu gedenken, finden wir in jener Reihe gar Berosus von Chaldäa und den Egypter Manetho, welche im dritten Jahrhundert vor Christo lebten, mit deren Hülfe Le Maire denn auch ermittelt haben will, daß den Namen Pippin schon ein Enkel des Herkules von dessen mit der Omphale erzeugtem Sohne Atho geführt, und von diesem wieder ein jüngerer Pippin abgestammt habe, welcher in Toskana ein Reich mit der Hauptstadt Viterbo gründete, und einem Theile dieser Landschaft seinen Namen gab.[3])

Allein dieses letztere Wissen schuldet le Maire vor Allem den Fälschungen des Dominikanermönches Johannes Annius von Viterbo, welcher im fünfzehnten Jahrhundert angeblich eine Menge für verloren gehaltener Werke älterer Schriftsteller, darunter namentlich auch diejenigen des Berosus und Manetho, auffand[4]). Dieser ver-

---

[1]) Les Illustrations de Gaule: et singularitez de Troye, Contenant troys parties. Avec Lepistre du Roy a Hector de Troye. Le traictie de la difference des scismes et des concilles, La vraye Hystoire et non fabuleuse du Prince Syach ysmael dict Sophy. Le tout compose par excellant Hystoriographe, Maistre Jan le Maire de Belges, En son vivant secretaire et Indiciaire, de treshaulte et sacree princesse, madame Anne de Bretaigne deux foys Royne de France nouvellement Imprimees a Lyon. 1528. — Die erste Ausgabe erschien zu Paris in Folio mit der Jahreszahl 1512, nachdem das dritte Buch mit Fol. 50 im Dezember 1512 zu Nantes beendet war.

[2]) Le tiers livro des Illustrations de Gaule et Singularitez de troye, Intitule nouuellement de Franco Orientalle et Occidentalle. Ouquel est comprinse au vray la Genealogie historialle du treschrestien empereur Charles le grand, Pere de Loys le debonaire, premier de ce nom. Laquelle genealogie tant en ligne feminine: comme masculine est deduicte de pere en filz depuis Francus filz Legitime Dhector de Troye, jusques a Pepin le brief premier Roy des Francoys en ceste Genealogie. Imprime nouuellement a Lyon 1528.

[3]) l. l. Fol. 1. 2.

[4]) Der erste im Jahre 1489 von Eucharius Silber zu Rom besorgte Druck war uns nicht zugänglich, sondern nur die Wittenberger Ausgabe von 1612, deren Titel lautet: Berosi Sacerdotis chaldaici, Antiquitatum libri quinque, cum commentariis Joannis Annii Viterbiensis etc.

sucht[1]) den Beweis zu führen, daß einst ein Pippin zu Viterbo ge=
herrscht habe, und zieht dazu eine Stelle des Livius[2]) heran, in der
von einem ager Pupiniensis die Rede ist, welcher aber wohl in
Beziehung zu der römischen Familie Pupia[3]), indeß keineswegs zu
dem Namen Pippin steht. Von jenem Enkel des Herkules, dem
„alten" Pippin bei le Maire, weiß dagegen Annius nichts, redet
vielmehr an der betreffenden Stelle[4]) nur von einem Picus priscus.

Und eben so vergeblich wie wir hier nach diesem alten Pippin
suchen, würden wir ohne Zweifel bei der ganzen Reihe der von le
Maire genannten Autoren den herzoglichen Ahnen, die er unsern
Pippiniden beilegt, nachfragen! Sie sind es aber auch nicht, welche
uns veranlassen, bei dem Werke Le Maire's zu verweilen. Dies ge=
schieht hauptsächlich aus folgendem Grunde.

Le Maire hat in den französischen Text desselben eine Anzahl
Epitaphien eingestreut, welche, in lateinischen Hexametern verfaßt,
um so mehr unsere Aufmerksamkeit auf sich lenken, als er sie, die
auf den älteren Pippin und einige seiner Nachfolger sich beziehend
diese sämmtlich als brabantische Herzoge darstellen, in alten Büchern
in Brabant gefunden haben will.[5])

Vielleicht waren diese alten Bücher die drei Bände brabanti=
scher Geschichte des Petrus a Thymo oder van der Heyden[6]), der
im Jahre 1398 geboren, am 26. Februar 1473 starb, und dessen
mit dem Jahre 1351 abschließende Arbeit Nicolas de Klercq bis
zum Jahre 1432 fortführte[7]). Hier finden wir wenigstens diesel=
ben Verse wie bei le Maire unter einer Anzahl anderer gleichfalls
als Epitaphien bezeichnet wieder[8]), doch sind wir leider nicht in
der Lage, die ganze Folge derselben zu übersehen. Denn ist das
Werk des Petrus a Thymo auch nicht wie Daniel Papebroch[9])

---

[1]) Annius p. 107.

[2]) lib. IX. cap. 41.

[3]) Gleich der tribus Pupinia bei Livius lib. XXVI. cap. 9.

[4]) Annius p. 91.

[5]) Le Maire liv. III. fol. 46: Lepitaphe dudict roy pepin est tel, selon les anciens livres que jay trouuez en Brabant; vgl. fol. 39. 42. 46.

[6]) Petri a Thymo vulgo van der Heyden Historia Brabantiae diplomatica. Regiis auspiciis nunc primum edidit F. A. Baro ab Reiffenberg
Tom. I. Bruxellis 1830 in 8.

[7]) L l. p. XXXIV. ss.

[8]) l. l. p. 24. 47. 104. 113. 124. 150. 172. 189. 257.

[9]) Annales Antverpienses ab urbe condita ab annum 1700 . . . . . ad
Cod. Ms. edid. F. H. Mertens et Ern. Buschmann. Antverp. 1845 ss. in
8. Tom. I. p. 50: Petrus a Thymo, vulgo van der Heyden, qui rhythmo
Chronicon scripsit Ducum Brabantiae, et obiit anno 1473, ejusque continuator Ioannes Clericus, opus suum Ms. reliquerunt Bruxellis, ubi illud
in Archivio Civitatis servatum nimis quam diligenter, nec permissum
transcribi, una cum pluribus antiquis monumentis irrecuperabiliter periit
anno 1695, 15. Augusti. Ad istius manuscripti calcem erat brevis Chro-
nographia Ducum Brabantiae et Marchionum S. R. Imperii, versibus latinis
descripta, addita in margine annorum, quibus quisque vixit et regnavit.
nota; quomodo ipsam transcripsit, mihique commodavit Advocatus Nys,
Orditur is seriem a Carolomanno, nescio unde eruto. — Die hier tabelnd

und andere ¹). klagen, bei dem durch das Bombardement vom 15. August 1695 verursachten Brande des brüſſler Stadtarchivs zu Grunde gegangen, ſondern nach längerem Verſchwundenſein im Jahre 1774 auf dem Boden des Stadthauſes zu Brüſſel unter einem Haufen von Papieren wieder entdeckt worden ²): ſo liegt uns doch bis jezt außer einigen Bruchſtücken, welche hie und da mitgetheilt werden ³), nur der erſte Theil derſelben bis zum Tode Karls des Großen im Zuſammenhange gedruckt vor, während Papebrochs eigene Annalen von Antwerpen, die jedenfalls mehr ſolcher Epitaphien aus des Petrus a Thymo Werke enthalten haben, als wir jezt in ihnen leſen ⁴), unglücklicherweiſe derartig verſtümmelt ſind, daß eine mit dem Tode des Königs Pippin beginnende Lücke erſt bei dem Jahre 1304 ihr Ende erreicht ⁵). Geht nun freilich auch aus der Weiſe, wie Papebroch ſich über jenes Werk ausläßt, eine durchaus mangel= hafte Bekanntſchaft mit demſelben hervor, ſo nehmen wir doch Akt davon, daß er, der überall gern Grabſchriften auf die Größen Bra= bants berückſichtigt, ſich gerade in Betreff des Herzogs Johann II., inmitten deſſen Regierung jenes Jahr 1304 fällt, mit der Mitthei= lung der Inſchriften begnügt, welche die Wände des Gewölbes tru=

erwähnte allzu ſorgliche Hütung der Handſchrift mochte auf der Beſtimmung des Verfaſſers beruhen (P. a Thymo ed. Reiffenberg p. XXVI), dieſelbe in der Bibliothek des Stadthauſes zu Brüſſel für ewige Zeiten mit ehernen Ketten an= geſchloſſen zu bewahren; ſie ward aber weniger die Veranlaſſung zum Unter= gange der Handſchrift, als vielmehr, wie es ſcheint, zu einer nur oberflächlichen Kenntnißnahme von derſelben ſeitens Papebrochs, der von einer „rhythmo“ ge= ſchriebenen Chronik redet, während doch das Werk des Petrus a Thymo in la= teiniſcher Proſa verfaßt iſt, und nur einzelne Hexameter eingeſtreut ſind. Wahr= ſcheinlich iſt hier irgend welche Verwirrung deſſelben und einer daran hängenden Arbeit in flandriſchen Reimen vorgefallen, welche gewöhnlich für eine Uebertra= gung jener angeſehen wird. Der Herausgeber hat ſich ſein Endurtheil über dieſe angebliche Uebertragung noch vorbehalten (p. XXXI n. 1).

¹) P. a. Thymo ed. Reiffenberg p. XXIX ss.: Varia de Scriptore Testimonia.

²) Chronique rimée de Philippe Mouskes publiée par le Baron de Reiffenberg. Tom. I. Bruxell. 1836 in 4. (p. CCCXLIV).

³) So z. B. in den Miscellanea Chifletiana Vol. III. p. 136—142, und daraus wieder abgedruckt in Senckenberg Selecta Juris et Historiarum, tum anecdota tum jam edita sed rariora Tom. III. Francf. a. M. 1735 p. 206— 218: Einiges über die Jahre 918—1006 und über die karolingiſche Herkunft und die Uebertragung der Gebeine der heiligen Gudula im Jahre 1047; in De Ram, Recherches sur l'histoire des Comtes de Louvain et sur leurs sépultures à Nivelles (976—1096). Bruxell. 1851 in 4.: außer kürzeren Citaten und den Epitaphien auf Gerberga, die Gemahlin Lamberts, Grafen von Löwen (p. 24), Heinrich den Aelteren (p. 33) und Heinrich III. von Löwen, den Vater Gottfrieds des Bärtigen (p. 57 n. 2), Einiges über den letzteren ſelbſt (p. 48—52); in Des Roches, Dissertation sur les Comtes de Louvain (Mémoires de l'Académie imperiale et royale des sciences et belles-lettres de Bruxelles. Tom. II. Bruxell. 1780. p. 601—629): ein Bruchſtück aus dem Jahre 1011 (p. 615) und dieſelben Epitaphien auf Gerberga und Heinrich den Aelteren (p. 627); in den Noten zu Jan de Klerk von Willems Mehreres.

⁴) Annal. Antverp. Tom. I. p. 50. 51. 60. 61. 63.

⁵) l. l. p. 64.

gen, darin dieser Herzog im Jahre 1312 beigesetzt wurde[1]). Gewiß hätte Papebroch ein bei Petrus a Thymo vorkommendes Epitaph desselben nicht unbeachtet gelassen, auf dessen nächsten Vorgänger wir nun an anderer Stelle wenigstens hingedeutet in einer Weise finden, welche die Annahme wohl begründet, daß jene von Jan le Maire wie von Petrus a Thymo unter der Benennung von Epitaphien wiedergegebenen Verse eben nicht weiter gereicht haben.

In der ersten Hälfte des vierzehnten Jahrhunderts verfaßte nämlich — er starb im Jahre 1448 — der Magister Edmund de Dynter sowohl eine große Chronik der Herzoge von Brabant als auch eine kleinere Arbeit über denselben Gegenstand[2]), und indem er hier wie dort die Versicherung vorausgeschickt, nichts Eigenes demjenigen hinzufügen zu wollen, was er aus alten Schriftstücken geschöpft[3]), bringt er in jenem großen Werke in einem Falle[4]), in der kleineren Arbeit dafür aber in fortlaufender Reihe von dem älteren Pippin bis auf Herzog Heinrich III. theils dieselben theils andere ihrem Charakter nach denen, die wir bei jenen beiden Schriftstellern gefunden, sich durchaus anschließende Verse[5]), deren letzter, indem er auf Heinrichs Sohn, Johann I., hinweist[6]), zugleich in unzweideutiger Weise die Zeit anzeigt, in der sie sämmtlich entstanden sind. De Dynter ist darnach eben so wenig wie le Maire und a Thymo als ihr Verfasser zu betrachten, da nicht abzusehen ist, warum er die ganze Folge brabantischer Fürsten bis zu Heinrich III. mit derartigen Versen begleiten, und dann mit dem Hinweis auf Johann I. plötzlich abbrechen sollte, obgleich er doch seine Arbeit bis auf Herzog Philipp den Guten von Burgund „zu Ruhm und Ehren dieses seines edlen Herrn und Herzogs und seines Herzogthums Brabant und ob der sonderlichen Liebe, die er wohlverdientermaßen gegen beide hegt“[7]), fortführt. Er hat vielmehr sicherlich eine ältere Handschrift, dieselbe wie Petrus a Thymo, der daraus auch einige bei de Dynter fehlende Epitaphien ausschreibt[8]), vor Augen ge-

---

[1]) l. l. p. 78.

[2]) Chronique des Ducs de Brabant, par Edmond de Dynter — Chronica nobilissimorum ducum Lotharingiae et Brabantiae et regum Francorum, auctore Magistro Edmundo de Dynter, in VI libros distincta; ad fid. Cod. Ms. .... ed. ac gallica Johannis Wauquelin versione et notis illustr. Petrus Franc. Xav. De Ram. Bruxell. 1854—60. 3 voll. in 4. Librunculus sequens intitulatur: Brevis Chronica Brabantie l. l. Tom. I. ps. 1. p. 17—42. — Ueber de Dynters Leben s. das. Introduction. p. III ss.

[3]) Tom. I. ps. 1. p. 17; ps. 2 p. 4.

[4]) Lib. I. cap. 17. Tom. I. ps. 2. p. 37.

[5]) De Dynter schreibt überall: Versus de ....

[6]) De Dynter Tom. I. ps. 1. p. 38:

Inclitus hic princeps, habilis, pius ac speciosus,
Burgundia genuit ex Adaleyde Johannem,
Qui sit triparius primus dux nominis hujus.

[7]) l. l. p. 17.

[8]) Die auf des älteren Pippin Vater, Karlmann, und seine Tochter Begga bezüglichen Epitaphien, P. de Thymo l. l. p. 24. 104; das Epitaph des mittleren Pippin ist ebendas. p. 124 um einen Vers vervollständigt, der bei de Dynter a. O. p. 22 fehlt: terra jacens inter Scaldae Rhenique fluenta. Warum

habt, eine Handschrift, deren Ursprung in die Regierungszeit Johanns I., in die letzten Jahre des dreizehnten Jahrhunderts fällt.

Denn erst, nachdem der Erbe des letzten Herzogs von Limburg, Graf Adolf von Berg, im Jahre 1282 dem Herzoge von Lothringen und Brabant, Johann I., seine Rechte auf das Herzogthum Limburg abgetreten[1]), und dieser in der sich darüber entspinnenden blutigen Fehde mit dem Grafen Reinhold von Geldern und dessen Verbündeten durch den glänzenden Sieg bei Wörringen, „den Stolz jener Zeit und jener Lande"[2]), am 5. Juni 1288 den fürder unbestrittenen Besitz dieses Herzogthums erfochten hatte[3]), konnte von einer dreifachen Herzogswürde Johanns die Rede sein[4]). Das war aber zugleich die Epoche, vielleicht geradezu hervorgerufen durch jene Heldenthat bei Wörringen, wo das Streben erwachte, möglichst weit rückwärts den Moment zu verlegen, da das Geschlecht, dem Herzog Johann I. und seine Vorgänger entstammten, zu der herzoglichen Würde in Brabant gelangt wäre. Nach Brabant nämlich hatte man seit etwa einem halben Jahrhundert angefangen, die Herzoge von Niederlothringen zu nennen[5]), nach Brabant, das sie als die Herren der mächtigen Grafschaft Löwen in weiter Ausdehnung zu eigen schon damals besaßen, als im Jahre 1106 eine der ersten Regierungshandlungen Kaiser Heinrichs V. an Stelle des seinem unglücklichen Vater anhängenden Herzogs Heinrich von Niederlothringen aus dem Hause Limburg dies Herzogthum dem Grafen Gottfried dem Bärtigen von Löwen zu Lehen gab[6]), bei dessen Nachkommen es fortan fast drei Jahrhunderte hindurch verbleiben sollte.[7])

Auch konnten nun zwar diese ihren Stammbaum an den der Karolinger insofern anknüpfen, als einst einer ihrer Ahnherrn, Graf Lambert der Bärtige, einen Sprößling karolingischen Geschlechts, Gerberg, die Tochter des Herzogs Karl von Lothringen, heimgeführt

---

sind aber in der Ausgabe Reiffenbergs nicht alle vier Verse des Epithaphs als solche ausgezeichnet, sondern nur der erste?

[1]) Adolfus ad Rhenum Montensis Comes Ducatum Limburgensem jure sanguinis ad se devolutum a. 1282 cedit Joanni I. Duci Lotharingiae et Brabantiae, et per litteras rogat, ut Rudolphus I. Imp. id ratum habeat. Miraei Opera diplomatica ed. 2. Tom I. p. 211.

[2]) Gervinus, deutsche Dichtung. 4. Ausg. Bd. II. S. 55.

[3]) van Kampen, Geschichte der Niederlande. Bd. I. S. 96. 97.

[4]) Daher kann auch das Diplom bei Miraeus Tom. I. p. 438: Joannes I. Lotharingiae et Brabantiae et L i m b u r g i a e Dux privilegii immunitatis dat Rotnacensibus .... anno tertio — unmöglich in das Jahr 1263 fallen!

[5]) Während Herzog Heinrich II. schon in zwei, auf ein Abkommen mit Walter Berthout, Herrn von Mecheln, bezüglichen Urkunden vom Jahre 1238 bei Miraeus Tom. I. p. 311—313 kurzweg von Brabant genannt wird, nennt er sich selbst, wie zuvor kein andrer, Herzog von Lothringen und Brabant, in seinen eignen Urkunden nachweisbar erst seit dem Jahre 1243 bei Miraeus Tom. I. p. 116 ss. Man vergleiche übrigens über die Einbürgerung des Titels von Brabant: De Ram, Notice sur les sceaux des comtes de Louvain et des ducs de Brabant (976—1430). Bruxell. 1852 in 4.

[6]) Stenzel, Geschichte Deutschlands unter den fränkischen Kaisern. Bd. I. S. 611.

[7]) van Kampen a. O. Bd. I. S. 96.

hatte [1]); und man ſollte meinen, daß in Folge deſſen zumal bei dem
unbeerbten Tode Otto's, des einzigen Sohnes jenes Karl, im Jahre
1005 [2]), wenigſtens ein Theil der etwaigen karolingiſchen Erbgüter
in dem nördlichen Lothringen, d. h. in Brabant und dem Haspengau, auf die Grafen von Löwen übergegangen ſei, und die weite
Ausdehnung ihrer Beſitzungen daſelbſt erſt eigentlich herbeigeführt
habe. Wäre dem aber auch nur annähernd alſo geweſen, ſo könnten höchſtens im Laufe der Jahrhunderte durch die Karolinger hier
erworbene Güter als ſolche gedacht werden, welche auf die Grafen
von Löwen vererbt wurden.

Denn wir ſind in der glücklichen Lage den Beweis führen zu
können, daß gerade diejenigen Oertlichkeiten, welche auf dem Boden
Brabants und des damals damit eng verbundenen Haspengaus mit
den Pippiniden und den erſten Karolingern theils aus irgend welchem hiſtoriſchen Grunde theils durchaus willkürlich in Berührung
gebracht ſind, mit ihnen entweder garnichts oder doch gerade nur
ſoviel zu ſchaffen hatten, wie bei einer das Frankenreich ſchon lange
vor ihrer Erhöhung zum Throne beherrſchenden Familie ſelbſtver-
ſtändlich und unvermeidlich war, und daß — abgeſehen von dem
mittelbaren Uebergange gewiſſer Staatsgüter oder Reichslehen, welche
dem jedesmaltigen Verwalter des herzoglichen Amtes ohne Rückſicht
auf ſeine Geſchlechtszugehörigkeit zufielen — eine Uebertragung
irgend welches Rechtes weder des Beſitzes noch der Würde von den
Karolingern auf die Grafen von Löwen thatſächlich weniger als vielmehr ideell von dieſen auf jene zu derſelben Zeit etwa ſtattgefunden
habe, in welche uns die Betrachtung jener ſ. g. Epitaphien bereits
eingeführt hat.

Zu den Grafen von Löwen ſtanden nämlich, zum Theil ſogar
ſchon bevor ſie Herzoge von Niederlothringen wurden, in mannich-
facher Beziehung gerade die drei Oertlichkeiten Landen, Nivelles
und Heriſtal.

Beginnen wir mit dem Letzteren, wenn gleich es weder wie
Landen mit dem älteren Pippin noch auch wie Nivelles mit deſſen
Tochter Gertrud, ſondern erſt mit dem Enkel und Neffen dieſer bei-
den, dem mittleren Pippin in Verbindung geſetzt wird.

Zum erſten Male unter einer Urkunde des Sohnes dieſes Pippin, Karl Martel, vom 1. Januar 722 genannt [3]), heißt Heriſtal
daſelbſt villa publica, war alſo weder damals noch auch gewiß vorher ein Eigengut der Pippiniden, und wenn wirklich von einem ſol-
chen, dann nur in ſeiner Eigenſchaft als Majordomus erbaut oder
bewohnt. Und wiederum als villa publica bezeichnet drei Jahr-

---

[1]) van Kampen a. O. S. 95.

[2]) van Kampen a. O. S. 95. — do Dynter l. l. Tom. I. ps. 1. p. 30.
31: Otto pius tandem patrios adeptus honores — Colonie moritur, nulla
sibi prole relicta. — Vgl. Hirſch, Jahrbücher a O. Bd. I. S. 328 ff.

[3]) Charta qua Carolus Majordomus dona confert monasterio intra muros Trajecti castri constructo, Brequigny Diplomata, Chartae, Epistolae etc.
Parisiis 1791. Vol I. p. 436. no. 511.

zehnte nach jener erſten Erwähnung eine zweite Urkunde vom 25.
April 752[1]), alſo aus den Tagen, da der Uebergang der fränkiſchen
Königskrone von den Merowingern auf die Karolinger ſich vorbe=
reitete, wenn nicht gar ſchon geſchehen war[2]), — Heriſtal, das nun,
während der Regierung Karls des Großen häufiger und auch nicht
mehr ausſchließlich unter Urkunden, ſondern ſelbſt in zeitgenöſſiſchen
Annalen, hier gewöhnlich kurzweg als villa, dort in der Regel als
palatium publicum vorkommt, mit Ludwig dem Frommen aber
wiederum mehr in den Hintergrund tritt, ſpäter an Karl den Kah=
len übergeht, und zum letzten Male in den Händen eines Karolin=
gers in den Jahren 916 bis 920 ſich befindet.[3])

Damals behauptete nämlich Karl der Einfältige gegenüber dem
mit herzoglicher Gewalt in Lothringen ſchaltenden Giſelbert dieſes
Land, und Heriſtal iſt einer der Plätze, von dem aus ſeine Urkun=
den ergehen[4]). Karl hat daſſelbe in ſeiner Gewalt nicht als ein
altes Beſitzthum ſeiner Familie, ſondern als ein Reichslehen, das
Giſelbert nebſt andern dergleichen Gütern zur Ungebühr veräußert
hatte, nach ſeiner Ausſöhnung mit Karl aber gleich den in ſelbiger
Lage befindlichen Pfalzen Maſtricht, Jupille, Merſen, Littoy und Che=
vremont zurückempfängt, weil die in deren Beſitz durch ſein unrecht=
mäßiges Gebahren getretenen Perſonen inzwiſchen mit Tode abge=
gangen ſind, während die Inhaber andrer Reichslehen, die es in
gleicher Weiſe durch ihn geworden, auf Lebenszeit darin belaſſen
werden.[5])

Mit Wahrſcheinlichkeit iſt nun anzunehmen, daß Heriſtal ſeine
Eigenſchaft als Reichslehen bei allem Wechſel der Herrſchaft in
Lothringen fortgeſetzt bewahrt habe, und ſomit auch zuſammt dem
Herzogthum an die Grafen von Löwen gelangt, um ſeither eine
ganz beſonders bevorzugte Stellung einzunehmen.

Denn nachdem es, zumal ſeit dem Jahre 1171[6]) wiederum

---

[1]) Böhmer, Regesta chronologico-diplomatica Karolorum p. 1. n. 1.
[2]) Hahn, Jahrb. b. fränk. Reichs S. 229 ff. Excurs XXVII. Ueber die
Zeit der Krönung Pippins; Sickel über die Epoche der Regierung Pippins, in
den Forſchungen z. deut. Geſch. Bd. IV. S. 441—453.
[3]) Böhmer p. 7—22. 34. 38. 42. 147. 166. 183—186.
[4]) Böhmer p. 183—185. — Vgl. Waitz, Jahrbücher des deutſchen Reichs
unter König Heinrich I. Neue Bearbeitung. Berlin 1863. S. 48. 49.
[5]) Richeri hist. lib. I. cap. 38. 39, Monum. Germ. hist SS. tom. III.
p. 580: Heinricus apud regem suasorie egit, ut Gislebertus revocaretur,
ac in regis gratiam resumeretur, ea vero rerum conditione, ut regis sententia ex collatis beneficiis intemerata, Gislebertus ea tantum regali clementia reciperet, quorum possessores per tot sui exilii tempora jam obierant. — cap. 39: Ab exilio itaque revocatus, regis gratiam per Hein-
ricum meretur, ea tamen ut dictum est conditione, ut a beneficiis quae
insolenter diduxerat, quandiu possessores viverent careat; ea vero quorum possessores per annos aliquot obierant, regis miseratione repetat.
Recipit itaque quae a defunctis quidem derelicta vacabant, maximam
suarum rerum partem, Trajectum, Juppilam, Harstalium, Marsnam, Lit-
tam, Capraemontem.
[6]) Frederici I. Imp. Diploma a. 1171 scriptum, Miraei Opera diplomatica tom. I. p. 189: Notum igitur facimus tam futurorum quae prae-

öfters als ein beneficium ducatus oder allodium regni [1]) in Urkunden erschienen ist, sehen wir bei dem Tode Herzogs Heinrich I.
im Jahre 1235 dessen jüngeren Sohn Gottfried, mit Leeuwe, Gaes-
bede, Heristal u. a. ausgestattet, eine Dynastie gründen, welche vorzugsweise von letzterem Orte genannt, bis zum Jahre 1324 im
Mannsstamme fortbestand, und gerade zu der Zeit, da des mittlern
Pippin Benennung von Heristal auftaucht, in der Person ihres damaligen Hauptes Heinrich dem Herzoge Johann I. von Lothringen
und Brabant den zuverlässigsten Rather und den treusten Waffen-
gefährten zur Seite stellte [2]). Ihm zu Ehren ohne Zweifel ist es
geschehen, daß durch den Beinamen von jenem Hauptorte seiner
Dynastie, der zugleich deren Münzstätte war [3]), derjenige Pippinide
ausgezeichnet wurde, zu dessen Aufenthalt bekanntermaßen das gewiß
auch den Herren von Heristal gehörige, nahe gelegene Jupille —
wie wir vorher sahen gleichfalls ein lothringisches Reichslehen —
diente.

Bleibt sonach kein Zweifel, wie der mittlere Pippin zu dem
Beinamen von Heristal gekommen, so wird auch mit kaum minde-
rer Bestimmtheit sich erweisen lassen, woher sein gleichnamiger Ahnherr von Landen benannt wurde. Doch hängt Landen so innig mit

---

sentium industriae, quod Godefridus dux Lotharingiae beneficium ducatus sui, quod situm est in villa Harstalii, dilecto nostro Rodulpho
Leodicensi Episcopo Aquisgrani in praesentia principum et totius curiae,
per manum nostram, pro 300 marchis oppignoravit.

[1]) Godefridus dux Lotharingiae se Henrico Romanorum regi arcam
Tiliz in Heristalio cessisse declarat ut Aquensi ecclesiae assignaretur a.
1185: Ego Godefridus dux Lotharingiae .... Notum esse volo omnibus
imperii et regni fidelibus tam futuris quam praesentibus, arcam illam in
banno Haristalliensi, quae dicitur Tiliz, tunc sylvosam, in manus domini
Henrici R. Rom. ad opus Aquensis ecclesiae me resignasse. — Henricus VI. Imp. Aquensi eccl. allodium Tiliz tradit a. 1185: Noverit ....
posteritas, quod princeps noster Godefridus dux Lovanii, terram quandam
quae dicitur Tiliz, in parochia Haristalliensi sitam, quam de allodio
regni in beneficio tenebat, in manus nostras ad usum Aquensis eccl.
libere resignavit .... Nos igitur .... praenominatum allodium nostrum
Tiliz b. virg. Mariae in Ecclesia Aquensi a duce resignatum, regiae ma-
jestatis auctoritate contradidimus (Appendices zur Chronique rimée de
Philippe Mouskes publ. par le Baron De Roiffenberg. Tom. I. Bruxell.
1836 in 4. p. 560. 61.)

[2]) Recherches sur les seigneurs de Herstal et sur leurs monnaies,
Revue de la Numismatique Belge. Vol. I. Tirlemont (1842) in 8.
p. 283 ss. — Miraei Opera dipl. tom. I. p. 439. (vgl. damit de Dynter Chron.
tom. II. p. 116). — Obigen Heinrich von Heristal erwähnt mehrfach Chronique en vers de Jean van Heela, ou relation de la bataille de Woerin-
gen publ. par J. F. Willems. Bruxell. 1836. in 4. p. 8 ss. 296 ss.; an letzterer Stelle wird namentlich sein Lob gesungen, doch heißt er bei van Heelu
stets Heinrike van Gaesbeke, während er urkundlich als Henri de Louvanz,
segneur de Harstall erscheint, im Codex diplomaticus zu der Ausgabe von
Heelu's von Willems S. 419. 426. 574, und bei Miraeus Op. dipl. tom. I.
p. 319. 439. 774.

[3]) Revue de la Numism. Belge vol. I. p. 285 ss.; Ser. 2. vol. 2. (1852.)
p. 17. 411.

Nivelles zusammen, daß wir die Betrachtung des einen nicht von
der des andern trennen können.

Seit dem eilften Jahrhundert waren nämlich die Grafen von
Löwen Schirmvögte des Klosters der heiligen Gertrud zu Nivelles,
ohne anfänglich zwar in dem Orte selbst ohne Auftrag der Aebtissin
die richterliche Gewalt ausüben oder sonst ein Hoheitsrecht sich an=
maßen zu dürfen, was sie, Herzoge von Lothringen geworden, indeß
dennoch in solcher Ausdehnung thaten, daß sie nicht nur Nivelles
zu ihrem Waffenplatze machten und unter die Zahl ihrer Städte
rechneten, sondern im Jahre 1204 von König Philipp dem Hohen=
staufen die Lehnsherrlichkeit über die Abtei sich zusprechen ließen [1]).
Aber das Verhältniß, in welchem sie als Schirmvögte zu dem Klo=
ster standen, ward wahrscheinlich auch die Ursache, daß sie die Kirche
der heiligen Gertrud daselbst für einige Zeit zu ihrer Begräbniß=
stätte erkoren [2]), bis später die Kirche des heiligen Petrus zu Löwen
an deren Stelle trat [3]).   Denn daß die Grafen von Löwen und
Herzoge von Lothringen und Brabant eine besondere Neigung zur
Abtei Nivelles gehabt hätten, eben weil dieselbe als eine Stiftung
der Familie galt, mit der einen verwandtschaftlichen Zusammenhang
nachweisen zu können ihr Geschlecht sich rühmte, geht weder aus wie=
derholten Schenkungen, deren Gedächtniß uns aufbewahrt wäre,
noch aus ihrem sonstigen Verhalten hervor, welches blos darauf ab=
zielte, Ort und Kloster Nivelles sich möglichst dienstbar zu machen.

Ein regeres Interesse scheinen sie dafür den geistlichen Stif=
tungen in ihrer vorzüglichsten Residenz Löwen geschenkt zu haben,
unter denen eine der heiligen Gertrud geweihte Kirche gleichfalls
sich befindet, welche bis zum Beginn des dreizehnten Jahrhunderts
dem Probste und den Chorherren von St. Peter zu Löwen, einer
vermuthlichen Stiftung Lamberts des Bärtigen [4]), unterworfen, jetzt
im Jahre 1206 mit deren Wissen und Willen einigen Augustiner=
Chorherren zu selbständiger Verwaltung übergeben wird [5]).   Bei
dieser Gelegenheit erfahren wir denn, daß — sei es als Eigengut
sei es als Lehen — auch Landen, davon unter Anderm der sechste
Theil des Zehnten zur Ausstattung jener Chorherren dienen soll [6]),
mit den Herzogen von Lothringen besonders zu schaffen hat.   Ob
dasselbe die große Stadt war, von welcher irgendwo gefabelt wird [7]),

---

[1]) P. F. X. de Ram, Recherches sur l'histoire des comtes de Louvain et sur leurs sepultures à Nivelles (976—1096). Bruxell. 1851 in 4. § 1.
[2]) l. l. p. 7.
[3]) P. F. X. de Ram, Recherches sur les sépultures des Ducs de Brabant à Louvain. (Nouveaux mémoires de l'Académie Royale des Sciences
et Belles-Lettres de Bruxelles. Tom. XIX. 1845 in 4.
[4]) l. l. p. 5.
[5]) Henricus I. Lotharingiae Dux a. 1206 fundat ac dotat Lovanien-
sem S. Gertrudis Abbatiam, Miraei Opera diplom. Tom. I. p. 114.
[6]) l. l.: ad praedictorum itaque regularium sustentationem, contuli
stabiliter in eleemosynam sextam partem totius decimae de Lauden et
Dormala . . . .
[7]) Acta SS. Belg. ed. Ghesquierus. Tom. II. p. 338: Ms. Martyrol.

erscheint uns mindestens zweifelhaft; es könnte doch sonst bei der Lage Landens unmöglich jeder Erwähnung dieser Stadt in den zeitgenössischen Geschichtbüchern ermangeln, und erst einer Schenkungs=Urkunde vom Jahre 1140 [1]) vorbehalten blieben sein, mit deren Existenz die Nachwelt bekannt zu machen. Jedenfalls aber trug nun die nähere Beziehung Landens zu den Herzogen wenige Zeit nach jener Stiftung zu Gunsten der Chorherren von St. Gertrud zu Löwen dem Orte seine gründliche Vernichtung ein; er ward nebst dem nahe gelegenen Leeuwe im Jahre 1213 in einer zwischen Herzog Heinrich I. und dem Bischof von Lüttich entbrannten Fehde von des Letzteren Leuten und Verbündeten in Asche gelegt [2]). Und noch ein Jahrhundert darnach, wo von Seiten desselben Feindes wiederum die Brandfackel über das Land geschwungen wurde, krankte Landen

---

ecclesiae S. Gudilae Bruxellis ad XXI. Februarii: Apud Landen Brabantiae tunc civitatem grandem depositio Pippini ducis.

[1]) Godefridus I. Lotharingiae Dux Abbatiae Parcensi Ord. Praemonst. varia concedit privilegia a. 1140, Miraei Opp. dipl. Tom. II. p. 821: Quidam liber homo Gerardus de Woluo dedit in eleemosynam saepedictis Fratribus per manum meam . . . . apud Landen quatuor mansus terrae. — Herzog Gottfried III. bestätigt im Jahre 1181 diese Schenkung von Neuem, vgl. de Dynter Tom. II. p. 80. 81. — Gerard Tom. II. p. 101. n. 10 weiß zwar von Landens Verwüstung durch die Normannen im Jahre 880 und durch den Grafen der Ardennen im Jahre 1012; er beruft sich dafür auf Del Vaux Dictionnaire géographique de la province de Liège, 2. partie p. 158. (Liège 1842.), wo es heißt: La décadence de Landen date de l'irruption des Normands, qui coururent in Hesbaye en 880, tuant, brûlant, saccageant tout ce qui se trouvait sur leur chemin. Landen fut dévasté pour la seconde fois en 1012 par le comte d'Ardenne. Leider nennt aber Del Vaux seine Quelle eben so wenig, wie Abt Geldolph von Ryckel in der Historia S. Gertrudis p. 899 die seinige, da er erzählt: Verum licet tot adversis attrita sit Landa et inferior haec Austrasia, sobolescit tamen adhuc ab olim felici familiarum nobilium propagine, adeo ut in sola Hasbania centum octoginta recenseantur Illustres familiae. Quas nulla vis hostilis potuit unquam exscindere: non Normannorum irruptio: non Godefridi Arduennatis infestatio. Richtig ist nun sowohl jene Verwüstung des Haspengaus durch die Normannen als auch diese Heimsuchung Brabants durch den Grafen der Ardennen, indeß überall kein Wort von Landen in den Quellen, die darüber ausführlicher berichten, wie z. B. Sigiberti Chronica, Mon. Germ. hist. SS. Tom. VI. p. 342: a. 880 in silva Franciae Carbonaria plus quam novem milia Northmannorum a Francis caeduntur; p. 343: a. 882. Northmanni adjunctis sibi Danis, Franciam et Lotharingiam pervagantes, Ambianis, Atrebatis, Corbeiam, Cameracum, Tarvennam, fines Morinorum, Menapiorum, Braebatensium, omnemque circa Scaldum fluvium terram, monasteria SS. Walarici et Richarii, ferro et igni devastant. Inde Wal fluvium ingressi, totam Batuam, palatium etiam Neomagi incendunt . . . . . juxta Mosam in loco Haslon considentes, Leodium, Trajectum, Tungris, Coloniam Agrippinam, Bunnam cum adjacentibus castellis comburunt; Aquis in palatio equos stabulantes, oppidum et palatium incendunt; praeterea monasteria Stabulans, Malmundarium, Indam, Prumiam; p. 355: a. 1012. Henricus Imp. Godefridum ducem cum exercitu in fines Bratuspantium mittit [ad obsidendum castrum Lovanium, sed inefficax rediit].

[2]) De Klerk Boeck IV. v. 528 (Tom. I. p. 377). — de Dynter Tom. II. p. 153: A. 1213. 2. Id. Oct. Combusserunt eciam Leodienses et Lossenses eodem tempore oppidum Leeuwense et Landense.

an den Folgen jenes früheren Unglücks [1]); es war ohne Mauer und
sonstige nothwendigste Befestigung, also ein offener Flecken, vielleicht
schon damals nicht an seinem ursprünglichen Platze, sondern ein
wenig östlich davon wieder aufgebaut. Dort aber, wo es einst gestanden und noch heut sein Platz durch St. Gertruyden-Landen bezeichnet wird, mögen bereits nach dem ersten Brande das ganze
dreizehnte Jahrhundert hindurch außer der der heiligen Gertrud ge-
weihten Kirche, welche jener Oertlichkeit den Namen gab, nur einige
wenige Trümmer an das alte Landen erinnert, aber gerade genug
Raum zur Anknüpfung der Sage von einer einst hier befindlichen
Burg und dem angeblich noch sichtbaren Grabhügel des älteren Pipin geboten haben.

Denn erst im Laufe jenes Jahrhunderts beginnen in Biographie und Chronik Hinweisungen auf solche Bedeutung Landens für
den älteren Pippin, hier wie es scheint im guten Glauben an deren
geschichtliche Begründung, dort vielleicht im Bewußtsein ihrer Un-
lauterkeit; wir vermuthen aber ihren Ursprung folgendermaßen.

Nach der Zerstörung Landens mochte ein Veröden und Ver-
kommen der frommen Stiftung drohen, welche ihren Namen von
einer der zahlreichen in jenen Gegenden verehrten Gertruden [2]) entlehnt hatte, möglicherweise auch wirklich ihr Entstehen auf Kloster
und Kirche der heiligen Gertrud zu Nivelles zurückführte. Es mußte
also ein Mittel ersonnen werden, jenem Uebel vorzubeugen und St.
Gertruyden-Landen den Fortbestand zu sichern. Die Grabstätte der
Patronin zu sein, nahm Nivelles in Anspruch [3]), wo auch deren
durch alle Fährlichkeiten der Zeitläufte, Plünderungen und Brand-
schäden hindurch stets wunderbar erhaltenen Gebeine seit dem Jahre
1208 in einem neuen silbernen Schreine gehegt wurden [4]), um alljährlich an gewissen Buß- und Bettagen in feierlichem Umzuge der
gläubigen Menge gezeigt zu werden [5]). Nun galt aber diese Patronin von Nivelles frühestens seit dem Ausgange des zehnten Jahr-

---

[1]) De Klerk Book V. v. 2927 ss. (Tom. I. p. 518.) — de Dynter
Tom. II. p. 565: Episcopus vero Leodiensis cepit et combussit oppidum de
Landen, tunc temporis non muratum neque munitum, ut necessarium
fuisset.

[2]) Mabill. sec. II. p. 462: Observat. praev. ad Vit. S. Gertrudis
Abb. Nivial.

[3]) Vita S. Gertrud. l. l. p. 467. — Miraei Opp. diplom. Tom. I. p.
502: Carolus Calvus Imp. ejusque conjux Richildis varias possessiones
concedunt Eccl. S. Gertrudis Nivellis a. 877: Nivellae coenobii .... in
quo etiam S. Gertrudis corpore quiescit. Und so vielfach!

[4]) Historia S. Gertrudis Principis Virginis, Primae Nivellensis Abbatissae. Notis et figuris aeneis subinde illustrata. Opera et impensa Jo-
sephi Geldolphi a Ryckel Abbatis S. Gertrudis Lovanii. 1637. Bruxellae
in 4. p. 406: Ex antiquo M. S. Codice Nivellensis Ecclesiae. Ultima die
Maji anno 1208 translatum est corpus S. Gertrudis et positum in feretro
novo argenteo: et ponderat illud feretrum XII. c. marcas et L. sterling.
argenti deaurati, ut patet ex Chronicis Ecclesiae. — Vgl. Franç. Lemaire,
Notice historique sur la ville de Nivelles .... Nivelles 1848 in 8. p. 70.
98 n. 2..

[5]) Hist. S. Gertr. p. 412 ss.

hunderts, wie wir sogleich [1]) weiter ausführen werden, für eine Tochter des älteren Pippin. Wie nun, wenn man das alte Landen zu
seinem gewöhnlichen Wohnsitze stempelte, unter dessen Trümmern
diejenigen seiner Pfalz und unter einem Hügel daselbst seine ursprüngliche Grabstätte entdeckte? Es ward damit von selber jene Oertlichkeit zum Schauplatz der Kindheit und Jugend, ja wohl gar der
Geburt seiner Tochter, der Patronin von Nivelles und Landen, der
heiligen Gertrud [2]), und bald fehlten auch nicht mehr die Zeichen
und Wunder, durch welche die Heilige diejenige Stätte auszuzeichnen beliebte, an der sie das Licht der Welt erblickt und ihr Erdenwallen bis zur Erwählung des himmlischen Berufes fortgesetzt hatte;
noch des siebzehnten Jahrhunderts erste Decennien waren erfüllt von
dem wunderthätigen Wirken der heiligen Gertrud zu Landen. [3])

Die früheste Erwähnung Landens als des Wohnsitzes und der
Grabstätte Pippins geschieht aber unseres Ermessens in der von
Surius [4]) mitgetheilten Biographie desselben, welche offenbar zu keinem andern Zwecke als dem, bei der jährlich wiederkehrenden Gedächtnißfeier des Vaters der heiligen Gertrud verlesen zu werden [5]),
im Laufe des dreizehnten Jahrhunderts zu Nivelles verfaßt ist.
Einerseits ist ihr Urheber, jedenfalls ein Insasse des dortigen altberühmten Klosters, der hervorragenden Bedeutung desselben vor
dem unscheinbaren Landen sich bewußt [6]), und gönnt ihm vielleicht
nicht einmal den Antheil, den es seit Kurzem an seiner Heiligen
und deren Vater in Anspruch nimmt, anderseits kennt er aber sowohl den neuen Titel von Brabant, den sich die Herzoge von Lothringen erst im dreizehnten Jahrhundert beilegten, als auch augen

---

[1]) S. 68.

[2]) Chronicon genealogicum, Nivellense vulgo dictum. Ex Ms. Codice
membraneo Bibliothecae Regiae Bruxellensis, Miscellanea Chifletiana
1659 in 4. Vol. III. p. 119 ss.; p. 121: S. Pipinus duxit sororem S. Modoaldi Trevirensis Archiepiscopi, et S. Severae, scilicet S. Ydubergam,
quae peperit ipsi duci Grimoaldum, qui occisus fuit, et in Joppilia juxta
Harstallium quiescit; et S. Beggam, quae filium successit in Ducatu Lotharingiae et Brabantiae: et S. Gertrudem virginem, quae praedia portionis patrimonii sui contulit monasterio suo Nivellensi. quae ibidem cum
patre et matre quiescit. Hi manserunt apud Landen in Brabantia:
ubi ipse Pipinus primo sepultus diu quievit; sed corpus ejus postea translatum est ibidem in Nivella in Brabantia. — Diese Chronik scheint dem Anfange des 14. Jahrhunderts anzugehören.

[3]) Hist. S. Gertr. p. 358 – 391.

[4]) D. XXI. Februarii, Tom. I. p. 1030: Hujus autem beati viri corpus, eo honore quo decuit, in civitate sua Landis conditum est, ibique
diu jacuit: donec divino instinctu viri fideles illud ad locum eminentiorem et celebriorem transtulerunt; non patientes thesaurum tam pretiosum humillimi viculi loculo occultari, statuentes praeclaram lucernam non
sub modio sed super candelabrum reponendam.

[5]) Dies geht namentlich aus den Schlußworten hervor: Ipsius itaque sacrae reliquiae collocatae sunt, ut decuit, in capsa decenti juxta feretrum
filiae suae S. Gertrudis: quae singulis annis in diebus Rogationum circumferuntur a clero, ad laudem Domini nostri Jesu Christi, cui est laus
et gloria in secula seculorum, Amen.

[6]) Vgl. oben Anm. 4.

scheinlich deren verwandschaftlichen Zusammenhang mit den Karo=
lingern. Er macht Pippin zu einem Herzoge von Brabant[1]), mög=
licherweise um der Familie der wirklichen Herzoge, und etwa gerade
wieder einer der Dynastie von Heristal angehörenden Persönlichkeit,
dem Probste Gerhard von Nivelles, der gleich seinem Bruder Hein=
rich an der Schlacht von Wörringen ritterlichen Antheil nahm[2]),
dadurch gewissermaßen seine Huldigung darzubringen. Denn steht
auch die Biographie des älteren Pippin in keinem so unmittelbaren
Zusammenhange mit dieser berühmten Schlacht wie z. B. die oben[3])
besprochenen Epitaphien oder auch jenes von Herzog Johann I. von
Brabant handelnde Bruchstück einer aus der Abtei Tongerloo her=
rührenden Chronik[4]), welches nicht nur hauptsächlich mit dem An=
laß und Ausgang derselben sich beschäftigt, sondern auch mit einem
die Merowinger und Karolinger in sich fassenden Stammbaume Jo=
hanns I. schließt: so unterliegt sie doch demselben Einflusse, wie die
meisten Schriftstücke seit der Mitte des breizehnten Jahrhunderts,
soweit Lothringen ihre Heimath und ihr Vorwurf ist, dem Einflusse,
der von dem wachsenden Ruhme des brabantischen Herzogsgeschlechts
ausging, und neben den brabantischen Chronisten auch die flandri=
schen trieb, die Frage aufzuwerfen und alles Ernstes zu erwägen,
von wannen doch dieses Geschlecht gekommen sei?[5]) Und darum lesen
wir denn mit jener Mittheilung in der Biographie des älteren Pip=

---

[1]) Surius l. l.: Venerabilis Pippinus dux Brabantiae, ex patre Ca-
rolomanno principe et matre Emegarde, fuit Majordomus Franciae sub
Olotario rege Francorum et Dagoberto ejus filio. — Vgl. Ghesqu. l. l.
Tom. II. p. 345. 349 n. b.

[2]) Van Heelu l. l. p. 296 ss.: Die proefst van Nivele was clero
u. s. w.

[3]) S. 55 ff.

[4]) Mitgetheilt von Willems unter den „Bylagen" zur Chronique en vers
de Jean van Heelu p. 374 ss.; es endet p. 379 mit den Worten: Johannes I.
genuit Johannem II., nunc ducem Lotharingiae, Brabantiae et Lembur-
gensem. Amen.

[5]) Jacob van Maerlant's Spiegel historiael Part. III. Boek 7. cap. 55.
(p. 52. 53.):

> Van desen Pippen, die wi noemen,
> Sijn die Brabantsche heren comen.
> Haer geslachte vindic al claer;
> Maer ic en vinde niet wel die jaer
> Besceden van hem allegader,
> Hoe lange elc kint naden vader
> Regneerde up erderike;
> Doch seggic u hier cortelike
> Hare geslachte bi sicre namen,
> Ende elken wanen si quamen. —

Jan de Klerk beginnt seine Rymkronik van Braband:

> Om dat van Brabant die hertoghen
> Voermaels dicke sijn beloghen,
> Alse dat si quamen metten swane,
> Daer bi hebbic mi ghenomen ane
> Dat ic die waerheit wille ontdecken
> Ende in dietscher rime vertrecken
> Wanen die hertoghen yerst quamen.

pin etwa gleichzeitig in flandrischen und brabantischen Chroniken in
Beantwortung dieser Frage, wie eben von jenem Pippin, Karlmanns
Sohne, der zu Landen im Haspengau in seiner Hofstatt gesessen
und daselbst auch bis zur Ueberführung seiner Gebeine nach Nivelles sein Grab gefunden habe, die brabantischen Fürsten ihr Geschlecht
herleiteten [1]). Eine Vergleichung jener Biographie und dieser Chroniken — namentlich Maerlants und be Klerks — macht es aber
zugleich recht anschaulich, wie die Sage von Pippin „von Landen" mit
jedem Bearbeiter sich mehr zu dem Gebäude gestaltete, dem noch in
jüngster Zeit durch frische Tünche scheinbare Dauerhaftigkeit zu geben man sich gemüßigt gesehen hat. [2])

---

[1]) Jac. v. Maerlant Part. III. Boek 7 cap. 56: Wanen die Brabant-
sce princen quamen.

> In Aspengouwe was cen Karleman,
> Die mogentheit des lants gewan,
> Die wan den eersten Puppine.
> Noch staet die hoofstede sine
> Up Haspengouwe, toto Landen,
> Want al dat stoet in sinen handen....

> . Karlemans sone, Puppijn,
> Daer die Brabanters af comen sijn,
> Die schiet van den erdscen levene,
> Alsemen VI^c XL ende sevene
> Ons Heren jaer screef, ende wart te Landen
> Begraven van kerstinen handen.

De Klerk Boek I. v. 241 ss.: Van Pippine van Landen, den eersten
hertoghe.

> Was een groot here op Haspengouwe,
> Wijs en vrome, alsoe ic scouwe,
> Ende was gheheten Karleman,
> Die de moghenheit ghewan
> Op Haspengouwe, ende in Brabant,
> Ende was cen prince daer ghenant....
> Maer te Landen hi te woenen plach,
> Op een stede, daer men noch mach
> Sien staen ene oude hofstat:
> Oude Landen heet noch dat.
> Dese wan den eersten Pippijn;
> Landen was die hoefstat sijn:
> Dese hiet Pippijn van Landen,
> Vrome was hi van handen:
> Dit was dierste hertoghe.

[2]) In Verfolg und zur Begründung des oben Seite 53 Anm. 3 Angeführten heißt es nämlich weiter bei Warnkoenig et Gerard p. 100: De Klerk
qui écrivait vers l'an 1318, dit qu'on voit encore à Landen les ruines d'un
vieux château et que cela s'appelle le vieux Landen. Il ne reste plus
aujourd'hui aucun vestige de ce burg ou château. D'après Gramaye, l'habitation de Pepin devait se trouver à l'endroit où fut bâtie la première
église, dédiée à sainte Gertrude. Il y avait effectivement une vieille
église au hameau de Sainte-Gertrude près de Landen; suivant la tradition,
elle avait été consacrée par saint Amand et se trouvait à côté du château. C'est donc au hameau de Sainte-Gertrude qu'aurait été l'habitation
de Pepin. On y remarque encore aujourd'hui un monticule qui porte le
nom de Tombe de Pepin, et qui probablement est l'endroit où reposait

Nachdem wir nun aber der Pippiniden brabantische Wiege im
eigentlichsten Sinne dieses Wortes dadurch, daß wir Heristals und
Landens vorgebliches Verhältniß zu ihnen gänzlich lösten und auch
dasjenige von Nivelles bereits erschütterten, als eine Ausgeburt
späterer Zeit erwiesen haben, kehren wir zuvörderst nochmals zu
letzterer Oertlichkeit zurück, um dann auch den möglichst kleinsten
Halt an brabantischem Boden den Pippiniden zu nehmen.

Schon sagten wir, daß die heilige Gertrud von Nivelles erst
seit dem Ausgange des zehnten Jahrhunderts als die Tochter des
älteren Pippin erscheine. Wir machen nämlich denjenigen Quellen,
der angeblich zeitgenössischen Biographie dieser Heiligen und den
Annalen von Xanten, welche nicht nur sie, sondern auch eine zweite
Tochter jenes Pippin Begga und seine Gemahlin Itta oder Iduberga zu nennen wissen, ihr Alter und ihre Bedeutung streitig [1]), und
weisen sie in eine viel spätere Zeit zurück. Einer anderweitigen
Mittheilung über die von ihnen behauptete Vaterschaft Pippins zu
Gertrud und Begga, sowie über sein eheliches Verhältniß zu Itta
und Iduberga, aus früherer Zeit entbehren wir aber, da selbst die
uns freilich nur in geringer Anzahl erhaltenen Urkunden, welche seit
dem letzten Viertheil des neunten Jahrhunderts des Klosters der
heiligen Gertrud zu Nivelles gedenken [2]), keinerlei Andeutung darüber enthalten.

Es tritt somit an die Spitze der Schriftstücke, aus denen wir
diese Heilige als die Tochter Pippins kennen lernen, und das besagte
Verhältniß Begga's und Itta's zu demselben zugleich mit den früher
noch nirgends erwähnten Namen dieser beiden Frauen erfahren, eine
Quelle aus dem Ende des zehnten Jahrhunderts, deren Zweideutig-
keit gerade in Rücksicht der auf die Pippiniden und ersten Karolinger
bezüglichen Nachrichten für uns keinem Zweifel mehr unterliegt, die
Annalen von Metz [3]), denen dann in den nächstfolgenden Jahrhunderten eine lange Reihe von Annalen, Chroniken und Biographien
nachzuerzählen sich beeifern, was auffälliger Weise bis dahin Jahrhunderte hindurch verschwiegen ward, das Dasein der Gemahlin
Itta und der Töchter Gertrud und Begga des ältern Pippin. [4])

---

son corps avant qu'on l'eût transféré de Landen à Nivelles. — Als Beweisstellen hierzu werden, außer den in unserer vorhergehenden Anmerkung citirten Versen bei de Klerk: Maer te Landen etc. bis Oudo Landen heet noch
dat, angeführt: einmal eine Stelle aus Gramaye Antiq. Brab. p. 46: a Pipino, cujus palatium monstrant ubi nunc S. Gertrudis fanum; zweitens zu
dem Schlußsatz: Dictionnaire géographique de la province de Liège, par
Delvaux, 2. partie, au mot Landen.

[1]) S. Excurs V.: Die Annales Xantenses und die Biographien der
heiligen Gertrud von Nivelles.

[2]) Zuerst eine Urkunde Karls des Kahlen und seiner Gemahlin Richildis vom
10. Juli 877 bei Miraeus Tom. I. p. 502, von welcher Fr. Lemaire l. l.
p. 35 sagt, sie sei le premier titre que l'on trouve parmi les privilèges
du Chapitre de Nivelles.

[3]) S. Excurs VII.: Die Annales Mettenses.

[4]) Der ungefähren Zeitfolge nach: 1) im 10. Jahrhundert. a. Annales
Laubienses, Mon. Germ. SS. Tom. IV. p. 11. 12: a. 647. Modoaldus frater

Mag also auch wirklich schon im siebenten Jahrhundert eine fromme Jungfrau Gertrud das Kloster zu Nivelles gegründet haben,

Ittae matris S. Gertrudis. a. 648. Pipinus majordomus moritur. Grimoaldus filius ejus . . . . a. 656. obiit S. Gertrudis. a. 661. Grimoaldus frater S. Gertrudis. (Doch sind diese Annalen nur in abgeleiteter Gestalt auf uns gekommen, vgl. Wattenbach, Geschqn. S. 191). — b. Vita S. Idae auct. Uffingo Mon. Werthin., Mon. Germ. SS. Tom. II. p. 570: Gertrudis filiae sancti Pipini. (Diese Vita erfreut sich freilich nur eines zweifelhaften Rufes, vgl. Mon. Germ. l. l. p. 569; Wattenbach a. O. S. 137). — 2) im 10. bis 11. Jahrh. Vita altera. S. Arnulfi, Boll. Jul. 18. p. 442: Anchisus patris consultu filiam principis Germaniae secundae Pipini, Beggam nomine, duxit in matrimonium, sanctae videlicet Gertrudis sororem. . . . Ex Begga igitur genuit Anchisus Pipinum. (Vgl. Excurs III.) — 3) im 11. Jahrh. a. Ademari histor., Mon. Germ. SS. Tom. IV. p. 116: Arnulfus antequam esset clericus habuit uxorem nomine Begam filiam Pipini m. d., et genuit ex eo Ansegisilum. Ansegisilus genuit Pipinum Vetulum Brevem. — b. Herimanni Augiensis chron., Mon. Germ SS. Tom. V. p. 94: a. 646. b. virgo Gerdrudis, filia Pipini, soror Grimoaldi, majorum domus, Nivalensis coenobii mater, virtutibus claruit. Hujus soror Begga et ipsa religiosa, Angiso S. Arnulfi filio nupsit. — c. Genealogia Comitum Bulonensium, Mon. Germ. SS. Tom. IX. p. 300: Ansegisus dux genuit Pipinum seniorem ex Begga filia Pipini m. d. — d. Bernoldi chron., Mon. Germ. SS. Tom. V. p 415, wörtlich wie Herim. Aug. chron. — 4) im 11. bis 12. Jahrh. a. Vita b. Pippini D. ex. AA. S. Gertr. fil., Bouquet Tom. II. p. 603 — 608: Notissimum est . . . . patrem b. dominoque dilectae virginis Gertrudis Pippinum exstitisse. . . . Uxor igitur ejus venerabilis Itta . . . . Horum itaque liberi Grimoaldus et Begga et virgo Gertrudis . . . . Begga duci Ansigiso felici matrimonio conjuncta. (Ueber die Zeit vgl. Ghesq. l. l. Tom. III. p. 147.) — b. Domus Caroling. Geneal., Mon. Germ. SS. Tom. II. p. 312: Pippinus genuit Grimaldum . . . . Cujus sorores fuerunt S. Gertrudis et Begga. Beegam igitur Ansigisus filius S. Arnulfi uxorem duxit. (Ueber die Zeit dieses cap. 4 der Geneal. vgl. — zu Mon. Germ. SS. Tom II. p. 306 n. 2 — p. 260 n. 2!) — c. Ann. Leod., Mon. Germ. SS. Tom. IV. p. 11. 12: a. 659. Obiit S. Gertrudis. a. 661. Grimoaldus frater S. Gertrudis. a. 689. Obiit S. Begga. — d. Sigiberti chron., Mon Germ. SS. Tom. VI. p. 324: a. 647. Pippinus m. d. moritur. Grimoaldus filius ejus in aula Sigiberti R. potenter principatur. a. 649. Ansigisus etiam filius S. Arnulfi clarebat, cui Begga soror Grimoaldi nupserat. a. 650. Itta relicta Pippini . . . . monasterium Nivialense fundavit eique filiam suam Gertrudem . . . . praefecit. a. 664. Obiit S. Gerdrudis Nivialensis. a. 698. S. Begga mater Pipini ad Dominum transit. — Vgl. Ann. Xantens. Excurs V.; Vita S. Sigiberti R. (auct. Sigib. Gembl., Hirsch de vita et scriptis Sigib. mon. Gembl. p. 239 ss.) bei Du Chesne Tom. I. p. 592; V. S. Foillani, Ghesq. l. l. Tom. III. p. 18; V. S. Evermari, id. Tom. V. p. 278; V. S. Gudulae, id. Tom. V. p. 691; V. S. Amalbergae, id. Tom. IV. p. 639; V. S. Reineldis, id. Tom. IV. p. 648; (V. S. Beggae, id. Tom. V. p. 112. 113?) — 5) im 12. Jahrh. a. Ekkehardi chron. Wirziburg., Mon. Germ. SS. Tom. VI. p. 32: Pippinus princeps m. d., pater S Gerdrudis virginis. (Hier ist dieser Pippin der Sohn Ansegisils!) — b. Ekkehardi chron. univ. l. l. p. 118: Pippinus autem dux pater erat S. Gerdrudis virginis et Beggae, quam duxit uxorem Ansgisus filius S. Arnolfi; p. 176: Pipp. princ. et m. d, cujus mater erat Begga, soror. S. Gerdrudis virg. — c. Chron. S. Huberti Andagin., Mon. Germ. SS. Tom. VIII. p. 570: Pip. enim primus hujus nomine . . . . genuit ex Idda uxore . . . . Grimoaldum et Beggam et b. Gertrudem. Begga vero nupta Ansegiso duci genuit hunc nostrum Pipinum secundum h. n. — d. Ann. S. Rudberti Salisb., Mon. Germ. SS. Tom. IX. p. 768: a. 659. S. Gerdrudis materters Pipini claruit (mit denen wörtlich stimmen im 13. Jahrh. Ann. Admunt., Mon. Germ. SS. Tom. IX. p. 572; im 14. Jahrh. Auctar. Mellic. l. l. p. 536.) — Zum 12. Jahrh. vgl. noch V. S. Modoaldi scr. a Stephano Abb. Leod., Bolland. Maj. 12. p. 52; Mirac. S. Modoaldi, Mon. Germ. SS. Tom. XIII. p. 315.

obwohl vor dem neunten ihres Namens und ihres Grabes daselbst
ebenfalls keine Erwähnung geschieht [1]); wenn dann aber seit dem
Ausgange des zehnten erst — zu einer Zeit, die sich überhaupt darin gefällt, in unverständiger Weise die Akten der Heiligen zu über-
arbeiten und zu fälschen, — diese Stifterin von Nivelles als eine
Tochter des älteren Pippin zu verlauten anhebt, und endlich gar
bisher ganz unbekannte Namen als diejenigen einer Mutter und
Schwester neben ihr in noch dazu unzuverlässigen Quellen plötzlich
auftauchen: — so liegt doch gewiß eine Unzulänglichkeit der Beweise
für die behauptete Zugehörigkeit dieser Personen zur Familie der
Pippiniden vor, welche dringend mahnt, denselben nur mit größter
Vorsicht zu begegnen, und nicht auf ihrem schwachen Grunde ein,
so zu sagen, in die Luft gestelltes Gebäude zu errichten. Auf solchem
beruht aber hauptsächlich die Idee von der brabantischen Wiege der
Pippiniden, zu deren Herstellung nun außer den bereits oben zu-
rückgewiesenen Landen und Heristal nicht allein der Grund und
Boden, auf welchem Nivelles erbaut wurde, als angebliches Eigengut der Pippiniden laut der durch die Annalen von Metz [2]) ver-
schuldeten Aussage der Biographien der heiligen Gertrud [3]), sondern
überhaupt auch die gesammte f. g. Erbschaft dieser Heiligen heran-
geholt worden ist [4]). Sollten diejenigen, welche dessen beflissen gewesen sind, nicht ebenso wie wir verstanden haben, daß diese Erbschaft, unter welcher besonders das im äußersten Norden Brabants
belegene Gertruydenberg namhaft gemacht wird, nicht das der Patronin von Nivelles dereinst von ihren Eltern hinterlassene Erbe, sondern den Inbegriff all der Schenkungen bedeute, welche im Laufe
der Jahrhunderte durch fromme Geber der Stiftung der heiligen
Gertrud zu Nivelles zugeflossen waren? [5])
    Aber genug für jetzt von diesem Erbe, dessen weitere Verfolgung
uns über die Grenzen Brabants nach Süden hinausführen würde, -

---

[1]) Vita S. Liudgeri auct. Altfrido (qui d. 12. Apr. a. 849 obiit), Mon.
Germ. SS. Tom. II. p. 403 ss.; p. 418: sepulcrum S. Gerthrudis, vermuthlich zu Nivelles, — die erste Erwähnung!
[2]) Mon. Germ. SS. Tom. I. p. 316: in loco qui vocatur Nivella in
hereditate propria.
[3]) Ghesq. l. l. Tom. III. p. 151; Histor. S. Gertr. p. 4.
[4]) Warnkœnig et Gerard Tom. I. p. 123: Lesbroussart cite, dans une
note de son mémoire, le passage d'un diplôme donné par Miracus qui
prouve que déjà Pepin de Landen avait de ses possessions étendues dans le
Brabant septentrional, où fut bâtie la ville de Gertruidenberg, sur un
territoire appartenant à sainte Gertrude, fille de Pepin. — Und dazu die
Beweisstelle: „Haereditas S. Gertrudis sita in pago Tassandria super pluvio
(sic!) Struona in villa quae dicitur Bergom (Mir., Oper. dipl., t. I., p. 654.)"
Vgl. die folgende Anmerkung!
[5]) In einem Diplom Heinrichs III. zu Gunsten der Abtei Nivelles werden
sämmtliche derselben gehörige Güter in folgender Weise zusammengefaßt: omnes,
qui hereditatem Virginis pro hereditario beneficio tenebant, ex-
stinxit, et aperto manifestata est vindicta; Miracus Tom. I. p. 661. —
Wer hiernach noch über die Bedeutung des Ausdrucks „hereditas S. Gertrudis"
zweifeln sollte, den verweisen wir auf die Diplome bei Miracus Tom. I p. 660. 661.

während es uns doch zunächst daran liegt, innerhalb dieser Grenzen
selber aufzuräumen.

In Brabant werden nämlich noch[1]) Vilvoorden unfern
Brüssel, eins der beiden östlich davon gelegenen (Steen oder Reeder)
Ockerzeel, Meldert südlich von Löwen bei Tirlemont[2]), Hamme
bei Meerhout und Budel zwischen Weert und Hamont, letztere
beiden im Kempenlande, als karolingische Erbgüter namhaft gemacht.

Allein die Beweise dafür werden entweder gar nicht erbracht,
oder doch nur sehr oberflächlich geführt, was offenbar darin seinen
Grund hat, daß bei etwas mehr Gründlichkeit in der Beweisführung
diese weniger für als gegen die beabsichtigte Aufstellung ausge-
schlagen wäre.

Denn hinsichtlich Vilvoordens und Budels kann es nicht genügen, dieselben in zwei Urkunden der Jahre 779 und 844[3]) unter
einer Reihe von andern, im Hennegau gelegenen Gütern genannt
zu finden, welche dem Marienstifte zu Chevremont[4]) im Verlauf
der Zeiten theils durch Pippin den Mittleren theils aber auch durch
andere fromme Geber zugefallen sein sollen[5]). Pippin, dessen Name
überdies nur in der älteren von beiden Urkunden seinen Platz gefunden hat, ist darin gar nicht einmal zu einzelnen der genannten
Güter in directe Beziehung gesetzt; man könnte eine solche also, wenn
man wollte, zu allen ebenso gut wie zu jenen beiden auserwählten
Vilvoorden und Budel herauslesen. Doch hätte man gewiß am
Besten gethan, Pippins politische Stellung hierbei nicht außer Augen
zu lassen, durch welche er in die Lage versetzt ward, bei Schenkungen
an Kirchen und Klöster in zwiefacher Hinsicht als Mittelsperson zu
dienen, einmal indem er gleich wie anderswo der König die ihm
von dem eigentlichen Schenker aufgetragene Uebergabe an die

---

[1]) Warnkœnig et Gerard Tom. I. p. 123.

[2]) l. l. p. 123 heißt es: près de Tirlemont, Landen et Meldert, während kurz zuvor p. 102. gelesen wurde: Meldert (Meldradium), près de Hasselt,
dans cette Hesbaie qui était le berceau de ses pères. Letzteres, das übrigens
richtiger nach seiner nordöstlichen Lage dicht bei Diest bestimmt wird, liegt nordwestlich von Hasselt, geht uns aber nichts an; wir haben es hier mit jenem
südwestlich bei Tirlemont gelegenen zu thun, welches auf der belgischen Generalstabskarte Maillard heißt.

[3]) Miraeus Tom. I. p. 337. 496.

[4]) Rettberg, Kirchengeschichte Deutschlands, Bd. I. S. 568; nicht dem
Marienstifte zu Aachen, mit dem es Miräus u. a. verwechselt haben.

[5]) Miraeus Tom. I. p. 496: Igitur noverit omnium fidelium nostrorum
magnitudo, eo quod inclytae memoriae Proavus noster Pippinus, quondam
Majordomus, Ecclesiae S. Mariae, Novo Castello constructae, diversas res
pro mercedis augmento dedit. Unde servientes ejusdem loci consolationem
substantiae usque nunc visi sunt habere, perpetuoque tempore ipsas res
quieto ordine possidere videntur. Sed asserit venerabilis vir Erinhardus
Abbas, quod de ipsis rebus nulla munimina aut strumenta chartarum penes
se habeant, per quae ipsas res sine nostra auctoritate legibus defendi
possint. Idcirco petiit a Celsitudine nostra, ut per nostram praeceptionem
quantumcumque infra regna, Deo propitio, nostra, tamque Proavus
noster ibidem in ojus oleomosyna visus est condonasse, quam
et ceteri Dominum timentes homines postmodum addiderunt,
quae possidere videntur, denuo confirmare deberemus.

Empfänger ausführte[1]), und ferner indem er fiskalisches Gut mit und ohne Zustimmung des Königs an Kirchen oder Klöster vergabte. Auf letztere Art der Vermittlung ließe sich ja auch desselben Pippin Beziehung zu Ockerzeel und Hamme zurückführen, von denen wir ausdrücklich erfahren, daß sie fiskalische Güter in dem Augenblicke waren, als jener sie dem Kloster des heiligen Trudo übermachte.[2])

Es bliebe sonach nur noch Meldert bei Tirlemont, wo gar schon der ältere Pippin ein Kloster zu Ehren der heiligen Ermelindis gegründet haben soll[3]), von dem aber leider so frühzeitig jegliche Spur wieder verloren gegangen ist, daß man zu den Verheerungen der Normannen seine Zuflucht nehmen mußte, um das gänzliche Verschwinden dieses angeblich ältesten Klosters auf belgischem Boden[4]) zu erklären. Dem sei indeß wie ihm wolle; und selbst die Theilnahme Pippins an der Gründung dieses Klosters zugegeben, würde sie noch immer nicht die Annahme rechtfertigen, daß sie auf einem seiner Familie erb- und eigenthümlich zugehörenden Grund und Boden erfolgt sei. Auch hier würde vielmehr höchstens an fiskalisches Gut zu denken sein, dem wir ja überhaupt selbst in Urkunden immer wieder begegnen, in denen es sich um vermeintliche Schenkungen der Majoresdomus in dem Gebiete westlich und nördlich der Maas handelt.

Wir sind jetzt soweit gelangt, die brabantischen Grenzen und zwar zunächst gen Norden überschreiten zu müssen, um in Kürze wegzuräumen, was den Karolingern einen Schein ererbten Grundbesitzes in diesen Gegenden geben könnte[5]). Es handelt sich hier nämlich um die in zwei Urkunden Karl Martels aus den Jahren

---

[1]) Vgl. Roth Beneficialw. S. 241.

[2]) Vita S. Trudonis auct. Donato Diacono, Ghesq. l. l. Tom. V. p. 43: Pipinus igitur inclytissimus majordomus, filius Ansigisi, cum crebrescentem famam de S. Trudonis virtutibus audisset.... tradidit ad tumulum ipsius quidquid habere visus est in villa quae cognominatur Ochinsala, et in altera villa quae dicitur Ham. — Gestor. Abbat. Trudon. contin. III. ps. l, Monum. Germ. SS. Tom. X. p. 369: Pipinus secundus.... contulit monasterio omne jus quod in villa Okinsala habeat, que tunc fiscus publicus erat,.... similiter et aliam villam nomine Ham in Campinia sitam.

[3]) Ghesqu. Tom. II. p. 215 ss.

[4]) Warnkoenig et Gerard Tom. I. p. 102: Pepin.... lui-même il fonda le premier des monastères belges, celui de Calfberg (Calfmontanum) établi à Meldert (Meldradium), près de Hasselt. — Tom. II. p. 102: Meldert, Maldaria, où Pepin de Landen fonda le premier des monastères de la Belgique. — Doch ist zu unterscheiden ein Nonnenkloster zu Meldert, welches Pippin, von einem Mönchskloster Calfmont bei Meldert, welches der heilige Bavo gegründet haben soll, deren aber keines eine Spur zurückgelassen hat. Vgl. Ghesqu. Tom. II. p. 219; Tom. IV. p. 216. 217.

[5]) Jac. Chr. Burckhardt, Quaestiones aliquot Caroli Martelli historiam illustrantes. Dissertatio. Basil. 1843 p. 22 23. — Diese Arbeit, welche p. 17—23 de territorio Pipinico handelt, wird bei Warnkoenig und Gerard wiederholt mehr, als sie bei ihrem im Ganzen unkritischen Verhalten verdient, hervorgehoben.

722 und 726 genannten Oertlichkeiten in und um Utrecht und auf der Betuwe. Aber erstere, zu denen namentlich Dorf und Burg Vechten unweit Utrecht und ein Graveningen genanntes Weideland gehören[1]), werden uns kurzweg als fiskalische Güter bezeichnet, während wir über letztere, darunter das Dorf Elst am Ling, etwa halbwegs zwischen Nimwegen und Arnheim, ausführlicher dahin berichtet werden, daß sie ursprünglich einem gewissen Everhard gehörig, diesem wegen Untreue gegen König Childebert III. entzogen, dem mittleren Pippin zu erblichem Eigenthum übergeben, und von ihm seinem Sohne Karl hinterlassen wurden.[2])

Wir haben es hier also jedenfalls mit Gütern zu thun, die, je nachdem das Glück der Waffen schwankte, mit dem ganzen Land= strich, in dem sie gelegen, bald den Franken bald den Friesen unter= than wurden, und deren Besitzer, wie uns das Beispiel jenes Ever= hard lehrt, theils freiwillig theils gezwungen, sich jedes Mal dem an= schlossen, der es gerade über den Gegner gewonnen hatte, wofür freilich bei wiederholtem Wechsel des Gebietenden der Verlust der Güter erfolgte. Daß dann ein Mitglied der Familie des mittleren Pippin oder auch dieser selbst derjenige war, dem solche Güter erb= lich zufielen, lag gewiß einzig in der Stellung, die derselbe neben oder eigentlich bereits über dem Könige einnahm, und wohl niemals in dem Umstande, daß er oder sonst ein Pippinide früher schon diese Güter erb= und eigenthümlich besessen, und sich etwa durch die ein= dringenden Friesen in dem Besitze derselben beeinträchtigt gesehen hätte. Karl Martel verfügt dann über sie, nicht nur soweit sie sei= nem Vater zu eigen gegeben worden, sondern auch darüber hinaus

---

[1]) Brequigny Diplom. Tom. I. p. 436 n. 311: donamus .... ad mo- nasterium, quod est intra muros in Trajecto castro situm, constructum.... omnem rem in fisci ditionibus, quidquid in ipso Trajecto castro, tam infra muros quam a foris, cum omnibus adjacentiis vel appenditiis, cum illo pas- cuo Graveningo, vel quicquid ibi fiscus ad praesens habere videtur .... et similiter villa vel castro nuncupante Fethna, situm in pago Insterlaco, cum omni jure et soliditate sua, omnes adjacentias vel appenditias, quod tam ad ipsam villam Fethnam castrum vel etiam ad jamdictum Trajectum castrum, ut diximus, aspicere vel pertinere videtur. — Burckhardt a. D. denkt hier an Gröningen, aber jenen pascuus Graveningen so weit entfernt von Utrecht und so tief in friesischem Lande zu suchen, scheint uns durchaus ungerecht- fertigt. [2]) Brequ. Dipl. Tom. I. p. 448 n. 324: Ego .... Karolus M. d. .... trado in loco nuncupante Marithaimo, ubi castrum fuit, ad Basilicam, quae est constructa in honore Salvatoris D. N. Jesu-Christi et b. Mariae ge- nitricis Dei .... quae est sita in pago Bathua, villam juris nostri nuncu- patam Eliste, in ipso loco Marithaime, quantumcumque ibi habuit vel possedit Everhardus, dum ipse infidelis regi apparuit, et in regis Fran- corum infidelitate foris patria ad infideles se sociavit, et propter hoc om- nes res suae in fisco regali fuerunt redactae, quas gloriosus rex Hildibertus genitori nostro Pippino de suo fisco et ex largitatis suae munere con- cessit, mihique genitor meus Pippinus jure hereditario in proprietatem concessit supranominatam villam Eliste, quae alio nomine Marithaime vo- cata, quicquid supradictus Everhardus ibi possedit .... et quicquid Ever- hardus habuit in Batua vel possedit.

soweit sie in das Eigenthum des Staats übergegangen waren, nicht weil er als Majordomus schon amtlich dazu berechtigt gewesen wäre, aber weil nachgerade mit den Befugnissen dieses Beamten die Vor= rechte der Krone untrennbar verschmolzen waren. Und zwar verfügt Karl über diese Güter zu Gunsten eines Bisthums, zu dem wohl schon früher von Papst und König der Grund gelegt, das aber eben wegen der Kämpfe zwischen Franken und Friesen, keinen rechten Be= stand hatte gewinnen können[1]); es ist das Bisthum Utrecht, dessen Verwalter, den heiligen Willibrord, wirauch sonst von den Pippini= den durch Schenkungen von Gütern zu Gunsten seiner frommen Zwecke bedacht finden.

So schenken ihm unter Anderem — und damit gelangen wir am rechten Ufer der Maas weiter aufwärts — Pippin und Plectrud gemeinsam S ü s t e r e n im Maasgau, das indeß auch nicht etwa ein pippinsches Erbgut, sondern vielmehr von Plectrud erst käuflich erstanden ist; seine Vorbesitzer werden in der Schenkungs= urkunde[2]) Alberich und Haderich genannt, und sind vielleicht Ange= hörige eben des angeblichen Zweiges der merowingischen Königsfa= milie, mit welchem wir sonst noch Pippin und Plectrud im Güter= t a u s c h begriffen finden.

Aber darauf, sowie auf die anderweitigen Schenkungen an den heiligen Willibrord kommen wir, wenn wir die Betrachtung über die den Pippiniden zugemutheten Besitzungen im Gebiet der untern Maas mit Chevremont an der Vesdre, unfern ihrer Vereinigung mit Durthe und Maas, und dem dicht dabei, gleich jenem gegen= über Heristal und Lüttich, gelegenen Jupille abgeschlossen haben.

Beide erscheinen nämlich noch im Beginn des zehnten Jahr= hunderts als lothringische Reichslehen[3]), nachdem aber Chevremont ums Jahr 980 als eine allem räuberischen Gesindel stets offen ste= hende Zufluchtsstätte durch Bischof Notker von Lüttich von Grund aus zerstört worden ist[4]), gelangt es — und zwar frühestens ein Jahrhundert darnach — in der Biographie der heiligen Begga[5]) da=

---

[1]) Rettberg, Kirchengeschichte Deutschlands. Bd. II. S. 525 ff.: Das Bisthum Utrecht.

[2]) Brequigny Dipl. Tom. I. p. 401 n. 283: animae nostrae remedio cogitantes ut oratorium ac cellulam in honore Salvatoris et SS. Petri et Pauli, vel ceterorum Apostolorum, et reliquiis Sanctorum mansionilo Suestra, sitam in pago Mosariorum super fluviolo Suestra, quod Blictrudis dato pretio ab Alberico et Haderico comparavit, a novo fundamine aedificare deberemus.

[3]) Richeri hist. lib. I. cap. 39, Mon. Germ. hist. SS. tom. III. p. 580; vgl. oben S. 60. Anm. 5.

[4]) Anselmi gesta episcop. Leodiens. lib. II. cap. 25, Mon. Germ. hist. SS. tom. VII. p. 203; vgl. auch Ghesqu. tom. V. p. 116 n. c.

[5]) Ghesqu. tom. V. p. 113: Felix itaque Begga .... sicut Francorum consuetudo est Regum, duci magno Ansigiso, ex regali progenie orto, de= sponsatur habenda. Locus regiae sedis tunc forte habebatur Capremons, jam ab antecedentibus regibus muris castelli circumdatus, sed ab ipso ge= neroso Duce ac conjuge illius facundissima Begga palatiis aulicis constru= ctus, seris et portis munitus, solemniter decoratus atque perfectus est. In-

zu, als die einstige „Residenz des aus königlichem Stamme ent-
sprossenen" Ansigisus, Verwalters des „lotharischen Reiches", zur
Geltung gebracht zu werden; Jupille dagegen ist gar erst neuerdings[1])
den Besitzungen der Pippiniden zugeschrieben worden, obgleich doch,
soweit unsere Quellen hierfür einen Anhalt bieten, eher auf dessen
Eigenschaft als fiskalisches Gut denn als pippinsches Eigenthum geschlossen werden darf.[2])

Damit aber fällt das letzte Bollwerk derer, welche in Brabant
und an den Ufern der untern Maas die eigentliche Wiege des karolingischen Geschlechts gefunden haben, und eine weitere Ausdehnung seiner Erbgüter durch die Ardennen zur Mosel hin anscheinend
nur darum dulden wollen, weil einst ja ebensowohl um die Stadt
Metz wie um den Laacher See her Belgen gewohnt haben sollen,
und angeblich auch die austrasischen Franken des siebenten Jahrhunderts als solche in Anspruch genommen werden können[3]). Wir glauben indeß, daß ein Unterschied einerseits zwischen den ursprünglichen
Belgen, wie sie Caesar fand, und der doppelten belgischen Provinz,
wie sie später hergestellt wurde[4]), anderseits zwischen diesen beiden
und den austrasischen Franken gemacht werden müsse; wie nicht alle
den s. g. belgischen Provinzen der Römer zugehörenden Völkerschaften belgischen Stammes waren, so umfaßten jene Provinzen auch
wieder nur einen Theil der links — geschweige also die rechts —
vom Rheine wohnenden Austrasier. Freilich aber erweist sich nun
eben dieser Theil, den wir zwischen Maas und Mosel zu suchen haben, als das eigentliche Ursprungsland, die Wiege der Karolinger.

Denn sehen wir auch noch von Andennes, der angeblichen
Stiftung Beggas[5]) am rechten Ufer der Maas zwischen Namur
und Lüttich eben so ab wie von Fosses, der südwestlich von Namur

---

torea princeps memoratus in cunctis strenuo agens adeo quidem in regno
sublimatus, et ab hominibus susceptus, regni Lotharii administrabat curam,
prudentisque Ducissae Beggae consilio ea, quae regno utilia erant, victo-
rioso providebat. — Der Verfasser dieser Vita S. Beggae ist ein Lothringer,
wie schon der Prolog ergiebt: Pipinus ... potentia sui principatus, sub
Lothario et Dagoberto regibus, una cum b. Arnulpho, nostris imperavit
finibus: his scilicet quos Mosao et Mosellae decursus, Frisonum quoque
mare et Carbonariae silvae praecingendo circumdat terminus. Es bedarf
daher garnicht der weiteren Erörterung darüber, welcher Lothar gemeint sei,
wenn hier von einem „regnum Lotharii" die Rede ist (vgl. Ghesqu. tom. V.
p. 81—83); es heißt das eben nichts anders als Lotharingien, Lothringen.

[1]) Warnkoenig et Gerard tom. I. p. 123.
[2]) Heißt es doch selbst in den Annales Mettenses, welche überall gern die
Karolinger von Anfang an in ihrem erblichen Besitz erscheinen lassen, Mon.
Germ. hist. Tom. I. p. 322: aegrotante Pippino in Jopila villa publica.
[3]) Warnkoenig et Gerard tom. I. p. 121; den Wortlaut siehe oben S.48
Anm. 1.
[4]) Zeuss, die Deutschen und die Nachbarstämme. S. 186 ff.
[5]) Vita S. Gertrudis, Mabill. sec. II. p. 471, Ghesqu. tom. III. p. 159,
sowie Historia Gertradis p. 20 nennen den Ort nicht, wo Begga ihr
Kloster gründete, dafür heißt es aber in der Vita S. Beggae, Ghesqu. tom. V.
p. 119: Itaque S. Begga loco, quem Christus praeparaverat, reperto, Spatio Ecclesiae signato, in territorio Andanensi, inter Ursiliam et Pallifon-
tanam .... jecit fundamentum et cum muris crescentibus, faeminarum

gelegenen Schenkung Gertruds aus ihrem vermeintlichen Erbe an
den heiligen Foillan[1]), da sie beide nur auf theils zweifelhaften theils
späteren Beweisstücken beruhen: so gelangen wir doch, wenn wir
uns in südlicher Richtung gegen die Mosel fortbewegen, bald in ein
Gebiet, in dem sich drei Gruppen von Gütern deutlich abheben, aus
denen wir jetzt die Wiege der Karolinger zu zimmern gedenken.

Die Urkunden, welchen wir die zu diesen Gruppen zu vereinigenden Namen entnehmen, lassen zwar in Hinsicht der Sicherheit
ihrer Lesart mancherlei zu wünschen übrig, so daß es sich wiederholt unmöglich erwiesen hat, diesen oder jenen Punkt auf der Landkarte mit Bestimmtheit als den in Rede stehenden zu bezeichnen.
Haben wir aber deshalb auch die endgültige Entscheidung hin und
wieder offen halten müssen, so hat dies doch unserer beabsichtigten
Beweisführung keinen wesentlichen Eintrag thun können, weil die
Punkte, zwischen denen wir schwanken, in der Regel nicht gar zu
weit von einander entfernt liegen. Und wenn auch weiter die Urkunden selbst in ihrer uns zugänglichen Gestalt hie und da gegründete Zweifel an ihrer Aechtheit eingeben, so stehen ihnen zur Seite
dann doch wieder andere, an denen nichts auszusetzen ist, und deren
Unantastbarkeit auch für den Inhalt jener einigermaßen beglaubigend wirkt.

So ist z. B. die Urkunde[2]) untergeschoben, welche das älteste
Zeugniß für das Dasein der ersten Gütergruppe zwischen Maas,
Semoy und Durthe mit Amblève und Salm bilden würde, da sie
die Stiftung der später s. g. Abtei St. Hubert in den Ardennen durch Pippin und Plectrud beglaubigen soll. Durch diese
Unächtheit der Urkunde, die noch dazu das unmögliche Jahr 687[3])
für die jene Stiftung begründende Schenkung angiebt, wird indeß
die letztere selbst nicht geradezu, und zwar um so weniger verneint,
als wirklich der hier in Frage kommende Bezirk unmittelbar in einen
Gütercomplex eingreift, den zuverlässigere Zeugnisse als karolingischen
Erbbesitz darthun.

Es sind das zwei Urkunden Karlmanns aus den Jahren 746
und 747, welche den Klöstern Malmedy und Stavelot in den Ardennen
eine bedeutende Anzahl von Landgütern theils neu schenken theils
deren Besitz, der sich von der Zeit des mittleren Pippin herschreiben
soll, bestätigen. Die meisten der Güter liegen in den Gauen Condroz und Famine, während einzelne gegen Osten und Süden bereits tiefer in die Ardennen hineingreifen, gewissermaßen als vermittelnde Glieder zwischen dieser ersten Gruppe und den beiden an

---

sub religione congregavit coenobium: atque secundum sacrorum Canonum
praecepta victum illarum ex praediis et facultatibus propriis instituens,
locum .... claustris regularibus munivit.

[1]) Vita S. Foillani, Ghesqu. tom. III. p. 18: consulta matre Iduberga
beata Gertrudis tradidit sancto Foillano de rebus proprietatis suae locum,
quem indigenae Fossas vocant, jure perpetuo, ubi sanctus construxit ecclesiam et fratrum per cellulam habitationes distinxit.

[2]) Brequigny Diplom. Tom. I. p. 308 n. 208.

[3]) id. Note zu n. 208.

dern südlich und östlich davon gelegenen. Wir führen sie nament=
lich hier auf, nach der Reihenfolge und Gruppirung in den betref=
fenden Urkunden, und zwar beginnen wir mit derjenigen vom
Jahre 746.

Darin[1]) werden zuvörderst als zwei Hauptgüter Lenione und
Wadalino genannt, d. i. Leignon am Hagourbach südlich bei Ciney
im Condroz, und Wellin, auf älteren Karten noch Wallin, unweit
links des Lesseflusses in Famine. Zu jenem gehören dann wieder
Caldina, Mosania, Warsipio, Barsina, Rudis, Pronote, Halma
und Solania — also Schaltin an der Quelle des Champion nörd=
lich von Ciney, Warzée nordöstlich davon, Barcenne zwischen Leig=
non und Ciney oder Barzin südlich von Wellin, Purnode westlich
von Ciney nahe der Maas, Halma links am Lesse unweit Wellin,
und Solanne Fontaine unmittelbar bei Purnode; zu Wellin da=
gegen ein zweites Rudis, Olisna, Serario, Palatiolo und Brabant
— mithin Olenne südlich von Givet, Pailhe nördlich bei Schal=
tin oder Paliseul an der Quelle eines der Zuflüsse des Lesse, und
Braibant nordwestlich bei Ciney; für die übrigen Namen mangelt
uns die Erklärung.

Die zweite Urkunde vom Jahre 747, welche den Besitz der
villa Lethernau — Lierneux südwestlich von Stavelot und Mal=
medy — diesen Klöstern bestätigt[2]), nennt als ihr zugehörig Brastis,
Feronio, Unalia und Aldania, ersteres Bras nordwestlich, letz=
teres Odeigne südwestlich von Lierneux, die beiden andern wahr=
scheinlich Fairon am linken Ufer der Ourthe, unweit oberhalb
des Einflusses der Amblève, und Oneille weiter aufwärts nahe
demselben Flusse, etwa halbwegs zwischen Bras und Schaltin,
sämmtlich also gleichfalls im Condroz. Und schließen wir hieran die
vermuthliche Schenkung Pippins und Plectruds, welche die nachher
i. g. Abtei St. Hubert ins Leben rief, und den namhaft gemachten
Grenzpunkten zufolge den Bezirk von la Roche an der Ourthe und
Rochefort an der Lomme im Norden bis in die Gegend von Neuf=
chateau im Süden umfaßte[3]): so vervollständigen wir damit die erste

---

[1]) Brequigny Diplom. Tom. I. p. 487 n. 349: villas cujus vocabula
sunt Lenione cum omnibus appenditiis suis, in pago Condustrinse, Caldina,
Mosania, Warsipio et Barsina, necnon et Rudis, Pronote, Halma et Haist
in Gnoldo manso, Solania. Similiter et villam quae vocatur Wadalino
cum omnibus appenditiis suis, Rudis, Olisna, Serario, Palatiolo et Bra-
bante, ad ipsas casas Dei tradidimus . . . . nec non et in praedictis lo-
cellis, mansellis, in locis Mosali et Barsena, quod homines nostri ex genere Condustrensi . . . . tenuerunt. — Die beiden zuletzt genannten möchten
wohl kaum andere sein als obige Mosania und Barsina!?

[2]) Brequigny Diplom. Tom I. p. 490 n. 352: Anglinus Abbas . . . . as-
serebat nobis dicens quod domnus et avus noster Pipinus quondam per
suum testamentum villam aliquam, quae vocatur Lethernau, una cum appenditiis et adjacentiis suis, quorum vocabula sunt Brastis, Feronio, Unalia et Aldania, ad casam S. Petri et S. Pauli Stabuleus et Malmundarias
condonasset vel delegasset, et nos ipsam villam post nos malo ordine re-
tineamus.

[3]) Brequigny Diplom. Tom. I. p. 308 n. 208. — Chronicon S. Huberti
Andaginensis, Monum. Germ. hist. SS. Tom. VIII. p. 568. 569: ad meri-

Gütergruppe zwischen oben genannten Flüssen, als deren äußersten
Vorposten gegen Westen wir etwa noch Riuiunio im Lommegau —
Revin am rechten Ufer der Maas, wenig unterhalb der Semoymün-
dung in dem westlichsten Ausläufer des Ardennerwaldes gegen das
Ländchen Thiérache hin, — aus einer Urkunde des Königs Pippin
vom Jahre 762 hinzufügen könnten. [1])

Aber indem wir nun die Maas, zu der wir dadurch wieder
zurückgeführt worden sind, weiter aufwärts verfolgen, gelangen wir
jenseits des Chiers in den Gau Woëvre zur zweiten Gruppe. Hier
zwischen Verdun an der Maas und Metz an der Mosel halbwegs
ist jenes Pararito — Pareid — zu suchen, welches in einer als
Tauschvertrag bezeichneten, allerdings etwas unklar gehaltenen Urkunde
Pippins und Plectrubs vom Jahre 702[2]), anscheinend ihr Besitzthum,

---

dianam plagam inter Divisiones; ad orientalem plagam Mollem campellum;
ad aquilonem inter Campilonem et Haletum, Ferreum montem, inter Na-
saniam et Awanam, Tabulae fontanam; ad occidentem rupem Sulmonien-
sem et fluvium Lumnam. — Eine Erklärung dieser Bezeichnungen giebt Chronique de l'Abbaye de St. Hubert dite Cantatorium, traduite par A. L.
P. de Robaulx de Soumoy, suivie du texte. Bruxelles 1847 in 8. p. 27:
au midi entre les limites[3]); vers l'orient, à Mochamp; au nord, entre
Champlon, Halleux et la Montagne de Fer[5]), Nassogne, Awenne et la Fontaine à la Table[4]), vers l'occident, à la Roche Sulmont et la rivière de
Lomme[5]). — Note 2) Des bornes en pierre formaient la séparation entre
la seigneurie de Neufchâteau et quelques villages de la prévôté de Ba-
stogne, comme Bercheux, Vaux-les-Rosières et la Neuville. Antiquitas ecclesiae Andaginensis. — 3) Il existé une ligne d'amas de minerai de fer
se dirigeant du nord au sud-ouest et passant entre Champlon-Famene et
Halleux, elle était déjà connue à cette époque, paraît-il. — 4) On croit
qu'il s'agit ici du ruisseau de Masblette, qui coule entre Nassogne et
Awenne; on a pu lui donner le nom de Fontaine à la Table, tiré de Font
à-Bulat, vallée qu'il traverse; il existe aussi dans cette direction une source
que les habitants appellent encore Fontaine aux Stappes, c'est-à-dire aux
souches. — 5) Sur la roche Sulmont est bâti le village de Smuid, à la
gauche de la rivière de Lomme. — Im Allgemeinen mag nun diese Erklärung richtig sein; wenn wir indeß einen Blick auf die Karte werfen, so überzeugen wir uns sogleich, daß die Aussteller der Urkunde in der Himmelsgegend
garnicht recht orientirt waren.

[1]) Joan. Nic. ab Hontheim, Historia Trevirensis diplomatica et prag-
matica. 3 tomi in fol. August. Vindob. 1750; Tom. I. p. 122: Ruivinio.
— Heinr. Beyer, Urkundenbuch zur Geschichte der jetzt die Preuss.
Regierungsbezirke Coblenz und Trier bildenden mittelrheinischen Territorien. Bd. I. Coblenz 1860 in 8. S. 21: Riniunio. Den Wortlaut geben
wir S. 82 Anm. 1 a. E.

[2]) Brequigny Diplom. Tom. I. p. 364 n. 251: per presentem commuta-
tionem donat illuster vir Pipinus, ejusque illustra matrona Plectrudis, loco
nuncupante Pararito, quicquid ibidem ad diem presentem possidere vel
dominare videntur, cum edificiis, pratis, silvis: quae sunt terminationes
silve a Luponis fontana usque Domus fontana, altera terminatio, per Perfunt vivo usque Biunna; tertia et quarta communis terminatio, Filealina
de Herberica villa, et Sancti Mauricii ..... domno Videno .... Similiter
donat ipse apostolicus vir Armonius Episcopus, et venerabilis vir Angle-
bertus Archidiaconus, loco nuncupante Commenarias, quem ipse Pipinus
ejusque illustra matrona Plectrudis ad ipsam Ecclesiam domno Videno per
cartulam concessionis eorum tradiderunt .... ad ipsam Ecclesiam. — Vgl.
Annales S. Vitoni Virdunensis, Monum. German. hist. SS. Tom. X. p. 525:
Pipinus dux et illuster princeps Francorum cum uxore sua illustra matrona

mit einem Theile des dazu gehörigen Waldes der Kirche des heiligen
Bidenus zu Verdun übermacht wird. Die Grenzen dieses Wald=
theiles giebt die Urkunde genau an, doch fehlt uns einerseits die
Möglichkeit einige der genannten Punkte, wie Luponis fontana und
Domus fontana überhaupt zu ermitteln, andererseits schwanken wir in
der Bestimmung der Namen Herberica villa und Sancti Mauricii,
denn wir finden sowohl Herméville und St. Maurice=en=Woëvre
dicht neben einander am Fossé de Parois, östlich von Verdun und
nördlich von Pareid, als auch Herbeuville und St. Maurice sous
les Côtes, etwa ebenso dicht bei einander wie jene erstgenannten,
doch südlich von Pareid und südöstlich von Verdun; dagegen glauben
wir in Perfunt vivo und Biunna das östlich von Verdun, gerade
nördlich von Pareid gelegene Parfondrupt, und das wiederum hier=
von nördliche Pienne westlich von Thionville zu erkennen.

Doch während wir uns hier wie oben überall auf das rechte
Ufer der Maas hingewiesen sahen, nöthigt uns das weiter in der=
selben Urkunde genannte Commenarias — bei Cassini Cumnières,
heut Cumières=sur=Meuse — etwas unterhalb Verdun auf das linke
Ufer dieses Flusses hinüberzutreten. Dasselbe liegt in Argonne un=
weit jenes Bois Bourrus, das vermuthlich die in einer untergescho=
benen Urkunde vom 27. Juni 706 unter Anderm als Besitzthum
eines angeblichen Herzogs Arnulf von Burgund erwähnte Silva
Bouerex[1]) sein soll.

Die schon berührte Unklarheit unsrer Urkunde vom Jahre 702
gestattet indessen nicht, einen bestimmten Ausspruch über das eigent=
liche Verhältniß von Cumières zu Pippin und Plectrud zu thun;
nur vermuthen dürfen wir, daß dasselbe von dem Bischof Armonius
von Verdun und dem Archidiacon Anglebert zu dem Zwecke an
Pippin und Plectrud abgetreten wurde, um von diesen an die Kirche
des heiligen Bidenus gestiftet zu werden. Wir streichen deßhalb
Cumières ebenso aus der Reihe der erblichen Güter, wie die in einer
Urkunde etwa ums Jahr 650 genannten, etwas weiter westlich schon
in der Champagne an Aisne und Suippe gelegenen Grundstücke,
weil sie, wenn gleich von dem älteren Grimoald den Klöstern Stavelot
und Malmedy geschenkt, doch nachweislich zuvor in anderen Händen
sich befanden, und z. B. Germiniacum — Germigny westlich von
Rheims — erst von König Sigbert an Grimoald gegeben, Teruno
— Terron an der Aisne östlich von Rhetel, nordöstlich von Rheims,
— von einer gewissen Godetrud an denselben verkauft ward.[2])

Plectrude dederunt ecclesiae S. Vitoni villam Paridam cum pertinenciis
suis cum silva spaciosa quae Nauca sancti Vitoni dicitur.

[1]) Charta qua Arnulphus Burgundionum dux monasterio SS. Apostolorum juxta Metas donat Floriacum praedium et res alias plurimas. Brequigny Diplom. Tom. I. p. 378 n. 264.

[2]) Brequigny Diplom. Tom. I. p. 207 n. 126: loco cognominante Germiniaco in pago Remensi, quem domnus gloriosus Sigebertus rex nobis
concessit; ipsam villam Germiniaco cum omni integritate sua.... appendiciis, id est, duos molendinos in Supia, cum area et terra, vinea una in

Kehren wir aber wieder auf das rechte Ufer der Maas zurück, so nähern wir uns mit der jetzt zu erwähnenden villa Nugaretum im Woèvregau — ohne Zweifel Norroy nordöstlich dicht bei Pont-à-Mousson unmittelbar der Mosel. Zwar trägt der Eingang der vom 20. Februar 691 datirten Urkunde, in welcher Pippin und Plectrub obige ihnen gehörige Besitzung an die Apostelkirche zu Metz schenken, die unverkennbarsten Merkmale späteren Zusatzes[1]), doch liegt kein erheblicher Grund vor, ihren Inhalt ganz zu verwerfen, und ist ihre Aufrechterhaltung uns um so wichtiger, da sie als das einzige, nicht offenkundig falsche Zeugniß einer Berücksichtigung jener Kirche, die später vom heiligen Arnulf den Namen erhielt, aus früherer Zeit sich darbietet.[2])

Damit wäre nun auch die zweite Gütergruppe erschöpft, und bliebe schließlich noch die dritte. Sie führt uns wieder die Mosel abwärts, indem sie etwa dort beginnt, wo Saar und Mosel in der Umgegend von Saarburg eine Strecke vor ihrer Vereinigung einander näher rücken, dann sowohl weiter die Mosel entlang, also nordöstlich, als auch gegen Norden und Nordwesten bis zu den Quellen einiger Nebenflüsse dieses Stromes sich verfolgen läßt, und endlich an der Ahr bis zum Rheine und etwa noch gegen die Roer hin sich verläuft.

Den Hauptbestandtheil der zu ihr gehörigen Güter entnehmen wir aus den Schenkungen zu Gunsten der Abtei Prüm in der Eifel, an welche sich dann außer einer auf das Kloster zu Pfalzel an der Mosel unterhalb Trier bezüglichen Urkunde von den schon oben[3]) berührten Begünstigungen des heiligen Willibrord hier namentlich diejenige seines Klosters zu Echternach anreiht.

Boterio, et alia appendicia, quae dicitur Teruno, juxta finviolum Axina, quem de Godetrude dato pretio comparavi.

　[1]) Brequigny Diplom. Tom. I. p. 318 n. 213: Pippinus Dux, Anchisi Regis filius, S. Chlodulfi fratris inclita proles, sub Majorisdomus nomine Francorum administrabat principatum regalem. (Pauli Warnefridi Gesta Langobardorum lib. VI. cap. 23: sub nomine Majoris domus gerebat principatum.) Scientia quippe atque fortitudine Regum degenerante, dispositio fuit Altissimi praeclarae huic progeniei, quae ex eadem radice processerat, dare insignia Francorum regni. (id. lib. VI. cap. 16: regibus a solita fortitudine et scientia degenerantibus .... cum caelitus esset dispositum ad horum progeniem Francorum transvehi regnum.) Nec immerito: eorum siquidem libertate (liberalitate?) .... Ecclesiae insigniores totius Galliae adhuc constant hodie fundatae. Etenim si requirantur nobilium fundatores coenobiorum, ab hoc insigni stemmate inveniuntur processisse. Hinc est quod ego Pippinus dux et uxor mea dedimus ad omnipotentem Dominum quandam villam nostram, nomine Nugaretum. Proinde ego iterum Pippinus et uxor mea nomine Plectrudis, cogitantes de salute nostra ...... tradidimus ad Basilicam SS. Apostolorum, juxta urbem Mettis constructam, ubi dominus et avus noster Arnulphus in corpore requiescit, villam proprietatis nomine, vocabulo ut supra dictum est Nugaretum, sitam in pago Wabrinse.

　[2]) So sind unächt die beiden Urkunden zu Gunsten derselben Kirche vom gleichen Datum, wie obige, angeblich von Drogo, Herzog von Burgund und Aquitanien, und dessen Sohne Gottfried ausgestellt, bei Brequigny Diplom. Tom. I. p. 319. 320 n. 214. 215.

　[3]) S. 74.

Letztere Ortschaft, zum Theil erst von einem gewissen Theodardus, dem Sohne eines in der Urkunde Pippins und Plectrubs vom 13. Mai 706 s. z. Dur Theotarius, an diese beiden übertragen, und zu einem andern Theile der eigentlichen Gründerin des Klosters, einer angeblichen Tochter des zweiten Dagobert, Namens Ermina, gehörig [1]), darf somit zwar selber nicht zu den Erbgütern gerechnet werden, unmittelbar daneben aber beginnen sie mit der in zwei Urkunden aus den Jahren 716 und 717 erwähnten villa Bollane, Bollumvilla, Bolluntorf — dem heutigen Bollendorf an der Mündung des Fleisbaches, auf dem linken Ufer der Sauer oberhalb Echternach; Arnulf, ein Sohn Drogo's, und Karl Martel schenken an die Abtei zu Echternach jeder seinen Antheil, den er an dem Dorfe hat [2]). Von Echternach gerade östlich hinüber zur Mosel unterhalb Trier liegt dann die villa Palatiolum — Pfalzel —, von dem mittleren Pippin laut Tauschvertrag an eine zweite angebliche Tochter Dagoberts II. Adela überlassen, und von dieser zufolge Testaments vom 1. April 732 zur Gründung eines Klosters bestimmt [3]). Diesem aber folgt ein Complex von Gütern, dessen Mittelpunkt das damit ausgestattete Kloster Prüm ist, an dem gleichnamigen Flüßchen, einem Zufluß der Sauer gelegen, welche es wenig unterhalb Echternach erreicht.

Die Urkunden, denen wir die zu diesem Complex gehörigen Namen entnehmen, sind erst neuerlich [4]) herangezogen worden, um

---

[1]) Brequ. Dipl. Tom. I. p. 376 n. 262: hoc est medietatem de ipso Epternaco, quam Theotarius quondam dux ibidem tenuit, et postea filius suus Theodardus quondam nobis tradidit, praeter illam quam Ermina in ipso Epternaco tenuit. — ibid. Tom. I. p. 356 n. 246: in villa mea propria quae vocatur Epternacus, sita super fluvio Sura.... portionem meam in ipsa villa Epternaco, hoc est, quantumcunque ex successione paterna vel materna mihi obvenit. (Hontheim Tom. I. p. 90. 103.)

[2]) Brequ. Dipl. Tom. I. p. 413 n. 295: Ego Arnulphus Dux filius Drogune quondam ducis.... dono per hanc cartulam testamenti ad monasterium Efternacum, quod est constructum in honore SS. Petri et Pauli super fluvio Sura.... in villa Bollane.... meam portionem in integrum.... (Hontheim Tom. I. p. 110.) — Brequ. Dipl. Tom. I. p. 414 n. 296: In Dei nomine Karolus..... dono..... villam quae vocatur Bollumvilla sive Bolluntorf, quantumcunque mihi ibidem obvenit de genitore meo Pippino.

[3]) Brequ. Dipl. Tom. I. p. 463 u. 335: Adela..... Dagoberti Regis quondam filia.... nos monasterium in villa quae dicitur Palatiolum in ripa positum fluminis Mosellae, quod ipsum a Pippino Majore domus Treviris permutatione quaesivimus.... exstruximus. (Honth. Tom. I. p. 88.) — Ob diese Adela und jene Ermina wirklich die Töchter des zweiten Dagobert waren, ist für uns von keinem Belang, wenn auch etwa jemand geneigt sein könnte, sowohl die Nachbarschaft des Grundbesitzes als auch den wiederholten Kauf und Tausch von Gütern zwischen Pippin und Plectrub einerseits, Adela und ihren Söhnen andererseits zu Gunsten eines etwaigen Familienzusammenhanges der Karolinger und Merowinger auszubeuten; denn daß Adela die Mutter jener Brüder Alberich und Haderich ist, welchen Plectrub oben S. 74 Süsteren abkauft, scheint nach Vergleichung der betreffenden Urkunden (Brequ. Diplom. Tom. I. p. 401 n. 283 und p. 463 n. 335) uns fast unzweifelhaft.

[4]) Hahn, Jahrbücher S. 151 ff. Excurs I.

mit ihrer Hülfe die Verwandschaft des Königs Pippin und seiner Gemahlin Bertha zu erweisen. Sie dienen diesem Zwecke in der That vortrefflich, gestatten indeß damit auch uns, eine größere Anzahl von Gütern dieser dritten Gruppe zuzuschreiben, als sonst auf den ersten Blick als zu ihr gehörig erkannt werden dürften. ¹)

Denn da liegen an d.r Mosel selbst noch nächst Pfalzel, und zwar gleich ihm am linken Ufer, Meringum oder Marningum, Scoacum oder Soiacum, auch Saaingas genannt, — Mehring und Schweich —; weiter nördlich im Bedagau südöstlich bei Bitburg Marciacum — Mertsch oder Mötsch ²) —; um die Abtei Prüm

---

¹) Brequ. Dipl Tom. I. p. 431 n. 307: d. 23. Jun. 720. (Honth. Tom. I. p. 112; Beyer, Urkundenbuch. Bd. I. S. 10): Ego Bertrada seu Berta seu et filius meus Charibertus desideramus circa fluvio Prumia monasterio aedificare, quod ita et fecimus in honore S. Mariae et S. Petri et S. Pauli. S. Johannis et S. Martini.... Propterea d namus ad monasterio qui vocatur Prumia, de foreste nostra de ipso monasterio suso aqua desuetus illo exarte usque in ipso vado in Prumia et de ipso vado indricto usque in Melina flumen, deinde per Melina suso aqua usque ubi nobis obtingit legitimo, usque ad Winardo curte, usque ad illa marca qui nobis obtingit, et de villas nostras, id sunt de Romairo villa, de nostra portione medictate. et de Prumia medietate similiter; ac Saaingas (Beyer: Suraingas) in Moslisi super fluvio Mosella totum, de Bursis (Beyer: Burzis) quidquid est de nostra parte totum, et de Blancio quidquid nobis obtingit totum. Bertelingas (Beyer: Bettelingas) nostra parte tota donamus. — Honth. Tom. I. p. 122: d. 13. Aug. 762. (Beyer S. 19 ff.): Testamentum S. Salvatoris, quod Pipinus R. fieri jussit Abbatiae Prumiensi.... notum est omnibus.... nos et conjugem nostram Bertradam in amore S. Salvatoris.... monasterium in re proprietatis nostrae aedificare, quod est positum infra terminos Bidense atque Ardennae, ubi rivulus qui dicitur Berdenbach ingreditur in Prumiam.... donamus pariter et ego et conjux mea Bertrada.... res pro prietatis nostrae in pago Charos, villa quae dicitur Rumeresheim (Beyer: rumerii cor....), tam illam portionem quae de genitore meo Carolo mihi advenit quam et illam portionem ipsius Bertradae, quam genitor suus Heribertus ei in dote dereliquit.... et illam mansionem super Prumiam, ubi rivulus qui dicitur Escutmisbach (Beyer: Escutsinisbach) confluit in Prumiam, qui est constructus super terminum praedictae villae. (Der Eschbach, der bei Pronsfeld in die Prüm fließt?) Similiter donamus ad jam dictum monasterium in pago Muslinae super fluvium Mosellae villas nostras.. Meringum, Scoacum (Beyer: Marning in et Soiacum). Donamus et villam nostram in pago Bidense, quae dicitur Marciaco, villam nostram in pago Eflinse Sarabodis villa;.... sicut a Garaberto possessa fuit. Tradimus alia duo loca in Carasco ad idem monasterium Wathit-Lendorp et Birgisburias.... Similiter donamus in pago Riboariensi illam portionem in Reginbach, quam vasallus noster Aglibertus per beneficium habuit, et genitor meus Carolus mihi reliquit in allodium, et illam aliam portionem in ipsa villa, quam Heribertus uxori meae Bertradae in allodium dimisit.... Donamus etiam.... cellam aliam quae dicitur Casleoca, quae est posita infra terminos Sonciaco.... tertiam cellam quae dicitur Ruivinio (Beyer: Riuiunio) in pago Lomense super fluvium Mosae, quae est constructa in honore S. Mariae.

²) Hahn a. O. S. 152 schwankt zwischen Ober- oder Niedermerzig, etwa zwei Meilen, und Mertscheid, etwa eine Meile südlich von der Sure; Beyer a. O. Topogr. Reg. S. 799 stimmt für Merzig bei Feulen in Luxemburg; Hontheim a. O. nennt zwar am Rande zu der betreffenden Urkunde (p. 123) Mettich, in den Vorbemerkungen zum 7. Jahrhundert (p. 62) aber Mertsch in

her, welche selbst auf Pippins und Plectrubs eigenthümlichem Grund
und Boden erbaut werden, im Charasgau Romairovilla oder Rumeresheim — Rommersheim am rechten Ufer der Nims südlich von
Prüm; Wathitlendorp — Wetteldorf links an der Prüm und südlich vom vorigen; Sarabodisvilla — Saresdorf östlich von Prüm
am rechten Ufer der Kyll; Bursis oder Birgisburias¹) — Birresborn
südlich davon gleichfalls an der Kyll; Bettelingas oder Bertelingas
— Betteldorf oder Berlingen unfern von einander und von dem
linken Ufer der Kyll, östlich von Prüm und Saresdorf; endlich eine
Forst, deren Rest der heut s. g. Tetenbusch bildet, westlich dicht bei
Prüm bis zu dem Mehlenbach und Walcherath hin²).   Die etwas
entfernteren Casleoca — Kesseling rechts von der Ahr südwestlich
von Sinzig am Rhein; Blancio — vermuthlich Blankenheim an der
Quelle der Ahr (oder etwa gar Blens an der Roer westlich hinüber
von Sinzig?); Reginbach — Rheinbach nordwestlich von Sinzig —
schließen dann diese dritte und letzte Gruppe ab.³)

Praepositura Bitburgensi; Mabillon stimmt gleichfalls für Mertsch (vgl. Hahn
S. 152), doch ist dies nicht „am Einfluß der Attert in die Elz, ein Neben-
flüßchen der Eure" zu suchen.   Dort liegt kein Ort dieses Namens und geschieht
bei dieser Bestimmung eine Verwechselung mit Mersch unfern davon weiter aufwärts an der Elz oder Alzia zwischen den beiden Flüßchen Fische und Mamer.
Das hier in Rede stehende Mertsch südöstlich bei Bitburg wird im Güterverzeich-
niß der Abtei Prüm (Beyer S. 142. 153; Schannat Eiflia illustrata Bd. III.
Abth. 1. Absch. 2. S. 468. 470) Merxa und Merxh, auf der Homannschen
Karte von Luxemburg Mertsch, auf neueren Karten Mötsch geschrieben.
     ¹) Bursis in der Urkunde von 720 ist offenbar gleich Birgisburias in der
von 762. Beyer liest Burzis, und denkt dabei a. O. S. 780 an Perz bei Meurich
im Kreise Saarburg, südwestlich von dieser Stadt; doch scheint es ihm selbst
zweifelhaft.   Weiter trennt er Birgis-burias und glaubt S. 780 Burias in pago
Carosco in — Beyren bei Thionville! wiederzufinden, trotzdem er soeben schon
S. 778 Birgisburias für Birresborn erklärt hat.
     ²) Winardocurte in der Urkunde von 720 (S. 82 Anm. 1) soll nach Beyer a. O.
S. 816 und Hahn a. O. S. 152 in Wingertscheid, einem Berge bei Gondenbrett nördlich von Prüm, wiedergefunden werden, während Schannat Bd. III.
Abth. 2. Absch. 1. S. 307 vermuthet, Weinsfeld nicht weit vom Mehlenbache
gelegen verdanke seinen Ursprung dem Hofe des Winard.   Wir haben nun
leider nirgends jenen Berg Wingertscheid finden können, aber auch Weinsfeld
liegt, fast südwestlich von Prüm, an einem Punkte, welcher hier nicht in Frage
kommen kann.   Dagegen hat es den Schein für sich, daß der bei Schannat a. O.
S. 352 erwähnte Hof zu Walcherath „hinter des Gotteshauses Kammerwald
am Tettenbusch, zu welchem auch eine Hofstatt binnen Prüm mit Zubehör und
Güter zu Gondenbrett und Rommersheim gehörten" gemeint sei.
     ³) In der Urkunde von 762 wird zwar (bei Beyer S. 20) noch Altripp
am Rhein unterhalb Speier, doch in einer Weise genannt, daß wir uns nicht
entschließen konnten, dasselbe unter das karolingische Erbgut aufzunehmen; es
heißt nämlich: Tradimus igitur ad ipsum sacratissimum locum superius com-
prehensum cellam jure proprietatis nostrae in loco qui dicitur Altropio
(der Name fehlt bei Hontheim) super fluvium reni in pago spirinse: qui
est constructa in honore s. medardi cum villis vel appendiciis suis quem
erlebaldus et uncolentio necnon et bagulfus mihi tradiderunt totume et
ad integrum tam ecclesie ministeria quam et alias res ibidem per'inen-
tibus. — Ueber die karolingischen Schenkungen an das Kloster St. Wandrille,
von denen die Gesta Abbatum Fontanellensium, Monum. Germ. hist. SS.
Tom. II. p. 275 ss. reden, s. unten S. 127 Anm. 2.

Wir haben somit einen wesentlichen Schritt vorwärts gethan; nachdem wir zuvor des einen Stammvaters der Karolinger, des heiligen Arnulf, fränkische Herkunft festgestellt, haben wir jetzt auch die Landschaften des Frankenreichs ermittelt, in denen ihre Wiege stand, — das Gebiet zwischen Maas und Mosel, Rhein, Roer und Amblève, vom Woëvregau im Süden dort die Ardennen hindurch bis zum Condroz im Nordwesten, hier den Moselgau hinab zum Ripuarlande im Nordosten, — das eigentliche Herz desjenigen Theils der fränkischen Monarchie, welcher seit dem Ende des sechsten Jahrhunderts immer bestimmter unter der Benennung Auster oder Austrasien von der übrigen Masse derselben sich abhebt.

Eben dieses Gebiet hatte aber dereinst der römische Eroberer Galliens, Julius Caesar, von einer Anzahl kleiner Völkerschaften behauptet gefunden, welche damals unter dem allgemeinen Namen „Germani" zusammengefaßt, später, wie uns Tacitus berichtet, „Tungri" benannt wurden, und ehemals von jenseits des Rheinstroms vorgedrungen, hier die Gallier verdrängt haben sollen [1]). Die Gaunamen Condruscus, Carascus und Falmenna des frühen Mittelalters, deren zwei im Condroz und in Famine bis auf den heutigen Tag sich erhalten haben, erinnern an die unter jenen Völkerschaften begriffenen Condrusi, Caeresi und Paemani, namentlich wenn man gelten läßt, daß letztere Benennung etwa aus Falmani oder wenigstens Palmani verderbt sei.

Gehörten etwa die Pippiniden ursprünglich einer dieser s. g. germanischen Völkerschaften an, und weist darauf hin jene Erklärung des ersten Fortsetzers der Chronik Fredegars [2]), eines Austrasiers, der mittlere Pippin habe den von Alpheid ihm gebornen Sohn in seiner Sprache Karl geheißen? Waren sie also schon seit der Zeit des Einbruchs derselben in das Gebiet zwischen Mosel und Maas zu ihrem Grundbesitze hier gelangt, oder — hatte erst die fränkische Eroberung des römischen Galliens sie in diese Gegenden geführt?

Die Namen der ersten und vorzüglichsten Glieder ihres Stammes, vor Allen Karl und Pippin, erscheinen in der That sehr wenig fränkisch; unter so vielen namhaft gemachten Franken jeglichen Standes begegnen wir ihnen nirgends. Der erstere Name mag auch überhaupt erst aufgekommen sein, seit Pippin den eben gebornen Knaben mit dem im althochdeutschen sowohl als im angelsächsischen und altnordischen sich wiederholenden Worte Karl, das einen Mann bedeutet [3]), benannt hatte, und blieb vermuthlich darum auch lange Zeit ein aus-

---

[1]) Hier und zum Folgenden vgl. Zeuss, die Deutschen S. 212—214.

[2]) cap. 103: vocavitque nomen ejus lingua propria Carlum.

[3]) J. Grimm, Deutsche Rechtsalterthümer 2. Ausg. S. 282; Graff, Althochdeutscher Sprachschatz Th. IV. S. 492. 93; Förstemann, Altdeutsches namenbuch Bd. I. S. 303.

schließliches Eigenthum des Geschlechtes, welches ja, sowie vorübergehend selbst das von ihm beherrschte Volk, darnach das karolingische geheißen ward. [1])

---

[1]) Graff a. O. S. 493 führt folgende Stellen an: karling. franci, tio unir nu heizen Charlinga. — franci feroces vel galli senones vel marcomanni vel morovingi, karlingi. — Während aber mit der Zeit der Name Karl über alle Welt hinaus sich verbreitet, verschwindet dagegen der Name Pippin wieder mit dem karolingischen Geschlechte, und nur noch ein einziges Beispiel seines Vorkommens in sehr viel späterer Zeit vermerkt Joh. Voigt, Geschichte Preußens, von den ältesten Zeiten bis zum Untergange der Herrschaft des deutschen Ordens; Bd. II. S. 220. Im Jahre 1230 erscheint nämlich ein pomesanischer Edle, Pipin, als ein Vorkämpfer des preußischen Heidenthums gegen die das Christenthum bringenden deutschen Ritter. Sein Vorkommen, an sich schon auffällig, wird es indeß noch mehr dadurch, daß (ebb. S. 434) sein Sohn den zur Zeit der Karolinger sehr gebräuchlichen sächsischen Namen Macho oder Malko führt. Vgl. z. B. Mandatum de Saxonibus obsidibus a. 802, Monum. Germ. hist. LL. Tom. I. p. 89. 90.

Zweiter Abschnitt.

Aelteste Geschichte der Karolinger
bis zum Jahre 714.

Ausgangs des sechsten und Anfangs des siebenten Jahrhunderts, als in Folge der wiederholten Theilungen die Monarchie Chlodwigs immer entschiedener in drei getrennte Reichsverbände auseinander-ging[1]), und für lange Zeit keine Hand stark genug war, sie wieder dauernd aneinander zu ketten, begannen auch anderweitig die Ver-hältnisse und Ereignisse bei den Franken sich in einer Richtung zu entwickeln, welche, dem alten Königshause der Merowinger allmäh-liche Verdunklung und endlichen Fall bringend, dem Emporkommen eines neuen Geschlechtes günstig war.

Zwei herrschsüchtige Frauen, Brunhild und Fredegund, in Sin-nesart und Streben nah verwandt, aber eben darum im schroffsten Gegensatze einander bekämpfend, und wiederum unbewußt und wider Willen eine der andern Vorschub leistend, eiferten damals, das mero-wingische Königsgeschlecht seinem Verderben entgegenzuführen.

Brunhild, die geborene Königin, hegte tödtlichen Haß gegen Fre-degund, die einstige Magd fränkischer Könige. Als glückliche Neben-buhlerin der Schwester Brunhilds, einer gothischen Königstochter, hatte Fredegund, durch die Gunst ihres königlichen Herrn erhoben, deren Ermordung herbeigeführt, und nahm jetzt an ihrer Stelle gleich Brunhild die Rechte und Ehren einer Königin in Anspruch. Der Gedanke der Blutrache bestimmte seitdem Brunhilds ganzes Thun. Aber die Vernichtung des Weibes allein, welches die Todesursache für ihre Schwester gewesen, war ihr keine genügende Vergeltung für den Schimpf, welcher dem gothischen Königsgeschlechte in fränkischen Landen angethan worden, und je mehr sie daran verzweifeln mußte, im fränkischen Volke und seinen Königen die Rächer desselben zu er-wecken, desto mehr verfielen auch diese ihrer Rache; als sie daher es aufgab, mit ihnen zum Ziele zu gelangen, war sie bereits entschlossen, sie als Werkzeuge zu benutzen, um über sie selbst hinweg sich ihren Weg zu bahnen. Dazu strebte sie denn die uneingeschränkteste Herr-schaft an, unbekümmert darum, durch welche Mittel sie dieselbe er-

---

[1]) S. Beilage: Die Theilungen des Frankenreichs unter den Merowingern.

laufte, und ob Gemahl und Sohn und Enkel darüber zu Grunde gingen. Denn gehörten nicht auch diese dem verhaßten Geschlechte an, das sie dem Untergange geweiht hatte?

Gleich Brunhild trachtete auch Fredegund unumschränkt zu gebieten, gleich jener führte auch diese einen Vernichtungskampf gegen Chlodwigs Geschlecht, gleich ihr scheute auch sie kein Mittel, das sie zum Ziele führen könnte, aber eben dieses Ziel war ihr ein anderes als Brunhilden. Während diese vernichtete, um zu vernichten, und es sie nicht kümmerte, welch' eine Zukunft aus den Trümmern des Bestehenden hervorgehen würde, hatte Fredegund dieser Zukunft den Blick unverwandt zugekehrt: sie tödtete, um neuem Leben Bahn zu brechen! Aus dem Nichts zur höchsten Stelle emporgehoben, wollte sie dieselbe nicht nur solange behaupten, als sie selbst das Heft in Händen hatte; sie mußte dieselbe vielmehr ungeschmälert auch ihrem Sohne hinterlassen, den als einen ächten Merowinger zu erweisen es erst des feierlichen Eidschwurs von drei Bischöfen und dreihundert fränkischen Edlen bedurft hatte [1]). Für ihren Sohn also kämpfte die Mutter, solange derselbe, ein schwaches Kind, sich nicht selbst der Feinde, die ja zugleich die ihrigen waren, erwehren konnte.

Aber an der Spitze dieser Feinde stand als die gefährlichste Gegnerin Brunhild. An dieser scheiterten nun freilich alle Anschläge, welche Fredegund ersann, sich ihrer zu entledigen, Brunhild selbst indeß arbeitete jener in die Hand, indem sie rücksichtslos beseitigte, was irgend ihren Plänen ein Hinderniß hätte werden können, mochte es auch durch Gesetz oder Herkommen dem Volke heilig geworden sein.

Bei den Franken hatte sich nun, theils im Hinblick auf das Beispiel des römischen Kaiserhofes theils in natürlicher Fortentwicklung einer Befugniß aus der andern, die Stellung des Majordomus in einer Weise herausgebildet, welche ihn je nach der Benutzung des Amtes zur tüchtigsten Stütze des Herrschers oder auch zu dessen gefährlichstem Gegner machen konnte [2]). Während er nämlich zunächst als Aufseher der fürstlichen Haushaltungen und Vorsteher der in denselben thätigen Beamten und Diener in die unmittelbarsten Beziehungen zu den Mitgliedern der königlichen Familie trat, wurde ihm nicht nur dadurch schon, je nachdem er der Mann war, die Möglichkeit einer größeren oder geringeren Einwirkung namentlich auf die heranwachsenden Königskinder in die Hand gegeben, sondern es ereignete sich auch in nicht zu langer Zeit, daß man ihm die Erziehung derselben oder wenigstens die Ueberwachung dieser Erziehung

---

[1]) Gregor. Turon. histor. lib. VIII. cap. 9.

[2]) Ausführlich hierüber handelt des Verfassers Schrift: De dignitate Majoris domus regum Francorum a Romano sacri cubiculi Praeposito ducenda. Berolini 1858. — Bei Warnkönig und Gerard Tom. I. p. 87 wird dieser Titel übrigens in einer Weise verderbt wiedergegeben, welche darauf schließen läßt, daß man sich nicht die Mühe genommen, ihn, geschweige also die Schrift selbst, eines ruhigen Blickes zu würdigen.

anvertraute. War aber dies einmal geschehen, so konnte es auch nicht mehr fehlen, daß der Erzieher eines königlichen Prinzen, sobald dieser unmündig vom sterbenden Vater zurückgelassen oder minderjährig zur Regierung berufen ward, Vormund und Reichsverweser für ihn wurde. Von hier hieß es dann gewissermaßen nur den zum Ausschreiten erhobenen Fuß niedersetzen, wenn dem Majordomus endlich auch die Stellvertretung in einzelnen Reichstheilen für den in einer anderen Provinz residirenden König zufiel.

War aber der Majordomus schon in seinem ursprünglichsten Beruf auf die Königin als die Hausfrau hingewiesen, so traf er auch mit ihr als Mutter zusammen, sobald es sich um Erziehung und Bevormundung der königlichen Kinder handelte. Wie es darum auf der Hand lag, daß die Königin eine Stimme bei der Besetzung dieses Amtes hatte, und ihr augenscheinlich auch die Präsentation einer ihr genehmen Persönlichkeit in dem Falle zukam, daß der sterbende Vater nicht den Mann bezeichnet hätte, welchem er die Verwesung des Reiches für den unmündigen Sohn anvertraut wünschte — denn in solchem Falle stand bei den nächsten männlichen Verwandten oder auch bei den Vornehmen des Reiches, namentlich in späterer Zeit, die Bestellung einer vormundschaftlichen Regierung —: so mußte eine nach unumschränkter Gewalt lüsterne Königin darnach trachten, nicht allein ihren Einfluß bei der Wahl des Majordomus in ausgedehntester Weise geltend zu machen, sondern auch in ihm nicht etwa eine hemmende Schranke wohl aber ein williges Werkzeug für ihre Pläne zu finden.

Nun sollte indeß ohne Zweifel auch der Majordomus eigentlich nicht die ganze Gewalt im Reiche haben, und so findet sich denn öfters eine Mehrheit von Männern, welche bald als Vormünder und Erzieher bald als Reichsverweser in Betracht kommen. Es würde also etwa ein Regentschaftsrath zu denken sein, dessen Spitze der Majordomus bildete, und in dessen Mitte auch die Königin-Mutter ihren Platz fand und Stimme hatte. An diesen beiden lag es dann, den übrigen Mitgliedern jenes Rathes entweder größeres Gewicht zu gönnen oder sie zu gänzlicher Bedeutungslosigkeit herabzudrücken. Von der Weise, wie dies geschah, und wie wiederum die Königin ihren Einfluß zu gebrauchen wußte, und von den Wegen, auf denen sie ihre Pläne ins Werk zu richten bemüht war, hing endlich die Zukunft der Herrschaft ab.

Immer aber mußte dabei der Majordomus gewinnen. Denn entweder beobachtete die Königin noch einigermaßen den Schein Rechtens und begnügte sich, durch den Majordomus zu herrschen, oder derselbe war ihr hinderlich, sie gerieth in Zwiespalt mit ihm, suchte ihn wohl gar zu beseitigen, und verletzte damit so sehr die hergebrachten Formen, daß ihre Gewalt als eine über die gesetzmäßigen Schranken hinausgehende, usurpatorische, die Gemüther gegen sie aufregte, welche sich um so mehr dem Majordomus zuwendeten, als man in seinem Amte eine volksthümlich gewordene Einrichtung beeinträchtigt sah.

Denn was veranlaßte die wiederholten Verschwörungen gegen

Brunhild und deren endliche Verjagung aus dem Reiche ihres Enkels Theudebert?[1]) Nichts anderes als ihr immer kühneres Vorschreiten gegen den Majordomus bis zu dessen vollständiger Beseitigung![2]) Was verschaffte dagegen dem Streben Fredegunds, freilich erst nach ihrem Tode, den Triumph über Brunhilds Ränke? Nichts anderes als ihr wenigstens scheinbares Festhalten an Recht und Herkommen! Sie hatte sich beim Tode ihres Gemahls dem nächsten männlichen Verwandten desselben, dem Könige Guntram, demüthig genähert, seinen Schutz und Beistand bei Einsetzung der vormundschaftlichen Regierung für ihren Sohn in Anspruch genommen[3]), und seine Einreden in die Angelegenheiten der Erbländer desselben solange gelten lassen[4]), bis von der Volksstimme unterstützt[5]) die Vormünder sich der Einmischung des Nachbarkönigs erwehrten[6]). Dann schaltete sie, während ihr Sohn heranwuchs, ungestört an der Seite des Majordomus Landerich bis zu ihrem Tode[7]). Brunhild aber versuchte zu spät, was sie fast ihrer Todfeindin abgelauscht zu haben scheint, nicht mehr wie früher ohne den Majordomus, sondern durch denselben zu herrschen[8]). Es gelang ihr dies zwar unter einigen Schwankungen[9]) in dem Reiche ihres andern Enkels Theuderich, der inzwischen Guntrams Länder geerbt[10]), und die Vertriebene an seinem Hofe aufgenommen hatte[11]); und sie schien wirklich zum Ziele gelangen zu sollen, als Theuderich, ein blödes Werkzeug in der Großmutter Händen[12]), den Bruder Theudebert von Land und Leuten verjagte und in Banden nach Chalons-sur-Saone sandte[13]). Das Land, aus dem sie einst hatte weichen müssen, sah jetzt die damals errungene Freiheit vor einer um so schmachvolleren Knechtschaft schwinden: durch den letzten Bruderkampf seiner besten Kräfte beraubt, schien es Brunhilds Willkür rathlos Preis gegeben.

Freilich hätte es sich allein wohl schwerlich aufgerafft, aber es war ja inzwischen Fredegunds Sohn Chlothar II. herangewachsen. Während Brunhild nun auch diesen noch zu vernichten[14]) und damit ihrem Rachewerk die Krone aufzusetzen trachtete, wendeten sich an

---

[1]) Gregor. Turon. hist. lib. IX. cap. 9. 38. lib. X. cap. 22; Fredeg. chron. cap. 19.
[2]) Gregor. Turon. hist. lib. VI. cap. 1. 4. lib. VII. cap. 22; Histor. epitom. cap. 59. — Vgl. Bonnell, de dignitate p. 44 n. 1.
[3]) Gregor. Turon. hist. lib. VII. cap. 5.
[4]) id. lib. VII. cap. 7. 19ss. 29. lib. VIII. cap. 9.
[5]) id. lib. VIII. cap. 18 42. lib. IX. cap. 9.
[6]) id. lib. VIII. cap. 31.
[7]) Fredeg. chron. cap. 17; Gesta regum Francorum cap. 36; Dom. Carol. geneal., Mon. Germ hist. SS. Tom. II. p. 311.
[8]) Fredeg. chron. cap. 24—29.
[9]) id. cap. 27. 28.
[10]) id. cap. 16.
[11]) id. cap. 19.
[12]) id. cap. 36; Vita S. Columbani, AA. SS. O. S. Ben. ed. Mabill. soc. II. p. 16ss.
[13]) Fredeg. chron. cap. 38.
[14]) id. cap. 38. 39.

eben diesen Chlothar auch ihre unterdrückten Gegner[1]) aus Theude=
richs Reiche. Noch rüsteten beide Theile zum neuen Kampfe, da
starb schon Theuderich[2]), ein Opfer seiner durch Brunhild geflissent=
lich geförderten Ausschweifungen, und diese setzte jetzt den ältesten der
unächten Söhne, welche Theuderich, selbst noch ein Knabe, bereits
mit Kebsweibern erzeugt hatte[3]), Sigbert, auf den erledigten Thron.
Aber ihr Stern neigte zum Untergange, und sie selbst beschleunigte
ihn noch dadurch, daß sie, schon auf das Höchste durch den heran=
rückenden Chlothar bedroht, in niemals ruhender Ränkelust, neue
Pläne zur Beseitigung des dem jungen Könige Sigbert beigegebenen
Majordomus, Warnachar schmiedete. Deren Entdeckung bewog na=
türlich auch diesen zur Annäherung an Brunhilds Gegner, und Chlo=
thar fand einen nur scheinbaren Widerstand seitens der von War=
nachar geführten Schaaren, sodaß ihm die Wiedervereinigung des
ganzen Frankenreiches im Jahre 613 ohne Schwertschlag gelang.
Brunhild und drei ihrer Urenkel fielen in die Hände des Siegers,
jene wurde hingerichtet, von diesen theilten zwei ihr Schicksal, des
dritten schonte Chlothar, weil er ihn einst selbst aus der Taufe ge=
hoben, aber weder über ihn noch über einen vierten Sohn Theude=
richs, der sich durch die Flucht gerettet hatte, wird in Zukunft weiter
berichtet.[4])

Darauf ordnete Chlothar die Angelegenheiten in seinen neuen
Erwerbungen. Dabei aber konnte er nicht umhin, dem Umstande
Rechnung zu tragen, daß mehr noch die zu Auster verbundenen als
die burgundischen Landestheile sich ihrer Zusammengehörigkeit und
Selbständigkeit bewußt geworden waren, und Wahrung der daraus
erwachsenen Sonderinteressen forderten. Er sah sich deshalb ge=
nöthigt, ihnen eine eigene Verwaltung, in ganz andrer Weise als
bisher irgend im fränkischen Reiche vorgekommen, zu belassen, und
es geschah folgerichtig die Uebertragung derselben an den Major=
domus.

Man erwartet nun die Männer, auf deren Veranstalten hin es
dem Könige so leicht geworden, Auster und Burgund an sich zu
bringen, dadurch belohnt zu sehen, daß er ihnen als Majoresdomus
die Verwaltung derselben anvertraut oder beläßt. Warnachar, der
ihm die Einnahme Burgunds fast ohne Blutvergießen ermöglicht hat,
wird auch auf Lebenszeit in dieser Würde bestätigt[5]), jedoch in Auster

---

[1]) id. cap. 40.
[2]) id. cap. 39.
[3]) id cap. 24. 29.
[4]) id cap 40—42.
[5]) id. cap. 42. Wenn diese Bestätigung in einer besonders feierlichen Weise erfolgte: sacramento a Chlothario accepto, ne unquam vitae
suae temporibus degradaretur, so geschah das wohl hauptsächlich in Hinblick
auf Warnachars Vorgänger, deren eine ganze Reihe widerrechtlich theils in
ihrer Stellung beeinträchtigt theils um dieselbe gebracht worden waren. Daß
das Amt des Majordomus sonst nicht lebenslänglich übertragen wurde,
können wir daraus durchaus nicht entnehmen.

fällt dieselbe an den sonst nicht weiter genannten Rado, vielleicht
weil er bisher Majordomus daselbst gewesen, und unberücksichtigt
bleiben die als Leiter der Erhebung Austers für Chlothar genannten
beiden Stammväter des karolingischen Geschlechts, Arnulf und
Pippin.[1])

Herkunft und Grundbesitz derselben, wie wir solche oben kennen
gelernt haben, hätten wohl allein schon genügt, beide Männer zu
großem Ansehn im Lande zu erheben, und an die Spitze jeder Bewegung in demselben zu stellen, und es hätte Arnulf so wenig wie
Pippin noch der Folie einer öffentlichen Stellung bedurft, um etwas
zu gelten. In der That scheint auch bei Pippin von einer solchen
gänzlich abgesehen werden zu müssen, da er, neben Arnulf an der
Spitze der Austrasier bei Chlothars Berufung kaum genannt, sogleich
wieder fast ein Jahrzehnt vom Schauplatze der Geschichte verschwindet. Unwillkürlich drängt sich darum auch die Frage hervor, ob nicht
in der ersten[2]) Nennung Pippins an wichtiger Stelle der für das
karolingische Geschlecht eingenommene Berichterstatter doch vielleicht
der Geschichte vorgegriffen habe?

Anders verhielt es sich mit Arnulf. Als Knabe an den Hof
gekommen[3]), wo nach der Vertreibung Brunhilds[4]) der schon unter
ihrem Sohne Childebert angesehene Herzog Gundulf[5]) als Majordomus[6]) die Zügel der Regierung in die Hand genommen hatte
war Arnulf jenem nicht etwa als seinem Vaterbruder[7]), sondern im
Anschluß an die allgemeine Sitte anvertraut worden, nach welcher
die heranwachsenden Söhne von den Eltern an den Hof in die Obhut eines dem Könige nahe stehenden Beamten, namentlich des Majordomus, gegeben wurden, um unter solcher Leitung zum Hof- und
Staatsdienst geschickt zu werden[8]). So hatte sich Arnulf zum tüch-
tigen Manne herangebildet, seinen Beschützer auf dessen Kriegszügen
begleitet[9]), und sich von Stufe zu Stufe erhoben, bis endlich als
eine seltene Auszeichnung sechs königliche Fisci[10]), welche sonst ebenso

---

[1]) Fredeg. chron. cap. 40.

[2]) ibid.: Chlotarius, factione Arnulfi et Pippini, vel caeterorum procerum Auster ingreditur.

[3]) Vita S. Arnulfi, Mabill. sec. II. p. 150

[4]) Fredeg. chron. cap. 19.

[5]) Gregor. Turon. hist. lib. VI. cap. 11.

[6]) Vita S. Arn., Mabill. sec. II. p. 150.

[7]) Oben S. 32.

[8]) Bonnell, de dignitate p. 44; Waitz, deutsche Verfassungsgesch. B. II.
S. 393 ff.

[9]) V. S. Arn., Mabill. sec. II p. 150

[10]) ibid. p. 150: effectus est omnium primus ita ut sex provinciae quas
et tunc et nunc totidem agunt domestici sub illius administratione solius
regerentur arbitrio. — Der spätere Biograph (Bolland. Jul. 13. p. 441) erklärt dies höchst seltsam. regebat namque duas Belgicas, in quibus sunt
Treviris et Remis, cum sibi adjacentibus sedecim urbibus: quatuor etiam
Lugdunensium provincias, in quibus principales extant urbes Lugdunum.
Rotomagus, Turonis, Senuonum, cum sibi urbibus subjectis numero viginti
novem Damit würde aber Arnulf ein Ländergebiet verwaltet haben, welches
den wichtigsten Theil des ganzen fränkischen Reiches umfaßte, was überhaupt

viele Domestici zu verwalten pflegten, ihm zur alleinigen Verwaltung übergeben worden waren. Ein besonderes Vertrauen seines königlichen Herrn mußte dieser ganz ungewöhnlichen Ausdehnung der Amtsbefugnisse eines Domesticus zum Grunde liegen, und mit Recht darf daraus geschlossen werden, daß Arnulf auch sonst am Hofe, in der königlichen Pfalz selbst nicht einflußlos gewesen, ohne gerade ein anderes ansehnliches Amt, etwa gar dasjenige eines Majordomus bekleidet zu haben. Diese Bedeutung Arnulfs hatte aber ohne Zweifel in innigem Zusammenhange mit derjenigen Partei gestanden, unter deren Einfluß seit Brunhilds Sturz sich Austers Geschick einstweilen wieder zum Besseren wandte[1]); und indem er gewiß niemals dahinten geblieben war, wo es das Gemeinwohl galt, hatte ihm Ende des Jahres 611 oder in den ersten Monaten des folgenden[2]) die Berufung zum Bischof von Metz gelohnt, dessen Stuhl seit Kurzem durch des Pappolus Tod erledigt war. König Theudebert hatte damals die Wahl bestätigt, aber den bewährten Diener nicht ganz von sich lassen wollen, und Arnulf sich somit neben seinem geistlichen Wirkungskreise auch noch ferner der Theilnahme an weltlichen Geschäften unterzogen[3]). In dieser Doppelstellung war natürlich sein Ansehn noch um ein Bedeutendes gewachsen, und wenn auch während Brunhilds Wiederkehr nach Auster unterdrückt, immer stark genug geblieben, um ihn zum Haupte der Verschwörung gegen die verhaßte Königin zu machen. Als dann nach dem glücklichen Ausgange dieses Beginnens Chlothar II. die ersten Jahre seiner Alleinherrschaft dazu benutzte, die unter den früheren Regierungen eingeschlichenen Mißbräuche nach Kräften abzustellen[4]), anmaßliche und friedbrüchige Große nachdrücklich zur Ruhe verwies, die Ungehorsamen sogar mit dem Schwerte richtete, und die Angelegenheiten der einzelnen Reichstheile auf Landtagen ordnete, hatte Arnulf als Bischof der ersten Stadt in Auster gewiß zu aller Zeit eine gewichtige Stimme, wo des Königs Vorgehen diese Provinz betraf.

So mochte er auch wohl dem Entschlusse Chothars nicht fern stehen, den dieser im Jahre 622 zur Ausführung brachte, die kaum vereinigte Herrschaft wieder zu zerstückeln, indem er denjenigen Theil

---

unwahrscheinlich, vor der Alleinherrschaft Chothars II. geradezu unmöglich war. Vielleicht ist die richtige Erklärung folgende. Eine Anzahl villae regiae waren immer zu einem fiscus vereinigt, solchem fiscus pflegte ein domesticus vorzustehen (Marculfi Formul. lib. III. cap. 52, ed. Baluzius Capitular. Reg. Franc. Tom. II. p. 433. 434), und da in jedem territorium ein fiscus bestand (Gregor. Turon. hist. lib. V. cap. 3: villas in fisco in territorio Suessionico), so identifizirten sich fiscus und provincia leicht. — Uebrigens heißt es vom h. Ragnebert (Acta Martyrii S. Ragneberti, Bolland. Jun. 13. p. 695) ganz ähnlich: plures provincias strenue suis rexit temporibus.

[1]) Fredeg. chron. cap. 35.
[2]) S. Excurs IX.: Die Bischöfe von Metz.
[3]) V. S. Arn., Mabill. sec. II. p. 152: sic deinceps episcopales gestans infulas, ut etiam domesticatus solicitudinem atque primatum palatii nesi nolens teneret.
[4]) Fredeg. chron. cap. 43 ss. — Edictum Chlotarii R. a. 614. Oct. 18. Mon. Germ. Hist. LL. Tom. I. p 14 15.

von Auster, welchen die Arbennen und Vogesen vom übrigen Reiche
schieden, seinem Sohne Dagobert zur selbständigen Verwaltung
übergab[1]), und zu den vornehmsten Rathgebern des jungen Königs
den Bischof Arnulf[2]) und den vermuthlich bei dieser Gelegenheit
zum Majordomus erwählten Pippin bestellte[3]), sich selbst aber wohl
noch eine gewisse Oberhoheit über den abgetretenen Landestheil vor-
behielt.[4])

Indem aber somit ein geistlicher Würdenträger neben den weltlichen Beamten trat, um mit ihm in das Amt des Majordomus sich
gewissermaßen zu theilen, ward doch die Gewalt dieses letzteren eher
vermehrt als vermindert. Denn sobald sich nur ein Einverständniß
zwischen dem weltlichen und jenem so zu nennenden Bischof-Major-
domus[5]) erzielen ließ, ergab sich ein neuer bedeutungsvoller Rück-
halt, indem die geistliche Stellung des letzteren ganz andere Wege
der Einwirkung auf die untergebene Bevölkerung öffnete Wir werden noch sehen, welches Gewicht Pippin selbst auf solche unter gewissen Voraussetzungen eine Machtverstärkung bewirkende, nur scheinbare Gewalttheilung legte.

Arnulfs und Pippins erste Sorge war nun die Befestigung
ihres Regiments durch Unterdrückung derjenigen Großen, welche einer
rechtlichen Ordnung noch widerstrebten, vor Allen des übermüthigen
Herzogs Chroboald aus dem Geschlechte der Agilolfinger, der auf
ihren Antrag und Dagoberts Geheiß zu Trier mit dem Schwerte
gerichtet wurde[6]). Aber nicht das Schwert sollte ihnen Geltung
schaffen; sie begannen vielmehr, vermuthlich schon jetzt, die Arbeit,
zu welcher sie sich des Beistandes einiger erfahrenen und verständi-
gen Männer bedienten, die Verbesserung der Gesetzbücher für die
Ripuarier, Baiern und Alamannen[7]), während sie zugleich darnach
trachteten, durch die Wiedervereinigung der von Chlothar noch zurück-
behaltenen zu Auster gehörigen Landstriche mit dem an Dagobert
abgetretenen Theile desselben die austrasische Selbständigkeit zu
vollenden.

----

[1]) Fred. chron. cap. 47.
[2]) V. S. Arn., Mabill. sec. II. p. 154.
[3]) Fred. chron. cap. 58: Dagobertus .... ab initio quo regnare coe-
perat, consilio primitus beatissimi Arnulfi Mettensis urbis pontificis, et
Pippini majoris domus usus. — Vgl. Gesta Francorum cap. 41 und Gesta
Dagoberti R. cap. 14.
[4]) Fredeg. chron. cap. 52. 53. — Hieraus ließe sich die Angabe der Vita
Pippini, Bolland. Febr. 21. p. 250, Bonquet Tom. II. p. 603 rechtfertigen:
Fuit igitur Pippinus Carolomanni filius dux et majordomus sub Chlo-
tario, Dagoberto et Sigiberto.
[5]) Bonnell, do dignitate p. 40 ss.
[6]) Fredeg. chron. cap. 52.
[7]) Eichhorn, deutsche Staats- und Rechtsgeschichte. 5. Ausg. Th. I. §§. 38
bis 40; Stobbe, Geschichte der deutschen Rechtsquellen. Abth I. S. 64. 150.
(Geschichte des deutschen Rechts. Bearbeitet von G. Beseler u. A. Th. I. Braun-
schweig 1860); J. Merkel, das Bairische Volksrecht (Archiv d. Gesellsch. f. ältere deutsche Geschichtskunde herausg. v. Pertz. Bd. XI. 1858. S. 533—687)
S. 679—682; I. Merkel, de republica Alamannorum comment. Berol. 1849.
p. 8. 10. 37.

Die Gelegenheit, diese Forderung anzubringen, bot sich, als im Jahre 625 auf Chlothars Veranlassung eine feierliche Zusammenkunft beider Könige zu Clichy bei Paris behufs der Vermählung Dagoberts mit Gomatrud, der Schwester seiner Stiefmutter Sichild, stattfand [1]. Chlothar weigerte sich anfänglich entschieden, ließ sich aber endlich herbei, in die Wahl von zwölf Schiedsrichtern zu willigen, welche den Zwist beider Könige zum Austrag bringen sollten. Diesen gelang es auch, auf Arnulfs besondere Befürwortung, wenigstens einen Mittelweg ausfindig zu machen, auf den beide Theile eingingen. Denn zwar nicht alles Gebiet, welches einst den Königen des östlichen Theilreiches gehört hatte, namentlich nicht die von dessen Hauptmasse entfernt über die Loire hinaus und in der Provence gelegenen Landschaften, wurde jetzt zu Dagoberts austrasischem Reiche wieder vereinigt, wohl aber der Gesammtumfang des einst an dessen Stelle bestandenen Hauptreiches Sigberts I. [2]

War somit auch nicht Alles erreicht, so war doch ein großer Schritt vorwärts gethan, um die austrasische Selbständigkeit wieder zu gewinnen; das Gewonnene zu behaupten war jetzt die Sache der Verwalter von Auster. Sie aber verstanden ihre Sache besser als jener einst in Burgund bestätigte Majordomus Warnachar, bei dessen eben erfolgtem Tode die Burgunder nichts von der Einsetzung eines Nachfolgers wissen, sondern lieber unmittelbar mit dem Könige zu schaffen haben wollten [3]. Auster hatte freilich seinen eignen König, und sein Verhältniß zu Chlothar stellte sich dadurch schon weit verschieden von demjenigen Burgunds, aber Dagobert ganz in die Hand Arnulfs und Pippins gegeben, war durchaus das Werk dieser Männer; sein Handeln beruhte auf ihrer Eingebung, und während es ihnen gelang denselben also heranzubilden, daß er nach Aussage der nächsten Gewährsmänner [4], vor allen Frankenkönigen des Lobes und der Liebe seiner Unterthanen würdig wurde, erntete zugleich ihr Wirken Anerkennung und Dank.

---

[1] Fredeg. chron. cap. 53.

[2] Fredeg. chron. cap. 53: Reddensque ei solidatum, quod aspiciebat ad regnum Austrasiorum, hoc tantum exinde, quod citra Ligerem vel Provinciae partes situm erat, suae ditioni retinuit. — Eigenthümlich ist die Auffassung dieser Stelle bei Eichhorn a. O. Th. 1. §. 82: „Provinciae partes kann nur darauf gehen, daß im Gegensatz des altsalischen Landes, Provincia sc. Romanorum das nehmliche war, was auch Neustrien hieß. Daß an die Provence nicht zu denken ist, braucht kaum bemerkt zu werden." Dem gegenüber unsere Ansicht weiter zu begründen, haben wir schon Gelegenheit, wenn wir von der Theilung des Reichs unter die Söhne Dagoberts sprechen; hier bemerken wir nur, daß unsere nächsten Gewährsmänner Provincia immer nur im Sinne von Provence gebrauchen; so Greg. Tur. histor. lib. II. cap. 32; lib. IV. cap. 5. 44; lib. VIII. cap. 31. 43; lib. IX. cap. 7; lib. X. cap. 25; so auch Fredeg. chron. cap. 5. 18. Selbst in einem Diplom Childeberts v. J. 558 (Pardessus Dipl. Tom. 1. p. 115 u. 162), bedeutet Provincia die Provence.

[3] Fredeg. chron. cap. 54: sed omnes unanimiter denegantes, nequaquam se velle Majoremdomus eligere regis gratia, obnixe petentes, cum rege transagere.

[4] id. cap. 58: ut nullus de Francorum regibus procedentius sua laude fuisset praecellentior. Aehnlich V. S. Arn., Mabill. sec. II. p. 154.

Zwar trat Arnulf schon im Jahre 627 aus seinem zwiefachen Wirkungskreise heraus [1]), nachdem er kurz zuvor einer Synode beigewohnt hatte, welche Bischof Sonnatius von Rheims veranstaltete [2]). Längst hatte sich seiner die Sehnsucht bemächtigt, fern vom geräuschvollen Treiben der Welt in ruhiger Abgeschiedenheit den Rest seiner Tage ausschließlich der Betrachtung des Jenseits zu widmen, und schon einmal in früheren Jahren wäre er fast mit seinem Freunde Romarich nach dem Kloster Lerins gepilgert, hätte nicht damals die Berufung auf den Bischofstuhl von Metz sein Vorhaben vereitelt [3]). Jetzt drang er unablässig mit Bitten in beide Könige, ihn nach Bestellung eines Nachfolgers in die Einsamkeit ziehen zu lassen. Denn dies rechneten sich jener Zeit Männer und Frauen zu hohem Verdienste an: es brachte ihnen häufig hienieden schon den Ruf der Heiligkeit ein. Vergebens legte ihm Chlothar das Bedürfniß ans Herz, welches er und Dagobert stets nach seinem Rathe empfänden, vergebens stürmte Dagoberts jugendlicher Eifer mit Drohungen auf ihn ein; sie mußten gewähren. Noch einmal segnete der scheidende Arnulf seinen König und dessen Haus; dann ging er, begleitet von seinem Freunde Romarich, der auf die Kunde von Arnulfs Vorhaben aus seiner Klause in den Bogesen herabgekommen war. Gemeinschaftlich wählten beide die Stätte aus, an welcher Arnulf von seinem segensreichen Wirken ausruhen und mit seinem Gotte allein das Ende seiner Tage erwarten könnte. Und als nach Jahren der Abgeschiedenheit am 16. August 641 [4]) seine Seele in das Jenseits eingegangen war, bestattete derselbe treue Freund die irdische Hülle in dem Kloster Habendum [5]), jetzt Saint-Mont bei Remiremont. Von dort holte sie der Nachfolger Arnulfs in der Bischofswürde von Metz, Goerich, unter Beistand der Bischöfe von Toul und Verdun nach Jahresfrist heim, und gab ihr eine bleibende Ruhestätte in der Apostelkirche zu Metz, welche später nach dem heiligen Arnulf den Namen änderte. [6])

Auf eine Schilderung der Vorzüge Arnulfs an Geist und Charakter gehen wir hier nicht ein, da wir darin nur dasjenige wiederholen könnten, was mit wenigen Ausnahmen die Biographien sämmtlicher Heiligen oft in wörtlicher Uebereinstimmung enthalten [7]). Arnulfs Bedeutung erhellt auch ohne dies. Pippin aber, der dieselbe sehr wohl erkannte, hielt für nöthig, den durch seines Freundes Rücktritt [8]) erledigten Platz sofort wieder auszufüllen. Damit der weltliche Arm

---

[1]) S. Excurs IX: die Bischöfe von Metz.
[2]) Flodoardi Presbyteri Ecclesiae Remensis Can. Historiarum ejusdem Ecclesiae libri IV. Cur. Jac. Sirmondi Soc. Jesu. Lib. I. cap. 5.
[3]) Vita S. Arn., Mabill. sec. II. p. 151.
[4]) S. Excurs IX: die Bischöfe von Metz.
[5]) S. oben S. 5.
[6]) V. S. Arn., Mabill. sec. II. p. 157.
[7]) S. oben S. 47. 48.
[8]) Abel übersetzt Fredeg. chron. cap. 58: post discessum b. Arnulfi (Geschichtschr. S. 58): nach dem Tode Arnulfs!

hinfort nicht der Stütze des geistlichen Ansehns entbehre, auf welches ein großer Theil der in seinem Zusammenwirken mit Arnulf erzielten Erfolge zurückgeführt werden muß, gesellte er sich wiederum einen Gehülfen geistlichen Standes bei, einen der angesehensten Würdenträger des Reichs, Bischof Kunibert von Köln[1]); nnd bald sollte er erfahren, wie weise er hierin gehandelt hatte.

Chlothar II. starb im Jahre 628[2]), und vielleicht geschah es auf Pippins Betreiben, — welcher den Augenblick zur Ausdehnung seiner Macht von Auster her über das ganze Reich schon jetzt gekommen glauben mochte, — daß Dagobert, anstatt dem alten Herkommen gemäß mit seinem Bruder Charibert das Reich zu theilen, sich Neusters und Burgunds bemächtigte[3]). Charibert, dessen Recht sein Oheim von mütterlicher Seite, Brodulf, vergeblich mit Waffengewalt geltend zu machen versuchte[4]) mußte mit den Gebieten von Toulouse, Cahors, Agen, Perigteur, Saintes, und den zwischen Garonne und Pyrenäen sich erstreckenden, theilweise freilich schon von den Basken besetzten[5]) Landschaften sich begnügen, allen weiteren Ansprüchen auf die väterliche Hinterlassenschaft aber vertragsmäßig entsagen.

Freudig hatten Burgund und Neuster Dagobert als ihren König begrüßt, denn sein Ruf als eines gerechten Herrschers war zu aller Ohren gedrungen. Darum zitterten die Gewaltigen und frohlockten die Unterdrückten, als der König jetzt die neuerworbenen Lande durchzog, um überall Recht und Ordnung zu schaffen.[6])

Aber bald sollte sich die Freude in Schmerz verkehren!

Paris hatte, seit Chlodwig darin seinen Königssitz aufschlug[7]), immerfort einen Vorzug behauptet, und war trotz der Theilungen gewissermaßen der Mittelpunkt des Gesammtreichs geblieben[8]); auch Chlothar II. wieder hatte von dort aus Neuster und Burgund beherrscht[9]); jetzt gefiel es ebenso Dagobert, daselbst seinen bleibenden Aufenthalt zu nehmen.[10])

Die Möglichkeit solches Entschlusses hatte Pippin wohl nicht vorausgesehen. Denn so lange Auster als Sitz des Königs den Vorrang vor Neuster und Burgund behauptete, war auch der austrasische Majordomus, zumal er die Jugend des Königs überwacht und damals in dessen Namen das Land regiert hatte, trotz der inzwischen eingetretenen Selbständigkeit Dagoberts, immer der einflußreichste

---

1) Fredeg. chron. cap. 58.
2) id. cap. 56.
3) id. cap. 56. 57.
4) id. cap. 56.
5) id. cap. 21.
6) id. cap. 58.
7) Gregor. Tur. hist. lib. II. cap. 38.
8) id. hist. lib. IV. cap. 22; lib. VI. cap. 27; lib. VII. cap. 6; lib. IX. cap. 22; s. auch Beilage: Die Theilungen des Frankenreichs.
9) Fredeg. chron. cap. 44. 53. 55 finden wir Chlothar II. wenigstens in nächster Nähe von Paris zu Boneuil und Clichy.
10) id cap. 58. 60: sedem patris sui Chlotharii diligens, assidne residere disposuit.

Rathgeber desselben geblieben. Mit der Verlegung des Mittelpunktes der Herrschaft in ein anderes Gebiet verlor aber der Austrasier den festen Boden, auf welchem sich sein Einfluß gründete. Die Eifersucht der Neustrier, wenn, wie es jetzt geschah, Paris zum Sitze des Königs erkoren wurde, litt jenen Einfluß nicht länger. Die bisherigen Rathgeber traten in den Hintergrund, und andere Eindrücke kamen zur Geltung, jetzt namentlich solche, wie sie dem Untergange des merowingischen Geschlechts wesentlichen Vorschub geleistet haben.

Zunächst trennte sich Dagobert von seiner ersten Gemahlin Gomatrud, um eine niedere Magd Nantild seinem königlichen Lager zu gesellen[1]). Bald indeß genügte ihm auch diese nicht mehr; eine zweite, Namens Ragnetrud, trat ihr zur Seite[2]); bald folgten noch mehrere, und nicht lange währte es, so war der König von einer Schaar von Kebsweibern und Buhlerinnen umringt, deren Habsucht zu befriedigen er, aller Gerechtigkeit vergessend, immer neue Mittel ersann, und dazu Kirchen und Volk rücksichtslos plünderte.[3])

Seine Unterthanen sahen seufzend diesem Wechsel zu, und aller Augen richteten sich auf Pippin.

Es muß angenommen werden, dieser sei in Auster, wo sein Platz als Majordomus war, zurückgeblieben, bis das überhand nehmende Unwesen an Dagoberts Hofe und der immer lauter sich äußernde Unwille der Austrasier ihm den Gedanken eingegeben habe, persönlich in Paris den Versuch zu wagen[4]), ob sein Rath dem Könige vielleicht noch so viel gelte, daß er im Stande sei, ihn auf den verlassenen Pfad der Tugend und des Rechtes zurückzulenken. Da stieß er aber auf einen Widerstand, der selbst sein Leben gefährdete. Die neustrischen Rathgeber mußten Pippin um jeden Preis aus der Nähe ihres Königs entfernen, suchten ihn darum Dagobert verhaßt zu machen, und spiegelten diesem zu dem Zwecke namentlich die Gefahr vor, welche ihm selbst aus der Hinneigung der Austrasier zu jenem erwachsen müsse: sie dachten, Dagobert solle Pippins Tod befehlen.[5])

Dazu kam es indeß nicht! Blieben gleichwohl Pippins wohl-

---

[1]) Fredeg. chron. cap. 58.
[2]) id. cap. 59.
[3]) id. cap. 60. — Vgl. Roth Benefwes. S. 320.
[4]) Fredeg. chron. cap. 61: cum leudes sui ejusque nequiciao gemerent. hoc cernens Pippinus .... cum ad Dagobertum accederet, agebat ....
[5]) id. cap. 61: Zelus Austrasiorum adversus eundem vehementer suggerebat, ut etiam ipsum conarent cum Dagoberto facere odiosum, ut potius interficeretur. — Zelus bedeutet so häufig den Eifer für eine Person oder Sache, namentlich auch die Liebe zu Gott, daß ohne Verbesserung der Lesart Austrasiorum in Neustrasiorum, wie z. B. Pertz Hausmeier S. 37. 164 will, wörtlich übersetzt werden kann: „Der Eifer der Austrasier für Pippin, gab es (seinen Gegnern in Neuster) gar an die Hand, zu versuchen, ob sie ihn bei Dagobert verhaßt machen könnten, damit er um so eher getödtet würde." — Ganz falsch übersetzt Abel, die Chronik Fredegars und der Frankenkönige (Geschichtschr. S. 40.): „Haß der Austrasier". Warum sollten die Austrasier Pippin hassen? — Vielleicht hat sich Abel durch die Vita S. Sigiberti R. (Ghesqu. Tom. III. p. 61) verführen lassen, wo offenbar Fredegars Mittheilung mißverstanden wiedergegeben wird: omnium pene contra se Austrasiorum invidiam conflaverat.

gemeinte Warnungen ohne Erfolg, so konnten doch eben so wenig
seine Gegner dem Könige den Entschluß abbringen, ihnen das Leben
desselben zu opfern. Darum geschah es, wohl einestheils um Pippin
den Nachstellungen der neustrischen Großen, welche sich durch seine
Anwesenheit beeinträchtigt hielten, zu entrücken, anderntheils aber auch
um ihn von dem Boden fern zu halten, auf dem er zu einer den
König bedrohenden Stärke erwachsen konnte, endlich sowohl auf
Pippins eignen Wunsch als auch um ihn neuerdings an das königliche Haus zu fesseln und zugleich seine Thätigkeit beobachten zu
können, daß Dagobert seinen Sohn, der ihm soeben im Jahre 629
von Ragnetrud geboren war[1]), unter Pippins Obhut nach Orleans
sendete. Dorthin kam König Charibert und hob das Kind, welches
in der Taufe den Namen Sigbert empfing, aus dem Taufbade.
Orleans aber wurde vermuthlich seit dieser Zeit Pippins Aufenthalts-
ort, die Aufsicht über die Erziehung Sigberts sein Wirkungskreis.[2])

Bald darauf im Jahre 631 starb Charibert nach drei Jahren
einer allem Anschein nach nicht unthätigen Regierung, indem er das
von den Basken eingenommene Gebiet der fränkischen Herrschaft von
Neuem soweit zugänglich machte, daß Dagobert dasselbe sammt den
Landschaften, mit denen er kurz zuvor den Bruder ausgestattet hatte,
seinem Reiche wieder einverleiben konnte[3]). Aber untreue und gleich
ihrem Gebieter habsüchtige Diener, welche jener aussandte, seines
Bruders Schatz für ihn in Beschlag zu nehmen, verkümmerten ihm
diese Erwerbung im Südwesten des Reiches[4]), während an der östlichen Grenze desselben als eine Folge von Dagoberts Umwandlung
sich herbere Verluste geltend machten.

Von der Elbe her gefährdeten slavische Völkerschaften das
Reich[5]). Vergebens bot Dagobert im ganzen Umfange Austrasiens
den Heerbann auf. Alamannen und Langobarden, welche letzteren
dem Könige Hülfe zugesagt hatten, kämpften zwar ihrerseits glücklich
gegen die Wenden, aber die austrasischen Schaaren wurden in einer
dreitägigen Schlacht bei Wogastisburg, wie es scheint im Egerthale[6]),
gebrochen, und unaufgehalten ergossen sich jetzt die verheerenden Züge
der beutelustigen Nachbarn über Thüringen und andere Gaue des
Frankenreiches. Es war nicht so sehr die Ueberlegenheit der Waffen,
welche ihnen diese Vortheile verschaffte; es war vielmehr, wie der
Chronist ausdrücklich hinzufügt[7]), die Entfremdung der Austrasier

---

[1]) Fredeg. chron. cap. 59.

[2]) Der schlichte Bericht bei Fredeg. chron. cap. 61. 62 erscheint hier viel
vorzüglicher als die ausführliche Schilderung der Vita S. Amandi Traject.
Episc. auct. Baudemundo Mon. Elnon. acqu., Mabill. sec. II. p. 712, und
nach ihr der V. S. Rictrudis Abb. Marcian. auct. Hucbaldo Mon. Elnon.,
Mabill. sec. II. p. 939.

[3]) Fredeg. chron. cap. 57. 67.

[4]) id. cap. 67.

[5]) id. cap. 68. 75.

[6]) Vgl. Zeuß die Deutschen. S. 637. 638.

[7]) Fredeg. chron. cap. 68: victoriam . . . . . non tantum Sclavinorum

von ihrem Könige. Denn in dem Maaße als er sie vernachläßigte, schwand ihre Hingebung für seine Sache, und sie gewannen nichts, wenn sie sich der Plünderungen durch die feindlichen Nachbarn erwehrten, da, was sie diesen entrangen, ihrem Könige und seinen neustrischen Räthen willkommene Beute war.

Einige Jahre währte dieser Zustand, da faßte Dagobert einen Entschluß, der das Land rettete. Im Jahre 632 erschien er in Metz, und gab, wie früher sein Vater Chlothar mit ihm gethan hatte, jetzt in seinem Sohne Sigbert den Austrasiern einen König. Ein Wiedererwachen austrasischen Einflusses ist in dieser That unverkennbar, welche ein wiederholtes Drängen der weltlichen wie geistlichen Großen von Auster gereift haben mochte, die aber nicht ohne vorherige Befragung der vornehmsten Männer des gesammten Reiches ins Werk gerichtet wurde. [1]

Von Pippin selbst ist nun zwar noch nicht wieder die Rede, indessen sehen wir an die Spitze der Regierung für den kaum dreijährigen König zwei Männer treten, von denen der eine schon zuvor zum Segen des Landes mit Pippin verbündet, diesem in der Verwaltung von Auster beigestanden hatte, der zweite durch verwandtschaftliche Bande als sein Tochtermann ihm eng verknüpft war: Bischof Kunibert von Köln und Herzog Ansegisil (Abalgisil), Arnulfs Sohn. [2]

fortitudo obtenuit, quantum dementia Austrasiorum, dum se cernebant cum Dagoberto odium incurrisse, et assidue expoliarentur.

[1] Fredeg. chron. cap. 75: cum consilio pontificum et procerum omnibusque primatibus regni consentientibus.

[2] id. cap. 75: Cunibertum Coloniae urbis pontificem et Adalgiselum ducem, palatium et regnum gubernandum, instituit. — Indem wir diesen Herzog Adalgisil des Chronisten mit dem Sohne Arnulfs identificiren, für den wir sonst ungleich häufiger die Namensformen Ansegisil, Anschisus, Anchis gebraucht finden, so haben wir (außer dem Vorgange Pfisters in der „Geschichte der Teutschen" Bd. I. S. 380) dafür folgende Gründe. Der Formen Anschisus und Anchis bedient sich Paulus Warnefridi Gesta Episc. Mettens., Mon. Germ. hist. SS. Tom. II. p. 264 und Gesta Langobard. lib. VI. cap. 23, weil es ihm daran lag, die Ableitung des Namens von dem des trojanischen Anchises hervorzuheben, während die Gesta reg. Francor. cap. 46 und der Contin. Fredeg. cap. 97 ihn Ansegisilus nennen. Der s. g. Fredegar selbst erwähnt nun cap. 75. 77. 87 einen Herzog Adalgiselus, indem er eines Sohnes Arnulfs nirgends ausdrücklich gedenkt, stellt aber diesen Adalgisil zuerst mit dem Bischof Kunibert von Köln, dem Freunde Pippins, dann mit Grimoald, dem Sohne desselben, so genau zusammen, wie vorher Arnulf und Pippin, Pippin und Kunibert, nachher der mittlere Pippin und der ebenfalls für einen Karolinger geltende Martin stehen. Dazu kommt, daß die Gesta den Herzog Adalgisil ebenso wenig nennen als dies der Contin. Fredeg. thut, also in keiner älteren Quelle neben einander Abalgisil und Ansegisil erscheinen; daß ferner das Chronicon Hugonis Monachi Virdun. et Divion. Abb. Flaviniac., Mon. Germ. hist. SS. Tom. VIII. p. 338 liest: Dagobertus . . . Cunibertum Coloniensem praesulem et Ansegisum ducem, qui et Anschisus, instituit gubernare palatium. Hic Ansegisus genuit Pippinum, also diese freilich nicht immer stichhaltige Quelle aus dem Herzog Adalgisil des Fredeg. chron. geradezu den Vater Pippins macht, und daß endlich gleiche Doppelformen, wie Abalgisil und Ansegisil auch anderweitig vorkommen, so z. B. die Gemahlin Drogos, eines Sohnes des mittleren Pippin, in den Gesta Abbat. Fontanell., Mon. Germ. hist. SS.

Kunibert hatte ohne Zweifel in Pippins Abwesenheit, die auch jetzt noch fortdauerte, in dessen Sinne still fortgewirkt, und die Sympathien der austrasischen Bevölkerung für denselben rege erhalten, war dann vielleicht schon im vorigen Jahre, als Dagobert zum Schutze seiner östlichen Länder ein stattliches Heer aus Neuster und Burgund hatte aufbieten müssen[1]), in den König gedrungen, und hatte jenen Gedanken geweckt, dem gewiß auch Pippin seinerseits nicht fern geblieben war, und dessen Ausführung die Austrasier sofort wieder neu belebte. Denn sie vertheidigten jetzt mit Eifer und Erfolg ihr Gebiet gegen die unruhigen Nachbarn; gaben ihnen doch die beiden Männer, welche im Namen ihres unmündigen Königs die Regierung übernahmen, jener als Freund dieser als Sohn und Tochtermann Arnulfs und Pippins, hinreichende Gewähr für die Wiederkehr einer Zeit, in der sie nach Jahren der Unterdrückung wieder frei aufathmen könnten.

Eben war jedoch die Absonderung Austers unter Sigbert geschehen, dieser eines Königs würdig vom Vater ausgestattet, und die ihm gemachte Verleihung zugleich ausdrücklich verbrieft worden[2]), als im Jahre 633 schon die Geburt eines zweiten Prinzen ein neues Abkommen in Hinsicht der Erbfolge wünschenswerth erscheinen ließ, damit sich bei Dagoberts Ableben nicht etwa eine Wiederholung seines Verfahrens gegen Charibert ereigne. [3])

Chlothar II. hatte, wie wir sahen[4]), im Jahre 622 nur dasjenige Land an Dagobert gegeben, welches die Ardennen und Vogesen vom übrigen Reiche trennten, im Jahre 625 aber schon[5]) die westlich und südlich sich anschließenden Gebiete hinzufügen müssen. Dadurch war das ursprüngliche Theilreich Sigberts I.[6]) als ein besonderes Reich wiederhergestellt worden, und wahrscheinlich hatte auch Dagoberts erstgeborner Sohn anfänglich nur das also erweiterte Reich seines Vaters, das eigentliche Auster, erhalten. Jetzt sollten aber all die Landschaften wieder hinzugethan werden, welche bereinst zu dem östlichen Reiche, dem nunmehr s. g. austrasischen, gehört hatten. Denn während für den dem Könige Dagobert von Nantild gebornen zweiten Sohn Chlodwig Neuster und Burgund bestimmt wurden, erhielt Sigbert zu seinem an Einwohnerzahl und Flächeninhalt jenen beiden gleichkommenden Reiche sämmtliche einst rechtlich mit Auster verbundenen Gebietstheile; der ducatus Dentelini, weil er nur einmal widerrechtlich von den Austrasiern in Besitz

---

Tom. II. p. 280 Abaltrud, dagegen in den Annal. Mettens., Mon. Germ. histor. Tom. I. p. 321 Anstrud genannt wird.

[1]) Fredeg. chron. cap. 74.

[2]) id. cap. 75: Thesaurum quod sufficeret filio tradens, condigne ut decuit eum hujus culmine sublimavit, et quodcumque eidem largitus fuerat, singillatim praeceptionibus roborandum decrevit.

[3]) id. cap. 76.

[4]) Oben S. 95. 96.

[5]) Oben S. 97.

[6]) S. Beilage: Die Theilungen des Frankenreichs.

genommen gewesen, sollte bei Neuster verbleiben[1]). Zwar erfahren wir nun gelegentlich nur von einzelnen Landschaften, auf welche sich jene Bestimmung Dagoberts beziehen kann, ihre spätere Zugehörigkeit zu dem austrasischen Reiche; es sind Poitou[2]), die Auvergne[3]), Quercy[4]), und etwa noch die Provence von Marseille[5]). Aber wie diese schon genügen, um den Beweis zu liefern, daß es sich um die über der Loire und in der Provence entfernt vom eigentlichen Auster gelegenen Landschaften gehandelt habe[6]), so können wir allenfalls von ihnen auch noch auf andere aquitanische und provençalische Gebietstheile als in jener Bestimmung mitbegriffen einen Schluß

---

[1]) Fredeg. chron. cap. 76: Austrasiorum omnes primates pontifices caeterique leudes Sigiberti, manus eorum ponentes insuper, sacramentis firmaverunt ut Neptricum et Burgundia solidato ordine ad regnum Chlodovei post Dagoberti discessum aspicerent: Auster vero, idemque ordine solidato, eo quod et de populo et de spatio terrae esset coaequans ad regnum Sigiberti idemque in integritate deberet aspicere; et quicquid ad regnum Austrasiorum jam olim pertinuerat, hoc Sigibertus rex suae ditioni gerendum reciperet, et perpetuo dominandum haberet, excepto ducatu Dentelini, quod ab Austrasiis iniquiter abtultus fuerat, iterum ad Neustrasios subjungeretur, et Chlodovei regimini subjiceretur.

[2]) Digot, Histoire du Royaume d'Austrasie. Tom. III. p. 194 bemerkt ganz richtig, den Beweis hierfür liefere die Theilnahme des Bischofs Dido von Poitiers an der Entfernung Dagoberts II, des Sohnes Sigberts, durch Grimoald. Gesta Francor. cap. 43.

[3]) Fredeg. chron. cap. 87. nennt bei Gelegenheit des Kriegszuges gegen Herzog Radulf von Thüringen in Sigberts Heere den Herzog der Auvergne, Bobo. — Vgl. auch V. S. Boniti Episc. Claromont., Bolland. Jan. 15. Edit. noviss. Paris. p. 352.

[4]) Grimoald, Sigberts Majordomus, verbietet dem Bischof Desiderius von Cahors, ohne seine Erlaubniß eine Synode abzuhalten; Indiculus Sigiberti R. Fr., Pardess. Diplom. Tom. II. p. 82.

[5]) V. S. Boniti p. 352.

[6]) Oben S. 97. Anm. 2. — Digot Tom. III. p. 194 will noch Le Mans und Nantes hinzufügen. Ließe sich dies erweisen, so erforderte unsere Behauptung allerdings eine Modification. Wie aber der Verlauf unserer Untersuchung (s. Beil.) ergiebt, gehörte früher weder Le Mans noch Nantes jemals zu dem östlichen Reiche, und auch von jetzt an sind sie durchaus nicht in ein Verhältniß zum austrasischen Reiche getreten. Die Beweise, welche Digot beibringt, um ihre Zugehörigkeit zu letzterem zu erhärten, sind weit mehr uns als ihm dienlich. Denn das Diploma Childerici II. R. Austr., Pardess. Tom. II. p. 141. 142. ist gerade eins der allerverwerflichsten aus der Reihe der den Acta Episc. Cenomann. entnommenen, wie Digot schon aus Note 3 bei Pardessus hätte erfahren können; vgl. auch Roth Benefwes. S. 451 Beilage III: Die Acta Episcoporum Cenomannensium. — Aber wie Digot hier mit weiter umgethan, hat er ebenso die Stelle in Flodoardi Histor. Remens. eccles. lib. II. cap. 7 nur flüchtig angesehen. Es steht daselbst kein Wort von einem Zusammenhange der Stadt Nantes mit dem austrasischen Könige, sondern ist nur die Rede von der unter Zustimmung seines Königs durch Bischof Rivardus von Rheims unternommenen Wiederherstellung eines in seinem Sprengel an der Marne gelegenen Klosters, in Folge Beschlusses des auf Anlaß des römischen Bischofs zu Nantes abgehaltenen Concils sämmtlicher gallischen Bischöfe: b. Rivardus, dum ex communi consensu totius concilii Praesulum Galliae, Namnetis, Romani jussione Pontificis, exhibiti, rege favente, restruxisset ecclesiam monasterii super ripam Maternae fluminis, in loco nuncupante Villari. — Doch muß bemerkt werden, daß über die Zeit dieses Concils durchaus nichts feststeht, und dasselbe sogar in die Zeit des zweiten

machen. Denn Poitou war stets mit Touraine so eng verbunden[1]), die Auvergne und Quercy hingen mit dem Bourbonnais, Velay und Gevauban, Albigeois und der Rouergue so innig zusammen, daß sie, die einstigen Eroberungen Theuderichs I., wohl auch diesmal wieder dem Schicksal jener beiden gefolgt sein mögen. Aehnlich könnte es sich mit der Uzège und einigen kleineren Territorien der Provence, z. B. den Gebieten der Städte Avignon, Aix und Vence verhalten haben, zu geschweigen von den jenseits der Garonne zwischen dem Meere und den Pyrenäen gelegenen Landschaften, auf welche die austrasischen Könige Ansprüche hatten. Gelang es auch wirklich König Dagobert, die diese letzteren überfluthenden Basken der fränkischen Botmäßigkeit, unter welche sein Bruder Charibert sie gezwungen hatte, gegen das Ende seiner Regierung nochmals zugänglich zu machen, so ist doch anzunehmen, daß in nicht all zu langer Frist jene Landschaften derselben gänzlich entzogen wurden.

So offenbar indeß durch diese Reichstheilung unter die Söhne Dagoberts dem austrasischen Reiche vor dem neustrisch-burgundischen eine bevorzugte Stellung eingeräumt wurde, mißfiel doch den Austrasiern die über den ducatus Dentelini — die Brie, Valois und das Soissonnais getroffene Entscheidung. Sie fügten sich darum nur widerwillig derselben, hielten aber dennoch daran beim Abscheiden Dagoberts nach wenigen mit Kämpfen gegen Basken und Bretonen[2]) erfüllten Jahren.

Denn schon im Jahre 638 erkrankte der König zu Epinay, einem Hofgut an der Seine unweit Paris, und man brachte ihn nach der Kirche des heiligen Dionys, dessen Fürsprache er sich durch reichliche Schenkungen versichert zu haben glaubte. Hier fühlte er sein Ende herannahen; er berief deßhalb eilends seinen vornehmsten Rathgeber, den Neustrier Aega, an sein Lager, befahl demselben seine Gemahlin Nantild und deren kleinen Sohn Chlodwig; dann verschied er. Sein Leichnam ward in der Kirche beigesetzt, in der er gestorben.[3])

Aega, somit durch letztwillige Verordnung des sterbenden Königs als reichsverwesender Majordomus zur Seite der Königin-Mutter für den königlichen Knaben mit der Verwaltung[4]) von Neuster und Burgund betraut[5]), ließ jetzt seine nächste Sorge sein, manches dem Fiskus ungerechterweise zugeflossene Gut dem Eigenthümer zurückzugeben[6]). Zugleich lud er aber auch Austers König ein, seinen Theil von Dagoberts nachgelassenen Schätzen in Empfang zu neh-

---

wie des dritten Chlodwig gesetzt wird, zwischen deren Regierungen vierzig Jahre liegen. Nähme man den letzteren an, so würde auch der bei Flodoard genannte Grimoald der Sohn des mittlern Pippin, der König Childebert daselbst also auch nicht der Sohn des früheren Grimoald, sondern der Bruder Chlodwigs III. sein.

[1]) Hier und zum Folgenden vgl. Beilage: Die Theilungen des Frankenreichs.
[2]) Fredeg. chron. cap. 78.
[3]) id. cap. 79.
[4]) Bonnell, de dignitate p. 42.
[5]) Fredeg. chron. cap. 79.
[6]) id. cap. 80.

men, welche zwischen ihm, Nantild und Chlodwig getheilt werden muß=
ten. Zu Compiegne geschah deren Auslieferung an Kuttibert und Pippin.[1])

Denn letzterer war indessen schon mit denjenigen austrasischen
Großen, welche bisher unter Dagoberts Herrschaft gestanden, d. h.
wohl denjenigen Landestheilen angehörten, die erst mit Dagoberts
Tode an Sigbert fallen sollten, zu diesem übergetreten, und ent=
wickelte von Neuem seine segensreiche Thätigkeit in Gemeinschaft
jenes treuen Freundes, nachdem sein Tochtermann Ansegisil ihm
seinen Platz eingeräumt hatte; anders vermögen wir uns dessen
nunmehriges Verschwinden nicht zu erklären. Durch weise Anord=
nungen und leutseliges Entgegenkommen fesselte Pippin bald wieder
wie früher Austers Bevölkerung an sich und sein Haus, sodaß
tiefe Trauer das Land erfüllte, als er leider schon nach Jahresfrist,
639, zu einem bessern Leben einging.[2])

Klug und umsichtig hatte Pippin vor seinen Zeitgenossen ein
richtigeres Verständniß der Zeitverhältnisse voraus. Viele suchten
das merkliche Sinken des merowingischen Gestirnes zu ihrem Vor=
theile zu wenden, aber im Ueberstürzen verfehlten sie den rechten
Weg. Pippin allein fand die sichere Bahn, und zeichnete sie seinen
Nachkommen vor, indem er nicht im raschen und gewaltsamen An=
sichreißen der Macht, sondern im ruhigen und gesetzmäßigen Vor=
schreiten die Grundlagen einer dauernden Herrschaft erkannte. Darum
suchte er auch das Ansehen seiner Familie zuerst in Auster, in
dessen Boden dieselbe selbst wurzelte, sicher zu stellen. Austers
erste Absonderung unter einem Knaben als König schien ihm frei=
lich Anfangs dazu hingereicht zu haben, aber bald erwies sich die
versuchte Ausdehnung seines Einflusses über das gesammte wieder=
vereinigte Frankenreich nicht nur verfrüht, sondern selbst der in Auster
erlangten Bedeutung gefährlich.

Da erst ward vermuthlich, gleichsam ein Schutz= und Trutz=
bündniß, der Ehebund zwischen einer Tochter Pippins und Ansegisil,
dem Sohne seines Freundes Arnulf, geschlossen[3]), und damit in der
That ein nicht unwesentliches Förderungsmittel für die Zukunft der
beiden von nun an zu einem Geschlechte, dem karolingischen,
zusammenwachsenden Familien geschaffen. Denn zu den Stamm=
vätern dieses Geschlechts, jenem als heilig allgemein verehrten
Bischof und dem kaum minder geachteten und geliebten Major=
domus, blickte ganz Auster mit einer Ehrfurcht hinauf, in deren
Gefolge die Sympathien seiner Bevölkerung für die Nachkommen
beider Männer nicht ausbleiben konnten. Dieselben bewährten sich
auch sofort, als Auster zum zweiten Male vom übrigen Reiche ge=
trennt, ihm wiederum ein Knabe zum König gegeben, und an dessen
Seite als stellvertretender Majordomus für Pippin, bis dieser selbst
nach Auster zurückkehren durfte, sein Tochtermann, Arnulfs Sohn,
gesetzt wurde.

---

[1]) Fredeg. chron. cap. 85.
[2]) id. cap. 85.
[3]) S. Excurs VIII: Einiges über die Altersverhältnisse u. s. w.

Aber hier sowohl als bei jener ersten Absonderung zeigte sich zugleich auch der gewaltige Vortheil, welcher dem Majordomus aus der mit der Erziehung eines jungen Königs verbundenen Ueberwachung der Reichsangelegenheiten und deren Ordnung im Namen dieses Königs erwachsen konnte. Denn bewahrte derselbe bei diesem Geschäfte Mäßigung nach allen Seiten, achtete er die Ansprüche der bevorzugten Stände, soweit sie sich mit dem maßgebenden Rechte des Königs vertrugen, handhabte er Gesetz und Ordnung ohn' Ansehn der Person bis in die niedrigsten Schichten des Volkes hinab: so gewann er hier Liebe und Anhänglichkeit, während man ihm dort Achtung und Fügsamkeit nicht zu versagen mochte. Während indeß solches Handeln des Majordomus in engster Verbindung mit dem Namen des angestammten Königs stand, und sich an dasselbe zugleich die Wohlfahrt des Landes knüpfte, mußte der Einfluß jenes und mit demselben er, der ihn übte, in demselben Maaße bedeutender werden, in dem diejenigen, welche den königlichen Namen führten, fortan nur Kinder und Schwächlinge, in den Hintergrund traten. Verlor nun Pippin im Bewußtsein dessen das Wohl des Vaterlandes auch niemals aus dem Auge, so sind doch seine und seiner Nachfolger Pläne zu keiner Zeit bei demselben stehen geblieben: wie die Verhältnisse des Frankenreichs ihrer bedurften, so bedienten sie sich hinwiederum jener mit Bewußtsein für die Zukunft ihres Geschlechtes.[1]

Mit Pippins Tode endete aber die Periode friedlicher Entwicklung des Ansehns, zu welchem er und sein Freund Arnulf ihre Familien gefördert hatten; eine Zeit des Kampfes um die Erhaltung und Befestigung desselben begann. Denn schon regte sich die Eifersucht der bisher gleichberechtigten Großen wegen der überhandnehmenden Bedeutung zweier Familien aus ihrer Mitte, und es bereitete sich dagegen ein Widerstand vor, der um so bedenklicher werden konnte, als er ein gewisses Recht für sich hatte.

Immer enger war mit der Erziehung der fränkischen Königssöhne, welche der Majordomus, wenn nicht überall selbst leitete, so doch ohne Zweifel überwachte, die Führung der Reichsgeschäfte verknüpft worden; aus den Erziehern der Königssöhne waren deren Majoresdomus geworden, sobald jene minderjährig den Thron bestiegen. Hieraus entnahm jetzt ein Mann, der, vermuthlich unter der Aufsicht Pippins, bei der Erziehung des jungen Königs mitgewirkt hatte[2], der Bajulus[3] Otto, seine Berechtigung, die durch Pippins Tod erledigte Würde des Majordomus zu beanspruchen, während von karolingischer Seite — wir wissen nicht warum — nicht Ansegisil, sondern Pippins Sohn Grimoald als Bewerber um dasselbe auftrat.

---

[1] Eichhorn deutsche Staats- und Rechtsgeschichte. 5. Ausg. Th. I. S. 485 §. 127 nennt das Verfahren der karolingischen Majoresdomus eine „längst und planmäßig vorbereitete Revolution."

[2] Fredeg. chron. cap. 86.

[3] Bonnell, de dignit. p. 43.

Es gab eine zahlreiche Partei in Auster, welche als Nach=
folger Pippins gern ein Glied seiner Familie begrüßt hätte, und
darum auch den Sohn unterstützte[1]), als er, ohne einen gesetzlichen
Grund für sich zu haben, die keineswegs erbliche Würde des Vaters
wie ein Vermächtniß desselben für sich in Anspruch nahm, und ge=
radezu gewaltsam in dieselbe einzudringen suchte[2]). Mißhelligkeiten,
welche hierdurch zwischen ihm und Otto entstanden, führten so=
fort wieder Mißstände in den östlichen Landschaften des Reiches
herbei, deren Dämpfung zunächst die Aufmerksamkeit der Austrasier
erforderte.

Als noch in Pippins Vertretung Ansegisil und Bischof Kuni=
bert die Angelegenheiten Austers besorgten, hatte sich der von Da=
gobert eingesetzte Thüringerherzog Radulf bereits übermüthig und
widerspenstig gegen die Reichsverweser gezeigt[3]). Jetzt lehnte er sich
geradezu gegen König Sigbert auf[4]). Der austrasische Heerbann,
zu dem diesmal auch die entferntesten Landschaften von Sigberts
Reich, wie z. B. die Auvergne, ihre Aufgebote stellten, sammelte sich
auf dem rechten Ufer des Rheins[5]), besiegte und tödtete zuvörderst
den mit Radulf einverstandenen Agilolfinger Farus, Chrodoalds
Sohn[6]), und rückte durch den buchonischen Wald gegen jenen selbst
vor, der auf einer Höhe an der Unstrut eine befestigte Stellung
genommen hatte. Aber Uneinigkeit und Verrath schwächte die Kraft
der Austrasier; während ein Theil des Heeres vor Begier brannte,
sich mit dem Feinde zu messen und namentlich auch die Auvergnaten
unter Herzog Bobo, die Sundgauer unter Aenovalaus tapfer auf
das verschanzte Lager Radulfs eindrangen, zögerten andere Schaaren,
deren Angriff zu unterstützen, die mainzischen Völker erwiesen sich
gar treulos, und Grimoald und Ansegisil, die beiden Hauptführer
des Heeres, welche die Bedenklichkeit der Lage durchschauten, sahen
sich genöthigt, ihre ganze Thätigkeit auf die Bewachung des Königs
und die Sicherung seines Lebens zu beschränken. Thränen im Auge
schaute dieser in das Blutbad, welches Radulfs Mannen unter den
Seinigen anrichteten, bis die Nacht dem Morden ein Ziel setzte, und
den Rest des Heeres ein Waffenstillstand rettete, zu dem sich Radulf
bereit finden ließ. Der anbrechende Morgen sah das geschlagene
Heer bereits auf dem Rückzuge gegen den Rhein hin begriffen.
Radulf aber erkannte fortan nur noch dem Namen nach König
Sigbert als seinen Herrn, in Wahrheit kümmerte er sich wenig um

---

[1]) Fredeg. chron. cap. 85: Grimoaldus filius ejus, cum esset strenuus,
ad instar patris diligitur a plurimis.

[2]) id. cap. 86: coepit cogitare quo ordine Otto de palatio ejiceretur,
et gradum patris Grimoaldus assumeret.

[3]) id. cap. 77.

[4]) id. cap. 87.

[5]) id. cap. 87: jussu Sigiberti omnes leudes Austrasiorum in exercitu
gradiendum banniti sunt. Sigibertus Rhenum cum exercitu transiens,
gentes undique de universi regni sui pagis ultra Rhenum cum ipso adu-
natae sunt.

[6]) Oben S. 96.

deſſen Gebote, geberdete ſich vielmehr wie ein König in Thüringen, und ſchloß Freundſchaftsbündniſſe mit den benachbarten Stämmen, während das Band, welches dieſe bisher an die auſtraſiſchen Könige geknüpft hatte, immer lockerer wurde.

Noch behauptete ſich Otto bis ins Jahr 642, da ermordete ihn ein Anhänger Grimoalds, der Alamannenherzog Leuthar. Der karolingiſchen Partei verſchaffte dieſe That die Oberhand, und Grimoald bemächtigte ſich nun ungehindert der Würde des Majordomus und damit des umfaſſendſten Einfluſſes im auſtraſiſchen Reiche.[1]

Inzwiſchen war ſchon im Jahre 640 der neuſtriſche Majordomus Aega geſtorben, und Erchinoald, ein Verwandter Dagoberts von mütterlicher Seite[2], an deſſen Stelle getreten. Voller Sanftmuth und Güte, ſchlichten Gemüths und beſcheiden in ſeinen Anſprüchen, leutſelig gegen Jedermann, vornehmlich aber befliſſen der Kirche zu dienen, war dieſer beſtrebt den Frieden zu erhalten, und indem er darum mit klugem Bedacht zu Werke ging, gelang es ihm überall, ſich Liebe zu erwerben.

Anders verhielt es ſich in Burgund. Hatten die Burgunder wieder einmal nach einer ſelbſtändigen Verwaltung verlangt, oder hatte Nantild, Dagoberts hinterbliebene Gemahlin, eine Trennung der ſeit Warnachars Tode einer gemeinſamen Leitung vertrauten Reiche Neuſter und Burgund ihren beſonderen Plänen förderlich gehalten, welche der Berichterſtatter[3] nicht näher zu erörtern wagt, aber Gott mißfällig und darum unausführbar nennt: kurz es gelang mit Zuſtimmung aller weltlichen und geiſtlichen Großen Burgunds, einen Mann, mit Namen Flaochat, als Majordomus an die Spitze der Regierung daſelbſt zu bringen, welcher durch die Hand Ragnoberga's, einer Nichte Nantilds, noch beſonders an die Intereſſen der Königin gefeſſelt wurde.

Sogleich ward Burgund der Tummelplatz neuer Parteiungen. Denn kaum hatte Flaochat mit dem neuſtriſchen Majordomus ein enges auf gegenſeitige Unterſtützung gerichtetes Bündniß geſchloſſen, den Großen gegen die Zuſage dauernder Freundſchaft ihrerſeits ihre Aemter und Würden verbrieft, und ſomit ſeine Stellung nach Innen und Außen geſichert: ſo ging er daran, ſeine Rache an alten Feinden zu kühlen. Das erſte Opfer derſelben wurde der mächtige und ſtolze Patricius Willibald. Aber kaum war dieſer überwunden, ſo traf auch den Majordomus das göttliche Strafgericht[4]; ſein Tod, der ihn ſchon am eilften Tage nach Willibalds Fall ereilte, vereitelte weitere Pläne.

Auch war Nantild bereits kürzlich geſtorben, ſodaß Erchinoald nun wieder allein neben dem eilfjährigen Chlodwig an der Spitze

---

[1] Fredeg. chron. cap. 83.
[2] id. cap. 84: qui consanguineus fuerat de genetrice Dagoberto. Vgl S. 28.
[3] id. cap. 89.
[4] id. cap. 90.

der Verwaltung für Neuster und Burgund stand, und, wie es den Anschein hat, nach einigen Jahren sogar der erste Majordomus war, welcher alle drei Reiche auf kurze Zeit unter seiner Leitung vereinigte.[1]

Denn nachdem Grimoald durch jene Gewaltthat Leuthars zur Würde eines Majordomus gelangt war, handhabte er zunächst unter dem unmündigen Könige die Zügel der Regierung mit Kraft und Nachdruck. Alle Schenkungen, soweit sie unter Ottos Einfluß geschehen waren, widerrief er bis zur Mündigkeit Sigberts[2], und machte das königliche Ansehen gegen Jedermann, er mochte geistlichen oder weltlichen Standes sein, rücksichtslos geltend[3]. Indeß vergaß er dabei nicht, wie große Begünstigung die Geistlichkeit seinem Geschlechte bisher hatte zu Theil werden lassen, und sah die Nothwendigkeit ein, auch sich deren Gunst zu erwerben. Darum unterstützte er den König nicht nur eifrig bei der Stiftung der beiden so berühmt gewordenen Klöster Stavelot und Malmedy, sondern half auch mit bei der reichlichen Ausstattung derselben.[4]

Dies gewann ihm trotz seines sonst unnachsichtigen Vorgehens gegen einzelne Würdenträger der Kirche zwar wirklich Freunde unter der Geistlichkeit, doch täuschte er sich in der Folge über die Tragweite dieser Freundschaft ebenso wie über die Bedeutung seines eignen Ansehns in Auster.

Schon hatte er, der eintretenden Mündigkeit des Königs ungeachtet, sein Amt ganz wie während der Minderjährigkeit desselben fortgeführt, und war dies auch vielleicht mit Zustimmung Sigberts geschehen, welchem fromme Werke mehr als weltliche Geschäfte am Herzen lagen, so mochte doch einem Theile der Bevölkerung, namentlich den austrasischen Großen diese weitere Ausdehnung der Befugnisse des Majordomus wie eine Anmaßung desselben erschienen sein, und man nur der Gelegenheit harren, seinen Unwillen in offner Empörung laut werden zu lassen.

Zwar überkam Grimoald bald darauf mit Sigberts Tode, am ersten Februar 656[5]), wiederum eine Berechtigung zu ausgedehntester Amtsverwaltung, da ihm der sterbende König die Sorge für seinen kleinen Sohn Dagobert übertragen hatte.[6])

---

[1]) Vgl. Pertz Hausmeier S. 46.
[2]) Diploma Sigiberti R. Fr., qua dona confert monasteriis Stabulensi et Malmundariensi, Brequ. Dipl. Tom. I. p. 209 n. 128; Pardess. Dipl. Tom. II. p. 93. — Vgl. Roth Benefwes. S. 230.
[3]) Indiculus Sigiberti R. Fr., Pardess, Dipl. Tom. II. p. 82 verbietet z. B. dem Bischof Desiderius von Cahors die Abhaltung einer Synode ohne vorgängige Erlaubniß des Königs.
[4]) Diploma Sigiberti R. Fr. quo concedit Remaclo Abb. Stabulensi et Malmundariensi spatium ad 12 milliaria in silva Arduenna. Brequ. Dipl. Tom. I. p. 204 n. 123; Pardess. Tom. II. p. 93. — Charta qua Grimoaldus donat monast. Stabul. et Malmund. villam Germiniacum, Brequ. Tom. I. p. 207 n. 126; Pardess. Tom. II. p. 92. — Vgl. oben S. 79.
[5]) Das Jahr schwankt von 650—657; vgl. Eckhart, Comment. de rebus Franc. Orient. Tom. I. p. 233; die gewöhnliche Annahme ist 656.
[6]) Vita S. Remacli Episc. Traject. quem Notgerus Leod. Ep. scripsit

Denn darauf muß jedenfalls die Nachricht zurückgeführt werden, welche gleichzeitig von einem Testamente Sigberts zu Gunsten eines Sohnes Grimoalds für den Fall seines unbeerbten Todes redet. Konnte auch ein merowingischer König, wie uns hinreichende Beispiele lehren[1]), innerhalb seines Geschlechtes unbedingt über die Nachfolge in der Herrschaft verfügen, so war er doch gewiß durchaus nicht befugt, einseitig durch letztwillige Verordnung den Sprößling eines andern Geschlechtes zur Nachfolge zu berufen, und zwar am allerwenigsten solange der Mannsstamm der Merowinger nicht ausgestorben war. Wohl hatten seit einigen Jahrzehnten die Familien Arnulfs und Pippins die übrigen großen Geschlechter des Landes dergestalt zu überflügeln begonnen, daß bei einem Abweichen vom alten Königsstamme und bei der Uebertragung von dessen Rechten auf ein neues Geschlecht neben jenen kein anderes hätte in Frage kommen können. Nun wirkte aber nicht etwa noch Liebe zu den angestammten Königen aus merowingischem Blute im Volke Anhänglichkeit an dieselben, vielmehr fristeten ihnen nur hier die Gewohnheit, dort Neid und Eifersucht ein kümmerliches Dasein. Die Gewohnheit hätte man vielleicht schon jetzt dem dringenden Bedürfnisse geopfert, den verdorrten Baum durch ein frisches Reis zu ersetzen, aber Neid und Eifersucht waren erst jüngst erwacht, und ihnen mußte noch genügende Rechnung getragen werden. Darum sahen die Großen des Landes auch lieber noch lange über sich jene Scheinkönige, von deren Geschlecht sie nicht anders wußten, als daß es seit Menschengedenken über ihnen gestanden hatte, anstatt diejenigen als Herren anzuerkennen, welche soeben noch ihresgleichen gewesen waren. Und konnte ein Recht, solange es noch nicht vergeben war, nicht jedem zufallen, der in der richtigen Weise darum zu werben wußte? Noch aber glaubten Viele diese Weise finden zu können! Wenn sich also auch eine große Partei im Lande eine nachhaltige Verbesserung der nur mühsam vor dem Zusammenbrechen bewahrten Zustände von einem Vorgehen versprechen mochte, welches an Stelle der Schwächlinge ein thatkräftiges Geschlecht auf dem austrasischen Königsthrone einführte: mußte dasselbe dennoch, und zwar gerade bei denen, welche gleiche Hoffnungen, sobald es gelang, aufgeben sollten, heftigen Widerspruch und schleunige Ahnung als eine Rechtsverletzung finden.

Schwerlich konnte Grimoald so ganz die Klippen verkannt haben, welche bei ruhiger Strömung allmählich ohne Gefahr überwindbar, im Sturme seinem Fahrzeuge Schiffbruch bereiten mußten. Aber das Gelingen der bisherigen Unternehmungen trieb seinen zur Gewaltthätigkeit neigenden Charakter im blinden Vertrauen zur eignen Kraft und zu seiner Macht über Andere unaufhaltsam weiter, bis

---

ad Werinfredum Abb., Bouq. SS. Tom. III. p. 547; V. S. Sigiberti R. auct. Sigiberto Gemblac., Bouq. SS. Tom. II. p. 602.

[1]) Nächst dem Verlaufe unserer Untersuchung vgl. Waitz Verfassgesch. Bd. II. S. 90 ff.

seine mit einer Gewaltthat eröffnete Laufbahn ihre Endschaft durch
eine solche erreichte.

Er war es müde geworden, Sprößlinge eines andern Geschlechts,
für die er kein Interesse haben konnte, weil er ihre Schwäche ver=
achtete, durch seine und seines Stammes Manneskraft auf dem Throne
erhalten zu sehen. Als er sich daher überzeugt zu haben glaubte,
daß in demselben Maaße, wie das Geschlecht, dem jene Schwächlinge
angehörten, die Verachtung des Volkes auf sich gezogen hatte, das
Ansehen seines Hauses gestiegen wäre: wähnte er auch schon den
Zeitpunkt gekommen, auf welchen seine Vorgänger langsam und be=
dächtig losgesteuert waren, und ein Gewaltstreich sollte dem Werke
langjähriger Mühen die Krone aufsetzen; er beraubte den seiner Ob=
hut vertrauten Knaben des väterlichen Thrones, ließ ihn durch Bischof
Dido von Poitiers in ein entferntes Kloster schaffen, und gab den
Austrasiern einen König in der Person seines Sohnes[1]), der aller=
dings auffällig genug den sonst nur dem merowingischen Geschlechte
eigenen Namen Childebert führt.[2])

Fand aber auch dieser junge König, namentlich bei einem Theile
der Geistlichkeit Anerkennung[3]), so war doch seine oder vielmehr
Grimoalds Herrschaft in des Sohnes Namen nicht von langer Dauer[4]).
Vater und Sohn wurden ergriffen, dem neustrischen Könige (Chlod=
wig ausgeliefert, und auf dessen Befehl im Gefängnisse hinge=
richtet.[5])

Wohl klingt nun die Erzählung von der That und Strafe
Grimoalds, besonders unter all den Zuthaten phantasiebegabter Le=
gendenschreiber späterer Zeit[6]), fast wie eine Erdichtung, hervorgerufen
durch das Bedürfniß nach Aufklärung des über seinem Ausgange
waltenden Dunkels, mit dem gewissermaßen das Vorspiel des großen
karolingischen Dramas abschließt. Es genügt uns aber die Zuthaten
zu entfernen, und die Sache an sich bestehen zu lassen, da dieselbe

---

[1]) Gesta Francor. cap. 43.
[2]) Catalogus regum inde a Chlothario II, Mon. Germ. hist. SS. Tom. II.
p. 308; Bouq. SS. Tom. II. p. 691. — Vita S. Sigiberti R. auct. Sigib.
Gembl., Bolland. Febr. 1. p. 230.
[3]) Flodoardi Hist. Remens. eccl. lib. II. cap. 7; vgl. lib. II. cap. 11.
Auch hier heißt er Childebert. — Vgl. Eckhart Comm. de reb. Franc. Orient.
Tom. I. p. 235, und oben S. 104 Anm. 6.
[4]) Catalogus regum inde a Chloth. II., Mon. Germ. hist. SS. Tom. II.
p. 308 giebt ihm sieben Jahre; vielleicht hat er ebenso viele Monate regiert;
vgl. Eckhart l. l. — Sigib. Gembl. chron., Mon. Germ. hist. SS. Tom. VI.
p. 325 setzt Sigberts Tod ins Jahr 656, Dagoberts Entthronung 657, Gri=
moalds Sturz 658. — Vergl. Hirsch de vita et script. Sigib. mon. Gembl.
p. 249 ss.
[5]) Gesta Francor. cap. 43. — Vita S. Remacli, Bouq. SS. Tom. III.
p. 547 erzählt, Grimoald sei sub praetextu munerum accipiendorum nach
Paris gelockt worden; aber welche Auszeichnungen oder Aemter konnte der
Austrasier seitens des neustrischen Königs, zumal nach solcher That, erwarten!
[6]) Dahin gehört auch die Erscheinung des greisen Romarich, der auf die
Kunde von Grimoalds Vorhaben herabsteigt, ihn zu warnen; Vita S. Roma=
rici, Mabill. sec. II. p. 410. Vergl. Perz, Hausmeier S. 44, wo es übrigens
Childebert statt Childerich heißen muß.

keineswegs so sehr zu den Unmöglichkeiten gehört, wie man hat behaupten wollen[1]). Wer durch Mord den Gegner, der ihm die Macht
bestritt, beseitigen konnte, war auch gewiß ebenso fähig, wenn sich
ihm die günstige Gelegenheit darbot, einen König seiner Wahl aufzustellen, um die erlangte Macht durch ihn bei seinem Hause fest-
zuhalten; es wäre dies ja, wenn auch das erste, so doch nicht das
einzige Beispiel derartigen Verfahrens von Seiten eines Nachkommen
Arnulfs und Pippins.

Für diesmal freilich mißlungen, stellte dasselbe das durch diese
beiden Männer begründete Ansehn ihrer Familien durchaus in Frage,
und für Jahrzehnte verschwinden deren Glieder vom Schauplatz der
Geschichte, obwohl doch Arnulfs Söhne noch am Leben, sowohl der
jüngere, jener oben schon in seiner Thätigkeit betrachtete Ansegisil,
als auch der ältere, der vermuthlich noch unter dem Einflusse Grimoalds, am 19. Mai 656, auf den Bischofstuhl von Metz berufene
Chlodulf, unbedeutend an sich, und während einer vierzigjährigen
geistlichen Amtsführung bis zum 8. Juni 696 nur getragen durch
den außerordentlichen Ruf seines großen Vaters.[2])

Aber karolingische Geschichtschreiber sagen nicht mit Unrecht, es
sei im Himmel beschlossen gewesen, das Reich der Franken dereinst
an die Nachkommen Arnulfs und Pippins gelangen zu lassen[3]).
Denn besser hätten sie selber kaum vermocht, für die Zukunft ihrer
Familien zu wirken, als dies jetzt während ihrer Zurückgezogenheit
von Seiten solcher geschah, welche auf den vermeintlichen Trümmern
ihres Ansehns die eigne Größe aufzubauen wähnten.

Die nächste Folge von Grimoalds Ausgang war die nochmalige
Vereinigung der drei fränkischen Reiche unter einem merowingischen
Könige[4]), und es überwog die Eifersucht gegen die eignen Landes-
angehörigen diesmal selbst den Widerwillen gegen ein fremdes Regiment; die Austrasier ließen allem Anschein nach einstweilen gar den
neustrischen Majordomus Erchinoald auch als den Verwalter ihrer
Angelegenheiten sich gefallen[5]). Indessen dauerte diese Vereinigung
nur kurze Zeit. In seiner ehemaligen Magd, der nachmals als heilig
verehrten Königin Baltild, hatte der Majordomus seinem Könige eine
Gemahlin gegeben[6]); als Chlodwig jetzt im Jahre 656 starb, setzte
er den ältesten der Söhne, welche Baltild demselben geboren hatte,

---

[1]) Luden, Gesch. d. teutschen Volkes. Bd. III. S. 595.
[2]) S. Excurs I: Die Biographie des Bischofs Chlodulf, und Excurs IX:
die Bischöfe von Metz.
[3]) Paulus Warnefridi de gestis Langobard. lib. VI. cap. 16.
[4]) Warum holten die Austrasier nicht sogleich den jungen Dagobert aus
dem Kloster? Vermuthlich hielt man ihn für todt, wie denn die Vita S. Wilfridi Episc. Eborac. auct. Eddio Stephano, Mabill. sec. IV. ps I. Append.
p. 679 erzählt: post annorum circulum amici et propinqui ejus viventem
et in perfecta aetate florentem a navigantibus audientes, misere nuntios.
[5]) Gesta Francor. cap. 43. 45.
[6]) Vita S. Balthildis Reg. Francor., Mabill. sec. II. p. 775 ss.; Gesta
Francor. cap. 43.

Chlothar III., auf den Thron, dann schied auch er ab und an seine
Stelle trat Ebruin. [1])

Wie anders war dieser als sein Vorgänger!

Hatte Erchinoalds sanftmüthiger Charakter die Erhaltung des
Friedens zu seiner vorzüglichsten Sorge gemacht, und war er darum
den Ansprüchen weltlicher wie geistlicher Großen überall nachsichtig,
ja bemuthsvoll begegnet: so entwickelte Ebruin eine unnachsichtige
Strenge gegen die Forderungen jeglichen Standes, und verfolgte die
Feinde, welche ihm darüber erstanden, nachdrücklich bis zu ihrer
Vernichtung.

Anfänglich, solange die gütige Baltild noch neben ihm stand, und ihre
Sehnsucht nach der klösterlichen Zelle der Mutterpflicht unterordnete,
welche ihr gebot, nicht eher von der Seite des Sohnes zu gehen,
als bis dieser das erforderliche Alter, um selbständig zu regieren,
erreicht hätte [2]), trat sie überall besänftigend und lindernd dazwischen.
Aber nicht immer vermochte sie zu steuern, wenn übermüthige Priester mit eigenwilligen weltlichen Großen in Händel geriethen [3]); darum faßte sie einst unvermuthet den Entschluß, der undankbaren Welt
Lebewohl zu sagen [4]), und den ersehnten Frieden in dem längst für
diesen Zweck bereiteten Kloster Chelles bei Paris zu suchen.

Nicht ungern sah Ebruin die Königin scheiden; denn sie hatte
nur zu oft seinen durchgreifenden Arm aufgehalten [5]), durch ihre
Nachgiebigkeit bereits im Jahre 660 Auster, auf das Ansuchen der
dortigen Bevölkerung, dem neustrischen Majordomus entzogen, und
unter ihrem zweitgebornen Sohne Childerich [6]), an dessen Seite Wulfoald zum Majordomus bestellt worden war [7]), seiner Selbständigkeit
wiedergegeben. Kaum stand aber Ebruin allein, so begann er Vor-
kehrungen zu treffen, welche das Land gegen Parteiumtriebe sicher-
stellen, dessen Gebieter den Parteien selbst entrücken sollten; und besonders scheint er die mächtige Partei des Bischofs Leubegar von
Autun im Auge gehabt zu haben, als er den burgundischen Großen
den freien Zutritt zu der Person des Königs verwehrte. [8])

Natürlich erwachte darüber der heftigste Unwille jener Partei,
welche sich somit um jeden Einfluß auf die Regierung des Landes
gebracht sah, und sie sann Rache. Die Gelegenheit dazu bot der im
Jahre 670 erfolgende Tod des Königs Chlothar. [9])

Ebruin wollte den jüngsten Sohn Chlodwigs, Theuderich III.,
auf den Thron erheben, aber die Burgunder riefen den austrasischen

---

[1]) Gesta Francor. cap. 45.
[2]) Vita S. Bertilae Abb. Kalens., Mabill. sec. III. ps. 1. p. 23.
[3]) V. S. Balth. p. 780. 781.
[4]) ib. p. 781: habuit enim tunc non modicam querelam contra eos,
quos ipsa dulciter nutriverat.
[5]) ib. p. 781.
[6]) ib. p. 779.
[7]) Gesta Franc. cap. 45.
[8]) Vita S. Leodegarii Episc. Augustod., Bouq. SS. Tom. II. p. 613; Bolland. Oct. 2. p. 463 ss.; Mabill. sec. II. p. 680 ss.
[9]) Gesta Francor. cap. 45.

König Childerich herbei, und also verstärkt gelang es ihnen, das drückende Joch des verhaßten Ebruin abzuschütteln[1]). Dieser wurde in das Kloster Luxeuil verwiesen, Theuderich der Obhut eines Geistlichen vertraut.[2])

Aber neue Gefahr drohte, da mit dem Könige von Auster zugleich dessen Majordomus ins Land kam. Darum wollte man sich offenbar nicht so sehr gegen den überwundenen Ebruin als gegen Wulfoalds bevorstehendes Regiment sichern, und zugleich ähnlichen Vorfällen, wie sie jüngst in Auster geschehen waren, verbeugen, wenn man jetzt den König nöthigte, gewissen Vorlagen seine Genehmigung zu ertheilen. Die Selbständigkeit seiner drei Reiche sollte durch strenge Beobachtung der in jedem derselben althergebrachten Gesetze und Gewohnheiten unangetastet erhalten bleiben; kein Majordomus sollte aus einem derselben in ein anderes übergehen und wohl gar als unumschränkter Herr darin walten dürfen, was ein Ueberheben seinen gleichberechtigten Standesgenossen gegenüber zur Folge haben müßte; vielmehr sollte er von aller Beeinträchtigung derselben durch den Gedanken zurückgehalten werden, daß er selbst zu jeder Zeit aus seinem Amte in deren Kreis zurück, und ein Anderer aus diesem an seine Stelle treten· könnte.[3])

Keineswegs sollte hierdurch die Amtsführung des Majordomus auf eine bestimmte Amtsdauer beschränkt, sondern den übrigen Großen die Macht gegeben werden, gegen seine thatsächlichen und wohl mehr noch seine vermeintlichen Uebergriffe Klage zu führen, und ihn nach Befinden seines Amtes zu entsetzen. Der König in seiner damaligen Lage hatte keinen Vortheil von dieser Neuerung; sie beraubte ihn vielmehr der letzten Stütze, welche ihm allenfalls in einem kräftigen Majordomus erwachsen konnte, und legte den Theil der Macht, der diesem entzogen wurde, ganz und gar in die Hand des Adels, dessen Spielball der Majordomus ward.

Indeß war von Allen, die an der Aufstellung jener Punkte Antheil hatten, jeder nur soweit für dieselben eingenommen, als sie ihm selbst zum Vortheil gereichten. So dachte auch zunächst Wulfoald nicht daran, von der Seite des Königs zu weichen[4]). Den Burgundern gelang es zwar durch den Bischof Leudegar größeren

---

[1]) Vita S. Leodeg. auct. Ursino cap. 4, Bouq. Tom. II. p. 629: Ebroinus erat tunc odiosus inter Francos: et qui metuebant hujus ponderis jugum .... Hildericum in toto sublimaverunt regno Francorum. — Gesta Franc. cap. 45.

[2]) V. S. Leod. auct. Ursino cap. 4.

[3]) V. S. Leod. auct. anon., Bouq. SS. p. 613: Interea Hildericum regem expetunt universi, ut talia daret decreta per tria quae obtinuerat regna, ut uniuscujusque patriae legem vel consuetudinem observaret, sicut antiqui judices conservavere; et ne de una provincia rectores in aliam introirent, neque ullus ad instar Hebroini tyrannidem assumeret, et postmodum sicut ille contubernales suos despiceret, sed dum mutua(m) sibi successione(m) culminis habere cognoscerent, nullus se alii anteferre auderet.

[4]) V. S. Leod. auct. anon., Bouq. SS. p. 614.

Einfluß auf die Regierung des Landes zu gewinnen[1]), aber nicht lange erfreuten sie sich dieses Einflusses, indem Leudegar bald in eine gehässige Angelegenheit verwickelt ward[2]), welche seinen Sturz und seine Entfernung nach eben dem Kloster Lureuil zur Folge hatte, wo Ebruin noch schmachtete.[3])

Jetzt war der austrasische Majordomus alleiniger Gebieter der drei Reiche. Burgunder und Neustrier, darüber mit Unwillen erfüllt, mußten sich einige Zeit hindurch sein Regiment gefallen lassen, bis Childerichs Ermordung im Jahre 673 dem verhaßten Zustande ein Ende machte, und den Majordomus nach Auster zu fliehen nöthigte.[4])

Sofort erhoben sich wieder die alten Parteihäupter; Ebruin und Leudegar verließen das Kloster; jedem derselben strömte sein Anhang zu, und der Bürgerkrieg war unvermeidlich.[5])

Zwischen den Burgundern und einem Theile der Neustrier kam ein Vergleich zu Stande[6]): Leudesius, Erchinoalds Sohn, wurde Majordomus, und neben ihn traten in der Verwaltung Leudegar und dessen Bruder Garin. Aber schon rückte Ebruin heran, der von Auster her Verstärkung erhalten hatte.[7])

Dort hatte nämlich die Verwirrung ihren Höhepunkt erreicht. Dem flüchtig von Neuster zurückkehrenden Wulfoald war es gelungen, in einem Theile Austers dem einst verstoßenen Dagobert, von dessen Leben erst jüngst die Kunde ins Land gedrungen war, Anerkennung zu schaffen[8]). Aber während man sich überall von der Aechtheit des Königs überzeugen wollte, benutzte man diese Zweifel auch wieder, um mit ihrer Hülfe Unabhängigkeitsgelüste zur Erfüllung zu bringen.

Dies geschah namentlich in dem an Neuster lehnenden Theile des austrasischen Gebietes, wo eine Anzahl weltlicher und geistlicher Großen unter Leitung Waimars, des Herzogs der Champagne, einen angeblichen Sohn Chlothars III., den sie Chlodwig nannten, zum Könige ausriefen[9]), und unter dem Deckmantel des merowingischen

---

[1]) V. S. Leod. auct. Ursino, Bouq. SS. p. 629 macht ihn schon jetzt zum Majordomus, doch nahm er eine diesem ähnliche Stellung erst später ein. Vita auct. anon. p. 613: (rex) Leodegurium .... secum assidue retinebat in palatio.

[2]) V. S. Leod. auct. anon. p. 614. — Vita S. Praejecti Episc. Arvern. Mabill. sec. II. p. 643: quidam infamis vir Hector .... alio sibi in scelere sociato nomine Leodegario.

[3]) V. S. Leod. auct. anon. p. 615; auct. Ursino p. 630. — V. S. Praejecti, Mabill. sec. II. p. 644.

[4]) Gesta Francor. cap. 45. — V. S. Leod. auct. anon. p. 615; auct. Ursino p. 630.

[5]) V. S. Leod. auct. anon. p. 615: qui exsilio fuerant condemnati ... fuerunt reversi. Quorum debacchante furore surrexit magna turbatio patriae.

[6]) Gesta Francor. cap. 45: Franci vero Leudesium filium Erchinaldi nobilem in majorem domus palatii eligunt. Eratque ex Burgundia in hoc consilio b. Leudegarius .... et Cherinus frater ejus consentientes.

[7]) V. S. Leod. auct. Ursino p. 630; auct. anon. p. 617.

[8]) V. S. Wilfridi Ep. Eborac. auct. Eddio Stephano, Mabill. sec. IV. ps. 1. p. 691.

[9]) V. S. Leod. auct. anon. p. 617. 618; auct. Ursino p. 630. — Ist

Namens die eigne Herrschaft zu begründen trachteten. Ihnen hatte sich Ebruin mit seinem Anhange genähert und vielleicht Förderung ihrer Pläne zugesagt, falls sie ihm behülflich wären, das Regiment in Neuster und Burgund wieder zu erlangen.

Mit deren Hülfe drängte er denn auch seine Gegner zurück, bemächtigte sich des Königs Theuderich, täuschte und tödtete den Majordomus Leudesius, und trat nun selbst wieder in diesem Amte als Machthaber über Neuster und Burgund auf[1]). Leudegar und Garin waren anfänglich durch die Flucht entkommen; ihrer mußte Ebruin durchaus habhaft werden, wenn er die Gegner ganz unschädlich machen wollte.

Zwar hatte er bei seiner Rückkehr Vergessen alles desjenigen verkündet, was in der Verwirrung der letzten Jahre gegen Gesetz und Eigenthum gefehlt worden war[2]). Aber konnte darunter die Ermordung Childerichs begriffen sein? Sie hatte Ebruin jetzt ebenso wieder erhoben, wie ihn einst die Berufung Childerichs gestürzt hatte; ihre Anstifter begnadigen, hätte also geheißen, sich selbst zum Mitschuldigen machen. Allein unter dem Vorgeben, diese zu verfolgen, suchte sich nun Ebruin Aller zu entledigen, welche ihm bedenklich oder hinderlich erschienen. Ihre Güter wurden eingezogen, sie selbst theils landesverwiesen theils hingerichtet, unter letzteren auch Garin und Leudegar. Jener wurde, als er in Ebruins Hände gefallen war, sogleich gesteinigt, dieser gräßlich verstümmelt zunächst in ein Kloster verbannt, dann durch eine Versammlung von Bischöfen und Großen des Reiches abgesetzt und zum Tode verurtheilt.[3])

Als Ebruin hiernach seine Gewalt in Neuster und Burgund gesichert glaubte, gedachte er auch seiner Gegner in Dagoberts Reich. Eine Schlacht wurde auf der Grenze der beiderseitigen Gebiete in der Nähe von Langres geschlagen[4]), bald darauf Dagobert ermordet[5]), und Wulfoald vermuthlich mit dem Könige zugleich das Opfer einer inneren Umwälzung, welche ums Jahr 676 wieder einen Nachkommen Arnulfs und des älteren Pippin ans Ruder brachte.[6])

Bevor wir uns jedoch diesem zuwenden, noch ein kurzes Wort über Ebruin, den unzweifelhaft bedeutendsten Charakter der für das Frankenreich hier ablaufenden Epoche, — den gefährlichsten Widersacher, aber zugleich auch den thätigsten Fürkämpfer der karolingi-

---

dieser Herzog Walmar derselbe, der in der V. S. Praejecti, Mabill. sec. II. p. 644 Ugimer genannt wird: qui postea Trecassinam incubavit urbem? Vgl. V. S. Wilfr., Mabill. sec. IV. ps. 1. p. 695.

[1]) Gesta Francor. cap. 35. — V. S. Leod. auct. Ursino p. 630; auct. anon. p. 619.

[2]) V. S. Leod. auct. anon. p. 619.

[3]) Gesta Francor. cap. 44. — V. S. Leod. auct. Ursino p. 630 ss. — V. S. Praejecti, Mabill. sec. II. p. 644.

[4]) V. S. Salabergae Abb. Laudun. auct. anon., Mabill. sec. II. p. 426. 427.

[5]) V. S. Wilfridi, Mabill. sec. IV. ps. 1. p. 695.

[6]) Victor Fouque Histoire de Chalon-sur-Saone, depuis les temps les plus réculés jusqu'à nos jours. Chalon 1844 in 8. p. 57. stellt Grimoald an die Spitze der Verschwörung gegen Dagobert und Wulfoald!!

schen Sache. Denn in dem Augenblicke, da er die Parteiungen in
Neuster und Burgund niedergeschlagen hatte, und sich gegen Auster
wandte, um von dorther die Vollendung seines Geschickes über sich
herbeizuziehen, war seine Sendung erfüllt. Er hatte Neuster und
Burgund für die Herrschaft der Karolinger vorbereitet, denen hier
ein Mann wie Ebruin vorausgehen mußte, um sie über die ihrer
Aufgabe gerade in diesen Gebieten entgegenstehenden Schwierigkeiten
hinweg zu heben, ein Mann, welcher eben darum dieselben Pläne
wie sie hegen, und um nachhaltiger wirken zu können, sogar solche
Eigenschaften in sich tragen mußte, durch die er ihnen gefährlich
zu werden drohte, der sich selbst indeß trotz aller Tüchtigkeit unmög=
lich machte, weil er die ganze durch die Lösung jener Schwierigkei=
ten unvermeidlich heraufbeschworene Fülle des Hasses auf sich lud.
Denn obgleich keineswegs dem Trachten seiner Zeitgenossen abhold,
durch Stiftung und Ausstattung von Klöstern das Seelenheil zu
fördern[1]), nicht dem Rathe frommer und heiliger Männer verschlos=
sen[2]), erweckte er sich dennoch einen Feind, der sein Thun verun=
glimpfte, sein Andenken für alle Zeit brandmarkte, in dem mächtig
aufstrebenden geistlichen Stande[3]), dessen Anmaßungen er mehr noch
entgegen treten mußte als den Forderungen weltlicher Großen.

Aber sehen wir Ebruin in Uebertreibung seiner vortrefflichen
Eigenschaften, eines bewußten Willens und thätiger Kraft, auch
wirklich in Willkür und Härte, ja selbst in Grausamkeit ausarten,
so müssen wir nicht vergessen, daß er in einem Zeitalter lebte, in
welchem vor solchen Ausschreitungen nicht zurückschrecken durfte, wer
ein hohes Ziel anstrebte. Auch das gepriesene Geschlecht der Karo=
linger wäre ohne dergleichen, deren bedeutendstes Maaß ihnen zu
Danke freilich Ebruin vorweggeschöpft hatte, nicht zu dem Ziele ge=
langt, welches — seit Arnulf und dem älteren Pippin unläugbar
die Aufgabe ihrer beiderseitigen Nachkommen, — nach · einer Pause
von einigen Jahrzehnten seit dem Untergange Grimoalds, jetzt der
Enkel jener beiden, der mittlere Pippin, um so entschiedener wieder
ins Auge faßte.

Das Leben und die Thaten des mittleren Pippin, des eigent=
lichen ersten Karolingers, sind durch die Phantasien des Verfassers
der Annalen von Metz[4]), eines Mannes, der für das untergehende
karolingische Geschlecht offenbar im hohen Grade interessirt, um das
Jahr 1000 sein Werk abfaßte, in einer Weise entstellt worden,
welche es bis jetzt noch nicht hat gelingen lassen, den ächten Kern
aus der ihn umgebenden Hülse herauszuschälen. Namentlich aber
sind es dieses Pippins Anfänge, von denen er Dinge erzählt, welche
nicht allein für das Verständniß ihrer selbst erschwerend wirkten,

---

[1]) V. S. Drausii Suession. Episc., Bouquet. SS. Tom. III. p. 609 ss. —
Flodoardi hist. Remens. eccles. lib. II. cap. 2.

[2]) Gesta Francor. cap. 45.

[3]) S. Excurs VI.: Die Biographien des heiligen Leudegar von Autun,
und ihr Verhalten gegenüber Ebruin.

[4]) S. Excurs VII.: Die Annales Mettenses.

sondern auch noch auf spätere Jahrhunderte einen nachtheiligen Einfluß übten.

Denn Pippin erscheint bei ihm zunächst zwar ein Knabe an
Jahren, doch ein Heros an Muth, als Rächer seines Vaters Ansegisil an dem Mörder Gundowin, und in Folge dessen von den Fürsten und Vornehmen der östlichen Franken, die einst jener gepflegt
und in hohen Ehren gehalten, zu ihrem Princeps an seiner Stelle
erkoren, zugleich aber als der Erbe seines ohne männliche Nachkommenschaft verstorbenen Großvaters von mütterlicher Seite, des älteren Pippin, in dem Gebiete zwischen dem s. g. Kohlenwalde, der
Maas und den friesischen Inseln. Weil indeß dennoch den jugend-
lichen Schultern des heroischen Knaben die damit aufgebürdete Last
zu groß ist, hilft die Mutter Begga ihm selbige tragen, und wo
auch ihre klugen Rathschläge, die bei dem übrigens frühgereiften
Sohne auf den fruchtbarsten Boden fallen, noch nicht ausreichen,
da tritt ergänzend und festigend, mit dem vollen Gewichte seiner
Weisheit und Heiligkeit der Großvater Arnulf ein, zu geschweigen
von dem befruchtenden Regen himmlischer Lehre, den der Mutter
Schwester, die heilige Gertrud, welche mit der Großmutter Itta zu
Nivelles den Schleier genommen, über die in dem Wonnegefühl
frühzeitiger Macht aufjauchzende Seele des heranwachsenden Knaben
ausschüttet.

Auf Grund dieser Darstellung sind nun zuvörderst die Altersverhältnisse der arnulfingisch-pippinschen Familienglieder, namentlich
des mittleren Pippin selber, durchaus verrückt[1]), die Ermordung Ansegisils ins Jahr 685 und die Rache seines Sohnes an dem Mörder[2]) demnach in eine Zeit versetzt worden, in welcher der zum

---

[1]) S. Excurs VIII.: Einiges über die Altersverhältnisse u. s. w.

[2]) Diese Sache wäre eine That, an sich nicht unmöglich, und wohl entsprechend der Schilderung, welche Paulus Warnefridi (Gesta Langob. lib. VI.
cap. 37. — Gesta Episc. Mettens., Mon. Germ. SS. Tom II. p. 265.) von
dem verwegenen Muthe und der außerordentlichen Kühnheit des „Mannes"
Pippin entwirft; sie ist aber dem „Knaben" Pippin gewiß nur aufgebürdet,
um das beliebte Beispiel des Kampfes Davids mit Goliath sich nicht entgehen
zu lassen. Auch leuchtet es ein, daß die ganze Erzählung der A. M. (Mon. Germ.
SS. Tom. I. p. 315) nichts ist, als eine leichtfertige Verschmelzung von Nachrichten, die an sich keine weitere Beziehung zu einander nicht einmal alle den
mittleren Pippin angehen, zu einem Heldenstückchen, mit welchem der Annalist
wie ein Romanschreiber seinen Mann gleich Anfangs dem Leser gebührend
empfohlen zu haben sich versichert hält. Jene Schilderung des Paulus Warnefridi, wiederholt von dem Verfasser der späteren Biographie Arnulfs (Bolland.
Jul. 18. p. 442), ihr vermuthlich vor dem Annalisten entnommen, und mit ihrer
weiteren Mittheilung über die Ermordung Ansegisils in Eins verwoben, dankt
ihre Pointen jedenfalls der von dem Monachus Sangallensis (Mon. Germ. SS.
Tom. II. p. 758) erzählten Fabel von der Tödtung von Stier und Löwen
durch einen Schlag des Königs Pippin, und daraus namentlich der Anrede desselben an die Großen seines Reiches nach vollbrachter That. Der dort diesen
Großen entgegen gehaltene David der Kleine, der den gewaltigen Goliath schlug,
verhalf unserm Annalisten zu dem Streiche, welchen er die Knabenhand des
mittleren Pippin ausführen läßt. — Bemerkt sei, daß Vita Chrodegangi Ep.
Mett., Mon. Germ. SS. Tom. X p. 552 ss. diese That Pippins theilweise mit
den Worten des Paulus erzählt, ohne sie indeß mit Ansegisils Ermordung in

Manne gereifte, nicht mehr knabenhafte Pippin bereits nahe daran
war, ein schon mehrere Jahre zuvor geschehenes, ihm ungünstiges
Zusammentreffen mit den Neustriern durch die Schlacht bei Tertry
vergessen zu machen. Es ist aber auch weiter seiner ganzen Stellung von ihrem Anbeginn an eine von der Wahrheit weit abweichende Bedeutung gegeben, und dadurch veranlaßt worden, daß später sowohl der Familie der Pippiniden erbliche Liegenschaften in
einem Landestheile, dem sie ursprünglich ganz fremd war, aufgebürdet, als auch deren männliche Häupter vom älteren Pippin an sogar
zu Herzogen von Brabant gemacht wurden.

Vielmehr war der Theil fränkischen Landes, in welchem der
mittlere Pippin jetzt wieder das Banner der beiden in ihm vereinigten Geschlechter erhob, eben derjenige, welcher das Eigengut derselben in sich schloß, zwischen Maas, Mosel und Rhein, und etwa über
den letztern Strom hinaus noch soweit das fränkische Element vor-
wog; und enge in der That waren ihm vor der Hand die Grenzen
gesteckt.

Zunächst im Osten.

Ueber das Verhältniß der überrheinischen Völkerschaften zu den
Königen der Franken besitzen wir nur Zeugnisse, welche im fränkischen
Interesse dasselbe auf den äußersten Grad von Unterthänigkeit hinauf-
schrauben möchten. Aber es hat wohl nur einen einzigen Moment
in der fränkischen Geschichte gegeben, wo ein merowingischer König
über Alamannen, Baiern, Thüringer und Sachsen annähernd solche
Gewalt ausübte, wie sie allen diesen Königen gern beigelegt wird.
Als Dagoberts Regierung unter Arnulfs und Pippins Leitung ihren
Gipfelpunkt erreicht hatte, war dieser Moment gekommen[1]). Denn
damals konnte der vermuthliche Baiernherzog Chrodoald der Agilolfinger wegen seiner Widersetzlichkeit gegen des Frankenkönigs Gebote
zur Rechenschaft gezogen und sogar am Leben gestraft[2]); den Thüringern ein Herzog in der Person Radulfs gegeben[3]), auf die Gesetz-
gebung bei Alamannen und Baiern eingewirkt[4]), den Sachsen der
angeblich schon von Chlothar I. auferlegte Tribut von jährlich fünf-
hundert Kühen abgefordert[5]) und gar die Unterwerfung der Avaren
und Slaven ins Auge gefaßt werden[6]). Aber schon unter Dagobert
hatte sich die Sachlage wieder geändert, und war seitdem die Macht
der fränkischen Könige im Osten in stetem Rückschreiten begriffen.
Samo, vom fränkischen Kaufmann zu einem Fürsten der Wenden
erhoben[7]), hatte Dagoberts Gesandten, welcher Rechenschaft wegen

---

Verbindung zu bringen. Pippin heißt daselbst „sub nomine ducis Galliae
universae praesidens", der Ort der That ist Alamannien.
[1]) Fredeg. chron. cap. 58.
[2]) id. cap. 52.
[3]) id. cap. 77.
[4]) Oben S. 96.
[5]) Fredeg. chron. cap. 74.
[6]) id. cap. 58.
[7]) id. cap. 48.

der Veraubung und Ermordung fränkischer Handelsleute fordern
sollte, mit spöttischen Worten abgewiesen[1]), und der daraufhin gegen
ihn unternommene Feldzug war mißlungen[2]). Die nächste Folge
davon war die Ablösung jenes sächsischen Tributs gegen das Versprechen der Sachsen, die Einfälle der Slaven von dem fränkischen
Gebiete abzuwehren, ein Versprechen, dessen Erfüllung auf sich warten
ließ[3]), eine weitere Folge aber ohne Zweifel die baldige Auflehnung
des Thüringerherzogs Radulf gegen König Sigbert und dessen Selbständigkeit nach einem verunglückten Versuche, ihn zum Gehorsam
zurückzuführen[4]). Auch Baiern war, wie aus der Betheiligung des
Farus, Chrodoalds Sohn, am Aufstande Radulfs hervorgeht[5]), schon
nicht mehr der fränkischen Botmäßigkeit unbedingt gehorsam[6]), und
nur die Alamannen bewahrten noch so lange die Treue gegen ihre
fränkischen Oberherren, bis nach Grimoalds Sturz während des
wüsten Durcheinander der folgenden Jahrzehnte selbst sie derselben
überdrüssig wurden; der mittlere Pippin mußte zunächst an ihren
Herzogen die Erfahrung machen, daß das Ansehn des fränkischen
Namens durch die letzten Wirren bei den Völkerschaften, welche dereinst demselben gefolgt waren, zu nachhaltig erschüttert sei, um ohne
langjährige blutige Kämpfe wiederhergestellt werden zu können.

Und auch im Westen.

Die nochmals ausdrücklich zu Sigberts III. austrasischem Reiche
geschlagenen Landschaften über der Loire und in der Provence[7]) waren
jedenfalls schon bald nach Grimoalds Sturz von dem austrasischen
Reichsverbande wieder abgekommen, war dies doch allem Anscheine
nach jetzt selbst mit dem zu demselben gehörigen Theile der Champagne der Fall, wo wie wir sahen[8]), unter Leitung des Herzogs
Waimar ein angeblicher Sohn Chlothars III. zum Könige ausgerufen
ward. Der Verlauf der Dinge läßt sich hier nicht deutlich erkennen,
nur soviel erfahren wir, daß durch dieselbe Versammlung, welche
Bischof Leudegar von Autun zum Tode verurtheilte, auch Herzog
Waimar seines Herzogthums beraubt wurde[9]). Vermuthlich bemächtigte sich darauf Ebruin desselben; wenigstens finden wir den Bischof

---

[1]) id. cap. 68.
[2]) Vgl. S. 101.
[3]) Fredeg. chron. cap. 74: parum haec promissio sortitur effectum,
tamen tributum Saxones, quod reddere consueverant, praeceptione Dagoberti habent indultum.
[4]) Oben S. 103.
[5]) Fredeg. chron. cap. 87.
[6]) Vgl. Mannert, die Geschichte Bayerns Th. I. S. 53. — Rudhart, Aelteste
Geschichte Bayerns S. 249.
[7]) Oben S. 104. 105.
[8]) Oben S. 116.
[9]) Vita S. Leodeg. auct. Ursino, Bouq. SS. Tom. II. p. 632: Alii vero
episcopi tunc a rege per Ebruinum in ipsa synodo paene similem sortiti
poenam, perpetuo exsilio sunt deputati. Waimerus etiam similem excepit
sententiam cum ceteris.

seiner Hauptstadt Rheims in dem folgenden Kampfe Ebruins gegen den mittleren Pippin noch auf Seiten des erstern.

Gegenüber dieser Zerbröcklung Austers verwuchsen aber nun Neuster und Burgund immer inniger mit einander. Seit dem Tode Warnachars ohne Unterbrechung unter einem Könige vereinigt, und fast ebenso ununterbrochen von einem gemeinschaftlichen Majordomus verwaltet, hatte sich ein Gefühl engerer Zusammengehörigkeit beider zu einander und schrofferen Gegensatzes gegen Auster all= mählich ausgebildet. Wohl war hin und wieder Streit zwischen Bur= gundern und Neustriern entbrannt, niemals indeß hatte es sich dann um eine Trennung, nur um das Uebergewicht neustrischen oder bur= gundischen Einflusses in beiden Reichen zugleich gehandelt, und war wirklich erst jüngst[1]) ein Gedanke an Aufstellung besonderer Majores= domus für beide Länder aufgetaucht, so hatte doch die Bevölkerung keinen Antheil an demselben, der nur von den Parteiführern aufge= worfen wurde. Denn deren jeder glaubte darin einen Anhalt für sich, einen Vorwand gegen seine Widersacher zu finden. Während deßhalb auch von keiner Seite daran gehalten wurde, entwickelte sich im Gegentheil die Macht des über beide Reiche gesetzten Major= domus unter Ebruin zu einer solchen Höhe, daß die Parteien selbst über dessen Lebenszeit hinaus unterdrückt, Neuster und Burgund vollkommen zu e i n e m Körper verschmolzen, sogar schon die benach= barten Landschaften des in Auflösung begriffenen austrasischen Reiches an diesen Körper herangezogen wurden, dessen drohende Masse jetzt das geschwächte Auster zermalmen zu wollen schien, sobald ein Zu= sammenstoß zwischen beiden geschehen würde.

Bereits unter Wulfoalds Regiment hatte sich ein erstes feind= liches Zusammentreffen ereignet[2]) und das Uebergewicht der ver= einigten Neustrier und Burgunder gezeigt. Seitdem war des Zünd= stoffs die Fülle hinzugekommen. Austers König war gestorben, und der einzige lebende Sprößling des königlichen Stammes Theuderich III., König von Neuster und Burgund, dessen Majordomus Ebruin mit Freuden die Gelegenheit ergriff, seine Gewalt über das gesammte Frankenreich auszudehnen, indem er die Anerkennung Theuderichs sei= tens der Austrasier erzwang.

Und hatte Ebruin nicht das vollste Recht auf seiner Seite, während des Karolingers Pippin Stellung in Auster eine durchaus rechtswidrige war, so lange er jenen Merowinger nicht als seinen König anerkannt hatte? Während nun der Rückblick auf Grimoalds Ausgang Pippin ohne Zweifel bewog, die Anerkennung nicht zu ver= weigern, konnte er sie doch nicht in der Weise gewähren, welche Ebruin fordern mochte. Denn von vorn herein hätte er dann, wie auf die Selbständigkeit Austers, so auch auf seine eigene Bedeu= tung in demselben verzichten müssen, und er sollte doch, nachdem er wieder aufgenommen, was seine Ahnen, der heilige Arnulf und der

---

[1]) Oben S. 115.
[2]) Oben S. 117.

ältere Pippin begonnen hatten, als Fortsetzer ihrer Politik, nächst
Austers Selbständigkeit dessen Uebergewicht über Neuster und Bur=
gund im Auge behalten, um somit von Auster her seine und seines
Hauses Macht über das ganze Frankenreich auszubreiten.

Weil aber von der andern Seite her Ebruin dasselbe zu er=
reichen trachtete, konnten er und Pippin nicht lange friedlich neben
einander bestehen; die Waffen mußten entscheiden, wem die Zukunft
gehören solle.

Unter der Führung Pippins und des ebenfalls für einen Karo=
linger gehaltenen Martin[1]) setzte sich im Jahre 680 der austrasische
Heerbann in Bewegung, und war bereits über die Champagne hin=
aus vorgedrungen, deren Wiedergewinnung den Austrasiern zunächst
am Herzen liegen mußte, als ihm an einem Buchenwalde unweit
Laon[2]) Ebruin entgegentrat. Ein blutiges Treffen entspann sich,
aber wiederum wurden die Austrasier besiegt und auf der Flucht zer=
streut. Pippin entkam zwar glücklich, doch Martin, der sich nach
Laon geworfen hatte, ward ein Opfer schändlichen Verraths. Ebruins
Abgesandte, ein gewisser Aegilbert und Bischof Reolus von Rheims,
hatten ihn durch einen Eid sicher gemacht, der deshalb von ihnen
nicht für bindend erachtet wurde, weil sie aus den Reliquienkästchen
die heiligen Gebeine, auf welche er angeblich geleistet ward, zuvor
herausgenommen hatten; er ließ sich verleiten, ihnen zu Ebruin —
wahrscheinlich nach Etreur[3]) — zu folgen, und wurde hier mit all
seinen Begleitern getödtet.

Näher als je schien Ebruin der Verwirklichung seiner kühnsten
Hoffnungen, da fiel er noch vor Ablauf eines Jahres nach jenem

---

[1]) Er soll ein Sohn Chlodulfs gewesen sein, doch ließe der Wortlaut der
Gesta Francor. cap. 46: Martinus et Pippinus junior filius Ansegisoli,
noch eher schließen, er sei ein älterer Bruder Pippins gewesen, wenn nicht der
Zusatz „junior" richtiger diesen Pippin als den jüngeren von dem ältern unter=
scheiden soll.

[2]) **Gesta Francor.** cap. 46. Die Lesarten sind hier sehr schwankend, wes=
halb auf die verschiedensten Ortsnamen in der Umgegend Laons geschlossen
worden ist. Ohne Zweifel nicht unrichtig bezeichnet aber Nic. le Long, Histoire Ecclésiastique et Civile du Diocèse de Laon, Châlons 1783. p. 92,
Bovs-Fay près de Marle in Uebersetzung des Lateinischen Luco-Fago als den
Ort der Schlacht. Die französische Generalstabskarte weist ebenfalls in nicht
zu großer Entfernung von Marle, fast östlich von Laon, am Ausgange der von
dieser Stadt über Eppes, Sissonne, Lappion und Le Gros Dizy führenden und
hier sich theilenden Straße, also wenige Meilen von Laon, eine königliche Forst
des Namens Bois Royal du Fays nach. Daß hierin ein sehr alter Name sich
erhalten habe, und wirklich in beiden Bezeichnungen, Luco-Fago und Bois du
Fays, nichts als eine Uebersetzung der einen aus der andern vorliege, ist ebenso
wahrscheinlich wie die einstige Ausdehnung des Buchenwaldes, dessen Rest das
heutige Bois-Royal du Fays ist, weit westlich über Laon hinaus, wo dann die
Schlacht geschlagen sein mag. Vgl. Digot, Hist. du roy. d'Austrasie Tom. IV.
p. 78. 79.

[3]) Auch hier ist der Ort zwischen so vielen Punkten streitig als Lesarten
sind. Wir geben auf Grund der Lesart Ertreco villa dem Dorf Etreux bei
Vervins, im Nordosten von Laon den Vorzug. Vgl. Digot p. 80. — In der
französischen Uebersetzung zu Do Dynter Chronique Tom. I. p. 34 heißt es:
au pays de Lannois on ung castel nommé Mont-le-Heri.

Siege durch das Schwert des Franken Ermenfried [1]). Der Mörder
eilte nach vollbrachter That Zuflucht suchend nach Auster, und fand
daselbst bei Pirpin bereitwillige Aufnahme, denn diesen hatte er des
gefährlichsten Gegners entlebigt, dem er in Kurzem zu erliegen be-
fürchten mußte.

Indeß wirkte bei Ebruins Tode der Erfolg seiner Waffen gegen
Pippin noch soviel nach, daß dieser mit dem neuen Majordomus von
Neuster und Burgund, Waratto, einen Vergleich eingehen mußte [2]), der
sich aber vermuthlich nur auf die Anerkennung Theuderichs beschränkte.
Wenigstens erhob Waratto's von zügellosestem Ehrgeize getriebener
Sohn Gislemar, dessen Ränke sogar den eignen Vater aus seinem
Amte verdrängten, bald wieder die Waffen gegen Pippin. Entweder
aber waren die Kämpfe, welche zwischen beiden stattfanden, ohne besondern Erfolg, oder wurden, bevor sie einen solchen haben konnten,
durch Gislemars plötzlichen Tod unterbrochen [3]). Waratto kehrte darauf noch einmal für kurze Zeit in sein Amt und das frühere fried-
liche Verhältniß zu Pippin zurück [4]), und als er im Jahre 686 starb,
wurde unter dem Einflusse seiner hinterbliebenen Gemahlin Ansfled
sein Schwiegersohn Berthar Majordomus [5]). Klein von Gestalt und
beschränkten Verstandes, dabei unzuverlässig und hochfahrend, ver-
scherzte dieser gar bald durch geringschätzige Begegnung den Rath
und die Freundschaft von Männern, mit denen selbst Ebruin zusam-
menzuhalten nicht verschmähte. Bischof Reolus von Rheims, dessen
Verrath nach der Schlacht am Buchenwalde Martin in Ebruins
Hände lieferte, kehrte nebst andern Berthar den Rücken und ging zu
Pippin über.

Diese Verstärkung, welche, wie der Anschluß des Bischofs von
Rheims zu folgern berechtigt, hauptsächlich in der Rückkehr der
Champagne in den austrasischen Verband bestanden haben mag,
machte es aber Pippin nicht allein möglich, entschiedener aufzutreten,
sondern gab ihm geradezu den Anlaß zu neuen Kämpfen, mögen
nun die Uebergetretenen ihn gegen den Majordomus Theuderichs,
wie der Chronist [6]) erzählt, aufgereizt, oder mag dieser Majordomus
die Absicht gehegt haben, sowohl den Uebertritt zu strafen, als auch
aus demselben den Vorwand zu nehmen, um der allerdings außer-
gewöhnlichen Stellung Pippins in Auster ein Ende zu machen.
Denn außergewöhnlich blieb dieselbe immer, wenn auch Waratto
einen Vergleich mit ihm eingegangen war, der auf eine Anerkennung
des Königs Theuderich abzielte, so zwar gewiß nicht, wie die
A. M. [7]) sie machen möchten, doch jedenfalls ebensowenig ähnlich der

[1]) Gesta Francor. cap. 47.
[2]) ib. cap. 47.
[3]) ib. cap. 47.
[4]) ib. cap. 48.
[5]) ib. cap. 48 ; Fredeg. contin. cap. 99.
[6]) Fredeg. contin. cap. 99: super Bercharium vel reliquam partem
eorum concitant.
[7]) Mon. Germ. SS. Tom. I. p. 316. 318.

des Majordomus, und wohl eher vergleichbar der des Herzogs bei
den Alamannen, Baiern oder Thüringern, wie dieselbe sich seit Dagobert gestaltet hatte, sich gründend auf ein gewisses Ansehn der
Familie in Folge ausgedehnten Güterbesitzes und amtlicher Landes-
verwaltung durch frühere Geschlechtsgenossen. Daher auch nicht ganz
unrichtig an einer Stelle[1]) gesagt wird, der Alamannenherzog Gottfried sowie die übrigen Herzoge der anwohnenden Völkerschaften, seit
sie den merowingischen Königen nicht mehr gehorchen sollten, wollten
auch nicht den carolingischen Herzogen der Franken gehorsam sein;
natürlich, denn sie erachteten dieselben für ihresgleichen, zumal gegenwärtig nicht einmal der Titel des Majordomus — als Stellvertreter
des Königs in Auster — ihnen eine gewisse Berechtigung gab, die
fränkische Oberhoheit, die doch meist nur eine sehr zweifelhafte war,
geltend zu machen. Auch wissen wir nichts davon, daß der mittlere
Pippin wirklich schon, bevor er den in Neuster thronenden Merowinger in seine Gewalt gebracht hatte, und, wie es ausdrücklich[2])
heißt, Majordomus geworden war, sich mit den Herzogen der deutschen Völkerschaften zu schaffen gemacht hätte; sein Augenmerk war
offenbar so lange vor Allem nach dem Westen gekehrt, bis er dort
Herr geworden.

Die Schlacht bei Tertry[3]) am Omignon bahnte Pippin im
Jahre 687 den Weg dazu, entschied aber keinesfalls die Frage
wegen der Herrschaft im gesammten Frankenreiche in einer Weise,
wie solche die A. M.[4]) belieben, indem sie die bekannte Schilderung
Einhards[5]), welche dieser ohne bestimmte Bezeichnung eines Königs
oder Majordomus braucht, und zuerst der s. g. Erchambert[6]) in
seiner kurzen Uebersicht auf den mittleren Pippin anwendet, mit
sichtlichem Behagen für dessen Verhältniß zu seinem Könige in
Folge jener Schlacht ausbeuten.

Auch hier sind Neuere dem Vorgange der A. M. gefolgt, und
so hören wir denn, von nun an habe der merowingische König sein
nichtiges Dasein, fern von Regierungsgeschäften und streng bewacht,
doch unter Wahrung der äußern Achtung, auf dem königlichen
Hofgute Montmacq — am linken Ufer der Oise zwischen Noyon
und Compiegne — gefristet, und nur einmal alljährlich sei er aus
seiner Abgeschlossenheit hervorgeholt, und auf den Thron seiner
Väter gesetzt worden, um dem nach alter Sitte zu dem s. g. März-
felde aus allen Gauen des Reiches zusammenströmenden Volke ge-

---

[1]) Erchamberti breviar., Mon. Germ. SS. Tom. II. p. 328: Cotefridus
dux Alamannorum caeterique circumquaque duces noluerunt obtemperare
ducibus Franchorum eo quod non potuerint regibus Meroveis servire.

[2]) Gesta Francor. cap. 48: Posthaec Pippinus cum Theuderico rege
coepit esse Princeps regiminis ac Majordomus.

[3]) ib. cap. 48. — Ueber die farbenreiche Ausmalung dieses Zusammentreffens Pippins mit Theuderich in den A. M. s. Excurs VII: die Annales
Mettenses.

[4]) Mon. Germ. SS. Tom. I. p. 320.

[5]) ib. Tom. II. p. 443. 444.

[6]) ib. Tom. II. p. 328.

zeigt zu werden, die üblichen Geschenke in Empfang zu nehmen, den
Heerbann zu mustern, und über Rechtsverletzungen und Unbilden
jeder Art nach Eingebung seines Majordomus zu entscheiden; wenn
dies geschehen, sei er wieder auf Jahresfrist verschwunden, der Majordomus aber habe die Interessen des Reiches nach Innen und Außen
wahrgenommen, Gesandte von aller Welt Enden her empfangen und
wieder dahin ausgesendet, und Frieden und Freundschaft mit allen
Völkern und Reichen weit und breit gehalten.

Vortrefflich wäre es um das Frankenreich bestellt gewesen, ein
goldenes Zeitalter für dasselbe angebrochen, hätte es sich wirklich so
verhalten, wie uns diese Schilderung glauben machen soll. Möge
aber der merowingische König fortan noch so sehr in den Hintergrund getreten sein — Schattenkönige waren die Merowinger ja
schon längst —, so ist doch zuvörderst die Erzählung von seiner
Einschließung zu Montmacq eine Fabel, wie aus den Urkunden
der Nachfolger Theuderichs III. deutlich hervorgeht. Denn den Tagen
ihrer Ausstellung nach über das ganze Jahr verstreut, erweisen sie
den häufig wechselnden Aufenthalt der Könige, die bald und am
Häufigsten zu Compiegne bald zu Montmacq, außerdem jedoch noch
an mancherlei Orten, wie zu Paris, Soissons, Valenciennes, Bourges
und anderwärts zu den verschiedensten Jahreszeiten zu finden sind.[1]

---

[1] Brequigny Diplom. Tom. I. p. 322 ss.

A.	691.	Aug.	12.	Captunnaco.
„	692.	Mai.	5.	Noviginto.
„	„	Jun.	5.	Noviginto.
„	„	„	25.	Namucho.
„	„	Sept.	1.	Compendio.
„	„	Nov.	1.	Lusarcha.
„	693.	Febr.	28.	Valencianis.
„	695.	Dec.	13.	Compendio.
„	„	„	23.	Compendio.
„	696.	Apr.	8.	Noviginto.
„	697.	Mart.	14.	Compendio.
„	„	Apr.	3.	Compendio.
„	„	„	6.	Bituricas.
„	703.	Febr.	25.	Oarracciaco.
„	706.	Mart.	2.	Mamaccas.
„	709.	Apr.	8.	Orisciaco.
„	710.	Dec.	13/14.	Mamaccas.
„	711.	Febr.	10.	Mamaccas.
„	713.	Mart.	2.	Mamaccas (als untergeschoben verdächtig).
„	716.	Febr.	29.	Compendio.
„	„	Mart.	7.	Compendio.
„	„	„	16.	Compendio.
„	„	„	25.	Compendio.
„	„	Apr.	29.	Compendio.
„	717.	Febr.	28.	Compendio.
„	„	Apr.	24.	Parisius.
„	„	Jun.	8.	Compendio.
„	721.	Mart.	3.	Suessionis.
„	„	Nov.	10.	Confelentis.
„	723.	Mart.	1.	Valencianis.
„	726.	Mart.	3.	Pontegune.
„	727.	Jul.	12.	Gundulfivilla.

Ueberdies wird auch Berthars Verbleiben im Amte eines
Majordomus an Theuderichs Seite noch über Jahresfrist[1]) urkundlich bestätigt; vollständig Herr konnte aber Pippin selbstredend erst
dann sein, wenn ihm die Beseitigung dieses Majordomus und die
Ersetzung durch einen ihm ergebenen Mann gelungen war. Um
dahin zu gelangen, scheint er nun noch andrer Mittel und Wege
bedurft und sich derselben auch bedient zu haben.

Großen Einfluß besaß damals die einer mächtigen, an den Ufern
der Seine von Paris abwärts bis zu deren Mündung reich angesessenen Familie[2]) angehörende, hinterlassene Gemahlin des einstigen
Majordomus Waratto, Ansfled; sie hatte ihren Schwiegersohn Berthar zu dieser Würde erhoben[3]), und konnte ihn, dessen niemals
allzufeste Stellung seit der Niederlage bei Tertry gewiß noch wan-
kender geworden war, ebenso wieder stürzen. Der Preis, welchen
Pippin ihr dafür bot, war in der That kein geringer, die Ver-
schwägerung mit seinem Hause, dessen Stern ersichtlich im Aufsteigen
begriffen war, welches Auster bereits unbeschränkt beherrschte, und
um Neuster und Burgund ohne weiteres Blutvergießen auf möglichst friedlichem Wege, dafür dann aber auch um so sicher gleichfalls in seine Gewalt zu bringen, eben noch Ansfleds Hülfe bedurfte,
und ihr reichlichen Entgelt in Aussicht stellte. Auf Ansfleds Veranstalten wurde daher Berthar ermordet[4]), und Pippin, jetzt Majordomus Theuderichs, befestigte durch Vermählung einer Tochter derselben, Adaltrud oder Anstrud — die A. M.[5]) nennen sie die Wittwe
Berthars — mit seinem ältesten Sohne Drogo[6]) die neue Er-

---

[1]) Am 30. Oct. 688 ist Berthar noch Majordomus, denn es heißt im
Diploma Theoderici III. R. Fr. quo villam Latiniacum concedit S. Dionysii
monasterio, Brequ. Dipl. Tom. I. p. 309 n. 209: ad suggestione prae-
celsae reginae nostrae Chrodechilde, seo et inlustri viro Berchario Majoremdomus nostro. — Auch sagen die Gesta Franc. cap. 48: Procedente
itaque tempore ipse Bertharius ab adulatoribus suis occisus est instigante
Ansflede.

[2]) Dies läßt sich wenigstens aus den Schenkungen des Erzbischofs Hugo,
Enkels der Ansfled, an das Kloster St. Wandrille schließen; Gesta Abb. Fontanell., Mon. Germ. SS. Tom. II. p. 280. 281. — Die ebb. p. 276 dem
mittleren Pippin zugeschriebenen Schenkungen betreffen jedenfalls fiskalische Güter.

[3]) Oben S. 124.

[4]) Gesta Francor. cap. 48.

[5]) Mon. Germ. SS. Tom. I. p. 321.

[6]) Den hier übereinstimmenden Angaben des Fredeg. cont. cap. 99. 100,
der Gesta Abb. Fontan. l. l. p. 280, und darnach der A. M. l. l. p. 321
entgegen steht eine Urkunde: Childeberti III. R. praeceptum de Nocito villa
ad monasterium Tussonis-vallis pertinente c. a. 697. Mart. 14. datum, Bouq.
SS. Tom. IV. p. 676; Brequ. Dipl. Tom. I. p. 347 n. 238. Darin heißt es:
Drogo contra opponebat, eo quod socer suos inluster vir Bercharius con-
dam ipsa villa de ipso Magnoaldo concamiasit et eidem justissime ad parte
conjuge sui Adaltrutae ligibus reddeberetur. Eigenthümlich aber ist nun,
daß während wegen mangelnden Beweises diese villa Nocitum angeblich am
14. März 697 dem klagenden Kloster zugesprochen wird, ein andres Diploma
Chlodovei III. R. Fr. quo villam Nocitum monasterio S. Dionysii ab An-
gantrude concessam in placito asserit, a. 692. Nov. 1., Brequ. Dipl. Tom.
I. p. 333 n. 227, also nur wenige Jahre älter, in demselben barbarischen La-

rungenschaft, bestellte gewissermaßen zu seinem Vertreter bei dem
Könige Theuderich einen treuen Anhänger seines Hauses, Nortbert
mit Namen[1]), und kehrte ohne Furcht vor dem etwaigen Wieder-
erstehen einer Gegenpartei in den neustrisch-burgundischen Landen,
Herr und Gebieter im gesammten Frankenreiche, nach Auster zurück.
Bald darauf ums Jahr 691 starb König Theuderich III., und es
folgten demselben nacheinander zwei Söhne, Chlodwig III. bis zum
Jahre 695[2]), und Childebert III. bis zum Jahre 711[3]), deren beider Dasein in gänzlicher Bedeutungslosigkeit verlief.

Unter des Letztern Schattenkönigthum starb Nortbert ums
Jahr 696[4]), und Pippin, der seinen ältern Sohn Drogo bereits zuvor[5]) zum Herzog der Champagne bestimmt hatte, setzte jetzt an
Nortberts Stelle den jüngern Grimoald, der wenn wir einer Urkunde, angeblich vom 13. Dezember 710, Glauben schenken dürfen,
zugleich Graf von Paris war[6]). Was die A. M.[7]) über diese Bestallung der Söhne Pippins Abweichendes von den Quellen bringen,
beruht auf der Verschmelzung des wahren Sachverhalts mit einem
Vorkommniß aus der zweiten Hälfte des zehnten Jahrhunderts. In
dieses gehören aber ebenfalls die laut Aussage der A. M.[8]) um
Pippins Freundschaft werbenden Gesandschaften der Griechen und
Römer, Langobarden, Hunnen (Ungarn?), Slaven und Saracenen,
während die Nachricht[9]) von der sogleich nach der Schlacht bei
Tertry begonnenen Wiederunterwerfung der Sachsen, Friesen,
Alamannen oder Schwaben[10]), Baiern, Aquitanier, Basken und
Bretonen höchstens insoweit eine Wahrheit ist, als der mittlere
Pippin, der mit den genannten Völkerschaften, Friesen und Alaman-
nen ausgenommen, noch gar nichts zu schaffen hatte, durch seine
Kämpfe mit denselben den Anfang machte, sie unter die fränkische
Herrschaft theils zurückzuführen theils neu zu beugen. Letzteres na-
mentlich in Rücksicht der Friesen!

---

tein, mit denselben Eingangsworten und sonstigen wörtlichen Uebereinstimmungen
vorhanden ist.

[1]) Gesta Francor. cap. 48.
[2]) ib. cap. 49.
[3]) ib. cap. 49. 50.
[4]) ib. cap. 49.
[5]) ib. cap. 48.
[6]) Placitum Childeberti III. R. Fr., quo adjudicat S. Dionysio telone-
um integrum nundinarum, quae de vico S. Dionysii translatae fuerant
Parisios, inter S. Laurentii et S. Martini Basilicas, Brequ. Dipl. Tom. L
p. 388 n. 261: dicebant quasi agentes ipsius viro Grimoaldo Majoremdomus nostro, etiam a Comis de ipso pago Parisiaco .... — Germonius
Veter. reg. Fr. Dipl. Tom. I. p. 239 erklärt dies Diplom für gefälscht, weil
darin Childebert seinen Vorgänger Chlothachar statt Chlodowech nennt. Es
scheint gleichen Ursprungs mit den Diplomen bei Brequ. Dipl. Tom. I. p. 333
n. 227, und p. 347 n. 238 zu sein; vgl. S. 127 Anm. 6.
[7]) Mon. Germ. SS. Tom. I. p. 321; s. Excurs VII: Die Annales
Mettenses.
[8]) ib. p. 320; s. Excurs VII.
[9]) ib. p. 320; s. Excurs VII.
[10]) Die A. M. wechseln in der Benennung.

In dem Volke der Friesen waren seit Kurzem unter Führung
ihres Fürsten Radbod dem Frankenreiche neue Feinde erstanden, die
hinter ihren Erdwällen im Laufe der Zeit erstarkt, jetzt sich über
dieselben hinauswagten, und das fränkische Gebiet zu beunruhigen
anfingen [1]). Wann sie zuerst mit den Franken handgemein wurden,
und wann namentlich auch der mittlere Pippin seinen ersten Heereszug gegen die Friesen unternahm, läßt sich nicht feststellen. Die
A. M. [2]), welche ein Zusammentreffen Pippins mit Radbod unmittelbar nach der Schlacht bei Tertry und die Bewältigung des letztern
beim ersten Anlauf Pippins geschehen lassen, stimmen nicht mit den
Angaben anderer Berichterstatter. Wir müssen deshalb die Richtigkeit dieser Angabe, so lange sie nicht anderweitig beglaubigt ist, in
Zweifel ziehen, und begnügen uns mit der Auskunft unsrer sonstigen
Quellen [3]), nach mannichfachen Irrungen und Kämpfen sei es endlich — man will berechnen im Jahre 689 [4]) — zu einer entscheidenden Schlacht gekommen, und Radbod bei Wyk=te=Duerstede, einem
schon frühzeitig als Landungsplatz für die von London kommenden
Schiffe wichtigen Orte, nachdrücklich aufs Haupt geschlagen worden.

Einschließlich der s. g. Betuwe mag wohl damals das Land
den Franken zugefallen sein [5]). Möglicherweise sogar eine Anerkennung fränkischer Oberhoheit, jedenfalls wenigstens ein mehrjäh-
riger Friede und freundschaftliche Annäherung der Häupter beider
Völkerschaften war die Folge dieses Ereignisses. Denn wir finden [6])
ums Jahr 710 eine Tochter Radbods, Teutsinda, als Gemahlin
Grimoalds, dem zuvor schon von einem Kebsweibe ein Sohn Theudoald geboren war. [7])

Aber auch dieses Ehebündniß zwischen dem friesischen Fürsten-
hause und dem voraussichtlichen dereinstigen Gebieter über das
Frankenreich konnte die Friesen nicht mit dem Gedanken aussöhnen,
nur den kleinsten Theil ihrer Freiheit an einen fremden Herrn
verloren zu haben, der überdies ein Verächter ihrer Götter war.
Daher waren gewiß nicht allein politische, sondern auch religiöse
Beweggründe im Spiele, als im April des Jahres 714 [8]) der an
das Krankenbett des Vaters eilende Grimoald in der Kirche des
heiligen Lambert zu Lüttich durch den Mordstahl des Friesen Rant-
gar tödlich getroffen wurde. [9])

Es war dies das zweite Mal, daß den bereits alternden Pippin

---

[1]) Vita S. Bonifatii auct. Willibaldo presbyt., Mon. Germ. SS. Tom. II.
p. 338. 339.
[2]) Mon. Germ. SS. Tom. I p. 320; s. Excurs VII: Die Annales
Mettenses.
[3]) Gesta Francor. cap. 49; Fredeg. contin. cap. 102.
[4]) Vgl. darüber Rettberg, Kirchengesch. Deutschlands Bd. II. 503. 518,
und Vita S. Willibrordi Episc. Traj. auct. Alcwino, Mabill. sec. III. ps. 1.
p. 607 n. a.
[5]) Oben S. 73.
[6]) Gesta Francor. cap. 50.
[7]) ib. cap. 49.
[8]) Annal. S. Amandi, Mon. Germ. SS. Tom. I. p. 6.
[9]) Gesta Francor. cap. 50.

der Tod eines seiner Söhne schmerzlich berührte. Denn schon war sein ältester Sohn Drogo, von einem heftigen Fieber ergriffen[1]), im Frühjahr 708[2]) gestorben und in der Kirche des heiligen Arnulf zu Metz beigesetzt worden[3]). Ihm soll damals nach dem Berichte der A. M.[4]) auf Anordnung des Vaters Grimoald in seinem Principate gefolgt sein, welche Angabe jedoch augenscheinlich nur auf der Tendenz ihres Verfassers beruht, von Anfang an überall eine erbliche Nachfolge der karolingischen Familienmitglieder wie in angestammte Herrschaften zu betonen.[5])

Mit Grimoald aber starb ein Mann, als dessen hervorstechende Eigenschaften uns Frömmigkeit, Demuth und Gerechtigkeitsliebe besonders gerühmt werden[6]), und welcher, darnach zu urtheilen, seine Familie sowie das Land zu den schönsten Hoffnungen berechtigen mochte, dessen Tod jedoch gerade rechtzeitig genug erfolgte, um den Verwicklungen vorzubeugen, welche zwischen ihm und seinem Halbbruder Karl, dem Sohne Alpheids[7]), nicht hätten ausbleiben können. Grimoalds Sohn, Theudoald, den der sterbende Großvater mit den Würden des Ermordeten bekleidete[8]), war gewiß leichter zu bewältigen, wenn er gleichwohl nicht mehr das Kind war, zu welchem ihn die A. M.[9]) machen; ganz andere Folgen hätte vermuthlich ein Zusammenstoß Grimoalds und Karls ergeben. Welches Pippins Absichten in Betreff dieser beide Söhne gewesen, läßt sich natürlich nicht ergründen, aber eine Theilung der Gewalt, wie solche später geschah, konnte er unmöglich schon im Sinne haben; sie hätte das Gedeihen des Reiches von Neuem gefährdet, und die Zukunft seines Geschlechts bei seinem eigenen Abscheiden noch einmal in Frage gestellt.

Pippins letzte Jahre hatten Kriegszüge gegen die Alamannen in Anspruch genommen, deren Herzog Gottfried bis zu seinem Tode im Jahre 709 sich unabhängig zu behaupten gewußt hatte[10]). Sein Nachfolger Wiliacher[11]) sollte nun gezwungen werden, in das Ver-

---

[1]) Fredeg. contin cap. 102.
[2]) Annal. S. Amandi, Tiliani, Petaviani l. l. p. 6. 7. — Als abweichende Angabe findet sich in den Gesta Abbat. Fontan., Mon. Germ. SS. Tom. II. p. 280: a. 707. indictione quinta, tempore veris.
[3]) Gesta Francor. cap. 49; Fredeg. contin. cap. 102.
[4]) l. l. p. 321: cui in principatum germanus ejus Grimoaldus, Pippino genitore suo ordinante, succedit
[5]) S. Excurs VII: Die Annales Mettenses.
[6]) Gesta Francor. cap. 50.
[7]) ib. cap. 49.
[8]) ib. cap. 50.
[9]) Mon. Germ. SS. Tom. 1. p. 322. Nachdem aus der Cont. Fredeg. cap. 104 die Worte Theodoaldus filius ejus parvulus aufgenommen, heißt es weiter: Plectrudis . . . . cum infantulo muliebri consilio tanti regni habenas tractare praesumebat, und endlich: Th. non multo post tempore vitam innocentem finivit. — Gesta Franc. cap. 50 deuten das Alter nicht an, welches wir auf mindestens 25 Jahre schätzen.
[10]) Erchamberti breviar. l. l. p. 328; Ann. Lauresham., Alamann., Nazar., Mon. Germ. SS. Tom. I. p. 22. 23.
[11]) Ann. S. Amandi, Petav. l. l. p. 6. 7.

hältniß der Abhängigkeit vom fränkischen Reiche zurückzutreten, in welchem die Alamannen einst gestanden[1]). Zweimal in den Jahren 709 und 710 hatte Pippin noch in Person den fränkischen Heerbann in das Land der Alamannen geführt[2]), aber wohl ohne die großartigen Erfolge zu erzielen, welche ihm die Ueberschwänglichkeit der A. M.[3]) hier wiederum zuschreibt; wozu wären sonst in den folgenden Jahren 711 und 712 erneute Heereszüge unter der Führung Walarichs[4]) und Anderer[5]) nöthig gewesen? Vielleicht unterwarfen sich jetzt die Alamannen wenigstens zum Schein, um der jährlich wiederkehrenden Heimsuchung ihres Landes durch fränkische Schaaren vor der Hand ein Ziel zu setzen; vielleicht war es auch nur eine Folge der zunehmenden Kränklichkeit Pippins, daß in den Jahren 713 und 714 alle Unternehmungen nach Außen ruhten, denn ohne Zweifel hatte körperliche Schwäche Pippin bereits gehindert, die Angelegenheiten der Jahre 711 und 712 persönlich zu leiten.

Nun lag er krank zu Jupille[6]), einem königlichen Hofgute am rechten Ufer der Maas unterhalb Lüttich, und eben hatte er seinen Sohn Grimoald an sein Krankenlager berufen, als dessen Ermordung geschah. Auf die Kunde davon — so erzählen die A. M.[7]) — habe Pippin sich noch einmal aufgerafft, um die Mörder zu strafen; aber Andere[8]) wissen nur zu sagen, daß er den Sohn des Ermordeten, Theudoald, zum Majordomus des seit dem Jahre 711 den Namen eines Königs führenden Dagobert III. bestellt habe, und wenige Zeit darauf am 16. Dezember 714 verschieden sei.[9])

Eine thatenreiche, von Erfolgen gekrönte Laufbahn lag hinter Pippin. Schritt für Schritt hatte er das Ansehn und den Einfluß wiedererobert, deren sein Geschlecht unter jenen beiden großen Ahnherrn, dem heiligen Arnulf und dem älteren Pippin, sich erfreut hatte. Das eigentlich fränkische Land, Auster, Neuster und Burgund, stand jetzt kaum anders denn als ein Erbgut zu seiner Verfügung, und hatte er auch im Südwesten, in Aquitanien, bisher noch dulden müssen, daß ein eignes Herzogsgeschlecht sich daselbst unabhängig von dem Gebieter des Frankenreiches geberdete, so hatte er dafür doch bereits im Osten und Norden dem fränkischen Namen wieder Raum und Geltung geschafft, und durch seine politischen Erfolge zugleich eine Wiederaufnahme religiöser Bestrebungen bei den noch heidnischen Rheinanwohnern ermöglicht.

---

[1]) Oben S. 120. 121; Erchamb. breviar. l. l. p. 328.
[2]) Ann. S. Amandi, Tiliani, Petav. l. l. p. 6. 7.
[3]) l. l. p. 321. 322.
[4]) Ann. S. Amandi, Tiliani l. l. p. 6.
[5]) ib. p. 6: a. 712. quidam episcopus duxit exercitum. — Adonis chronicon, Mon. Germ. SS. Tom. II. p. 318: A n e p o s episcopus, secularis conversationis vir, duxit exercitum, beruht vermuthlich nur auf einer falschen Lesart; vgl. Waitz Verfassgesch. Bd. III. S. 20 N. 4.
[6]) Fredeg. contin. cap. 104.
[7]) p. 322.
[8]) Gesta Francor. cap. 50; Fredeg. contin. cap. 104.
[9]) Gesta Francor. cap. 51; Fredeg. contin. cap. 104; Annal. S. Amandi, Tiliani, Petav. l. l p. 6. 7.

Mit welcher Zähigkeit diese Völkerschaften an ihrem alten Glauben
festhielten, zeigt noch um die Mitte des achten Jahrhunderts der
Märtyrertod des heiligen Bonifacius bei den Friesen, zeigen noch
später die Kämpfe Karls des Großen gegen die Sachsen. Bei diesen
wie bei jenen war ein Einwirken auf ihre religiösen Anschauungen
frühzeitig wohl versucht worden, aber solche Bekehrungen, wie sie
dem heiligen Faro, Bischof von Meaux[1]), schon zu Chlothars II.
Zeit in einer Nacht an einigen Sachsen gelungen sein sollen, denen
sich dadurch die Aussicht eröffnete, ihre auf den andern Morgen festge-
setzte Hinrichtung abzuwenden, können eigentlich garnicht in Anrechnung gebracht werden, und mögen einen nur höchst oberflächlichen Begriff vom Christenthume unter ihren Stammesgenossen verbreitet haben; und die Versuche, die der heilige Amandus[2]) unter Dagobert I. in den friesischen Gauen anstellte, waren gewiß von ebenso
wenig dauerndem Erfolge wie dieses Königs angebliche Stiftung
einer Capelle zu Utrecht. Während aber in der Folgezeit außer der
durchaus sagenhaften Erzählung von den beiden Ewalden, dem
schwarzen und dem weißen, wie sie nach der Farbe ihrer Haare
unterschieden wurden[3]), bei den Sachsen von keinen weiteren Bemühungen um ihr Seelenheil von Seiten christlicher Glaubensboten
verlautet, kam unter dem mittleren Pippin der auf Verwendung Plectruds mit der einst nach ihm, später Kaiserswerth, genannten Rhein-
insel begabte heilige Suibert etwa im Beginn des achten Jahrhunderts aus England herüber, und wirkte, wenn auch nicht unmittelbar
unter dem Volke der Sachsen, so doch auf einem Boden, der ihnen
bald darauf durch Eroberung zufiel, im Gau der Brukterer an der
mittleren Ems. Zwar störte diese Eroberung das Wirken Suiberts,
und zerstreute die um ihn gebildete christliche Gemeinde[4]), doch mögen
trotzdem gewisse Nachwehen seiner Anwesenheit und des Vorhanden-
seins einer christlichen Gemeinschaft noch den Sachsen gegenüber sich
geltend gemacht haben.[5])

Bei den Friesen dagegen trieb den Angelsachsen Willibrord der
fromme Eifer, in Begleitung von zwölf Gefährten das Werk des
heiligen Amandus und Anderer nach ihm[6]) wieder aufzunehmen,
oder wohl besser von vorn zu beginnen[7]). Der Einfluß Pippins
nach dem Siege bei Wyk-te-Duerstede vermittelte ohne Zweifel eine

---

[1]) Vita S. Faronis Episc. Meldens., Mabill. sec. II. p. 607; vgl. Rettberg, Kirchengesch. Bd. II. S. 394. 395.
[2]) Vita S. Amandi Episc. Traject. auct. Baudemundo, Mabill. sec. II.
p. 714; vgl. Rettberg, Kirchengesch., Bd. II. S. 506 ff. 527 ff.; Neander, Allgem.
Gesch. d. christl. Religion und Kirche. Bd. III. S. 55 ff.
[3]) Rettberg Bd. II. S. 397. 398.
[4]) Bedae histor. eccles. gentis Anglorum lib. V. cap. 11, Monum.
histor. Britann. Tom. I. p. 259: dispersi sunt quolibet hi qui verbum re-
ceperant.
[5]) Rettberg Bd. II. S. 395.
[6]) Rettberg Bd. II. S. 508 ff.
[7]) Vita S. Willibrordi Episc. Traject. auct. Alcwino, Mabill. sec. III.
ps. 1. p. 607. 608; Rettberg Bd. II. S. 518 ff. 528.

nachsichtigere Aufnahme Willibrords von Seiten Rabbods. Aber wenn auch auf Veranlassung Pippins von Papst Sergius zum Bischof für Friesland geweiht[1]), hat Willibrord bei dessen Lebzeiten schwerlich schon zu Utrecht seinen Bischofssitz gehabt, vielmehr mag seine ganze Wirksamkeit auf dem noch unter Rabbods Herrschaft stehenden friesischen Boden kaum mehr als ein vorläufiger Durchzug durch das Land gewesen sein[2]). Nachhaltigere Früchte hat sein Wirken indeß in den Landen an der mittleren Maas und Mosel getragen, wo namentlich das von Pippin und Plectrud reich bedachte, Willibrords Leitung untergebene Kloster Echternach an der Sure, der eigentliche Mittelpunkt seiner Missionsthätigkeit[3]), sowohl sein Andenken bewahrt hat, als auch unter anderen bedeutenden Schenkungen Zeugniß[4]) ablegt von dem frommen Sinne des mittleren Pippin, welcher über seinem unbeirrten Vorgehen gegen sein gestecktes Ziel niemals dessen vergaß, der die Erfolge giebt, wenn es auch eine Sage sein mag, daß er in christlicher Demuth alljährlich beim Beginn der vierzigtägigen Fasten die Abzeichen seiner Würde von sich gethan habe, und einem Büßenden gleich mit nackten Füßen zu den Heiligen Wiro und Plechelm auf den Odilienberg gestiegen[5]) oder am Grabhügel des heiligen Trudo niedergekniet sei, Gott Rechenschaft über sein Thun abzulegen und seiner Sünden Vergebung zu erflehen.[6])

---

[1]) V. S. Willibr., Mabill. p. 607.; Bedae hist. eccl. l. l. p. 258.
[2]) Rettberg Bd. II S. 520.
[3]) Rettberg Bd. II. S. 518.
[4]) Oben S. 74 ff.
[5]) Vita S. Wironis Episc., Bolland. Mai. 8.; Vita S. Plechelmi Episc., Bolland. Jul. 15. sprechen davon in eigenthümlich übereinstimmender Weise, sind aber wohl beide spätere Machwerke.
[6]) V. S. Trudonis Confess., Mabill. sec. II. p. 1082.

Excurse.

Excurs I.

Die Biographie des Bischofs Chlodulf von Metz.

(Vita S. Chlodulfi Ep. Mett. auct. anon., Mabill. sec. II. p. 1043 ss.; Bolland.
Jun. 3. p. 126 ss.)

Das Leben des Bischofs Chlodulf von Metz muß wenig Bemerkenswerthes
geboten haben, eine Schilderung desselben also eine schwierige Aufgabe gewesen
sein. Davon zeugt schon Paulus, der in seiner Geschichte der Bischöfe von Metz
gewiß gerade Chlodulf ausführlicher behandeln zu müssen meinte, da dieser der
Sohn des heiligen Arnulf war, den König Karl zu seinen Ahnen rechnete. Als
er daher in der Reihe der Bischöfe ihn nennt [1]), erinnert er an seinen Vater
Arnulf und an seinen Bruder Anschisus, der ihm als der eigentliche Ahnherr
der karolingischen Könige gilt, fügt dann aber hinzu, nur der väterlichen Heiligkeit habe Chlodulf es zu danken gehabt, daß er zum Bisthum gelangt sei, sonst
sei nichts von ihm zu sagen, als daß er eben ein Reis von solchem Stamme
gewesen, und was sonst schon oben von ihm gesagt sei. Was aber war Letzteres? — Der Vater Arnulf, so war dort [2]) erzählt worden, immer zum Geben
bereit, habe die Söhne Chlodulf und Anschisus angegangen, mit seinem gesammten Hab und Gut zu Nutz und Frommen der Armen und Kranken frei
schalten und walten zu können; Anschisus, im Vertrauen auf den Herrn, der
ihm reichlich vergelten werde, habe freudigen Herzens dem Vater gewillfahrt,
und ob dieser Willfährigkeit sei der Segen des Vaters also stark geworden am
Sohne, daß für die hingegebnen Schätze nicht nur andere, weit größere ihm
wieder zu Theil geworden, sondern auch aus seinem Samen jene wackern Männer
erwachsen seien, auf welche verdientermaßen seitdem die Herrschaft über die Franken gelangte; Chlodulf dagegen habe sich standhaft geweigert, den ihm gebührenden Antheil am väterlichen Gute dem Vater zur Verfügung zu stellen.

Als nun die um Chlodulfs Biographie später Bemühten sich umthaten,
wo sie etwas über ihn fänden, war ihre Verlegenheit groß. Denn so wenig
sie fanden, war dies Wenige noch dazu nicht gerade geeignet ihren Mann im
besten Lichte zu zeigen. Allein sie wußten sich zu helfen, und worin der Unbe-
fangene nur eine natürliche Aeußerung weltlichen Sinnes erkannt haben würde [3]),

---

[1]) Pauli Warnefridi Gesta Episcoporum Mettensium, Mon. Germ. SS. Tom. II. p. 267
Chlodulfus cujus supra mentionem fecimus, b. patria Arnulfi genitalis filius, Anschisi quoque,
a quo semen propagatum est regium, germanus, ad episcopale culmen ob paternae sanctitatis
gloriam .... ascendit, de quo nihil ad nos amplius, praeter quod a tali radice exortus est,
fama perduxit.

[2]) l. l. p. 264.

[3]) So heißt es in der späteren Vita S. Arnulfi auct. Umnone, Bolland. Jul. 18 p. 441:
primogeniti namque in negotiis tali saepe reperiuntur difficiliores.

da hinein legten sie den Finger Gottes, der seinen erkornen Mann habe warnen
wollen, nicht voreilig der Mittel zu späterer eigenhändigen Spende an Arme
und Hülfsbedürftige, an Kirchen und Klöster sich zu entäußern[1]). Und wie
wichtig ihnen wohl weniger die Thatsache selbst als vielmehr die Reinigung
Chlodulfs von jedem aus derselben für ihn sich entwickelnden Vorwurfe war, beweist, daß gegen den Schluß hin nochmals darauf zurückgekommen wird, aber
diesmal in Anknüpfung an ein andres ihm ebenso unverdient gespendetes Lob.
Heißt es doch jetzt von Chlodulf, er habe nicht allein den Anlaß zur Abfassung
der Biographie seines Vaters gegeben, sondern gar sich mehr am Tadel der Welt
erlabt als um deren Gunst gebuhlt, und darum selbst gebeten, bei der Aufzeichnung von seines Vaters Leben jenen Vorfall nicht zu übergehen![2])

Was aber zuvörderst Chlodulfs Antheil an der Biographie seines Vaters
betrifft, den allerdings eine Zuschrift an ihn am Schlusse derselben zu bestätigen
scheint[3]), so müssen wir denselben durchaus läugnen. Ein so verdienstvolles Werk
hätte Paulus nicht verschwiegen, und wie er die ältere Biographie Arnulfs kannte[4]),
so mußte ihm auch der Anlaß ihres Entstehens bekannt sein, wenn er eben zu
seiner Zeit schon in jener Zuschrift am Schlusse derselben ausgedrückt war; die
Zuschrift ist also offenbar erst später angehängt worden.

Und die Erzählung jenes Vorfalls?   Sie findet sich nicht in der ältern,
wohl aber in der weit spätern, angeblich von einem gewissen Umino verfaßten
Biographie Arnulfs[5]). Es war also diese, deren Ursprung im Laufe des zehnten
Jahrhunderts wir anderweitig darthun, dem Verfasser wenigstens dieses Theils
der Biographie Chlodulfs zugänglich, und er verwechselte sie mit der ältern.[6])

Hiermit aber haben wir zugleich der Biographie Chlodulfs das Urtheil ge-
sprochen; wir halten sie nicht nur für stark interpolirt, sondern auch in ihrem ursprünglichen Theile sehr spät, um die Mitte des zehnten Jahrhunderts entstanden.

Im Jahre 959 erfolgte nämlich die Uebertragung der Gebeine Chlodulfs
nach der Abtei Lay im Chaumontois bei Nancy[7]), welche erst kurze Zeit zuvor
als Geburtsstätte Arnulfs in Aufnahme gekommen war, wie aus der Prüfung
der von Umino verfaßten Biographie erhellt. Die jährliche Gedächtnißfeier derselben mag nun zunächst eine kurze Legende ins Leben gerufen haben, welche allmählich zu der Biographie anwuchs, die uns jetzt vorliegt.   Denn deuten die
Eingangsworte auf solche Veranlassung hin[8]), und lassen sich aus der ganzen
Masse ohne viele Mühe die Bestandtheile herausfinden, welche ursprünglich sind,
und in leeren Lobpreisungen, hergebrachten Ausrufungen und aneinander gereihten
Bibelsprüchen bestehen, so heben sich anderweitig auch ebenso deutlich die Einschaltungen ab, welche nächst jener oben besprochenen Wiederholung vor Allem
an einem bedeutenden Stücke, das der Biographie des heiligen Trudo[9]) entlehnt

---

[1]) V. S Chlod., Mabill. sec. ll. p. 1045: Quia autem Dei providentia et inevitabilis prae-
destinatio Chlodulfum adhuc dulcissimae juventutis flore vernantem suae sanctae Ecclesiae prae-
ficiendum decreverat ... res quas possidebat, et quas Deo et Christo ejus et filiis spiritualibus
postea collaturus erat, ejusdem Dei et Domini nostri Jesu Christi instinctu sibi retinuit, nec
patri ex his quae petierat multa contulit, verum ad similes usus in posterum eroganda servavit.

[2]) Mabill. sec. ll. p. 1046. 47.

[3]) V. S. Arnulfi Ep. Mett. auct. monacho anon. coaevo, Mabill. sec. ll. p. 157: Ecce, re-
verentissime Domine Chlodulfi Pontifex, habeto conscriptam quam poposcisti vitam et geni-
toris tui gesta. Juste quippe et perfecte censuisti, ut cujus tenes sedem, crebro relegas et acta.

[4]) Histor. Langob. lib. VI. cap. 16: De cujus mirabilibus apud Mettensem Ecclesiam, ubi
Episcopatum gessit, liber extat ejusdem miracula et vitae abstinentiam continens.

[5]) V. S. Arnulfi Ep. Mett. auct. Umnone, Bolland. Jul. 18. p. 441. S. Excurs III: Die
jüngere Biographie des h. Arnulf v. Metz.

[6]) Es scheint sogar gerade diese Biographie die Veranlassung zur Wiederholung jener Erzählung gegeben zu haben, denn an ihre oben S. 137 Anm. 3 mitgetheilten Worte erinnert, was hier
gesagt wird: Is vero denegavit vel juventate suadente, vel quod magis credibile est, divina
praescientia et praevidentia b. Chlodulfum ad similes usus natum et praedestinatum.

[7]) Mabill. sec. ll. p. 1047 n. a.; Bolland. Jun. 8. p. 127.

[8]) Mabill. sec. ll. p. 1044: B. Chlodulfi Mettensis urbis Pontificis gloriosi depositionem
venerabilem annuo recursu commemorantes, Domini gratiam magnificare, collaudare et bene-
dicere dignissimum decernimus et utillimum judicamus, simul etiam summa humilitate mo-
nemus: ut qui notam semper in nationibus facit virtutem suam, et qui est Deus faciens mira-
bilia, quique gloriosus est in omnibus Sanctis suis, sicut eisdem Sanctis gloriam contulit
sempiternam, sic nobis eorum festa celebrantibus peccatorum omnium conferat veniam, omnes
in commune et singuli summa devotione exoremus.

[9]) Vita S. Trudonis Confess. in Hasbania auct. Donato Diac. qui sec. 8. vixit, Mabill. ll.
p. 1069 ss.

ist, sich kennzeichnen, und nun auch gerade in dem Theile der Biographie sichtbar werden, der uns hier besonders angeht. Können wir uns einmal nicht davon
überzeugen, daß die in derselben enthaltene Stammtafel wirklich schon in ihrer
ersten Anlage einen Platz gefunden habe[1], und erachten wir sie für später ein-
geschaltet, so erkennen wir auch weiter in ihr selbst verschiedene Hände, gleichsam
eine Einschaltung in der Einschaltung, an den abweichenden Lesarten, deren
eine das Werk des Paulus über die Bischöfe von Metz geradezu nennt[2]), die
andere dagegen nur den Wortlaut der betreffenden Stelle desselben wiedergiebt[3]),
indem sie den Bischof Aigulf von Metz zum Sohne einer Tochter des Königs
Chlodwig macht.

[1]) Während die soeben S. 138 Anm. 8 citirten Eingangsworte noch von weiteren Auslassungen
gefolgt sind, welche deutlich eine Festrede erkennen lassen, wird die Stammtafel plötzlich mit den
Worten eingeführt: Scripturi vero aliquid ex b. Chloduifi gestis et de tanto viro locuturi, con-
sueto ordine justae narrationis, quia vel unde fuerit primum necesse est intimemus: prosapiaque
sic nobilia, sic inclyta, quia praesentibus lucidissime patet, futuris etiam aperta sit justum est
ut faciamus.

[2]) Mabill. sec. II. p. 1044: S. Aigulfus . . . . . quem Gesta Mettensium Pontificum ex filia
Chlodovei regis procreatum dicunt.

[3]) Bolland. Jun. 8. p. 127: S. Aigulfum . . . . . ex filia Chlodovei regis procreatum dicunt.

Excurs II.

Das Bruchstück einer Biographie Bischofs Gundulf von Maſtricht.

(Bolland. Jul. 16. p. 159 ss.)

Als im Jahre 1683 der Herzog von Epernon mit der Herstellung eines bourbonischen Stammbaums beſchäftigt war, überſandte ihm der gelehrte Jeſuit Papebroch die Abſchrift eines angeblich ſoeben aufgefundenen Bruchſtücks der Biographie Biſchofs Gundulf von Maſtricht, deren Verfaſſer, der Nachfolger Gundulfs, Biſchof Johannes von Maſtricht, mit einer Widmung an den heiligen Arnulf von Metz[1]) ähnlich derjenigen ſchließt, welche an Chlodulf gerichtet der ältern Biographie ſeines Vaters angehängt iſt[2]), und übrigens über die Herkunft Arnulfs in einer Weiſe, durchaus abweichend von den ſonſtigen Angaben darüber, berichtet.

Der in Arnulfs älterer Biographie genannte Erzieher deſſelben, zu einer Perſon mit dem Biſchof Gundulf von Maſtricht verſchmolzen[3]), iſt der Bruder Bodegiſils, des Vaters Arnulfs; Gundulfs und Bodegiſils Vater aber Munderich, der „Bellagenswerthe“, d. h. alſo jener, den König Theuderich zu tödten befahl, als er vermeſſen gegen ihn auftrat, ein Vetter der Könige zu ſein ſich rühmte, und voll Hochmuths ſprach: „Was heiſcht König Theuderich von mir? bin ich nicht ſo gut König wie er?"[4]) Sein Vater iſt wiederum Childerich, der „Vatermörder", gewiß kein andrer als Chloderich, der Sohn Königs Sigbert des Lahmen von Köln, der durch Chlodwigs Einflüſterungen verleitet Hand an den Vater legte[5]). Sigbert ſelbſt wird zwar nicht mehr genannt, doch lag es nahe, auf ihn zu ſchließen, was auch Epernon that, der hocherfreut über dieſen Fund mit deſſen Hülfe ſeinen Faden fortſpann, und unter Hinzunahme einiger Angaben des Rhetors Priscus[6]) folgenden Stammbaum herſtellte:

Mervich, König der Franken.

Childerich, König der Franken, ſtirbt i. J. 481.	Sigbert, König der Ripuarier, ermordet i. J. 507.
	Childerich oder Chloderich, erm. um 507.
	Munderich der Prätendent, erm. i. J. 534.
Bodegiſil, ſtirbt im J. 585.	Gundulf Biſchof von Maſtricht ungefähr v. J. 600 bis z. J. 607.
Arnulf.	

---

[1]) Vitam et Acta habes, carissime Praesul, sanctissimi patrui tui.

[2]) S. Excurs I: Die Biographie des Biſchofs Chlodulf von Metz S. 138 Anm. 3.

[3]) Mabill. sec. II. p. 150. — Gerard p. 117 bemerkt in Bezug darauf: Ce Gondulphe ne peut être autre que le saint de ce nom; car on ne chargeait pas les guerriers francs de faire l'éducation des jeunes seigneurs de la cour. — S. Waitz, Verfaſſungsgeſch. Bd. II. S. 393 ff.

[4]) Gregor. Turon. histor. lib. III. cap. 14.

[5]) id. lib. II. cap. 37. 40.

[6]) Excerpta e Prisci historia. Edit. Bonnens. p. 152.

Die Gelehrten, denen Epernon den Fund mittheilte, hatten zwar ſogleich eine Täuſchung dahinter vermuthet, aber den Herzog nicht überzeugen können. Da rechtfertigte Papebroch ihre Vermuthung, indem er nicht allein den Weg, auf dem die Handſchrift an ihn gekommen, genauer zu bezeichnen für überflüſſig erklärte, ſondern auch ſelber Zweifel an ihrem Alter und ihrer Aechtheit äußerte [1]). Sie verſchwand übrigens ebenſo ſpurlos wieder, wie ſie, bis dahin Jahrhunderte lang verborgen, nicht einmal dem Abte Heriger von Lobe in der Diöceſe Cambray in die Hände hatte fallen ſollen, als dieſer gegen Ende des zehnten Jahrhunderts emſig nach Quellen für ſein Werk über die Biſchöfe von Tongern, Maſtricht und Lüttich ſuchte, und liegt die Vermuthung nahe, es habe ein Bruchſtück der Biographie Biſchofs Gundulf von Maſtricht überhaupt niemals gegeben, und ſei der Urſprung der an Epernon überſandten angeblichen Abſchrift deſſelben ein ſo unlauterer, daß Papebroch deshalb vorzog, ihn zu verſchweigen. —

Doch können wir nicht von dieſem Bruchſtück ſcheiden, ohne ausführlicher die Art und Weiſe beleuchtet zu haben, in welcher Herr Gerard daſſelbe ausnutzt. Er ſagt p. 116: Le duc Bodegisile était frère de saint Gondulphe. Dans une biographie manuscrite, provenant de l'église de Liège et qui est citée par Ghesquière, il était dit, que le duc Bodegisile et l'évêque Goudulphe étaient fils de Mondericus (peut-être Modericus), tué par ordre du roi Théoderic. Les deux frères semblent donc être venus de la cour de Bourgogne à la cour d'Austrasie, après la mort de leur père. — p. 118. Si l'on veut bien se rappeler maintenant que Bodegisile et Gondulphe étaient fils de Mondericus, tué par ordre de Théoderic, et qu'ils avaient trouvé un refuge à la cour de Théodebert, on n'aura pas de peine à croire que Bodegisile lui-même, s'il vivait encore, et tous ses descendants périrent lorsque Théoderic entra en vainqueur dans le royaume de son frère, en 613. Quant à saint Gondulphe, il avait déjà cessé d'exister à cette époque. — Nun aber widmet nicht nur Gregor von Tours (Histor. lib. III. cap. 14) dem Untergange eines Prätendenten Munderich zur Zeit Theuderichs I., des Sohnes Chlodwigs, ein langes Capitel, ſondern es heißt auch in der Vita S. Gondulphi, Bolland. Jul. 16. p 159 ss. unter Anderm wörtlich: S. Gondulphus filius deplorati Munderici, quem Theodoricus rex necari jussit, fuit magnus in Austria ..... Ille nutritus cum Bodegisilo duce fratre suo in palatio regis Chlotharii ..... cum polleret honoribus Theodeberti regis, dixit in senectute sua Arnulpho filio Bodegisili ducis .. . Bleibt alſo hiernach ſchon kein Zweifel, daß jener Munderich Gregors eine Perſon mit demjenigen der Vita iſt, und ſind die drei in der letzteren genannten Könige Theuderich, Chlothar und Theudebert — Theuderich I., der im Jahre 534, Chlothar I., der im Jahre 561 ſtirbt, und Theudebert, der ältere Sohn Childeberts II., der im Jahre 612 von ſeinem Bruder Theuderich geſtürzt wird: ſo weiſt der Gewährsmann des Herrn Gerard, Ghesquière in den Acta Sanctorum Belgii selecta, Tom. II. p. 251, zum Ueberfluß noch darauf hin, daß hier der erſte Frankenkönig des Namens Theuderich — Theodoricus, nempe hujus nominis Francorum rex primus — gemeint ſei. Wie kann man indeß Herrn Gerard zumuthen, eine ganze Quartſeite bei Ghesquière aufmerkſam zu leſen, die von dieſem nicht dem Wortlaut nach mitgetheilte Vita oder vielmehr deren Bruchſtück bei den Bollandiſten, Jul. 16. p. 159 ss. einzuſehen, und dann gar noch Gregor von Tours zu Rathe zu ziehen, mögen deſſen Schriften auch gewiſſermaßen die Bibel ſein, zu der ein Jeder, der Aufſchlüſſe über die Zuſtände des Frankenreichs im ſechſten Jahrhundert ſucht, immer zuerſt greifen muß. Herr Gerard bedarf deſſen nicht! Er kann zwar, wie ſchon bemerkt, nicht einmal richtig citiren, während bei Ghesquière geleſen wird: S. Gondulphum fuisse filium cujusdam ducis Lotharingiae ex filia Lotharii regis Francorum, wiederholt er p. 118. n. 1 dieſen Satz mit Auslaſſung des Namens „Lotharii“, und ſpricht auch im Texte p. 117 nur von einer Tochter „du roi des Francs“, und während weiter Ghesquière ſchreibt: Bodegisilum ducem et S. Gondulphum episcopum filios facit Munderici, quem Theodoricus,

---

nempe .... primus, necari jussit, macht er daraus p. 116 n. 4: Bodegisilum ducem et S. Gondulphum episcopum, filii Munderici, quem Theodoricus necari jussit — ein barbarisches Latein! Doch dafür entschädigt er durch wichtige Enthüllungen und treffende Conjecturen! — So sagt er p. 118 im Anschluß an jene von ihm zurecht gemachte Geschichte vom Ausgange der Familie Munderichs: Dès lors cette famille illustre, à laquelle la tradition attribuait une alliance mérovingienne, étant éteinte, sa généalogie devenait en quelque sorte disponible. C'est là probablement ce qui fit naître l'idée de donner le nom de Bogisus ou Bodegisus à Arnold, père de saint Arnulphe. En confondant les deux personnages, on aura voulu souder, en quelque sorte, une famille qui s'élevait à une famille tombée, et prolonger au profit de la première une illustration qui avait fait son terme. In der That ein classischer Gedanke; und Herr Gerard staunt selbst darüber: Qu'on nous pardonne cette conjecture! Allein er faßt sich schnell und setzt entschuldigend hinzu: Les auteurs qui attribuent à saint Arnulphe une origine romaine sont des conjectures aussi, et ce ne sont pas les plus vraisemblables. — Und so verleitet ihn sein Entzücken über die — übrigens von Ghesquière nach den Bollandisten a. O. wörtlich wiederholte, von jenem also keineswegs in einer Handschrift, die er zu Rathe gezogen, gefundene — Notiz, daß der heilige Gundulf der Sohn eines Herzogs von Lothringen und der Tochter eines Frankenkönigs Lothar gewesen, p. 117 zu der folgenden geistreichen Betrachtung: Ghesquière en cherchant à pénétrer le mystère de l'origine et de la vie de saint Gondulphe, à trouvé dans un des manuscrits qu'il a consultés, une importante révélation. Il y est dit, que saint Gondulphe était fils d'un duc de la Lotharingie et d'une fille du roi des Francs. Cette découverte nous semble être un trait de lumière. Qu'il y ait anachronisme dans la substitution du mot Lotharingie au mot Austrasie, il importe peu: l'auteur vivait à une époque ou la dernière de ces dénominations avait fait place à la première, et son erreur s'explique aisément. —

　　Man sieht, Conjecturen, so unwahrscheinlich wie nur möglich, Irrthümer in der Zeitrechnung, so handgreiflich wie irgend etwas, — Herr Gerard findet sie verzeihlich, wenn sie ihm nur als Leuchte auf seinem trüben Wege dienen!

Excurs III.

Die jüngere Biographie des heiligen Arnulf von Metz.

(Bolland. Jul. 18. p. 440—445.)

Viel reichhaltiger als die ältere[1]), giebt die jüngere Biographie des heiligen Arnulf von Metz bestimmte Thatsachen, wo jene sich nur in den gebräuchlichen Gemeinplätzen bewegt, wie sie überall in den Akten der Heiligen begegnen, nennt vor allen Dingen Arnulfs Vater und Ahnen, seine Gemahlin und Söhne, selbst seinen Geburtsort, und schildert endlich in kurzen Umrissen die Schicksale seiner Nachkommen bis auf Ludwig den Frommen, wo sie dann schließlich der Stiftungen und Regeln für Geistliche und Mönche Erwähnung thut, welche unter Ludwigs Regierung durch eine Versammlung von Geistlichen[2]) im Jahre 817 zu Aachen zur Geltung gelangten.

Da ihre Abfassung also jedenfalls erst nach diesem Jahre geschehen ist, kann die Aufschrift, welche dieselbe einem Befehle Karls des Großen zuschreibt, nur ein späterer Zusatz sein, den vermuthlich eine mißverstandene Aeußerung des Prologs veranlaßt hat. Diesen wollten freilich Mabillon[3]) und die Bollandisten[4]), wenn gleich sie den Verfasser der Biographie daraus Umno nennen, nicht gern für vollgültig angesehen wissen, weil ihn nebst einer bis Chlodwig zurückgehenden Geschlechtstafel nur eine in einem Benediktinerkloster zu Remiremont gefundene Handschrift enthält. Während indeß diese gleich dem Prolog angezweifelte Geschlechtstafel in einem so genauen Zusammenhange mit der nun in allen Handschriften folgenden Lobpreisung der Herkunft Arnulfs steht, daß ohne Bezugnahme auf die Geschlechtstafel die Eingangsworte der Lobpreisung geradezu keinen Sinn bieten würden: paßt der Prolog vollkommen zu einem Werke, dessen ganze Anlage den Zeitpunkt des Entstehens augenscheinlich mit Absicht im Dunkel hält.

Vielfache Aufforderungen — heißt es in demselben — hätten dazu veranlaßt, das über das Leben des heiligen Arnulf bereits früher Zusammengetragene weiter auszuführen, denn die ältere Schrift darüber wäre Vielen nicht erschöpfend und dankbar genug erschienen, weil darin Arnulfs Stammbaum, Zeit und Ort seiner Geburt, sämmtlich nothwendige Grundlagen eines authentischen Werks, als hätten Thatsachen von so hoher Bedeutung Jedermann bekannt sein müssen, gänzlich übergangen, Anderes nur angedeutet und zu keinem genügenden Ende

---

[1]) S. oben S. 47. 48.
[2]) Conventus Aquisgranensis Abbatum Franciae cum Monachis suis. Conciliorum Tom. XXI. Paris 1644. p. 23ss.; Mon. Germ. LL. Tom. I. p. 200ss.
[3]) Observ. praevii ad Vit. S. Arnulfi, sec. II. p. 149.
[4]) Comment. praev. ad Vit. S. Arnulfi Jul. 18. p. 434.

geführt, ja sogar ein denkwürdiges Ereigniß aus dem Leben des Heiligen verschwiegen worden wäre, obgleich doch Karl der Große selbst, dessen Aeltervater
im fünften Gliede jener gewesen, als ein Zeuge der Wahrheit die Aufzeichnung
desselben geboten habe. [1]

Während sich nun demgemäß der Verfasser bemüht, der ältern Biographie
Arnulfs Schritt für Schritt folgend, ihre Lücken auszufüllen, und ihre dunklen
Umrisse in ein helleres Licht zu setzen, hält er sich so genau an seine Quellen,
darunter des Paulus Warnefridi Bücher von den metzer Bischöfen und über die
Geschichte der Langobarden, daß ihm fast überall mit Leichtigkeit nachgewiesen
werden kann, wo er auf eigenen, leider sehr schwachen Füßen steht, oder wo er,
oft ungeschickt genug, abgeschrieben hat. Auch flicht er wohl eine im Volksmunde umlaufende Sage ein [2]), welche einen Nachkommen seines Heiligen betrifft, behandelt aber sonst Alles, was diesem ferner liegt und doch, wie z. B.
die politischen Verhältnisse des Frankenreiches, nicht ganz unberücksichtigt bleiben
konnte, mit einer Gleichgültigkeit und Leichtfertigkeit [3]), welche den schon beim
ersten Anblick des Prologs unwillkürlich sich aufdrängenden Gedanken, die ganze
Arbeit sei zu einem besonderen Zwecke unternommen, rechtfertigen zu wollen
scheinen.

Für diesen Zweck erkennen wir aber die Beglaubigung des in der Biographie
als Geburtsstätte des heiligen Arnulf genannten Lay, dessen Besitzerin eine
Gräfin Eva, vielleicht eben dadurch in dem Entschlusse gestärkt werden sollte,
dasselbe der Kirche des genannten Heiligen zu Metz zu schenken. Die Schenkung
erfolgte durch Urkunde etwa vom Jahre 950 [4]), nachdem, wie wir Grund haben
zu vermuthen, schon seit Jahren Verhandlungen zwischen der Schenkerin und dem
Bischof Adalbero I. von Metz stattgefunden hatten [5]). In diese Zeit setzen wir
daher auch den Ursprung dieser für uns durchaus werthlosen Biographie.

---

[1] Es ist die Erzählung von dem in die Fluthen der Mosel geworfenen Ringe Arnulfs gemeint,
welche nach der Mittheilung Karls des Großen Paulus wiedergiebt in den Gesta Episc. Mettens.,
Mon. Germ. SS. Tom. II. p. 264. Durch Interpolation ist sie in die ältere Biographie hineinge-
kommen.

[2] Z. B. Karolus genuit Pippinum, statura quidem parvum, sed virtute magnum, ut
sin ulari assultu leonem asseratur discerpsisse velut agnum. Es ist dies die bekannte von dem
Monachus Saugallensis, Mon. Germ. SS. Tom. II. p. 658, ebenfalls mitgetheilte Sage von der
Tödtung eines Löwen und eines Stiers durch einen Schwertstreich Pippins. Doch scheint der
Biograph den Mönch von St. Gallen nicht vor sich gehabt zu haben.

[3] Dabei rechnen wir ihm garnicht einmal an, wenn er König Guntram den Vater Chlothars II.
nennt, was wörtlich in den späteren Gesta Episc. Mett., Mon. Germ. SS. Tom. X. p. 539, wiederkehrt, welche hier überhaupt aus beiden Biographien Arnulfs zusammengesetzt sind. Die Bezeichnung Chlothars II. als Guntrams Sohn findet ihre genügende Entschuldigung in der Annahme
an Sohnesstatt (Gregor. Turon. histor. lib. V. cap. 17. 16).

[4] Meurisse, Hist. d. Evesq. de l'Egl. de Metz p. 136; Calmet, Hist. eccl. et civ. de Lorraine
Tom. I. preuves p. 356 ss.

[5] Vgl. Vita Johannis Abb. Gorziensis auct. Johanne Abb. S. Arn., Mon. Germ. SS. Tom.
IV. p. 366.

Excurs IV.

Die Geburtsstätte Ludwigs des Frommen.

Während Jedermann den Sprung anerkennt, welchen die von dem s. g. Astronomus verfaßte Biographie Ludwigs des Frommen[1]) macht, indem sie die Besiegung Hunalds und den Zug Karls gegen Pampeluna am Schluße ihres ersten und im Beginn des zweiten Abschnittes[2]) in einem Athem hinter einander forterzählt, Ereigniße, die doch fast durch den Verlauf eines Jahrzehnts von einander getrennt liegen[3]): — hat man es dennoch für ausgemacht angenommen, die in dieser Stelle der Biographie gegebenen geographischen Bestimmungen müßten insofern wörtlich gedeutet werden, als Cassinogilus unmittelbar an die Garonne, an die Grenze Aquitaniens und des Baskenlandes, zu setzen sei, und es hat sich Streit darüber erhoben, welcher der beiden Nebenflüße der Garonne, Drot oder Lot es wäre, an dessen Ufern man jene Geburtsstätte Ludwigs zu suchen habe?[4])

---

[1]) Vita Hludovici Imperatoris, Mon. Germ. SS. Tom. II. p. 604 ss.

[2]) l. l. p. 607: cap. 1. postquam res Franciae .... composuit, ad Aquitaniam transiit recidiva bella meditantem et Hunaldo quodam tyranno auctore, jamjamque in arma ruente. Ejus ergo terrore coactus est idem Hunaldus Aquitaniam linquere et fugae subsidio vitam delitescendo atque oberrando servare. cap. 2. IIis peractis, et rebus tam publicis quamque privatis pro opportunitate dispositis, reliquit Hildegardam .... reginam in villa regia cujus vocabulum est Cassinogilus, geminam gravida prole, et transiit Garonnam fluvium, Aquitanorum et Wasconum conterminum, quam regionem jamdudum in deditionem susceperat, Lupo principe se et sua ejus nutui dedente. Ibidem etiam quae opportunius utilitasque dictavit explicitis, statuit Pyrenaei montis superata difficultate ad Hyspaniam pergere.

[3]) Annales Laurissenses et Einhardi ad an. 768 und 778, Mon. Germ. SS. Tom. I. p. 146. 147. 158. 159.

[4]) Foß, Ludwig der Fromme vor seiner Thronbesteigung S. 37. 38 kämpft für den Lot, übersieht aber, wie es scheint, daß für Drot die Autorität des Hadrianus Valesius für sich hat, der in der Notitia Galliarum s. v. Cassinogilum, namentlich aus der Beschreibung des Aimoinus in den Miracula S. Benedicti, wo es unter Anderm heißt: eo loco situm est quo torrens Quodrot Garonnam influit, die Lage des Ortes an der Mündung des Drot in die Garonne bestimmt, den Ort selbst indeß Chassencuil nennt. Unter dem torrens Quodrot ist nun gewiß kein andrer Fluß als der Drot zu verstehen, heut ein Flecken Caudrot rechts von der Garonne, unmittelbar da aber, wo Drot und Garonne ihre Gewäßer vereinigen, in dem von beiden Flüßen gebildeten Winkel, ein Ort Casseuil, auch Cassule geschrieben, liegt, auf den die Worte Aimoins genau stimmen: turrim latericiam in margine torrentis exstructam habens, e qua et adventus praevideri, et ingressus hostilium (Nortmannorum) possit arceri navium. Könnte dieses Casseuil auch einst Cassinogilum geheißen haben, so fragt sich heut, ob Aimoin eine Autorität ist, auf welche hin man dasselbe für die Wiege Ludwigs des Frommen anerkennen darf? Denn ein weiteres Zeugniß für letztere Bedeutung gerade dieses Ortes finden wir nicht; es sonst von Valesius beigebrachten Beweisstellen sprechen theils zwar, doch ohne Beziehung auf Ludwig den Frommen, von einem castrum nobile et fortissimum Cassanolium, und setzen dasselbe auch wohl in das Gebiet von Agen, theils erwähnen sie, wie z. B. Ann. Laurisc. et Einh. ad an 778. l. l. p. 158. 159, nur kurz, Karl habe das Weihnachtsfest in der villa Doteiacum oder Dutciacum „et pascha in Aquitania et in villa Cassinogilo" oder „in Aquitania apud Cassinoillum" gefeiert

Die Erzählung des Astronomus, Karl habe seine Gemahlin zu Cassinogilus zurückgelassen, die Garonne überschritten, die Pyrenäen überstiegen und
Spanien betreten, berechtigt noch keineswegs zu der Folgerung, Cassinogilus
müsse unfern der Garonne oder gar unmittelbar an deren Ufern gelegen haben.
Wie Einhard[1]) zu eben dem Jahre 778 nur Deuz bei Sedan, wo Karl Weihnachten gefeiert, dann Cassinogilum in Aquitanien, wo er zu Ostern weilt, und
endlich Pampeluna in Spanien, wohin sein Unternehmen zielt, aus all den Ortschaften herausgreift, die auf dem weiten Wege von den Ufern der Maas bis an
den Ebro berührt sind — und Karl ist ja nicht einmal auf der geraden Straße
dorthin gegangen[2]) —: so nennt der Astronomus, für den Aquitanien zunächst
die Hauptsache und darin wieder die Geburtsstätte Ludwigs von wesentlichster
Bedeutung ist, zuvörderst Cassinogilus, den Ort, von welchem Karl zu seinem
Kriegszuge unmittelbar aufbricht; dann die Garonne, den Fluß, welcher Aquitanien, den schon seit Pippin in nähere Beziehung zu dem Frankenreiche ge-
rückten Theil des Südens, von dem erst vor einem Jahrzehnt besiegten, doch
keineswegs gebändigten Baskenlande trennt; weiter die Pyrenäen, das Gebirge,
welches als eine gewaltige Scheidewand zwischen dem rechtgläubigen Frankenreiche und dem Unglauben umstrickten Spanien sich aufthürmt; und endlich
Spanien selbst, das Land, nach welchem Karls Kriegszug sich richtet. Also nicht
einmal den Namen der beiden Städte, Pampeluna und Saragossa, um die es
sich vorzugsweise handelt, achtet der Astronomus für seinen Zweck nennenswerth;
und er hätte gewiß auch Cassinogilus nicht genannt, wenn nicht eben durch das
Zurückbleiben der Gemahlin Karls daselbst gewissermaßen der Knoten geschürzt
würde, der den dort gebornen Ludwig an Aquitanien und wiederum Aquitanien
an Ludwig ketten sollte.

Wo liegt nun aber dieses Cassinogilus? — Wir meinen, ebensowenig am
Lot wie am Drot.[3])

Das Land zwischen Garonne und Rhone, Dordogne und Aude, also Guienne
und Languedoc, birgt eine zahllose Menge von Ortsnamen, welche sämmtlich entweder aus Cassinoillum, Cassinogilum, Cassinogilus, wie wir verschieden unsern
Ort geschrieben finden, entstanden sein, oder anderseits dieser lateinischen Form
zum Grunde gelegen haben können[4]). Die Wahl unter solcher Menge von
Namen, welche sämmtlich gleichberechtigt erscheinen, ist nun eine schwer zu lö-
sende Aufgabe; wir versuchen dieselbe indeß, indem wir der Ueberzeugung sind,
daß die Gründe, welche wir für die von uns gewählte Lage der Geburtsstätte
Ludwigs beizubringen vermögen, mindestens ebenso triftig sind wie jene, die für
die Lage am Drot oder Lot sprechen.

Vier Pfalzen im Reiche Ludwigs, Theotuadum, Andiacum, Eurogilum und
Cassinogilum waren vorzugsweise bestimmt, in einem Zeitraum von je vier
Jahren regelmäßig wechselnd den Bedarf für seine Hofhaltung zu liefern[5]).

---

[1]) l. l. p. 189.

[2]) Wenigstens ist eine Urkunde vorhanden, welche, angeblich im Januar 778 zu Heristal ausgestellt, den Umweg andeutet, den Karl gemacht hat. Böhmer Regesta Karolorum p. 11. — Uebrigens ergreifen wir hier die Gelegenheit, unsre Bedenken über die Schnelligkeit zu äußern,
mit welcher Karl nach seinem Aufbruch von Cassinogilus, wo er das auf den 19. April fallende
Osterfest gefeiert, vor Pampeluna zieht, dasselbe erobert, vor Saragossa rückt, nochmals nach
Pampeluna sich wendet, dessen Mauern niederreißen läßt, nach Cassinogilus zurückkehrt, Aquitaniens
Verhältnisse ordnet, und schon am 5. Juni desselben Jahres wieder in Heristal ist.

[3]) Berghaus, welchen Foß S. 38 als seinen Gewährsmann für den Lot anführt, reicht bei allen
sonstigen Vorzügen seiner Karte von Frankreich, zur Entscheidung einer Frage, wie die vorliegende,
nicht aus. Wir wenden uns daher, wie wir schon wiederholt gethan, an die große s. g. Cassini'sche
Karte, da leider die betreffenden Blätter der neuen französischen Generalstabskarte noch nicht erschienen sind.

[4]) Ohne die einschlagenden Namen erschöpfen zu wollen, nennen wir hier: fünf Cassagnole
blüben und trüben und in geringer Entfernung vom Lot, sämmtlich unweit Cahors; Cassagnole
und Cassagnolle zu beiden Seiten des Aveyron, NW. und SO. von Rodez; le Cassagnol, S. von
Rodez gegen den Tarn hin, sowie ein zweites über diesen fort, unweit links von seinem Neben-
flusse Dourbou; dann selbst am Tarn, N. von l'Isle, la Tour de Cassagnol, und weiter südlich
gegen die Aude Cassagnolles, etwa SW. von Carcassonne, und Cassagnole, W. von Alet; zweimal
Cassaignol, S. von Carcassonne rechts von der Aude; Cassaignoles und Cassagnoles, beide
links ein wenig entfernt vom Orb und ebenso Cassagnoles am Gard, W. von Uzes; aber endlich
auch Caussanejouls und Caussenejouls im Larzac, Caussiniojouls zwischen Orb und Herault, N.
von Beziers, SW. von Aniane.

[5]) Vita Hludowici cap. 7, l. l. p. 610: ordinavit qualiter in quatuor locis hiberna trans-

Sollten dieſe vier Pfalzen nun wirklich insgeſammt in dem nördlichſten Strich von Ludwigs Gebiet, nicht weit von einander entfernt, ſollten ſie nicht lieber möglichſt durch daſſelbe vertheilt gewählt worden ſein? Denn mag Andiacum, etwa Angeac im Angoumais oder ein andres in Saintonge, mag, wie Hadrianus Valeſius[1] will, ſtatt deſſen Jocundiacum, das heutige Joac im Limouſin, darunter geweſen ſein.[2]): nimmt man dazu Eurogilum, heut Ebreuil in der Auvergne[3]), faſt an der Grenze des nördlich benachbarten Bourbonnais, und Theotuadum, das jetzige Doué, da wo Poitou und Anjou grenzen[4]), ſo ſehen wir, wie die einander benachbarten Gaue der nördlichen Hälfte von Ludwigs Reich, Poitou, Angoumais oder Saintonge oder Limouſin, und Auvergne es ſind, in denen drei jener Pfalzen liegen; der ganze Südoſten des Reiches würde leer ausgehen, wenn gar auch die vierte Pfalz Caſſinogilus, in Anreihung an jene drei, in dem Bordelais oder dem daranſtoßenden Agenois gelegen hätte. Es iſt aber nicht wahrſcheinlich, daß Ludwig keine ſolche Pfalz gerade für denjenigen Theil ſeines Reiches beſtimmt haben ſollte, in dem er ſich doch beſonders gern verweilt, und den er auch ſonſt vor dem übrigen bevorzugt zu haben ſcheint.

Urkunden Ludwigs, welche aus den Pfalzen Theotuadum, Eurogilum und Andiacum datirt wären, ſind nämlich nicht vorhanden, es ſei denn, daß wir mit Hadrianus Valeſius Jocundiacum für Andiacum annähmen, und dann die Urkunde[5]) hierherzögen, welche von dort aus unterm 3. Auguſt 793 dem Kloſter Novaille im Poitou die Immunität beſtätigt. Das wäre aber auch das einzige Zeugniß für einen Aufenthalt Ludwigs im nordöſtlichen Theile ſeines aquitaniſchen Reiches; alle ſonſtigen Aktenſtücke deuten auf die ſüdöſtlichen Landſchaften; Touloueſe, welches verhältnißmäßig häufig wiederkehrt[6]) iſt der weſtlichſte Punkt. Freilich finden wir Ludwig auch einmal, am 2. Juni 800, zu Tours, nicht jedoch, weil er dort als Gebieter etwas zu ſchaffen hätte, — wie aus einer angeblich zu „Caſſanogelum" im April 808 ausgeſtellten Urkunde[7]) geſchloſſen werden könnte, welche dem Kloſter Cormeri im Gau von Tours die Zollfreiheit für zwei Schiffe ertheilt, — ſondern nur weil er dem Wunſche des Vaters gemäß dieſen dort treffen will, der, von einer Beſichtigung der Küſten zurückkehrend, die Bitte des Sohnes abgelehnt hat, nach Aquitanien einzulenken, um das Reich zu ſchauen, das er ihm gegeben, und nach Caſſinogilus zu kommen[8]). Es ſcheint darnach faſt, als habe Karl der ganzen Länge nach das Reich des Sohnes durchreiſen, und mit ihm ſich des Aufenthalts an der Stätte ſeiner Geburt erfreuen ſollen.

Denn erwägen wir nun, daß gerade in der Nähe jeder der drei Pfalzen, Doué im Poitou, Ebreuil in der Auvergne, Joac im Limouſin (dem wir eben den Vorzug vor Angeac geben), namhafte Stiftungen Ludwigs ſich finden: warum ſollen wir da nicht die vierte Pfalz Caſſinogilus in einer Gegend ſuchen dürfen, in der zwar nicht bedeutende Eigengüter der karolingiſchen Familie[9]), wohl aber weite königliche Domainen beſtanden haben müſſen, welche dem Könige die günſtigſte Gelegenheit zur reichen Ausſtattung ſo beliebter Stiftungen boten, wie die Abtei Aniane und das Kloſter St. Guillem-du-Deſert, beide unweit von einander am Hérault nahe bei Montpellier und nordöſtlich von Beziers gelegen,

[1]) Hadr. Vales. Notit. Gall. p. 253 s. v. Jocundiacum.
[2]) Monum. Germ. SS. Tom. II. p. 610 n. 14.
[3]) l. l. und Foß a. O. S. 38.
[4]) Hadr. Vales. l. l. p. 552 s. v. Theotuadum castellum. — Foß a. O. S. 37.
[5]) Böhmer l. l. p. 28.
[6]) Foß a. O. S. 37 und Regeſten ebb. S. 47. 48.
[7]) Böhmer l. l. p. 28. — Der Gau von Tours ging Ludwig nichts an, bevor er Gebieter des geſammten Frankenreiches wurde; vgl. Foß a. O. S. 37.
[8]) Vita Illud. cap. 12, l. l. p. 612: petiit eum in Aquitaniam divertere, et regnum quod sibi dederat invisere, ad locum qui Cassinogilus vocatur venire. Cujus petitionem pater honorabiliter suscepit, gratias filio egit, petita tamen negavit, et ut sibi Turonum occurreret mandavit.
[9]) Wie gewiß diejenigen gern ſähen, welche der karolingiſchen Familie romaniſche Abkunft und die zwiſchen Tarn und Hérault angeſeſſenen Tonantii Ferreoli zu Ahnen geben wollen; vergl. de Gaujal l. l. Tom. III. p. 221 ꝛc.

deren Gründer, namentlich der der erstgenannten Abtei, Abt Benedict, sich Ludwigs ganz besondrer Zuneigung erfreuten?[1])

Und sehen wir uns nun in deren Nachbarschaft um, so finden wir eine Stätte, welche an Vorzügen der Lage mit jenen andern drei Pfalzen vollauf wetteifern darf. Denn wie Doué im Poitou in dem gewöhnlich sogenannten Garten Frankreichs, Ebreuil in der Auvergne am Fuße des hohen Gebirges[2]) in dem lieblichen Thale der Sioule[3]), Joac im Limousin dagegen, das einst von der Anmuth seiner Lage den Namen entlehnte, auf hohem Granit-Plateau liegt[4]), und also vielleicht eines wie das andere, gewiß aber das letzte zu einem Erfrischungsorte während der Hitze des Sommers sich vorzüglich eignet: sind hier alle Bedingungen vorhanden, dem Aufenthalte im Winter und Frühling besondern Reiz zu verleihen. Während der Sevennen niedrigste Kette, unter dem Namen Garriguen, öde, traurige Kalkhügel, noch das Quellgebiet des Orb und Hérault bildet, wandelt sich je weiter hinab an den beiden Flüßen um so mehr der Anblick der Landschaft. Die nackten, verwitterten Felsen, welche jeglicher Vegetation den Raum versagten, und hie und da nur Haidekraut, Zwerggebüsch und Steinmoos wachsen ließen, verflachen sich allmählich zu den herrlichsten Ebenen; der reichste und üppigste Pflanzenwuchs entfaltet sich; nicht nur Wein und Obst, sondern auch Südfrüchte in Fülle gedeihen; da reifen Kastanien, Mandeln und Feigen; Orangen-, Citronen- und Granatbäume schmücken sich mit goldnen Früchten; die Olive und der Lorbeer prangen neben weitgedehnten Pflanzungen aromatisch duftender Blumen und anderer Gewächse; und darüber wölbt sich ein Himmel, selten von Nebel verhüllt, selten geschwärzt durch Gewölf, das mit Regen oder Unwetter droht, stets heiter und mild, und oft im Winter lieblich wie im Mai[5]). Vor Allem aber ausgezeichnet und in ganz Frankreich wegen ihrer Fruchtbarkeit und Anmuth berufen, ist die Gegend um Beziers[6]), von dem nur wenig nördlich (Caussiniojouls liegt, nach unsrer Ansicht das Cassinogilus des Astronomus, die Geburtsstätte Ludwigs des Frommen.

---

[1]) Floß a. O. S. 39 ff.
[2]) Floß a. O. S. 37.
[3]) Floß a. O. S. 38.
[4]) Cannabich, Vollständiges Handbuch der neuesten Erdbeschreibung. Abth. II. Bd. 2: Frankreich. S. 504.
[5]) Floß a. O. S. 38.
[6]) Cannabich a. O. S. 691 ff.
[7]) Cannabich a. O. S. 700.

Excurs V.

Die Annales Xantenses
(Mon. Germ. SS. Tom. II. p. 217—235)
und die Biographien der heiligen Gertrud von Nivelles
(Mabill. sec. II. p. 462—475; Historia S. Gertrudis, opera
Jos. Geldolphi a Ryckel).

Was zuvörderst die Annales Xantenses betrifft, so begreifen wir wohl die
Freude ihres Auffinders an denselben[1], nicht aber die Beweggründe, welche
den jüngsten Herausgeber von Sigberts Chronik veranlaßten, jene, wenn auch
nicht in der Vorrede zu dieser, so doch am Rande wiederholt als Quelle anzu-
geben[2]. Weit entfernt, dies zu sein, sind sie vielmehr — so weit sie wenigstens
uns hier angehen, und noch ein gutes Stück darüber hinaus — nichts weiter
als ein flüchtiger Auszug aus Sigberts Chronik[3], untermischt mit Einschaltungen, die vorzüglich Regino's Chronik[4], aber auch andern Annalen, freilich
oft sinnlos verkürzt[5], sowie einigen Biographien entlehnt sind, unter denen

[1] Mon. Germ. SS. Tom. II. p. 217.

[2] Mon. Germ. SS. Tom. VI. p. 330 ss.

[3] So namentlich die Jahre 640—741, welche hauptsächlich aus Sigberts Chronik genommen,
überall indeß verkürzt sind, wie z. B. in auffallender Weise die Jahre 654, 661, 664, 673, vor
Allem aber 709. Sigbert erzählt unter letzterer Jahreszahl die s. g. Apparitio S. Michaelis, und
zwar in einem Auszuge nach der von einem Ungenannten herrührenden, von Mabillon (sec. III.
ps. 1. p. 84 ss.) mitgetheilten Darstellung. Dieser Auszug Sigberts wird nun wieder verkürzt
von dem Verfasser der Ann. Xant. l. l. p. 220 gegeben.

[4] Die Jahre 743—789, darin nur Einiges aus Sigberts Chronik sich findet, und 801 bis
805, welche nur die Anfänge der entsprechenden Jahre von Regino's Chronik enthalten; vgl. Mon.
Germ. SS. Tom. I. p. 655 ss. — Der von Pertz (Mon. Germ. SS. Tom. II. p. 223 n. 2) den
Ann. Xant. zum Jahre 789 gemachte Vorwurf, die Schuld an einem Irrthum zu tragen, der non
intellectis annalium Lauriss. verbis ortus, etiam Annalibus monasterii de Waverley seculo XIII.
scriptis irrepsit, trifft indeß nicht den rechten Ort. Der Verfasser der Ann. Xant. hatte zu dem
Jahre 789 einmal Sigbert vor Augen, dessen Wortlaut (l. l. p. 335) ist: Karolus Coloniae super
Rhenum pontes duos construit et munit. Daneben lag ihm aber, wie wir aus Regino's Chronik (l. l. p. 561) ersehen, eine andere Quelle vor, darin es hieß: Anno dominicae incarnationis
789. rex Rhenum ad Coloniam transiit, et Saxoniam ingressus, ad Albiam fluvium venit;
ibique duos pontes construxit, et ex utraque parte pontis castra aedificavit ex lignis et terra.
Aus beiden entstand offenbar seine Angabe: A. d. l. 789 Karolus ad Coloniam venit, ibique
duos pontes construxit, et ex utraque parte pontis castra aedificavit. Doch nicht diese ging in
die Ann. mon. de Wav. über, sondern wie der von Pertz l. l. mitgetheilte Wortlaut der Jahre
789, 790, 803, 807 dieser Annalen deutlich erweist, sind dieselben insgesammt wörtlich aus Sigberts
Chronik und zwar deren Jahren 789, 790, 802, 807 abgeschrieben.

[5] Z. B. lauten Ann. Xant. l. l. Tom. I. p. 224 ad an. 808: Eodem anno hiemps mollissima ac pestilens erat. Tunc misit filium suum Karolum ad Albiam, vaesano regi resistere;
vielleicht nach Ann. Einhardi, Mon. Germ. SS. Tom. I. p. 195: A. 808. Hiemps mollissima hac
pestilens fuit in illo tempore.... Et quia nunciabatur, Godofridum regem Danorum in Obo-
dritos cum exercitu trajecisse, Karlum filium suum ad Albiam.... misit, jubens vesano
regi resistere, si Saxoniae terminos aggredi temptaret. — Aehnlich Ann. Xant. (l. l. p. 224)
ad an. 810: Sol et luna bis defecerunt, sol 6. Idus Junii et luna 11. Kal. Julii, wo Ann. Einh.
(l. l. p. 196) ad an. 810 i. f.: Eo anno sol et luna bis defecerunt, sol 7 Idus Jun. et 2. Kal.
Dec., luna 11. Kal. Jul. et 16. Kal. Jan.

neben demjenigen des heiligen Wulfram[1]) der frühestens dem eilften Jahrhundert angehörige, den Alten der heiligen Gertrud entnommene Lebensabriß des mittleren Pippin[2]) in die Augen fällt. Dagegen hat nicht, wie vermuthet worden ist[3]), ein altes Netrologium gewisse Daten geliefert, da sämmtliche Angaben, welche aus einem solchen stammen könnten, darunter hauptsächlich auch die uns angehenden kurzen Anmerkungen über Pippins Gemahlin, seine Töchter und seinen Schwiegersohn eben nur aus Sigberts Chronik entlehnt sein können[4]). Woher aber hat nun Sigbert das Betreffende?

Offenbar hauptsächlich aus einer der Biographien der heiligen Gertrud! Denn nachdem er, in einer falschen Berechnung der Regierungsjahre Dagoberts befangen[5]), den Tod des älteren Pippin in das Jahr 647 gesetzt hat, ergiebt sich von selbst das Jahr 658 für das Ableben Itta's, welches ja, wie jene Biographien wollen, im zwölften Jahre nach demjenigen Pippins erfolgt sein soll, während Gertrud selbst nur um wenige Jahre ihre Mutter überlebte, und schon im dreiundbreißigsten ihres Lebens am 17. März, der damals gerade ein Sonntag

---

[1]) Die Vita S. Wulframni Episc. Senon. Mabill. AA. SS. Ord. S. Ben. sec. III. ...

[... footnotes ...]

Ann. Xant.	Sigib. chron.
Anno 640. S. Arnulfus episcopus obiit, Clodulfus filius ejus, post eum episcopus, sanctitatem ejus imitabatur.	Anno 640. S. Arnulfus et majordomus Mettensium episcopus, et ex episcopo solitarius, dormit in Christo. Clodulfus filius ejus, post Mettensis episcopus, sanctitatem patris imitatur.
Anno 650. Itta relicta Pippini, Nivelle monasterium edificat.	Anno 650. Itta relicta Pippini, instinctu S. Amandi...., monasterium Nivialense fundavit.
Anno 657. Beata Itta mater sanctae Gerthrudis obiit.	Anno 658. Obiit Itta mater sanctae Gerdrudis.
Anno 664. Sancta Gerthrudis obiit.	Anno 664. Obiit S. Gerdrudis Nivialensis.
Anno 685. Anchisus dux perimitur; Pippinus filius ejus succedit.	Anno 685. Ansigisus pater Pipini a Ganduino perimitur. Anno 687. Pippinus filius Ansigisi principatur in Austria.
Anno 698. S. Begga mater Pippini ducis de hoc mundo transiit.	Anno 698. S. Begga mater Pipini ad Dominum transit.

Der Inhalt des Jahres 647 der Ann. Xant. scheint dagegen aus den Angaben Sigberts und der Vita Pippini Ducis zusammengesetzt zu sein. Er lautet:

A. d. inc. 647. Pippinus filius Karlomanni, majordomus Lothari, obiit, relinquens filium nomine Grimoaldum et duas filias, Gertbrudem virginem sanctam, et Beggam quam Anchisus dux egregius, filius Arnulfi episcopi Mettensium, duxit uxorem; ex qua genuit Pippinum juniorem.

Sigib. chron. Anno 625. Pippinus filius Karlomanni, majordomus regis Lotharii principatur. Anno 647. Pippinus m. d. moritur. — Vita Pippini, p. 603: Pippinus Carolomanni filius dux et m. d. sub Chlothario. p. 607: Horum (Pippini atque Ittae) liberi exstitere Grimoaldus et Hegga, et virgo Gertrudis... p. 608: Begga duci Ansigiso felici matrimonio conjuncta.... genuit siquidem Pippinum ex se juniorem. (Vgl. noch oben Sigib. anno 640.)

Das Jahr 665 der Ann. Xant.: „S. Wandregisilus obiit. Eodem anno S. Eligius" ist nur in seinem zweiten Theile aus Sigbert entnommen, welcher berichtet: Anno 665. Obiit S. Eligius Noviomensis episcopus. Der erste Theil entstammte dagegen der interpolirten Vita S. Wandregisili, Mabill sec. II. p. 534 ss., wo es p. 543 über das Todesjahr des Heiligen heißt: qui erat annus Dominicae Incarnationis sexcentesimus quintus. Daher die bedeutende Abweichung von Sigbert, der Wandregisilus Tod fälschlich in das Jahr 692 setzt.

[5]) Hirsch, de vita et scriptis Sigiberti mon. Gemblac. p. 64. — Sigib. chron. Mon. Germ. SS. Tom. VI. p. 324: Anno 645. Dagobertus rex Francorum moritur.

[6]) Vita S. Gertrud. Abb. Nivial, Mabill sec II. p. 465: plus minus sexagesimo aetatis suae anno m. b. Itta post obitum viri clarissimi Pippini domini sui anno duodecimo.... migravit ad Dominum. — Historia S. Gertrudis op. Jos. Geldolphi a Ryckel p. 6: Complevit autem in praesenti vita annos aetatis sexaginta: obiitque in supradicto monasterio Nivalensi. Vixerat vero post obitum illustrissimi viri Pippini, cujus conjux fuisse cognoscitur, annos duodecim.

war, die Zeitlichkeit segnete[1]). Vielleicht war nun wirklich derjenige Sonntag des Jahres 659, auf welchen der 17. März fiel, der Todestag Gertruds, aber Sigbert kannte er nicht genügen[2]), weil seit dem von ihm angenommenen Todesjahre Itta's eine längere Zeit als etwa ein Jahr vergangen sein mußte, sollte seine Angabe über den Tod Gertruds mit derjenigen ihrer Biographien übereinstimmen; es blieb ihm daher nur das Jahr 664, in welchem der 17. März wiederum ein Sonntag war. Aus diesem Jahre folgte dann aber ebenfalls mit Nothwendigkeit das Jahr 698 als das Todesjahr Begga's, da die Biographien Gertruds ausdrücklich im dreiunddreißigsten Jahre nach dem Tode dieser in jener den Gedanken, selber auch ein Kloster zu gründen, erwachen lassen, nach dessen sofortiger Ausführung, im zweiten Jahre darnach, d. h. im fünfunddreißigsten seit dem Jahre 664, sie stirbt.[3])

Ergeben sich diese Daten indeß sämmtlich von selbst, so erscheinen dagegen desto willkürlicher die Jahre 650 und 685 für die Gründung des Klosters Nivelles und die Ermordung Ansegisils, des Gemahles Begga's, von Sigbert angenommen. Doch sind Beides f. g. runde Zahlen, deren erstere vollkommen genügte, um die von den Biographien in einem Athem, ohne Sonderung unter verschiedene Zeitpunkte berichteten Thatsachen, nämlich die auf den frommen Zuspruch des heiligen Amandus unternommene Gründung jenes Klosters, die Weihe der noch äußerst jungen Gertrud und ihre Einsetzung als Aebtissin[4]), so genau als möglich zu bestimmen, während letztere, das Jahr 685, gar nicht auf Grund einer Angabe jener Biographien gewählt ist, sondern nur auf der Erzählung der Annalen von Metz beruhen kann.

Unter den Biographien der heiligen Gertrud macht aber nun weiter die eine, wie schon bemerkt, den Anspruch der Zeitgenossenschaft, und ist ihr derselbe auch überall eingeräumt[5]), dagegen eine zweite, welche der Abt Geldolph von Ryckel herausgegeben, als viel jünger und darum unbedeutender zurückgestellt worden[6]). Käme es nur auf die Versicherungen der Verfasser von dergleichen Schriftstücken an, selbst gesehen oder gehört zu haben, was sie berichten: so erfüllte allerdings jene erste Biographie die desfallsigen Anforderungen in reichlichem Maße. Aber wir wissen, wie oft leider die Welt absichtlich über das Alter von Heiligenlegenden getäuscht, oder durch die Gedankenlosigkeit späterer Benutzungen älterer Schriften mit deren sonstigem Wortlaut in das neue Werk auch dasjenige übertragen worden ist, was sich auf die persönliche Stellung des ursprünglichen Verfassers zu den von ihm mitgetheilten Verhältnissen und Thatsachen bezog. Reichen daher dergleichen Versicherungen der Zeugenschaft schon an und für sich nicht hin, die Zeitgenossenschaft glaubwürdig zu machen, so beschränkt sich ihre Beweisfähigkeit um so mehr da, wo ihr andere gewichtige Bedenken entgegenstehen. Mag es nun sein, daß der angebliche Zeitgenosse, mit

---

[1]) Mabill. sec. II. p. 467: Crastina autem die Dominica hora quasi sexta.... sacratissimum Christi corporis et sanguinis viaticum accepit. Et quando sacerdos Dominicam secretam sententiam habuit finitam, tricesimo et tertio aetatis suae anno sub 15. Kal. Aprilis.... reddidit spiritum. — Hist. S. Gertr. p. 7: Crastina vero die, inter sacra Missarum solemnia, sumens dominici corporis et sanguinis viaticum, trigesimo tertio aetatis suae anno: sub die 16. Kal. Apr..... spiritum reddidit.

[2]) Hirsch l. l. p. 64.

[3]) Mabill. sec. II. p. 471: Anno autem trigesimo tertio post obitum b. Geretrudis.... venit in corde suae germanae nomine Beggae, ut sibi ipsa velit monasterium construere.... Anno autem secundo perfectis omnibus et bene dispositis matrona illa migravit ad Dominum. — Historia S. Gertr. p. 20: Anno autem 33. post obitum S. Gertrudis venit quaedam virgo nomine Beggha et petiit ut sibi monasterium construerent.... Anno autem secundo perfectis omnibus et bene dispositis matrona illa migravit ad Dominum.

[4]) Mabill. sec. II. p. 464. 65: Post annos vero quatuordecim cum pater ejus Pippinus de hac luce migrasset, nutrem in viduitate recuta est.... Cumque cotidie supradicta materfamilias tam de se quam de sua orphana filia, quid esset facturum cogitaret, adveniens vir dei Amandus episcopus ad domum suam, verbum dei praedicans ex Domini jussione, rogabat ut monasterium sibi suaeque filiae dei famulae Geretrudi et Christi familiae construeret. Quae statim ut intellexit ignotae rei noticiam ad salutem animarum pertinentem, sacrum velamen accepit, et semetipsam deo tradidit et omnia quae habebat.... filiam suam dei electam Geretrudem sacerdotibus Domini tradidit et accipiendum sacrum velamen cum sodalibus suis, et sancto gregi coenobitarum Christo ordinante praeesse constituit. — Aehnlich Hist. S. Gertr. p. 3. 4. 6.

[5]) Bolland. Mart. 17. p. 592 ss.; Mabill. sec. II. p. 462; Ghesqu. Tom. III. p. 146 ss.

[6]) Historia S. Gertrudis, Bruxellae, 1637. in 4. — Leider ist uns die von demselben, angeblich (vgl. Ghesqu. p. 146. 147) im Jahre 1632 veröffentlichte Vita S. Gertrudis nicht zugänglich gewesen.

dem wir es zu thun haben, wirklich ein zeitgenössisches Werk vor Augen gehabt
hat, so ist er selbst doch weit entfernt, zu sein, wofür er sich ausgiebt. Ein
Insasse des Klosters Nivelles zur Zeit des Lebens und Sterbens der heiligen
Gertrud, der Tochter des älteren Pippin, konnte weder schon ein näheres Eingehen auf das Geschlecht derselben darum für überflüssig erklären, weil ja in
Europa Jedermann dessen Hoheit, Namen und Herkunft kenne[1]), noch auch bereits selber von dem Dasein einer Kirche des heiligen Apostels Paulus zu Nivelles wissen[2]), welche doch erst gegen das Ende des zehnten Jahrhunderts
erbaut[3]), höchstens zeitweilig[4]) das Ruhebett der Heiligen in ihren Mauern
gesehen haben mag, wie die Biographie erzählt. Hat aber diese Kirche schon
gestanden, als die Biographie die uns vorliegende Gestalt erhielt, dann kann sie
frühestens ein Erzeugniß des eilften Jahrhunderts sein; ja, es taucht alles
Ernstes die Frage auf, ob sie wirklich den Vorzug vor jener verdient, welche
Abt Gelbolph uns mittheilt? Denn abgesehen von der durchgängigen, oft sogar
wörtlichen Uebereinstimmung beider Biographien, die namentlich im Prolog und
in dem von den Wundern handelnden Abschnitte bemerkt wird, kommen Stellen
vor, welche darauf hinweisen, daß jener angebliche Zeitgenosse entweder die
andere Biographie selbst, oder doch dieselbe Quelle wie sie, hie und da weniger
gut verstanden habe.[5])

Freilich ist nun auch diese andere Biographie von keinem erheblich älteren
Datum, denn sie nennt wenigstens an einem Orte[6]) ebenfalls die Kirche des
heiligen Paulus, während am Schlusse des sonst wörtlich mit jener angeblich
zeitgenössischen Arbeit übereinstimmenden Prologs die vorerwähnte Phrase über
das Geschlecht, dem die Heilige entstamme, ihr mangelt. Statt dessen folgt vielmehr ein kurzer Ueberblick über dasselbe, zu welchem auch hier die Heiligen

---

[1]) Mabill. sec. II. p. 463: Sed quo ordine de terrena origine genealogiam adsumpserit,
huic sermoni inserere longum est. Quisnam autem in Europa habitans hujus progeniei altitu-
dinem, nomina et loca ignorat?

[2]) Mabill. sec. II. p. 496: deposuerunt cum (lectum S. Gertrudis) in Basilica S. Pauli
Apostoli: ubi nunc Dominus multa signa atque virtutes ostendere dignatur .... lectum qui
est positus in Ecclesia b. Pauli Apostoli, ubi Geretrudis requiescere solebat.

[3]) Otto III. Imp. dotat Nivellensem S. Pauli ecclesiam a. 992, Miraeus Tom. I. p. 656:
quae ejus ob honorem in loco Nivella noviter constructa et consecrata est. — Fr. Lemaire,
Nivelles p. 41.

[4]) Etwa nach dem Brande, von welchem Sigbert. Chron. a. 1046 spricht, Mon. Germ. SS.
Tom. VI. p. 358.

[5]) Histor. S. Gertr. p. 4. 5: Itaque considerans venerabilis mater ejus, timensque ne forte
id accideret (daß nämlich Gertrud entführt und zur Ehe gezwungen würde), delegit magis deformem facere sobolem, quam non id quod voluerat adimpleret. Quapropter accepto ferro omnes
capillos capitis ejus abscidit: atque venerabilem virginem deformem saeculo, sed formosam
reddidit Deo. Intueri nunc libet cujus animi mater venerabilis fuerit, quae deformitati filiae
adeo consentanea extitit, ut propriis eam manibus foedari non horresceret, verum etiam gratu-
laretur et exultaret. — Vita, Mabill. sec. II. p. 464. 465; Ghesq. Tom. III. p. 151: .... ut
violatores animarum filiam suam ad illecebras hujus mundi ac voluptates per vim non raperent,
ferrum tonsoris arripuit, et capillos sancto puellae ad instar coronae abscidit. Sancta autem
famula Christi Geretrudis agens Deo gratias gaudebat, eo quod in hac brevi vita pro Christo
in capite coronam acciperet, ut illic perpetuam coronam, corporis et animae integritatis digna
esset habere. — Das klingt nun zwar viel brillanter hier als dort, aber schon Mabillon bemerkt
dazu: Tonsas istius fuisse Sanctimoniales clarum est tum ex hoc loco, tum ex Epistola Hie-
ronymi ad Sabinianum Diaconum; at in modum coronae attonsam non facile extra hunc locum
reperias. Mitram quidem seu mitrellam quasi coronam Virginalis gloriae
praeferebant in vertice distinctam a velo, teste Isidore in lib. 2. de Offic. cap. 17. et
mitrellas aureas Virginum agnoscit Optatus Milevitanus lib. 2. adversus Parmenianum;
sed non coronam ex caesarie compositam. Concilium Liptinense a. 743. habitum statuit
cap. 6. Ut Nonnae velatae in peccatum fornicationis lapsae radantur capilli praeter
alias poenas: quo sensu forte intelligendus Ambrosius ad Virginem lapsam cap. 8. etc. — —
Hist. S. Gertr. p. 10: Ad extremum vero ita suis omnibus demandavit, quibuslibet vestibus
post obitum indueretur, nisi cilicio, quod ipsa in usu habuerat; et vilissimo velo caput coope-
riretur, quod ei quaedam sanctimonialis atque peregrina direxerat ante plures dies. Illis vero
duobus tegumentis addi jusserat et tertium, pannum scilicet vetustissimum; quo cilicium tegebatur. — Vita, Mabill. p. 467; Ghesq. p. 154: Addidit etiam asperam vestem cilicinam, et
occulte suum induit corpusculum: ne ullam in hac vita haberet suavitatem refrigerii, nisi ubi
fulgebant Sancti sicut Sol in regno Patris eorum. Cumque ad diem pervenit extremum, ita
decrevit ut in ipso sepulturae loco nullum laneum nec lineum vestimentum super se mitte-
rent, praeter unum velum vile multum (quod quaedam peregrina Sanctimonialis ex aliis Mo-
plures illi pro benedictione direxerat) ad caput cooperiendum, et ipsum cilicium in sepulcro
ubi in pace quiescat: nulloque alio velamine cooperire, exceptis his duobus, cilicio quo induta
erat, et panno vetere quo ipsum cilicium tegebatur.

[6]) Hist. S. Gertr. p. 16: deposuerunt eum in basilica S. Pauli; vgl. oben Anm. 2.

Albegund und Waldetrud und andere nicht namentlich angeführte fromme Männer und Frauen gezählt werden¹). Besonders auffallend erscheint darin aber der eigenthümliche Anklang an die Annalen von Metz bei Gelegenheit der Beschreibung des Wirkungskreises Pippins²), der eine nähere Beziehung gerade dieser Biographie und der Annalen zu einander höchst wahrscheinlich macht.

¹) Hist. S. Gertr. p. 2: Pipinus nobilissimi quondam Karlomanni principis filius, qui cum b. Arnulpho, sub Lothario et Dagoberto regibus, populum inter Carbonariam sylvam, et fluvios Mosam et Mosellam, usque ad Frisonum fines vastis limitibus habitantem justis legibus gubernavit b. Virginis pater, mater vero Itta extitit. Habuit fratrem Grimoaldum, qui adjutorio S. Cuniberti Coloniensis Episc. patri sub Sigiberto rege in principatum successit. Fuit ei soror nomine Begglas, quae Ansigiso duci filio Arnulphi nupsit: quorum filius Pipinus extitit princeps. Fuerunt ei et agnatione propinquae virgines Aldegundis et Waldetrudis, et alii plures ejus temporis viri et muliores, non solum consanguinitate, sed et propositi et religionis conversatione.

²) Annal. Mettens. Mon. Germ. SS. Tom. I. p. 316: Pippini praecollentissimi quondam principis, qui populum inter Carbonariam silvam et Mosam fluvium, et usque ad Fresionum fines vastis limitibus habitantem justis legibus gubernabat. — Herr Gerard, welcher überall fehlgreifen muß, schreibt hier (p. 101) wieder: Pepin de Landen était fils de Karlmann ou Carloman, que les historiens de ss (?) vie appellent prince, princeps, et qui fut tout au moins un de ces grands propriétaires fonciers dont nous avons déjà parlé. Il devait jouir d'une haute autorité dans son pays, puisque les chroniques anciennes disent qu'il gouvernait toute la population depuis la forêt Charbonnière et les rives de la Meuse jusqu'aux limites des Frisons. Ce premier chef connu de la race carolingienne eut deux enfants, Pepin, comme nous venons de le dire, et Amelberge. Hierzu ist nun zwar der Wortlaut der Ann. Mett.: qui — gubernabat ausnahmsweise richtig citirt, doch dabei übersehen, daß diese Annalen nirgends von einem princeps Carloman reden, geschweige denn ihm jenes Gebiet zu eigen geben. Es ist hier augenscheinlich wieder einmal durcheinander geworfen, was wir bei Ghesquière Tom II p. 341 also lesen: Hoc igitur tractu terrarum, atque ejusmodi inter populos, quos diximus Pippinus peculiares possessiones habebat: ac praeterea summa in regno Austrasiae auctoritate pollebat. Nam, ut habent Annales Metenses a Chesnio tom. 3. Scriptorum Francicorum editi, populum inter Carbonariam silvam et Mosam fluvium et usque ad Fresionum fines vastis limitibus habitantem, justis legibus gubernabat. Uberius ea tradit auctor antiquus, qui primam S. Gertrudis Vitam, a coaetaneo conscriptam, interpolavit: Pippinus, inquit, nobilissimi quondam Karlomanni principis filius, qui cum b. Arnulpho sub Lothario et Dagoberto regibus populum inter Carbonariam silvam, et fluvios Mosam et Mosellam, usque ad Frisonum fines vastis limitibus habitantem, justis legibus gubernavit . . . — und wird überdies fälschlich auf Karlmann bezogen, was deutlich schon hier auf Pippin geht, aber noch deutlicher hätte werden müssen, wenn Herr Gerard sich mehr, als leider geschehen, damit befaßt hätte, die Quellen selber einzusehen.

Excurs VI.

Die Biographien des heiligen Leudegar von Autun und ihr Verhältniß zu Ebruin.

(Vitae Leodegarii Episc. Augustod., Bouquet SS. Tom. II. p. 609 ss.;
Bolland. Oct. 2. p. 463 ss.; Mabill. sec. II. p. 680 ss.)

In der Beurtheilung Ebruins hat man sich mit wenigen Ausnahmen, welche eine mildere Ansicht vertreten, überall von dem ungenannten Biographen des heiligen Leudegar von Autun, einem angeblichen Zeitgenossen, leiten lassen, der sein Werk im Auftrage des Bischofs Ermenhar, des Nachfolgers Leudegars, verfaßt haben will. Ein begeisterter Verehrer dieses Heiligen, ist er offenbar viel zu sehr Partei, um für die Darstellung des Kampfes zwischen demselben und Ebruin um das weltliche Principat ohne die sorgfältigste Kritik benutzt werden zu können. Nicht zufrieden damit, in steter Steigerung Ebruin hier einer giftigen Schlange[1] dort einem grimmigen Löwen[2] zu vergleichen, bald einen Sohn der Verdammniß[3] bald eine Ausgeburt der Hölle[4] zu nennen, verkehrt er einerseits alle Anordnungen desselben, welche eine endliche Feststellung der verwirrten Zustände bezweckten, und in mancher Beziehung hart und rücksichtslos sein mußten, wenn sie Erfolg haben sollten, in die willkürlichsten auf die gewaltsamste Beeinträchtigung seiner Feinde abzielenden, nur den eigennützigsten Zwecken dienenden Auflagen[5], und häuft anderseits auf ihn alle Unthaten, welche gleichzeitig im ganzen Umkreise des Frankenreiches geschahen, wenn sie nur dazu dienen, Ebruins Handlungsweise zu brandmarken, und diesen selbst als einen wahnsinnigen Verbrecher, als einen Verächter göttlicher und menschlicher Gesetze in den Koth zu treten.

Wie ein Mächtiger nur zu leicht dahin gelangt, seinen Vortheil für den seiner Untergebenen zu halten, so wird es auch den Gegnern eines solchen niemals schwer werden, ihm eigensüchtige Zwecke da unterzuschieben, wo er allein das Wohl der Allgemeinheit im Auge hatte. Es fragt sich nun, ob der Vortheil des Reiches nicht wenigstens ebenso sehr als der persönliche Gewinn Ebruins die Vernichtung Leudegars als eines ehrsüchtigen Parteihauptes erheischte? Daß dieselbe auf seine so grausame Weise ins Werk gerichtet wurde, erforderte allerdings jener so wenig wie dieser. Wir sind darum auch weit entfernt, sie

---

[1] V. S. Leod. auct. anon., Mabill. sec. II. p. 616: Hebroinus caput revelavit venenosum, et quasi vipera restaurans venena sua.
[2] l. l. p. 620: omnes ut leonem iratum metuerant Hebroinum.
[3] l. l. p. 620: Hebroinum filium perditionis.
[4] l. l. p. 620: stipulam inferni.
[5] l. l. p. 613 cap. 3; p. 619 cap. 12.

zu vertheidigen, müssen aber auf sie als auf das Hauptmotiv aufmerksam machen, welches den ungenannten Biographen Leudegars verleitete, Ebruins einzelne Schritte stets mit einem Commentar zu begleiten, der seine historische Treue verdächtigt.

Schneiden wir diesen Commentar hinweg, so bleibt wenig mehr als wir in einer zweiten Biographie Leudegars finden, deren Verfasser, Ursinus mit Namen, gleichfalls ein Zeitgenosse[1]), sein Werk dem Bischof Ansoald von Poitiers widmet.

Ursinus ist zwar auch nicht gerade ein Freund Ebruins, den er hin und wieder, wenngleich in etwas weniger starken Ausdrücken als jener Ungenannte, nicht minder rücksichtslos tadelt, aber überall leuchtet eine bei Schriftstellern seiner Gattung seltene Unparteilichkeit hindurch, welche ihm freilich den vollen Zorn eines späteren Eiferers für den heiligen Leudegar zugezogen hat. Denn wir lesen einen Prolog zu einer hier nicht weiter in Betracht kommenden dritten Biographie desselben Heiligen, welcher dem früheren Verfasser der Leidenesgeschichte dieses Märtyrers zum Vorwurf macht, daß er unrichtig und ohne Unterscheidungsvermögen neben ihn wiederholt seinen verdammungswürdigen Verfolger Ebruin zu stellen gewagt habe, da doch zwischen der Arglist des verworfensten Henkers und der Heiligkeit des gerechtesten Mannes selbst jeder Vergleich unstatthaft, eine Freundschaft der Tugend mit dem Laster nur dem Wahnwitz denkbar sei.[2])

Wir möchten diese Herzensergießung als Wahlspruch über die von jenem Ungenannten verfaßte Biographie setzen, denn sie steht mit letzterer auf gleichem Standpunkte, und der Verfasser der Biographie hat ganz nach dem Grundsatze jenes Prologs gehandelt, als er das Werk des Ursinus umschrieb und auslegte. Daß er dies gethan, ergiebt die theilweise wörtliche Uebereinstimmung beider, welche namentlich noch dadurch zum Nachtheile des Ungenannten entschieden wird, daß die letzten Kapitel, über denen dem Commentator entweder die Geduld oder das Verständniß ausging, und welche deshalb wörtlich aus der einen in die andere Biographie hinübergerathen sind, unter vielem Preise des heiligen Leudegar auch einen fast wehmüthig anklingenden Nachruf an Ebruin[3]) enthalten, der aus der geiferhaltigen Feder des Ungenannten nicht geflossen sein kann, wohl aber dem vorurtheilsfreiern Ursinus zuzutrauen ist.

Indeß wollen wir deshalb durchaus nicht in allen Stücken die Arbeit des Ungenannten verdammen, denn sie enthält Vieles, was wir bei Ursinus vermissen, und darnach zu unterscheiden haben, ob der Gegensatz zwischen Leudegar und Ebruin ins Gewicht fällt, oder ob es sich um Vorkommnisse handelt, welche außerhalb desselben liegen. Bedarf es da nun im ersten Falle[4]) ganz besonderer

---

[1]) Mabill. sec. II. p. 698 ss.; Bouquet SS. Tom. II. p. 627 ss.

[2]) Bouq. SS. Tom. II. p. 609: maxime offendebat, quod antiquus ille ejusdem passionis scriptor injusto ac sine discretionis temperamento b. Leudegarium nefariumque illius persecutorem Hebruinum plurimis in locis aequales facere non dubitaverit. Dicebat enim fraudulentiam nequissimi carnificis justi hominis sanctitati nullo modo potuisse coaequari. Virtutem namque cum vitio amentis est credere uti umquam amicabili consortio.

[3]) V. S. Leod. auct. Ursino, Mabill. sec. II. p. 704.; auct. anon., Bouq. SS. Tom. II. p. 624. Wir sehen von den kleinen Stilverschiedenheiten des letzten Satzes ab, und folgen dem Texte Bouquets: Transacto vero spatio trium pene annorum, in semper lugendo Hebroino, qui hanc lucernam visus fuerat extinguere, sermo divinus impletur. Nam qui gladio multos interemit, percussus gladio et ipse periit. Infelix ac miser, qui tantis honoribus sublimatus, in tribus mundi partibus dilatata fama industriae suae pollebat inter homines, quoniam noluit suis inimicis mandatum dei implendo indulgentiam tribuere, ulciscendo eos multos ad regna coelorum fécit abire. Quamobrem verendum valde est, ut qui tantos sacerdotes ac proceres ultionis suae crudelitate interemit, sibi potius poenam praeparasset aeternam; et qui tam excelsam quam nullus Francorum habere meruit gloriam perdidisset, et beatam vitam, quam per patientiam adipisci quiverat, amisisset.

[4]) Hierher gehört z. B. die nur von dem Ungenannten (cap. 8, Bouq. SS. Tom. II. p. 617), von keinem Berichterstatter sonst mitgetheilte Aufstellung eines Gegenkönigs durch Ebruin, als Theuderich nach der Ermordung Chilperichs angeblich von Leudegar und Genossen auf den Thron gesetzt wird. Ebruin hatte einst nach Luxeuil entweichen müssen, als er Theuderich zum Könige machen wollte. Mit ihm war dieser selbst und zwar gerade von der Partei Leudegars beseitigt worden. Warum stellt er, als der ihm freundlich gesinnte König nun wirklich zum Thron gelangt, einen Gegenkönig auf? War auch Theuderich in den Händen der Gegenpartei, sodaß ein Kampf Ebruins gegen dieselbe erfolgen mußte, wenn er sie von dem Könige entfernen wollte, so bedurfte es dazu doch keines Gegenkönigs, durch dessen Aufstellung sich Ebruin sein Werk nur erschwert haben würde, hätte er auch zu verbreiten gewußt, Theuderich wäre gestorben. Seine Gegn:r wür-

Vorsicht zum Zweck der Ausscheidung falscher Zuthaten, so können wir im zweiten Falle[1] viel größere Zuversicht hegen. Denn hier zeigt sich der Ungenannte in einer Weise unterrichtet, welche nöthigt, seiner Arbeit einen jenen Vorkommnissen nicht allzu fernen Zeitpunkt anzuweisen, und ihn selbst, wenn auch nicht für einen Zeitgenossen, so doch für einen solchen anzusehen, der mit Zeitgenossen derselben im Verkehr stand. So viel Bedeutung wir aber auch in dieser Hinsicht ihm einzuräumen bereit sind, für das uns zunächst Liegende geben wir doch der Biographie des Ursinus den Vorzug, mit dessen Schilderung Ebruins[2] in der That auch andere Schriftstellen übereinkommen[3]), wenn gleich die meisten in den durch jenen Ungenannten angestimmten Ton der Verunglimpfung seines Charakters und Strebens mit einfallen[4]), und eine der letzteren gar den Grundsatz der Heiligen-Akten, Adel der Seele und Adel des Geschlechtes müßten nothwendig mit einander verbunden sein[5]), folgerichtig dahin erweitert, daß ein Widersacher Gottes und der Heiligen auch nur aus der Hefe des Volkes hervorgegangen sein könne[6]); ihm verdankt es Ebruin, daß man ihn für einen Emporkömmling aus niederem Stande hält.

_____

den schon dafür gesorgt haben, dies falsche Gerücht in möglichster Eile zu entkräften. Wahrscheinlich eine Folge solcher Entkräftungsversuche ist das plötzliche Ablassen Ebruins von seinem falschen Könige. Aber wann und wie geschieht dasselbe? Ebruin hat die Gegenpartei glücklich zerstreut, deren Majordomus getödtet, Theuderich in seine Gewalt bekommen, da kann er es plötzlich nicht länger geheim halten, daß dieser noch lebe, sein Gegenkönig verschwindet, und Ebruin ist ohne Weiteres sogleich wieder Majordomus Theuderichs. (cap. 12. p. 619: cum facinus suum diutius Hebroinus perdita occultare non posset, do rege quem falso fecit declinat ingenium, ut in Theoderici rediret palatium. Quorundam factione suscipitur et iterum subito palatii majordomus efficitur.) Die Verkehrtheit dieser Darstellung leuchtet ein; der Ungenannte ist offenbar schließlich selbst damit in Verlegenheit gerathen.

[1]) Dazu zählen wir u. A. die Mittheilung der Wahlbedingungen, welche König Childerich vorgelegt wurden. S. oben S. 115.

[2]) 3. B. cap. 4. 7. 8. 19, Bouq. Tom. II. p. 629. 30; Mabill. sec. II. p. 704. 705.

[3]) V. S. Praej., Mabill. sec. II. p. 644: Ebroino alias strenuo viro, sed in nece sacerdotum nimis feroce; p. 643 heißt es gar von Leudegar: alio sibi in scelere sociato nomine Leodegario. — Miracula S. Martialis Episc. Lemovic., Bolland. Jun. 30. p. 555: Ebruinus omnenequitias seu iniquitates, quae universa terra fiebant, superbos et iniquos homines super eorum facinoribus [puniens], viriliter supponebat; pax per omnem terram plena et perfecta adeisit.

[4]) V. S. Filiberti Abb. Gemeticens. et Horiens. primi, Mabill. sec. II. p. 816 ss.; V. S. Lamberti auct. Nicolao canon. Leodiens. sec. 12., Bolland. Sept. 17. p. 606. 608.

[5]) Der Beispiele bedarf es nicht, denn überall in den Acta Sanctorum finden sich Aussprüche wie der des Ungenannten, Bouq. Tom. II. p. 611: Leodegarius .... ut terrena generositate nobilior est exortus, ita divina gratia comitante .... exstitit prae caeteris rectus.

[6]) Acta Martyrii S. Ragueberti, Bolland. Jun. 13. p. 695: miles quidam iniquissimus, Ebroinus nomine, Deo et Sanctis contrarius, qui ex infimo genere ortus .... Huic studium erat ut quoscumque ex Francorum genere alta ortos progenie nobilitatis vidisset in saeculi utilitate proficere; ipsis vel interfectis aut effugatis sive sublatis de medio, tales in eorum honore sublevaret, qui aut mollitia obligati vel sensu debilitati, aut vilitate aliqua parentelae degeneres, non auderent ejus praeceptis impiis resultare.

Excurs VII.

Die Annales Mettenses.

(Freheri Corpus histor. Francic. p. 168—170; Duchesne, Hist. Franc. Scriptores, Tom. III. p. 262—333; Bouquet, Rerum Gallic. et Francic. Scriptores, Tom. II. p. 676—689, Tom. V. p. 335—357, Tom. VI. p. 212, Tom. VII. p. 184—203, Tom. VIII. p. 61—78; Monum. German. SS. Tom. I. p. 314—336.)

„Eine Hauptquelle für Pippins und seines Sohnes Geschichte, wenn auch vielleicht hin und wieder nicht ganz von Partheylichkeit für sie frei" — nennt Pertz[1] die Annales Mettenses und gründet auf sie einen wesentlichen Theil seiner Darstellung der zur Zeit des mittleren Pippin und Karl Martels im Frankenreiche bestandenen Verhältnisse. Nun ist zwar dieser Gelehrte selbst seitdem längst von seiner günstigen Meinung über die A. M. zurückgekommen[2]; auch hat Paul Roth[3], auf die sehr zu Ungunsten der A. M. umgeschlagene Ansicht von Pertz gestützt, sie als „eine anerkannt schlechte Quelle" gebrandmarkt, deren Verfasser „Fredegar und die Annales Bertiniani seltenweise abgeschrieben und nur das Schlechte und Lügenhafte selbst hinzugefügt" habe; und meint endlich Wattenbach[4], daß die A. M. für die früheren Zeiten — d. h. namentlich für die karolingischen Anfänge — Bedeutung haben möchten, „insofern für uns verlorene Quellenschriften darin enthalten sein könnten", bescheidet sich dann aber doch dahin, „daß der Verfasser, wo seine Quellen ihm zu dürftig erschienen, aus freier Phantasie die Thatsachen erweitert und ausgeschmückt habe, und man deshalb auch da, wo dieses Verhältniß nicht so klar vorliege, doch kaum einen Gebrauch von seinem Werke machen könne".

Diese Warnungen sind leider so gut wie garnicht beachtet worden, hauptsächlich wohl darum, weil es viel verlockender war, die allerdings anziehende Schilderung zu wiederholen, welche sich auf Grund der A. M. namentlich von dem mittleren Pippin und dessen Thun entwerfen läßt, als sich selbständig durch die Finsterniß zu tasten, welche über diesen Abschnitt der Geschichte hereinbricht, sobald man die leitende Hand des Verfassers der A. M. fahren läßt. Und so ist es denn gekommen, daß all die Irrthümer, denen eine zu günstige Beurthei-

---

[1] Hausmeier S. 170 Anmerk. zu S. 52 Z. 19.
[2] Mon. Germ. SS. Tom. I. p. 314: Auctor veteres sibique probatos ita descripsit, ut plerumque ipsorum verba retineret, nonnunquam, arte quadam historica uti sibi visus, proprium ex diversis filum texeret, ut tunc quidem fidei satis suspectae eum rebus deficientibus verba facere, et pro veritate fuco quodam rhetorico proposito, lectorum oculos in se convertere velle haud dubie videatur.
[3] Beneficialwesen S. 148.
[4] Geschichtsquellen S. 188. 189.

lung der A. M. Aufnahme in die Darstellung der karolingischen Anfänge ver-
schafft hat, nach wie vor die geschichtliche Wahrheit beeinträchtigen. Dem durch
eine eingehende Besprechung der A. M. entgegen zu treten ist unsre Aufgabe.

Indem wir uns da nun zuvörderst an eine Erörterung der Frage machen,
ob die A. M. so wie sie uns vorliegen in einem Gusse entstanden, oder ob sie
aus verschiednen Federn zu verschiednen Zeiten geflossen, müssen wir bestimmt
der Ansicht begegnen, welche es für möglich hält, daß der von Pippin dem
Mittlern handelnde Abschnitt im achten oder neunten Jahrhundert, die übrige
Masse dagegen erst gegen Ende des zehnten, oder gar noch später im eilften
verfaßt sei.[1]

Denn daß die A. M. mit einem Auszuge aus dem ersten Buche von Widukinds sächsischer Geschichte schließen, berechtigt für sich allein ebensowenig zu
der Annahme eines so späten Entstehens des ganzen Werks, wie die offenkun-
digen Verstöße gegen die durch andere Quellen beglaubigte geschichtliche Wahrheit, welche gerade in jenem Abschnitte bemerkt werden, doch noch kein Grund
sind, seinen Ursprung von dem der Gesammtheit zu trennen. Oder sollte zu
dieser Trennung vielleicht der Umstand mitgewirkt haben, daß ein fast drei Jahrzehnte vor dem durch Du Chesne im Jahre 1641 geschehenen Veröffentlichung der
A. M. von Marquard Freher im Jahre 1613 mitgetheiltes Bruchstück gerade
mit dem Auftreten des mittleren Pippin im Jahre 687 anhebt, und gleichen
Inhalts mit dem entsprechenden Abschnitte der A. M. bis zum Jahre 692
läuft?

Allerdings ist der Abdruck bei Du Chesne ausführlicher als jener bei Marquard Freher, aber deshalb der Annalist ein anderer als der Urheber des Bruch-
stücks doch höchstens insofern, als dieser jenen so arg verstümmelt, daß ein Sinn
in sein Machwerk nur dann gebracht werden kann, wenn man die ausführlichere
Fassung dagegen hält[2]. Für eine Aussonderung jenes Abschnitts scheint nun
aber der Umstand zu sprechen, daß bis dahin nur Fredegars Chronik wörtlich
wiedergegeben war, wenn uns anders der erste Herausgeber der A. M., Du
Chesne, recht berichtet, der aus diesem Grunde sich auch genöthigt sah, bei der
Herausgabe den Anfang der A. M., angeblich 99 Capitel Fredegars zu unter-
drücken. Und es ist in der That kaum ein schrofferer Gegensatz denkbar als
diese Capitel Fredegars und das Jahr 687 der A. M., und muß der urplötzliche
Uebergang von der gewöhnlichsten Unselbständigkeit zu der selbständigsten Eigenthümlichkeit höchlichst überraschen. Die Folgerung liegt nahe, daß man hier zu
einer Partie gelangt sei, welche aus einer andern Feder herrühre als aus derjenigen, die sich bis dahin mit dem mechanischsten Abschreiben begnügt habe.

Was ist aber nun natürlicher, als daß man voraussetzt, ebenso schroff wie
der Anfang dieser Partie sich abhebt, müsse das auch der Ausgang thun? Allein,
wenn gleich schon mit dem Jahre 693 eine Benutzung bekannter Quellen wiederum ersichtlich wird, so artet doch eben nur sehr allmählich dieselbe in ein
bloßes Ineinanderschalten und endlich förmliches Abschreiben aus, und noch lange
Zeit bleibt die Feile des Annalisten bemerkbar, während charakteristische Züge
in der ganzen Ausdehnung des Werks hindurchscheinen, und unzweifelhaft machen,
daß es, soweit es uns gedruckt[3] vorliegt, also wohl auch in seinem ganzen
dereinstigen Umfange, aus derselben Feder geflossen sei.

---

[1] Mon. Germ. SS. Tom. I. p. 315. 540.

[2] Als Beispiel genüge die Rede Pippins, deren hauptsächlichster Theil bei Freher ausfiel,
sodaß von ihr nur folgendes Bruchstück geblieben ist: unde nihil praeter tumidum et superbis
plenum responsum accipere merui, secunda causa ad talem provocavit laborem. Nobilium
siquidem Francorum ad nostram fidem confugientium laborem. Nobilium siquidem Francorum ad nostram fidem confugientium lachrimae et gemitus, qui tot calamitatum angoribus
pressi, divinum se per nos arbitrantur adipisci posse suffragium. Uebrigens fehlen in den
Mon. Germ. SS. Tom. I. p. 318. die Klammern, welche das bei Freher fortfallende Stück der
Rede vor Ne quis vestrum—adipisci posse suffragium einschließen müßten.

[3] Lacomblet's Archiv für die Geschichte des Niederrheins, Bd. IV. Heft 1 S. 218. 219 (1862),
veröffentlichte ein Bruchstück der A. M., die Jahre 759—761 umfassend, und als innere
Bekleidung des Holzdeckels eines Folianten in der Bibliothek der Abtei Werden aufgefunden.
Dasselbe stimmt in der Hauptsache mit dem Wortlaut des sonst gedruckt vorliegenden Textes und
ergänzt denselben eigentlich nur an zwei Stellen eine, zum Jahre 761, bereits von den
Herausgebern (vgl. Mon. Germ. SS. Tom. I. p. 334) als lückenhaft bezeichnet, durch die Worte:
direxit, qui usque ad cavadonem urbem totam illam partem burgundie, die andere, zum Jahre

Betrachten wir aber die nicht unbedeutende Masse der A. M. in Bezug auf ihre Quellen recht genau, so gewinnen wir ein von der Angabe derselben in den Monumenta Germaniae vielfach abweichendes Ergebniß. Denn während die Fortsetzung von Fredegars Chronik noch weit über das Jahr 687 hinaus, meist gefeilt und überarbeitet, die Hauptquelle bildet[1]), treten, nachdem nur einmal eine Biographie des heiligen Leudegar von Autun[2]) herangezogen worden, zunächst die Gesta Abbatum Fontanellensium[3]), und bald darauf das Chronicon Moissiacense[4]) und die Annales Petaviani[5]) hinzu, um indeß nur für einzelne Jahre zu dienen. Dagegen sind die Annales Laurissenses garnicht, die Fuldenses anfänglich zwar auch nur hin und wieder, später jedoch in ausgedehnterem Maße benutzt[6]), vor Allem aber das Chronicon Reginonis[7]) und gewisse uns verlorene Annalen, welche besonders auffällig an die Annales Bertiniani[8]) anklingen, derartig ausgeschrieben, daß abwechselnd bald die eine bald die andere dieser Quellen für eine Reihe von Jahren den Vorzug behauptet. Dazwischen fallen dann noch vorübergehend Einhards Vita Karoli Magni[9]), Thegans Vita Hludowici Pii[10]), und den Schluß bildet Widukinds sächsische Geschichte[11]) An die Annales Einhardi erinnert nur das zum Jahre 741 über die Empörung Grifo's Gesagte[12]), und Einzelnes in der Erzählung der Ereignisse des Jahres 769[13]), welches sonst aus dem Chronicon Reginonis und jenen an die Bertiniani anklingenden Annalen zusammengesetzt ist. Da sie der Verfasser der A. M. jedoch nicht wahrscheinlich in so geringem Maße benutzt hätte, wenn sie ihm überhaupt zugänglich gewesen wären, so muß mit Pertz[14]) vermuthet werden, jene Empörung Grifo's, welche in solcher Weise sonst nur noch Ekkehard[15]) und der sächsische Annalist[16]), beide wörtlich Einhard nacherzählen, sei von diesem und dem Verfasser der A. M. aus einerlei Quelle geschöpft. Auf diese Quelle, die wir nicht kennen, möchten sich aber vielleicht auch die den A. M. scheinbar eigenthümlichen Nachrichten zurückführen lassen[17]), soweit sie nicht etwa

---

760, vielleicht auch nur durch die Schuld von Du Chesne verstümmelt, durch die Namen der Gesandten und Geiseln Waifars, welche ebenso wie jene das Jahr 761 ergänzenden Worte fast wörtlich übrigens auch die Quellen der A. M. bieten.

[1]) Wie es hin und wieder, so z. B. cap. 109 zum Jahre 736, scheint, aus einer viel bessern Handschrift als die bisher abgedruckten.

[2]) Mon. Germ. SS. Tom. I. p. 327 ad an. 687.

[3]) l. l. Tom. II. p. 270ss. ad an. 693, 732, 737, 741, 750, fast ganz wörtlich.

[4]) l. l. Tom. I. p. 280ss. ad an. 715 (?), 734, 741, 747, 753—756, 773, 774, 790, 803, 804, 805. — Es sind fast überall wörtliche Einschaltungen in dem Text der oben als besonders an die Bertiniani anklingend bezeichneten Quelle oder auch des Chronicon Reginonis, welche mit einigen Flittern ausgestattet diesen Jahren der A. M., zumal 803—805, den Anschein der Eigenthümlichkeit und Neuheit geben.

[5]) l. l. Tom. I. p. 3ss. ad an. 708—712, 715, 718, 739, 740, theils wörtlich.

[6]) l. l. Tom. I. p. 337ss. ad an. 714, 717, 719, 727, 737, 738, 740, 748, 753, 771, 838—852, 854, 857, 858, fast überall wörtlich.

[7]) l. l. Tom. I. p. 537ss.; seit 743—903.

[8]) Seit 741. Vollständig sind sie abgedruckt bei Muratori, Rer. Ital. Scriptores Tom. II. p. 401ss. — Z. B. lesen wir in den A. M. und A. B. (l. l. p. 405) übereinstimmend zum Jahre 744: captus est Theodoricus Saxo altera vice, während die A. Lauriss. (l. l. p. 134) alia vice haben.

[9]) cap. 21—31, Mon. Germ. SS. Tom. II. p. 455—430, wörtlich.

[10]) cap. 10, 20, Mon. Germ. SS. Tom. II. p. 594, 515, wörtlich.

[11]) Res gestae Saxonicae lib. I. cap. 16—36, im Auszuge wörtlich, l. l. Tom. III. p. 425—433.

[12]) A. M. l. l. p. 327; A. Einh. l. l. p. 135.

[13]) Die Worte der A. M. (Bouquet SS. Tom. V. p. 340): Lupus regio timore perterritus und ubi S. Lambertus in corpore requiescit, wo A. Einh. (l. l. p. 149): Lupus minis regiis perterritus und apud S. Lambertum. Letzteres fehlt sonst in allen Quellen.

[14]) Mon. Germ. SS. Tom. I. p. 327 n. 45: ab Einhardi annalium narratione diversa licet, eo eodem tamen cum iis fonte fluxisse videntur.

[15]) Chronicon universale a. 742, Mon. Germ. SS. Tom. VI. p. 158.

[16]) A. 741, Mon. Germ. SS. Tom. VI. p. 553.

[17]) So z. B. der Schluß des Jahres 747 (Mon. Germ. SS. Tom. I. p. 330): Pippinus ,.... fratrem suum Gripponem de custodia, in qua cum germanus suus Karlomannus recluserat, liberavit, et ipsum fraterna dilectione honoratum in palatio suo habuit, deditque illi comitatus et fiscos plurimos. Pertz sagt davon (p. 329 l. l. n. 57): quae in fine de Grippone habentur, genuina sunt. Unschwer läßt sich indeß hierin nichts den A. M. Eigenthümliches ist als etwa der Zusatz: deditque — plurimos. Denn das Uebrige floß aus den A. Einh. a. 741 (l. l. p. 135): in qua custodia usque ad tempus, quo idem Karlomannus Romam profectus est, dicitur permansisse; und a. 747 (l. l. p. 137): Gripho, Pippino fratri suo subjectus esse nolens, quamquam sub illo honorifice viveret, und steht daher auch folgerichtig beim Jahre 747. Mit dem Zusatze: „deditque illi comitatus et fiscos plurimos" aber

ihr Dasein der verkehrten Anwendung einer oder der andern uns wohl bekannten, nur nicht sogleich wieder erkannten Quelle verdanken.

Denn unter den mannichfachen Vorwürfen, welche den Verfasser der A. M.
treffen, steht obenan, daß er Thatsachen vervielfältigt, Kriegszüge und dergleichen
verdoppelt und verdreifacht, oder auch wohl an falscher Stelle einschaltet, und
früheren Unternehmungen Erfolge beimißt, welche erst spätere gehabt haben.

Bei der eigenthümlichen Kürze der den ersten Karolingern der Zeit ihrer
Abfassung nach am Nächsten stehenden Quellen, der Gesta Francorum und der
fredegarianischen Chronik, läßt sich nun zwar wohl annehmen, daß die von ihnen
erwähnten kriegerischen Unternehmungen derselben nur die bedeutendsten Glieder
in einer langen Kette waren, welche eben um ihres Erfolges willen daraus hervorgehoben zu werden den Verfassern dieser Chroniken würdig erschienen. Es
hätte daher auch unser Annalist nicht ganz mit Unrecht z. B. wiederholte Kriegs-
thaten des mittleren Pippin und seines Sohnes gegen Friesen und Burgunder
vermuthen, aber in keinem Falle einem bestimmten Jahre zuschreiben und mit gewissen Einzelheiten schmücken dürfen. Denn indem er seine Muthmaßung damit
zur Thatsache erhob, schichtete er Flittern auf, unter denen die nackte Wahrheit
verloren ging, während er gewissenhafter handelte, wenn er statt dessen eine Reihe
von Jahreszahlen ohne jeglichen Zusatz von Thatsachen ließ, wie etwa die Annales S. Amandi und die ihnen verwandten Tiliani, Laubacenses, Petaviani
bei den Jahren 688—707, mit kaum einmaliger Unterbrechung im Jahre 702.[1]

Doch aus Gründen, die im Weitern erhellen werden, ergriff der Verfasser
der A. M. gern den Anhalt, welchen die verschiednen ihm zugänglichen Quellen
darin boten, daß sie wiederholt dieselbe Thatsache um einige Jahre von einander
abweichend und bald mehr bald minder ins Einzelne gehend berichteten. Ein
gewisses Ungeschick in der Verarbeitung dieser Quellen konnte er indeß bei aller
sonstigen Federfertigkeit und sorgsamen Vorbereitung nicht überwinden; dasselbe
erleichtert es uns wesentlich, den Ursprung der den A. M. scheinbar eigenthümlichen Nachrichten aufzufinden.

So hat ihr Verfasser nach dem Chronicon Moissiacense[2] zum Jahre 734
bereits den Zug Karl Martels gegen die Friesen erzählt, und nach Fredegars
erster Fortsetzung[3] den Tod Eudo's von Aquitanien berichtet, als er auf die
in der letztern zuvor ausgelassene, mit dem darauf bezüglichen Vermerk hier ein-
geschaltete Unternehmung des Jahres 734 nochmals zurückkommt, und das kurz
zuvor nach der einen Quelle Erzählte jetzt nach der andern, trotz ihrer einlei-
tenden Worte „quod superius praetermisimus", als etwas ganz Neues
bietet.[4]

Aber nicht zufrieden mit dieser Verdopplung des friesischen Unternehmens,
fügt der Annalist sofort eine zweite hinzu. Veranlaßt durch die ergänzende
Wiederholung des von ihm zum Jahre 733 nach der ersten Fortsetzung Fredegars[5] mitgetheilten Burgunderzuges, mit welcher die zweite Fortsetzung anhebt,
giebt er auch diesen noch einmal zum Jahre 736 zum Besten.[6]

Er macht damit in einer Weise Geschichte, in der ihn vielleicht nur sein
Benutzer Andreas Silvius[7] übertrifft, der den einzigen von Fredegar[8] berich-

wollte der Annalist offenbar jenes „quamquam sub illo honorifice viveret" erklären, und glaubte
sich wohl gerade an der gewählten Erklärung dadurch berechtigt, daß Pippin sogar noch nach der
zweiten Empörung Grifo's ihn more ducum duodecim comitatibus donavit. (A. Einh. a. 748.
l. l. p. 187.)

[1] Mon. Germ. SS. Tom. I, p. 6. 7.
[2] Mon. Germ. SS. Tom. I, p. 291: Karolus ingressus — subjugavit imperio. — A. M.
l. l. p. 325: A. 734. Karolus princeps — ditioni subjugavit.
[3] cap. 109. — A. M. l. l. p. 325: A. 735.
[4] cap. 109: Itemque quod superius — reversus est in regnum Francorum. — A. M.
l. l. p. 325. 326: A. 736: perfida gens — ad propria est reversus.
[5] cap. 109: Procedente alioquin — fiducialiter agens. — A. M. l. l. p. 325: A. 733.
Karolus princeps regnum Burgundiae — fiducialiter agens.
[6] cap. 109: Igitur sagacissimus vir Carolus — remeavit in sedem principatus sui. —
A. M. l. l. p. 326: Eodem quoque anno Karolus princeps Burgundiam — ad sedem principatus sui feliciter remeavit.
[7] Historiae Franco-Merovingicae Synopsis, seu Historia succincta, de gestis et successione
regum Francorum, qui Merovingi sunt dicti, a R. P. Dom. Andrea Silvio .... conscripta
et a D. Willelmo Abb. Andern. continuata. Opera Raphaelis de Beauchamps in vulgum
emissa. Duaci Catuacorum 1633. 4°.
[8] cap. 102.

teten Zug des mittleren Pippin gegen die Friesen gar verdreifacht, weil Sigbert von Gemblour denselben zum Jahre 694[1]), der Annalist aber zweimal zu den Jahren 692 und 697, hier nach Fredegar dort vermuthlich nach einer andern, und nicht bekannten Quelle erzählt.[2])

Doch fragt es sich, ob nicht Andreas Silvius in diesem Falle der Verdreifachung entschuldbarer ist, als unser Annalist in einem andern, wo er aus der sonst[3]) verbürgten zweimaligen Demüthigung und Gefangennahme des Sachsenherzogs Theoderich ein dreimaliges Zusammentreffen dieser Art zwischen demselben und den Brüdern Karlmann und Pippin zu Stande bringt.

Die Annales Bertiniani — vermuthlich also auch die ihnen und den A. M. gemeinsame Quelle, für welche wir der Kürze wegen im Folgenden die ersteren nennen werden — berichten zu den Jahren 743 und 744 von Kriegszügen Karlmanns und Pippins gegen die Sachsen, in deren Verlauf Ohseburg eingenommen wird, und Theoderich in Gefangenschaft geräth[4]). Die Annales Fuldenses dagegen, welche überhaupt von einem Sachsenfürsten Theoderich nichts wissen, thun des Kriegszuges, bei welchem jene Feste fällt, erst zum Jahre 745 Erwähnung[5]). Verleitete nun einerseits die von den A. B. abweichende Jahreszahl der Fuldenses den Annalisten zu der Annahme, die im Jahre 743 geschehene Einnahme Ohseburgs habe sich im Jahre 745 wiederholt, und verdoppelte er somit schon diese Thatsache: so mochte er, nach dem ausdrücklichen altera vice der A. B. bei Erzählung der zweiten Begegnung mit Theoderich ein tertia vice vermissen, und nun jenes Ereigniß, das bei seinem ersten Eintritt diese im Gefolge hatte, geeignet finden, um ihm bei seiner Wiederholung eine ähnliche Folge zuzuschreiben. Daher schaltete er denn auch gewissenhaft sein tertia jam vice ein[6]), als er nach Wiedergabe der Jahre 743 und 744 der A. B. unter gleichen Jahreszahlen, dem Jahre 745 der A. Fuldenses zufolge, unter dem Jahre 748 eine nochmalige Gefangennahme Theoderichs einreihte.

Dieses Jahr 748, wohl gerade deshalb von unserm Annalisten dazu auserkoren, jene zweifelsohne aus der Luft gegriffene zweite Eroberung von Ohseburg und das dritte Erscheinen Theoderichs einzuführen, weil eben unter derselben die Fuldenses den zur Unterdrückung von Grifo's Aufstand nach Sachsen unternommenen Zug erzählen, ist nun aber freilich nicht den Laurissenses[7]), um so gewisser jedoch Fredegars Fortsetzung[8]), den A. B.[9]), und eben den Fuldenses[10]) entlehnt, nicht etwa wörtlich ausgeschrieben, sondern in der vom Annalisten beliebten Weise gemodelt und mit Zuthaten versehen, welche vermuthlich auf keinem andern Grunde beruhen, als auf einer willkürlichen Vorausnahme späterer oder einer ungeschickten Benutzung anderszeitiger Nachrichten.

So wird z. B. jenes placitum in villa quae dicitur Duria, mit dem die

---

[1]) Mon. Germ. SS. Tom. VI. p. 328: A. 694. Pippinus Radbodum ducem Fresonum bello vicit. — Andreas Silvius p. 64ᵃ wörtlich ebenso, nur ist durch ein Versehen für Radbodum — Lambertum gesetzt; der Name dieses Heiligen war unmittelbar davor erwähnt nach Sigbert a. 691.

[2]) l. l. p. 320. 321.

[3]) Ann. Lauriss. und Einhardi, Mon. Germ. SS. Tom. I. p. 134. 135: a. 743. 744; nach jenen die Ann. Bertiniani, Murat. SS. Tom. II. p. 495: A. 743. Carlomannus per se in Saxoniam ambulabat eodem anno, et cepit castrum, quod dicitur Ohseburg per placitum, et Theodericum Saxonem placitando conquisivit. — A. 744. Iterum Carlomannus et Pippinus perrexerunt in Saxoniam, et captus est Theodericus Saxo altera vice.

[4]) S. d. vorherg. Anmert.

[5]) Mon. Germ. SS. Tom. I. p. 346: A. 745. Karlomannus et Pippinus simul Saxonum perfidiam vastata eorum regione ulciscuntur et castra Ohseburg capiunt.

[6]) Hätte er die A. Laur. mit dem allgemeinern alia vice oder die A. Einh. mit ihrem iterum vor Augen gehabt, wäre ihm vielleicht sein Irrthum nicht begegnet; so aber lesen wir (l. l. p. 327. 329): A. 743. Eodem anno Karlomannus perrexit in Saxoniam et cepit castrum quod dicitur Oesioburg, et Theodericum Saxonem subjugavit. — A. 744. rebellantibus Saxonibus, Karlomannus et Pippinus super eos exercitum ducunt, et Theodericum perfidum ducem illorum, ceteris subactis, altera jam vice ceperunt, captivumque secum in Franciam deduxerunt. — A. 748. Pippinus cepit castrum quod vocatur Hoeseburg et perfidum Theodericum Saxonem tertia jam vice a Francis captum comprehendit.

[7]) Mon. Germ. SS. Tom. I. p. 330 n. 50 ad an. 748: Narratio nec ex Fredegario cap. 117. nec ex annalibus Laurissensibus pendet.

[8]) cap. 117: adunato exercitu — sacramenta conferre.

[9]) Murat. l. l. p. 495: A. 747. Pippinus — introivit.

[10]) Mon. Germ. SS. Tom. I. p. 346: A. 748. Gripho, frater Karlomanni — pacificare cupientes.

A. M. eben dieses Jahr 748 [1]) eröffnen, zwar von keiner uns bekannten Quelle
berichtet, wohl aber erscheint Düren in späteren Jahren wiederholt als Ort derartiger Versammlungen [2]); und so ist auch die Sorge der Karolinger pro ecclesiarum restauratione et causis pauperum viduarumque et orfanorum corrigendis, justitiisque faciendis ein Punkt, daran gelegentlich [3]) immer wieder zu
erinnern die Tendenz der A. M., welche noch eingehend zu erörtern sein wird,
erfordert.

Deren Ausfluß ist aber gewiß auch die von den Quellen abweichende Darstellung des Zusammentreffens an der Oker. Die Verschanzung, hinter welcher
hier die Sachsen sich zu vertheidigen gedenken, kehrt in allen ähnlichen Fällen
wieder [4]), gleich der Furcht, welcher sie veranlaßt, diesen Gedanken aufzugeben,
während der vierzigtägige Zeitraum, welcher auf die Verwüstung des sächsischen
Landes verwandt wird, eine sich wiederholende Willkürlichkeit des Annalisten in
der Zeitbestimmung ist. Denn nicht nur wird im Jahr 805 ebenso das Gebiet
der Slaven vierzig Tage hindurch verwüstet [5]), wovon die bekannten Quellen
sonst nichts berichten, sondern es wird auch offenbar die Angabe des Chronicon
Moissiacense, Karl der Große habe im Jahre 791 Pannonien 52 Tage lang
heimgesucht, bis in das Jahr 743 verfrüht, und die Heimsuchung Baierns ihm
nacherzählt. [6])

Das Jahr 748 der A. M. ist nun aber noch weiter bemerkenswerth wegen
des großen Aufwandes, den die Schilderung des Unternehmens gegen den empörten Grifo erfordert. Fredegars Fortsetzer, der mit keinem Worte [7]) dessen
Erwähnung thut, daß eben Grifo die Veranlassung zu dem diesmaligen Zuge
nach Sachsen geboten habe, sowie die Annales Einhardi [8]) und Fuldenses [9])
scheinen unserm Annalisten diese Angelegenheit nicht kräftig genug angefaßt zu
haben, so daß er sich genöthigt sah, in mehrfacher Hinsicht stärker aufzutragen.
Darum fügt er nicht nur zu Fredegars schlichter Erzählung von der einmüthi-
gen Hülfeleistung der reges Winidorum seu Frisionum, wie derselbe sich aus-
drückt, die Anzahl der, wie es bei ihm nun heißt, durch die duces gentis as-
perae Slavorum gestellten Streiter quasi contam milia hinzu, sondern ver-
schärft auch den Gegensatz der hadernden Brüder, gegenüber den nüchternen
Worten der Fuldenses und Einhards, indem er sagt: Gripho vero quem de
custodia fraterno affectu Pippinus solverat, tyrannico fastu multos
sibi nobilium sociavit et fuga lapsus, Renum transiens, in Saxoniam venit.
Quem plurimi juvenes ex nobili genere Francorum inconstantia ducti,
proprium dominum relinquentes, Gripponem subsecuti sunt. Der Annalist
macht sich hier zugleich die Schilderung dienstbar, welche das Chronicon Moissiacense [10]) zum Jahre 786 von einer Verschwörung fränkischer Edlen gegen
Karl den Großen also entwirft: rebellare conati quidam comites, nonnulli

---

[1]) l. l. p. 330.

[2]) l. J. 761: Fredeg. cap. 125, Ann. Lauriss. u. Einh. l. l. p. 142. 143; l. J. 773:
A. Lauriss. u. Einh. l. l. p. 152. 153; l. J. 777 (775?): Ann. Alam., Guelferb., Nazar. cont.,
Mon. Germ. SS. Tom. I. p. 40; l. J. 779: Ann. Alam., Guelferb., Nazar. cont. l. l. p. 40;
Ann. Lauriss. u. Einh. l. l. p. 160. 161.

[3]) z. B. zum Jahr 690, l. l. p. 318, und 692, l. l. p. 320.

[4]) z. B. l. J. 743, l. l. p. 328: Ogdilo dux vallum firmissimum fecerat; i. J. 753, l. l.
p. 331: Pippinus rex exercitum duxit in Saxoniam firmitatesque eorum destruxit; l. J. 758,
l. l. p. 333: Pippinus rex in Saxoniam exercitum ducens, firmitates eorum destruxit.

[5]) A. M., Bouquet Tom. V. p. 353: A. 805... Vastata autem et incensa per 40 dies
eadem regione, ducem eorum nomine Lechonem occidit; Ann. Bert., Murat. l. l. p. 508:
omnem illorum patriam depopulatus, ducem — occidit. — Ebenda heißt es von Kaiser Ludwig
i. J. 824: Britanniam ingressus, totam ferro et igni vastavit, consumptisque in hac expedi-
tione 40 vel eo amplius diebus .... reversus est.

[6]) Mon. Germ. SS. Tom. I. p. 299: circuivit terram illam per dies 52 incendendo et
vastando. — A. M. l. l. p. 328: Bajoariam circumeunt, et moram fecerunt in eadem regione
52 dierum.

[7]) cap. 117. Der zu einer Zeit, da das Geschlecht der Karolinger blühte, und selbst auf Geheiß eines Angehörigen desselben schreibende Fortsetzer von Fredegars Chronik behandelt begreif-
licher Weise solche das Herrscherhaus übel berührenden Vorkommnisse mit zartester Rücksicht.

[8]) Mon. Germ. SS. Tom. I. p. 137: Gripho Pippino fratri suo subjectas esse nolens,
quamquam sub illo honorifice viveret, collecta manu in Saxoniam profugit.

[9]) l. l. p. 346: Gripho, frater Karlomanni et Pippini, potestatem quandam affectans,
ad Saxones se contulit.

[10]) l. l. p. 297.

etiam nobilium in partibus Austriae, ac conjurantes invicem coegerunt quos poterant, ut contra regem insurgerent.

Daß bei dieser Gelegenheit auch der Nordschwaben, der Nachkommen jener einst durch die Könige Chlothar und Sigbert in dem nach ihnen sogenannten Gau Suevon zwischen Saale, Bode und Unterharz angesiedelten Schwaben[1]), in den A. M. Erwähnung gethan wird, mögen wir einer uns nicht zugänglichen Quelle zu verdanken haben; wir wissen aber freilich nicht, wie weit wir bei der eigenthümlichen Weise unseres Annalisten, ihm vorkommende Namen und Thatsachen zu verwerthen, auf die Richtigkeit dieser Angabe bauen dürfen.

Einen Beleg, daß unser desfallsiger Zweifel nicht ungegründet sei, liefert auch zugleich wieder der Ausgang der Empörung Grifo's im folgenden Jahre 749. Er hat sich in Sachsen nicht halten können, ist nach Baiern geflohen, hier aber erlegen, und wird nun nach den übereinstimmenden Berichten anderer Quellen[2]) von dem stets zur Versöhnung geneigten Bruder mit zwölf Grafschaften in Neustrien begnadigt, begiebt sich aber von dort bald zu Walfar nach Aquitanien.

Die A. M.[3]), welche zuvörderst schon von Beneficien wissen, die Pippin an sämmtliche Genossen Grifo's, statt sie zu strafen, ausgetheilt habe, kennen auch genauer das Gebiet, welches Grifo angewiesen wird, indem sie die Stadt Le Mans namhaft machen. Aber ob sich ihr Verfasser nicht auch hier erlaubt hat, den Namen dieser Stadt aus einem späteren ähnlichen Vorkommniß vorweg zu nehmen? Im Jahre 838 wird nämlich, wie die A. B.[4]) melden, Karl dem Kahlen von seinem Vater Ludwig ein Theil Neustriens, und zwar das cenomannische Herzogthum und die ganze Küste Galliens zwischen Loire und Seine überwiesen. Und ob sich auf eben diese Angabe nicht gleichfalls eine weitere, sonst nicht verbürgte Notiz der A. M. vom Jahre 790 zurückführen läßt, nach welcher Karl der Große seinen gleichnamigen Erstgebornen über die Seine hinaus entsandt haben soll, indem er ihn mit dem cenomannischen Herzogthum begabte?[5])

Einen ferneren Beleg aber bietet das Jahr 753![6] Mit einem Satze beginnend, der theils dem Wortlaut theils dem Sinn nach dem Jahre 758 der A. B.[7]) entlehnt ist, giebt unser Annalist zunächst den Anfang des Jahres 753 der A. B. wörtlich wieder, zieht dann abermals deren Jahr 758 heran, um in derselben Weise, wie zuvor dessen Eingang, seinen Schluß zu gebrauchen, und die Bedingungen auszuschreiben, welche die besiegten Sachsen sich gefallen lassen müssen, verstärkt diese Bedingungen jedoch noch durch Einschaltung der Maßnahmen Karls des Großen nach dem Feldzuge des Jahres 780, wie solche das Chronicon Moissiacense berichtet. Ebendaher entnimmt er darauf sogar noch den Uebergang zu der nun wieder dem Jahre 753 der A. B. angehörenden, auf Grifo's Tod bezüglichen Nachricht, fügt aber — bevor er mit der Erzählung von Ankunft und Aufnahme des Papstes Stephan bei Pippin nach einer frühern Stelle desselben Chronicon, die er indeß wieder mit einigen Worten aus dem betreffenden Theile des Jahres 753 der A. B. einleitet, seinen Jahresbericht schließt — noch einen Heereszug Pippins nach der Bretagne von angeblich

---

[1]) Zeuss, die Deutschen S. 362 ff.

[2]) A. Lauriss. u. Einh. l. l. p. 136. 137: in letztern wird noch hinzugefügt „more ducum"; A. B. l. l. p. 495: Grifonem vero partibus Niustriae misit, et dedit ei XII comitatus. Iude iterum Grifo fugiens Vasconiam petiit (et ad Waifarum ducem Aquitanorum pervenit; A. Fuld. l. l. p. 316. A. 750. Pippinus Griphoni in partibus Neustriae duodecim comitatus dedit, sed ille nec ibi se tutum esse ratus, ad Waifarium ducem Aquitaniae accessit. — Man bemerke die tendenziöse Erweiterung dieser Angaben, welche sich die A. M. erlauben, in der folg. Anmerkung!

[3]) L. l. p. 330: Solita autem pietate Gripponi fratri suo et omnibus his qui cum eo confugium fecerunt, misericorditer non solum pepercit, sed etiam beneficiis ditavit. Nam Gripponi Cinomannicam urbem cum duodecim comitatibus dedit. Quibus ille solito more despectis, Wasconiam petiit, et ad Waifarium ducem perfidum Aquitaniorum pervenit.

[4]) Murat. l. l. p. 524: Carolo tunc cingulo insignito pars Niustriae ad praesens data est, ducatus videlicet Cenomannicus, omnisque occiduae Galliae ora intra Legorim et Sequanam constituta.

[5]) Bouquet Tom. V. p. 346: A. 790. Hujus anni principio rex Carolus primogenitum suum Carolum ultra Sequanam direxit, dans ei ducatum Cenomannicum.

[6]) A. M., Mon. Germ. l. l. p. 331.

[7]) Murat. l. l. p. 495. 496.

11*

größtem Erfolge ein. Folgende Gegenüberstellung der betreffenden Stellen wird die Richtigkeit dieser Behauptung zeigen:

A. M.: A. dom. incarn. 753. Pippinus rex exercitum duxit in Saxoniam, firmitatesque eorum destruxit, et plurimos ex eis inito certamine superavit. Hildegarius tamen episcopus occisus est a Saxonibus in castro qui dicitur Viberg.

Saxones vero dum aliter facere non possent, sacramenta et obsides Pippino regi dederunt hoc modo, ut quicumque de sacerdotibus in Saxoniam ire voluisset, ad praedicandum nomen Domini et ad baptizandum eos licentiam habuisset.

Et polliciti sunt, se dare annis singulis regi in censu equos trecentos. Inde vero rex Pippinus revertens, audivit quod Grippo frater ejus, qui in Wasconiam fugerat, occisus fuisset, exercitumque in Brittanniam duxit, et Venedis castrum conquisivit, totamque Brittanniam subjugavit partibus Francorum. Eodem anno Stephanus papa, qui beatae memoriae Zacharinae praesuli successerat, molestiam Langobardorum — audire meruerunt.

A. B.: A. 758. Pippinus rex in Saxoniam ibat, et firmitates Saxonum per virtutem introivit, ... et multae strages factae sunt in populo Saxonum. — A. 753. Hildegarius episcopus occisus est a Saxonibus in castro quod dicitur Viberg.

Chron. Moiss. (Mon. Germ. SS. Tom. I. p. 296): A. 780. Saxones tradiderunt se illi omnes, et accepit obsides, tam ingenuos quam et lidos. Et divisit ipsam patriam inter episcopos, presbyteros et abbates, ut in ea baptizarent et praedicarent ... Inde revertens abiit ...

A. B: A. 758. Et tunc polliciti sunt contra Pippinum omnes voluntates ejus faciendum, et honores in placito suo praestandum, usque in equos 300 per singulos annos. — A. 753. et dum reversus est de ipso itinere, nuntiatum est ei, quod Grifo qui in Wasconiam fugit, germanus ejus, occisus fuisset. Eodemque anno Stephanus papa venit in Franciam. — Chron. Moiss. l. l. p. 292: Post obitum Zacharinae pontificis Stephanus, natione Graecus, sedit in pontificatu. Hic molestiam Langobardorum — bis zum Schluß ohne wesentliche Abweichung gleichlautend.

Woher kommt aber den A. M. diese Kunde von einem Unternehmen Pippins gegen die Bretonen im Jahre 753, von dem doch keine Spur in einer der uns bekannten Quellen sich findet? Wir erkennen auch hier eine willkürliche Voraußnahme späterer Nachrichten, die etwa dadurch veranlaßt sein mag, daß die A. B. zum Jahre 799 berichten [1], König Karl habe, aus dem Sachsenlande — also gerade wie im Jahre 753 Pippin — heimkehrend, zwar nicht selbst noch einen Heereszug gegen die Bretonen gerüstet, wohl aber die Zeichen der Unterwerfung derselben unter seine Botmäßigkeit entgegengenommen, welche inzwischen Wido, der Graf der bretonischen Mark, zu Stande gebracht hatte. Von der bretonischen Feste Vannes, deren Eroberung bei dieser Gelegenheit die A. M. erzählen, ist freilich dort nicht die Rede, doch finden wir ihren Namen, als Kaiser Ludwig im Jahre 818 ebenfalls die Bretagne heimsucht, um den gegen ihn empörten Morman zu Paaren zu treiben. [2]

Allein nicht etwa, daß mit dieser willkürlichen Voraußnahme wenigstens in Rücksicht des Schicksals der Bretonen unserm Annalisten ein Genüge geschehen wäre! Kaum bieten ihm seine Quellen [3] mit dem Jahre 786, wo nun wirklich ein Unternehmen gegen dieselben zu berichten ist, und er auch rechtschaffen dem

---

[1] Murat. l. l. p. 504: Wido comes, qui in marca Britannica praesidebat, una cum sociis comitibus Britanniam ingressus, totamque perlustrans, in deditionem accepit: et regi de Saxonia reverso arma ducum, qui se dediderant, inscriptis singulorum nominibus praesentavit.

[2] Murat. l. l. p. 512: (Ludovicus Imp.) cum maximo exercitu Britanniam aggressus, generalem conventum Venedis habuit. Inde memoratam provinciam ingressus, captis rebellium munitionibus, Britanniam totam in suam potestatem redegit. Nam postquam Mormanus, qui in ea praeter solitum Brittonibus morem regiam sibi vendicaverat potestatem, ab exercitu imperatoris occisus est, nullus Britto inveniebatur qui resisteret, aut qui imperata facere aut qui obsides qui jubebantur dare renueret.

[3] Reginonis chron., Mon. Germ. SS. Tom. I. 569. — A. B., Murat. l. l. p. 501.

ungefähren Wortlaute jener folgt[1]), neue Gelegenheit, sich mit den Bretonen zu befassen, als er wiederum sich nicht enthalten kann hinzuzufügen: „victis Brittonibus totam illam regionem Francorum ditionibus subegerunt", unbekümmert darum, daß sowohl diese als auch jene frühere Versicherung, welche er dem Jahre 753 beifügte, Lügen gestraft werden durch den Zusatz der A. B.[2]) zum Jahre 799: „et tota Britanniarum provincia, quod nunquam antea a Francis fuerat, a Francis subjugata est", einen Zusatz, den er trotz Allem mit dem übrigen Inhalte des betreffenden, wörtlich von ihm[3]) wiederholten Jahres sich aneignet: „tota itaque Britannia quod nunquam antea fuit a Francis subjugata est."

Nun will indeß der Verfasser der A. M. offenbar kein gewöhnlicher Scribent sein; er hat sich vielmehr eine Aufgabe gestellt, weit hinaus über diejenige andrer Chronisten und Annalisten. Wenn diese eben nichts thun als mit schlichten, nackten Worten Namen und Thatsachen aufzeichnen, soll sein Werk des Lobes eines Geschlechtes voll sein, alles Andere sich um dasselbe reihen, und dessen Ruhm als Folie dienen.

Er hat auch jedenfalls eine Ahnung davon gehabt, welche Kraft zur Durchführung solcher Aufgabe gehöre, und sich deshalb nach bestem Ermessen dazu vorbereitet. Denn daß er mancherlei gelesen und Lesefrüchte gesammelt habe, lehren die Anklänge in seinem Werke nicht bloß an mittelalterliche Quellen, sondern auch an altclassische Schriftwerke, wie die Commentarien Cäsars und die Dichtungen eines Horaz, eines Virgil, und nahm er aus jenen den Stoff, so boten diese vor Allem die Zuthat, und dienten neben Erinnerungen und Anschauungen, mit denen Leben und Beruf der Regel des heiligen Benedict — so glauben wir[4]) — gehorchenden Verfasser erfüllt hatten, zur Ausschmückung seiner Arbeit.

Am Deutlichsten erhellt dies aus der Darstellung der Schlacht bei Tertry[5]). Muß schon ein Blick in die Schilderung der Vorgänge, ehe es zur Schlacht kommt, demjenigen, der einmal Cäsars Commentarien gelesen, dieselben lebhaft in das Gedächtniß zurückrufen, so führt der weitere Verlauf den Leser mitten in die Kämpfe Cäsars. Es ist nicht allein die schlagende Kürze, in welcher Cäsar die einzelnen Momente eines Ereignisses aneinanderreiht, und die wir in den A. M. unter Wiederholung seiner sprachlichen Wendungen wiederfinden[6]); es sind nicht bloß die gewöhnlichen Kunstausdrücke, deren sich Cäsar z. B. bei Aufsuchung eines zum Lager, zur Schlacht geeigneten Platzes, beim Ausrücken aus dem Lager und bei der Aufstellung seines Heeres zur Schlacht bedient, und welche die A. M. ihm nach gebrauchen[7]); es sind die Einzelheiten vor und in dem Kampfe,

---

[1]) A. M., Bouquet Tom. V. p. 345.
[2]) Murat. l. l. p. 504.
[3]) A. M., Bouquet Tom. V. p. 349.
[4]) Obgleich wir weiter unten noch nachweisen werden, daß dem Annalisten bei der Schilderung der Schlacht bei Amblef (Mon. Germ. SS. Tom. I. p. 323) ein späteres Ereigniß vorgeschwebt habe, meinen wir doch zugleich seine Kenntniß der Regula S. Benedicti durchschimmern zu sehen. An deren Cap. 48 erinnert wenigstens der Satz: Erat autem hora prandii et exercitus Chilperici, aestivum ut suadebat tempus, in tentoriis et umbraculis reficiebat corpora sua. Eine ganz ähnliche Verwerthung jenes Capitels derselben bemerken wir in einem neueren Werke, in Jos. Vict. Scheffel's „Ekkehard. Eine Geschichte aus dem 10. Jahrhundert. 2. Aufl. Berlin 1862." Darin heißt es nämlich Bd. I. S. 16: „Es war Mittagzeit vorüber, schweigende Ruhe lag über dem Thal. Des heiligen Benedict Regel ordnet für diese Stunde, daß ein Jeder sich still auf seinem Lager halte, und wiewohl der glühendlösenden Mittagsonne, die Menschen und Thiere in des Schlummers Arme treibt, diesseits der Alpen wenig zu verspüren, folgten sie im Kloster (des h. Gallus) doch pflichtgemäß dem Gebot." — Die Anmerk. 16 (S. 178) zu dieser Stelle verweist außer auf Cap. 48 der Regel auch auf die Ann. S. Gallenses majores, Mon. Germ. SS. Tom. I. p. 81:
Accepit solitus fratres post prandia somnus.
[5]) A. M., Mon. Germ. SS. Tom. I. p. 318. 319.
[6]) z. B. Legati vero redeunt — sciscitatur. == Caes. Bell. Gall. lib. I. cap. 20: Haec cum pluribus verbis flens a Caesaro peteret — scire possit.
[7]) z. B. A. M. l. l. p. 319: Pippinus....locum certamini deligit. == Bell. Gall. lib. I. cap. 49: Caesar castris idoneum locum delegit (vgl. lib. II. cap. 17). — A. M.: inlaescentcoque aurora copias ex castris eduxit et magno silentio Dalmanionem fluvium transiit, atque .... prout pridie constituerat, aciem ordinat. == Bell. Civ. lib. I. cap. 68: Caesar exploratis regionibus albente coelo omnes copias castris eduxit magnoque circuitu....; Bell. Gall. lib. I. cap. 50: proximo die instituto suo Caesar e castris utrisque copias suas eduxit; Bell. Gall. lib. VII. cap. 58: silentio e castris egressus; cap. 60: silentio progredi; Bell. Civ.

vom Verfasser der A. M. Cäsar abgelauscht, sodaß die Erzählung von des mittleren Pippin Vorrücken von Auster her gegen den neustrischen König Theuderich
und dessen Majordomus Berthar, und dem Unterliegen dieser beiden im Kampfe
mit jenem eigentlich nur ein Gemisch aus den verschiedensten Phasen cäsarianischer
Unternehmungen ist, gewürzt durch einzelne Brocken aus antiken Dichtern [1] ebenso
wie durch Bibelsprüche [2] u. dergl., und nach der eigenthümlichen Anschauungs-
weise des mittelalterlichen Scribenten gefärbt. Namentlich aber ist das erste
Buch des gallischen, sowie das dritte des bürgerlichen Krieges in auffälliger
Weise ausgebeutet.

Die neustrischen Flüchtlinge, welche Pippins Schutz und Hülfe gegen ihren
König und dessen Majordomus anflehen, sind die gallische Völkerschaft der Hä-
duer, welche von dem Germanenkönig Ariovist bedrängt, Cäsars Beistand in
Anspruch nimmt, um durch ihn in ihre Aecker, die jener ihnen genommen, wieder
eingesetzt zu werden [3]. Die Gesandten, welche Pippin entsendet, aber Theuderich
anmaßlich behandelt, sind die Gesandschaften, welche zwischen Cäsar und Ariovist
hin und hergehen, aber wegen des letztern Anmaßlichkeit keinen Erfolg erzielen [4].
Die theils das Unternehmen entschuldigenden, theils zur Schlacht begeisternden
Worte Pippins sind, abgesehn von ihrem christlichen Beischmack, den Reden in
Cäsars Commentarien entlehnt oder nachgebildet [5]. Der die Möglichkeit einer
friedlichen Ausgleichung verhindernde Berthar ist Titus Labienus auf das Pompejus Seite, der den Soldaten zuruft: „Höret auf von Vergleich zu reden!
Kein Friede ohne des Cäsar Haupt!" [6] Das ruhige Gottvertrauen Pippins
gegenüber der prahlerischen Siegesgewißheit in Theuderichs Heere entspricht
dem bedächtigen Zurüsten der Schlacht von Seiten Cäsars und der eitlen Ueber-
hebung der Pompejaner [7]. Wie Cäsar zu wiederholten Malen, nachdem er
Tags zuvor seinen Plan entworfen, in der Morgenfrühe schweigend seine Truppen
aus dem Lager und auf den Kampfplatz führt, so auch Pippin [8], vor dem der
geschlagene Feind bis hinter die Seine gleichwie vor Cäsars Legionen Ariovist zum Rheine flieht [9], und dort auf geistliche Fürsprache, ähnlich wie

---

lib. II. cap. 27: postero die mane legiones ex castris educit. — A. M.: ducibus singulas
legiones commendat. == Bell. Gall. lib. I. cap. 52: Caesar singulis legionibus singulos
legatos et quaestorem praefecit. (Vgl. Curtii de gest. Alex. M. lib. III. cap. 8 (21 l. L):
aciem ordinat.)

[1] z. B. A. M. L l. p. 318: responsum per ordinem pandit. == Virgil. Aeneid. lib. VI.
v. 723: ordine singula pandit. — A. M. p. 319: magno curarum aestu == Virgil. Aeneid.
lib. VIII. v. 19: magno curarum aestu. — A. M.: dulcibus alloquiis == Horat. Epod. 13
extr.: dulcibus alloquiis. — A. M.: pectora roboravit == Horat. carm. lib. IV. carm. 4. v. 34:
pectora roborant.

[2] Psalm. 119. B. 63.

[3] Bell. Gall. lib. I. cap. 31 — 33.

[4] id. lib. I. cap. 33 — 36; vgl. cap. 46.

[5] z. B. A. M.: convocatis optimatibus suis, imo cuncto exercitu, intentionem suam
succincta concione innotuit .... triplici necessitate coactus vos ad tale certamen provocare.
== Bell. Gall. lib. I. cap. 40: convocato consilio omniumque ordinum ad id consilium adhi-
bitis centurionibus; lib. VII. cap. 89: Vercingetorix consilio convocato id bellum se susce-
pisse non suarum necessitatum sed communia libertatis causa demonstrat. (Vgl. Cornel.
Nepot. Themistocl. cap. VIII. 6: necessitate coactus.) Bell. Gall. lib. I. cap. 41. 46. — A.
M.: Se vero non propter cupiditatem regni, sed propter oppressorum querelas, qui fidem
ipsius adierant, ... tantis periculis se non dubitaret opponere. == Bell. Gall. lib. I. cap. 2:
regni cupiditate inductus; cap. 9: cupiditate regni adductus; cap. 18: cum magna ex parte
eorum precibus adductus bellam susceperit.

[6] Bell. Civ. lib. III. cap. 19.

[7] A. M.: Theodericus .... traditam sibi jam Pippinum cum universo exercitu suo ina-
nibus verbis gloriabatur. Et ob hoc nihil aliud Pippinum pacem postulasse affirmabat,
nisi quia pavore perterritus, bellum cum ipso committere non auderet. == Bell. civ. lib. III.
cap. 72: tantum fiducia seu spiritus Pompejanis accessit, ut non de ratione belli cogitarent,
sed vicisse jam viderentur; cap. 86: Pompejus .... etiam in consilio superioribus diebus
dixerat, priusquam occurrerent acies, fore ut exercitus Caesaris pelleretur; vgl. Bell. Gall.
lib. I. cap. 23: Helvetii, seu quod timore perterritos Romanos discedere a se existimarent.

[8] Vgl. oben S. 165 Anmerk. 7.

[9] A. M.: Theodericus .... in fugam versus, cunctos optimates suos in ore gladii inter-
emptos dereliquit. Nec prius coeptae fugae cursum terminavit, quam Sequanae amnis
fluenta transiret. == Bell. Gall. lib. I. cap. 53: hostes terga verterunt, neque prius fugere
destiterunt, quam ad flumen Rhenum .... pervenerunt. Ita perpauci .... sibi salutem repererunt. In his fuit Ariovistus .... reliquos omnes equitatu consecuti nostri inter-
fecerunt.

hier von Cäsar aus selbsteignem Antriebe, mit Leben und Vermögen begnadigt wird. [1]

Wohl gelingt es auf solche Weise dem Annalisten, Einzelheiten, welche ihm absonderlich am Herzen liegen, ein gewisses Ansehn zu geben, aber seine Kraft reicht doch nicht hin, das Ganze seines Werkes auf gleicher Höhe zu halten. Bei dem Streben, seiner Helden, der Karolinger, Thun und Lassen in Krieg und Frieden doppelt und dreifach zu erheben, ihre Erfolge zu vergrößern und zu häufen, verbraucht er schnell seine aus Studien und Erlebnissen zusammengeborgten Mittel, verfällt dann in Ermanglung einer einigermaßen ausgiebigen Phantasie auf lästige Wiederholungen, verwickelt sich darüber in bedenkliche Widersprüche, und läßt sich schließlich offenbare Entstellungen zu Schulden kommen.

Noch könnte man sich's gefallen lassen, wenn er z. B. das von seinen Quellen gebrachte zweideutige „sanus" zu wiederholten Malen durch das entschiedenere „victor" ersetzt[2], weil es ihm jedenfalls nicht genügt, einen seiner Helden, deren jeden er möglichst mit reicher Beute belastet bei allen Gelegenheiten schildert, doch einige Male nur „mit heiler Haut" davonkommen lassen zu müssen. Auch wäre es weiter allenfalls zu verzeihen, wenn er, bestrebt ihre Handlungsweise von darauffallenden Schatten zu säubern, z. B. die Opferung vieler Menschenleben bei dem Brande der durch König Pippin im Jahre 761 eroberten Feste Clermont erklärt, als sei „non sua voluntate sed bellatorum vi injecto igne" das unglückliche Ereigniß heraufbeschworen worden. [3]

Bedenklicher indeß erscheint schon die zum Ueberdruß sich wiederholende Preisung des unerschöpflichen Tugendbornes, aus dem alle Thaten karolingischer Geschlechtsgenossen entquellen, gegenüber dem Stolze und der Ungerechtigkeit, dem Verrath und der Untreue gegen Gott und Menschen, welche sie überall zu bekämpfen haben. — Pietatis solitae affectu commotus — misericorditer nimmt der mittlere Pippin den zu ihm flüchtenden Ermenfried auf, der durch Ermordung des neustrischen Majordomus Ebruin, „perversi, scelesti, immanissimi tyranni", des gefährlichsten Gegners Pippins, nach unseren Begriffen, ihm den größten Dienst erwiesen[4], und sendet sedato animo — pacifice seine Boten, den König Theuderich an die Wiederaufnahme der Flüchtlinge zu mahnen, die vor der Willkür seines Majordomus bei Pippins misericordia Schutz gesucht haben, und nun unter Drohungen seitens ihres „improbi principis — superbe" heimgefordert werden[5]. Inaestimabili pietate läßt derselbe Pippin, „mittissimus princeps" dem besiegten Könige den leeren Titel, nachdem totius regni gubernacula thesaurosque regios et universi exercitus dominationem propriae facultati suae disponenda, also alle Macht und Gewalt des Königs er sich angeeignet hat[6], gönnt auch „ob jam dictae pietatis affectum" dem kleinen Sohne des sterbenden Theuderich die Nachfolge in dem Schattenkönigthume[7], und setzt gar nach diesem noch zwei andere Könige ein — solita pietate, während er selbst „mirifico ordine" die Herrschaft über die Franken führt[9]. Misericorditer behandelt dann weiter Karl Martel den in seine Gewalt gerathenen König. d. h. er läßt ihm den Thron „sub sua conditione", und gestattet sowohl seinem besiegten und wiederum aufsässigen Raginfried, nachdem derselbe seinen Sohn als Geißel gegeben, die lebenslängliche Verwaltung der Grafschaft Anjou[10], als auch Hunald, dem Sohne des Aquitanierfürsten Eudo, nachdem derselbe ihm und seinen Söhnen Treue gelobt, die herzogliche Gewalt

---

[1] A. M.: interventu abbatum .... mitissimus princeps Pippinus accepta ab his tantummodo sacramentis, cunctis vitam et hereditatem donavit. == Bell. civ. lib. III. cap. 98: passieque palmis projecti ad terram flentes ab eo salutem petiverunt, consolatus consurgere jussit et pauca apud eos de lenitate sua locutus .... militibus suis commendavit, ne quis eorum violaretur, neu quid sui desiderarent.
[2] Ann. Bertin., Murat. l. l. p. 797 a. 767. 768; A. M., Mon. Germ. SS. Tom. I. p. 335.
[3] A. M. l. l. p. 334.
[4] A. M. l. l. p. 317 a. 687.
[5] l. l. p. 318 a. 689.
[6] l. l. p. 320 a. 690.
[7] l. l. p. 321 a. 693.
[8] l. l. p. 321 a. 693; p. 322 a. 711.
[9] l. l. p. 324 a. 718.
[10] l. l. p. 325 a. 725.

in Aquitanien — solita pietate [1]). — Misericorditer verfahren endlich auch Karlmann und Pippin der König trotz der Menschenleben, welche ihre Heereszüge
kosten; misericorditer schonen sie der Gefangenen [2]), welche sie laut Bericht der
fredegarianischen Chronik [3]) im Jahre 742 aus der eroberten Feste Loches bei
Tours fortschleppen; misericorditer secundum singulorum merita correxit —
mitleidsvoll vergilt Jeglichem nach Verdienst Karlmann bei Gelegenheit seines letzten
Alamannenzuges im Jahre 746 [4]), dessen Ausgang — im grellen Widerspruche
mit den Aussagen der genannten Chronik [5]): „plurimos gladio trucidavit"
und der Fortsetzung der Annales Petaviani [6]): „quod multa hominum milia
ceciderit" — die A. M. schildern, indem sie ihn gleichzeitig als „magnum miraculum" qualificiren: unus exercitus alium comprehendit atque ligavit absque ullo discrimine belli [7]); und solita pietate — misericorditer wieder begnadigt Pippin seinen empörten und besiegten Stiefbruder nicht nur, sondern
weist dem Undankbaren sogar noch ein Herzogthum an, während die Genossen
seines Unternehmens andere Beneficien empfangen. [8])

Die Gefahr, welche solch tendenziöse Modelung des Geschehenen für den
Schriftsteller in sich birgt, kommt schon in dem letzterwähnten Falle deutlich zur
Erscheinung. In der Hauptsache an der Wahrheit haltend, giebt der Annalist
derselben durch Nebenumstände ein Gepräge, welches den König Pippin auf
Kosten seines Gegners Grifo erhebt. Die äußerste Grenze des Statthaften ist
damit mindestens erreicht, ja eigentlich schon überschritten. Noch bestimmter
aber geschieht dies bei der Darstellung eines durchaus analogen Falles.

Theudebald, der Sohn des Herzogs Gottfried, wieder einmal empört, ist
von demselben Pippin unterdrückt, und somit das Herzogthum in fränkische Gewalt
gebracht worden. Dies sagt der Wortlaut der fredegarianischen Chronik [9]): revocatoque sibi ejusdem loci ducatu, victor ad propria remeavit. Der Verfasser der A. M. [10]), im Uebrigen dieselbe ausschreibend, ändert jenen aber dahin:
revocatoque illo ejusdem loci ducatum dedit et ad propria remeavit. Auf
den ersten Blick glaubt man, es nur mit einem jener Verstöße gegen den Gebrauch der
lateinischen Sprache zu thun zu haben, welche den Schriftstellern des Mittelalters
in so hohem Grade anhaften. Wenn wir indeß dem Verfasser unserer Annalen
einen Vorzug vor seinen Genossen einräumen müssen, so ist es der einer größeren Ge-
wandheit im Gebrauche jener Sprache. Wir würden ihm also ein doppeltes
Unrecht anthun, wollten wir, die Einschaltung des Zeitworts hier ganz außer
Acht lassend, auf Rechnung sprachlicher Unkenntniß setzen, was er der ganzen
Anlage seines Werkes nach gewiß mit gutem Vorbedacht geändert hat. Denn
einen so unbequemen Empörer wie den Alamannen Theudebald, nachdem dessen

_____

[1]) l. l. p. 225 a. 735.
[2]) l. l. p. 327.
[3]) cap. 111.
[4]) A. M. l. l. p. 329.
[5]) cap. 115.
[6]) Mon. Germ. SS. Tom. I. p. 11, wo es dann weiter heißt: unde compunctus regnum
reliquit et monasterium . . . . adiit.
[7]) Hahn, Jahrbücher des fränkischen Reichs... 741—752. Berlin 1863. S. 83. 64. versucht hier
eine Erklärung, der wir nicht beistimmen können. Denn vergleichen wir die Jahre 745 und 746
der A. M. (l. l. p. 329) zunächst unter sich und dann mit Fredegar, so überzeugen wir uns,
daß wir es wieder einmal mit einer jener oben gerügten Unarten des Annalisten zu thun haben,
welcher der fredegarianischen Chronik Cap. 113 zwiefach verwerthet und einiges Eigene dazuthut.
Es heißt in den A. M. a. 745: Karlomannus adunata manu valida, Saxoniam ingressus est.
Captisque habitatoribus qui suo regno adfines esse videbantur absque
ullius belli discrimine feliciter conquisivit; a. 746: Karlomannus, cum vidisset Alamannorum infidelitatem, cum exercitu fines eorum irrupit, et
placitum instituit in loco qui dicitur Condistat. Ibique conjunctus est exercitus Francorum
et Alamannorum. Fuitque ibi magnum miraculum, quod unus exercitus alium comprehendit
atque ligavit absque ullo discrimine belli; dagegen bei Fredegar cap. 113: Carlomannus
confinium Saxonum, ipsis rebellantibus, cum exercitu irrupit; ibique captis
habitatoribus, qui suo regno affines esse videbantur, absque belli discrimine feliciter aequisivit; cap. 115: dum Alamanni contra Carlomannum eorum
fidem fefellissent, ipse cum magno furore cum exercitu in eorum patriam perscecessit
et plurimos eorum, qui contra ipsum rebelles existebant, gladio trucidavit.
[8]) Monum. Germ. SS. Tom. I. p. 330 a. 749.
[9]) cap. 113.
[10]) Monum. Germ. l. l. p. 328. — Vgl. Hahn Jahrbücher S. 65. 66. 191. An letzterer
Stelle ist übrigens am Schluß des ersten Absatzes „Pippin" statt „Karlmann" zu lesen.

Austreibung glücklich gelungen, wieder zurückrufen und in den vorigen Stand einsetzen, heißt wahrlich „inaestimabili pietate" handeln, und es bedurfte dabei nicht einmal der ausdrücklichen Erinnerung an diese Tugend Pippins, die Sache sprach für sich selbst und gestattete sogar dem Annalisten, das in der Quelle gebotene, beliebte Beiwort „victor" fallen zu lassen. Doch Theudebalds Verschwinden vom Schauplatz der Geschichte und der nachmalige letzte Versuch der Alamannen im Jahre 746, ohne daß jener dabei genannt wird, beweisen allein schon zur Genüge das willkürliche Abweichen der A. M. von der geschichtlichen Wahrheit auch in diesem Punkte; und wir haben kaum einmal mehr nöthig, darauf hinzuweisen, daß Pippin und seine Vorgänger die ihnen feindlich gesinnten Herzoge im erblichen Besitze ihrer Lande gewiß gerade nur solange belassen haben werden, als sie dieselben nicht mit Erfolg daraus entfernen zu können einsahen, wie sie ja eben auch für gut fanden, die Königskrone dem alten Herrschergeschlechte zu erhalten, und immer von Neuem lieber einen Sprößling desselben auf den fränkischen Thron zu setzen, als diesen vereilig selbst zu besteigen.

Unser Annalist weiß zwar schon lange nichts mehr von einem merowingischen Könige; seit im Jahre 718 Karl Martel sich des Königs Chilperich bemächtigt hat, „misericorditer erga ipsum egit sedemque illi regalem sub sua ditione concessit"[1]), geschieht eines Merowingers in den A. M. ferner nicht Erwähnung. Aber was wir den Petaviani und ihnen verwandten Annalen, was wir den Fortsetzungen der fredegarianischen Chronik nachsehen dürfen, theils weil sie ihrer ganzen Erscheinung nach keinen Anspruch auf Vollständigkeit ihrer Nachrichten machen, theils weil wir wissen, daß sie im Auftrage, also auch im Interesse des karolingischen Hauses geschrieben sind[2]), weshalb ihre Verfasser es ein Mal nicht der Mühe werth, das andre Mal vielleicht nicht für angebracht erachten mochten, der letzten Merowinger Erwähnung zu thun: — das fällt um so schwerer bei einem Werke ins Gewicht, welches wie die A. M. mit dem ersichtlichen Streben auftritt, den geschichtlichen Stoff für einen gewissen Zeitraum möglichst zu erschöpfen. Wir fragen uns daher, wie es kommt, daß dieselben nicht allein die Namen der merowingischen Könige seit dem Jahre 718 nicht mehr nennen; sondern selbst den bedeutungsvollen Akt der endlichen Entthronung des letzten Sprossen ihres Geschlechtes stillschweigend übergehen? Erzählen sie doch die Erhebung Pippins unter der Jahreszahl 750 gerade wörtlich nach einer Quelle, welche der Entthronung Childerichs und der Scheerung seines Sohnes Theuderich ausführlich gedenkt. Aber sie ziehen es vor, dieser Quelle, den Gesta abbatum Fontanellensium[3]), nur das auf Pippin Bezügliche zu entlehnen, und es erscheint ihnen wichtiger als jene Nachricht die in Verbindung mit der Meldung von Pippins Erhebung ebenda gebrachte Phrase: unde rumor potentiae ejus et timor virtutis transiit in universas terras.

Folgerichtig entspringt dergleichen aus der bereits von uns ins Auge gefaßten Tendenz der A. M., für welche diese letztere Entdeckung noch weit deutlicher spricht als die bisher hervorgehobenen Merkmale, und ist nothwendig zur vollständigen Veranschaulichung der Ansicht über das Emporkommen der Karolinger, welche der Verfasser dieser Annalen, abweichend von den sonstigen glaubhaften Nachrichten darüber, zu entwickeln bemüht ist. Darnach sind die ersten Karolinger schon erbliche Fürsten; Pippin der Mittlere vereinigt als Erbe seiner Großväter, des heiligen Arnulf und des älteren Pippin, zwei Herrschaften in seiner Hand; die eine das Land inter Carbonariam silvam et Mosam fluvium et usque ad Fresionum fines, die andere den principatus orientalium Fran-

[1]) Mon. Germ. l. l. p. 324.
[2]) Wattenbach, Geschichtsqu. S. 70. 80.
[3]) Mon. Germ. SS. Tom. II. p. 289: Quo anno idem gloriosus princeps Pipinus ex consultu b. Zachariae, papae urbis Romae, a Bonifacio archiepiscopo unctus, rex constituitur Francorum, ablato principis nomine. Unde rumor potentiae ejus et timor virtutis in universas transiit terras. Et Hildericus rex, Merovingorum ex genere ortus, depositus tonsusque ac in monasterio S. Audomari quod dicitur Sithiu trusus est. Cujus filius, nomine Theodericus, in hoc monasterio anno sequenti clericus effectus collocatus est. — Dagegen A. M. l. l. p. 331: A. dom. inc. 750. ex consultu b. Zachariae papae urbis Romae, Pippinus princeps a Bonefacio archiepiscopo unctus, rex Francorum constituitur. Unde rumor — terras. Direxit autem . . . .

corum[1]). Der Mittelpunkt dieser Herrschaften aber, der eigentliche Regierungs-
sitz Pippins[2] und seiner Nachfolger, ist — wie es scheint — zu Köln, wo
namentlich Karl Martel, nachdem er von Stufe zu Stufe den väterlichen Thron
erklommen, sich endlich als des Vaters würdigster Erbe auf ihm niederläßt.[3]

Von diesem Mittelpunkte aus erheben sich Pippin und seine Nachfolger zu
ihren Kriegszügen, deren jeder, wie wir bereits an früher besprochenen Beispielen
sahen, die äußerste Verwüstung des feindlichen Landes mit Feuer und Schwert
und die gänzliche Vernichtung des wunderbarer Weise meist sogleich wieder auf-
tauchenden Gegners herbeiführt; und zu demselben kehren sie stets zurück als
triumphirende Sieger unter Mitführung zahlloser Gefangenen und unermeßlicher
Beute[4], um nach Demüthigung und Bezwingung aller Völker im weitem Umkreise[5] unter der Waffenruhe daheim sich den Geschäften des Friedens zu widmen[6], und von den Früchten der zum Lobe des Herrn und seiner Heiligen, im
Dienste seiner Kirche, zu Nutz und Frommen seiner Priester und Knechte, zum
Schutze der Verfolgten und Unterdrückten, der Wittwen und Waisen ausgeführten
Unternehmungen in Gottesfurcht und Menschenliebe, aus Gnade und Barmherzig-
keit allen diesen mitzutheilen.[7]

---

[1] l. l. p. 316.

[2] l. l. p. 320: ad Franciam orientalem, imperii sui sedes .... revertitur.

[3] l. l. p. 322: Karolus vero, quem solum pater dignum haeredem tantae potestatis
superstitem reliquerat .... Plectrudim Karolum a legitima paterni imperii gubernatione
prohibebat .... Pippini Karolus dignissimus haeres languentibus et pene desperantibus de
salute populis robustissimus defensor illuxit ...

[4] Wenn auch gewiß richtig ist, was Hahn Jahrbücher S. 65 sagt, daß die Entgegennahme
der Huldigung und des Eides der Treue das gewöhnliche Verfahren bei der Unterwerfung eines
feindlichen Volkes war, um kann, wie es ebenso gewöhnlich damals war, diesen politischen Eid bei
erster besten Gelegenheit wieder getroffen zu sehen: so hatte doch ganz gewiß auch nicht jede krie-
gerische Unternehmung eines der ersten Karolinger einen Ausgang, der sie A. M. zu den stets gebrauchten starken Ausdrücken an Stelle des in der Regel viel bescheidneren Wortlautes unserer
übrigen Quellen und etwa gar zu Einschaltungen in denselben berechtigte wie z. B. l. l. p. 321:
a. 709. magnifice de illis omnique illa regione triumphavit; p. 322: a. 710. incensaque
eadem regione captivisque et spoliis multis adeptis victor revertitur; p. 322: a. 712. totam
illam regionem subvertit suaeque ditioni subegit; p. 322: a. 716. cunctaque illa regione
subacta cum magna laetitia et prosperitate .... est reversus; p. 324: a. 718. omnique illa
regione subacta ad propria victor revertitur; p. 325: a. 732. tota jam Aquitania subacta ad
propria revertitur; p. 325: a. 734. omnes rebelles .... trucidavit, ceterosque quos vivos
reliquit acceptis obsidibus suae ditioni subjugavit (vgl. Chron. Moiss., Mon. Germ. SS.
Tom. I. p. 291); p. 331: a. 753. totamque Brittanniam subjugavit partibus Francorum;
p. 334: a. 761. innumerabilibus spoliis et captivis ditatus (Fredeg. chron. cap. 125: cum
praeda et spolia multa.); Bouquet Tom. V. p. 343: a. 777. Sarraceni .... se cum omnibus
suis ditioni regis Karoli subdiderunt; Bouq. Tom. V. p. 343: a. 786. vietis Brittonibus
totam illam regionem Francorum ditionibus subegerant; Bouq. Tom. V. p. 349: a. 800. ibi
omnium Brittonum duces et comites cum donis ad eum venerunt; Bouq. Tom. V. p. 352:
a. 804. perfidos — funditus exterminavit.

[5] Mon. Germ. SS. Tom. l. p. 320: a. 602. Confluebant autem ad eum (Pipp.) circumsitarum gentium legationes, Graecorum scilicet et Romanorum, Langobardorum, Hunorum
quoque et Sclavorum atque Sarracenorum. Exierat enim fama victoriae et triumphorum
ejus in omnes gentes, ut merito propter virtutem et prudentiam hujus cunctas circumsitae
nationes amicitiam illius magnis oblatis muneribus implorarent. Quos ille clementer susci-
piens, majoribus remuneratos donis ad propria dirigebat. Ipse quoque .... legatos suos ....
dirigens, pacem et amicitiam circumpositarum gentium .... impetrabat; p. 321: a. 693. La-
bentibus itaque annorum curriculis, subjectis domitaeque vicinis nationibus .... Pippinus....;
a. 697. Hinc annis singulis circumsitas gentes cum exercitu Pippinus fortiter proterit, et
suae ditioni subegit; p. 322: a. 714. Pippinus .... circumsitis gentibus Francorum domi-
nationi subactis, in pace obiit; p. 326: a. 740. Karolus .... devictis in circuitu Francorum
hostibus....; a. 741. Karolus princeps domitis circumquaque positis gentibus; p. 327:
a. 741. Karolus .... in pace obiit, cunctis in giro gentibus positis Francorum ditioni subactis.

[6] l. l. p. 322: a. 718. Pippinus princeps infra principatus sui terminos ea quae pacis
erant disponens, in nullam partem eo anno exercitum duxit; p. 326: a. 740. Karolus princeps praecellentissimus .... eo anno interiora regni sui cum pace disponens, in nullam partem
exercitum duxit; a. 741. Karolus .... dum ea quae pacis erant infra sui regiminis terminos
disponeret ...; p. 333: a. 755. Pippinus princeps interiora regni sui pacifice ordinans ....
in nullam partem exercitum duxit; a. 759. Pippinus praeter domesticas interius regni sui
causas corrigendas nullam exercuit iter; p. 334: a. 762. Pippinus .... inter fines regni sui
ea quae pacis disponens .... in nullam partem exercitum duxit; a. 765. Pippinus .... eo
anno in nullam partem exercitum duxit; Bouquet Tom. V. p. 546: a. 790. Karolus rex ....
disposuit ea quae utilia videbantur esse in regno suo. In illo anno in nullam partem duxit
exercitum.

[7] Mon. Germ. l. l. p. 318: a. 689. profugi quos Pippinus in sua misericordia susceperat, fre-
quentibus eum querimoniis appetebant, obsecrantes ut pro divino amore injurias suas ulcisceretur
.... Pippinus vero adunatis optimatibus .... lacrimas profugorum et miserabiles supplicati-

Dem Gebieter in einem principatus gebührt aber auch der Titel princeps; selbstverständlich also werden nicht nur der mittlere Pippin und seine Nachfolger, sondern auch bereits seine Vorgänger, der ältere Pippin und dessen Schwiegersohn Ansegisil, durch diesen Titel in den A. M. ausgezeichnet [1]). Es geschieht denselben mithin Unrecht, wenn man auf Grund ihrer Darstellung die Ansicht verbreitet hat, es sei der Titel „princeps" eine Errungenschaft des mittleren Pippin durch die Schlacht bei Tertry, seit welcher er selber zwar, früher Herzog, sich auch noch ferner mit dem Namen des „Hausmeiers" begnügend, von seinen Leuten dennoch deutlicher und richtiger Herzog und Fürst der Franken (das ist König) genannt worden sei [2]). Denn dergleichen wollen die A. M. durchaus nicht sagen; doch lassen sie dafür gerade diese „Leute" in andrer Hinsicht wiederum eine große Rolle in dem angeblichen Principate der Karollinger spielen, wenn gleich dieselben wohl zu der in Rede stehenden Zeit ebensowenig wie jener Principat selber in der von ihnen beliebten Weise vorhanden waren; sie haben dadurch einen nicht geringen Theil der Schuld an der Ausbildung der von Paul Roth [3]) so glänzend widerlegten Lehre von dem Gefolgschaftswesen im siebenten und achten Jahrhundert auf sich geladen. Das neunte und zehnte Jahrhundert kannten indeß solche „Leute", und aus diesen übertrug der Verfasser der A. M. sie in jene frühere Epoche, wie er denn bei deren Schilderung sich von den seiner Zeit nahe liegenden politischen wie territorialen Zuständen überhaupt nicht losmachen konnte noch wollte.

So liegt es zunächst auf der Hand, daß der Annalist solche im Auge hat, wenn er von jenem karolingischen Principat über die Ostfranken fabelt. Schwaben, Baiern, Thüringer, Sachsen, welche der mittlere Pippin seiner Botmäßigkeit unterwirft, nachdem er, der würdige Erbe seines ermordeten Vaters, von den Großen im Principat von Ostfranken zur Nachfolge berufen ist [4]); Griechen

_____

ones, qui in fidem suam sese crediderant, manifestat .... Periculum quoque quod imminebat suae patriae pro recepta exulum, ni prius sapienter quam veniret videretur, exponit .....; a. 690. omnibus optime placuit arma capere, pro miseris ac spoliatis, qui tutelam suam fidemque et defensionem quaesiverant, dimicare .... Adunato igitur exercitu, Pippinus .... intentionem suam innotuit ....: Exoitor inprimis querelis sacerdotum et servorum Dei, qui me saepius adierant, ut pro sublatis injuste patrimoniis ecclesiarum, propter amorem Domini ipsis interpellantibus dimicando subvenirem .... Secunda causa ... nobilium siquidem Francorum ad nostram fidem confugientium lacrimae et gemitus, qui tot calamitatum angoribus pressi, divisum se per nos arbitrantur adipisci posse suffragiis ... Pro cujus amore, et sanctorum illius hujusmodi certamina toleramus .... Pippinus ergo ad Theodericum legatos dirigit .... causas adventus sui indicat, scilicet ut pro ecclesiis Dei apud illum intercederet, ut quod iniqui tyranni illis abstulerant hoc ille in communi eorum elemosyna reformaret, et profugis qui fidem ipsius expetierant justitiam de rebus ablatis facere deberet, ... optimates suos dulcibus alloquiis admonebat ... se vero non propter cupiditatem regni, sed propter oppressorum querelas, qui fidem ipsius invocato nomine Domini adierant, et pro defensione ipsorum talibus ac tantis periculis se non dubitaret opponere. Fiducialiter autem se ad bellum processurum esse denunciat, quod pro ejus amore gerebat, qui potestatem habet .... ; p. 520: a. 692. (Radbodus) Pippini tributarius efficitur. Iliis ita peractis, synodum adunare praecepit, in quo utilitatibus ecclesiarum, orphanorum ac viduarum consideratis, sese in opulentissimis regni sui sedibus cum suis fidelibus ad hiemandum locavit. Singulis vero annis in Kalendis Martii generale .... concilium agebat .... verboque pro pace et defensione ecclesiarum Dei et pupillorum et viduarum facto, raptuque feminarum et incendio solido decreto interdicto .... , regnum Francorum interius justitia et pace, exterius prudentissimis consiliis gubernabat; p. 530: a. 748. Pippinus .... synodam congregare jussit pro ecclesiarum restauratione et causis pauperum viduarumque et orfanorum corrigendis, justitiisque faciendis; Bouquet Tom. V. p. 343: a. 778. Karolus rex motus precibus et querelis Christianorum, qui erant in Hispania sub jugo Sarracenorum.
[1]) Mon. Germ. l. l. p. 516: Pippinus Anegiseli nobilissimi quondam Francorum principis filius, post plurima proelia magnosque triumphos a Deo sibi concessos, orientalium Francorum, glorioso genitori feliciter succedens, suscepit principatum. Cujus memorabilium gestorum commenta, quae ante principatum seu in principatu peregerit, cunctis Francorum populis declarata coruscant. Diese Unterscheidung „ante principatum" und „in principatu" wird dadurch hervorgerufen, daß Pippin bei des Vaters Tode angeblich adhuc in pueritiae flore" sich befindet, was wohl seine Nachfolge zweifelhaft macht, doch schon die Rache an des Vaters Mörder erheischt ihn zu des Vaters Würde, während „ad solatium tantae reipublicae administrationis ei erat gloriosa genitrix Begga, filia praecellentissimi Pippini quondam principis .... Sane quia huic masculi sexus proles defuerat, nepoti suo l'ippino superstiti nomen cum principatu dereliquit. Und gleich darauf nochmals p. 517: Pippinus successibus prosperis orientalium Francorum.... suscepit principatum. Alles vor der Schlacht bei Tertry! — Ueberdies ist p. 517 auch von einem Principat Ebruins die Rede, gleichbedeutend, wie es scheint, mit dessen Majordomat.
[2]) Pertz, Hausmeier S. 58. 60.
[3]) Beneficialwesen Buch III. Cap. 1, S. 105 ff.
[4]) A. M. Mon. Germ. SS. Tom. I. p. 517: Pippinus successibus prosperis orientalium

und Römer, Langobarden, Hunnen (Ungarn?) Slaven, und Saracenen, welche durch Gesandte um seine Freundschaft werben, nachdem der Ruhm seiner Waffen und seiner Weisheit zu allen Völkern in weiter Runde ausgegangen ist[1]): sie gehören sämmtlich in dieser Weise dem Zeitalter der Ottonen an; jene kommen zusammen, wenn es sich im Reiche der Ostfranken um eine Königswahl handelt[2]), diese beschicken mit Gesandschaften den Hof der ostfränkischen Gebieter, nachdem dieselben durch zahlreiche Erfolge verherrlicht, aller Völker und ihrer Könige Schrecken zugleich und Verlangen geworben sind; und lesen wir bei einem gleichzeitigen Schriftsteller, wie z. B. Widukind[3]), die Erzählung von dergleichen Begebnissen, so geschieht es wohl, daß nicht allein der Inhalt, sondern selbst der Wortlaut uns lebhaft an die A. M. erinnert, zu deren Quellen ja überdies jener zählt.

Aber wie über die genannten Völker, so erstrecken sich Furcht und Achtung vor den Gebietern des ostfränkischen Reichs seit dem Ende des neunten Jahrhunderts, vor Allem im Zeitalter der Ottonen, auch über das westfränkische Reich. Hier ringen seit der Absetzung desjenigen Karolingers, Karls III. des Dicken, der zum letzten Male in den Jahren 885—887 die gesammte Monarchie Karls des Großen, mit Ausnahme der seit dem 15. October 879 unter dem Grafen Boso von Provence zum niederburgundischen Königreiche verbundenen Landestheile, vereinigt hatte, noch das ganze zehnte Jahrhundert hindurch ächte Sprößlinge karolingischen Blutes um die väterliche Krone, bald durch Wahlkönige wie Odo von Paris und Rudolf von Burgund schon zeitweise derselben beraubt, bald zwar in deren Besitz, aber durch mächtige Vasallen, namentlich die Grafen von Paris und Herzoge von Francien, Robert, Hugo den Großen und dessen gleichbenannten Sohn mit dem Beinamen Capet, fast bis zur gänzlichen Nichtigkeit eingeengt.[4])

Da muß wohl der mächtige Gebieter der Ostfranken entscheidenden Einfluß auf die westfränkischen Verhältnisse gewinnen, sieht er sich doch schon von vornherein mindestens als den Oberherrn, wenn nicht gar als den eigentlichen Erben des Reiches der Westfranken an, und wird überdies von dorther als solcher angerufen und eingeladen, bald selber die Krone entgegen zu nehmen, bald den Streit um dieselbe und die mit ihrem Besitze verbundenen Rechte zu schlichten. Bereits Arnulf sehen wir bei der Wahl Odo's seinen Anspruch auf Westfranken wahren, sich dann aber mit einer Anerkennung seiner Oberhoheit begnügen; ganz anders als er greifen indeß die Ottonen in das Geschick desselben ein. Wieder und wieder erscheinen sie nicht bloß in den Grenzgebieten, sondern selbst im Herzen des westfränkischen Reichs, an den Ufern der Seine und vor den Thoren von Paris, und nöthigen seine Könige und Großen, bei ihnen ihr Recht zu suchen und die Investitur mit den bedeutendsten Lehen sowohl als auch fast die Krone selber aus ihrer Hand in Empfang zu nehmen.

Ist es nun diese Erscheinung, welche offenbar zumeist dem Verfasser der A. M. die Idee jenes ostfränkischen Principats der Arnulfinger und Karolinger eingegeben hat, so hat er dadurch vor allen Dingen erreicht, daß er den mittleren Pippin und seinen Sohn Karl der mißlichen Lage aufständischer Großen in Auster gegenüber den einzig berechtigten Nachfolgern merowingischer Herrscher

---

Francorum .... suscepit principatum. Hinc Suavos et Bauwarios, Toringos et Saxones .... suae ditioni subjugavit.

[1]) A. M. p. 320: Confluebant autem ad eum circumsitarum gentium legationes, Graecorum scilicet et Romanorum, Langobardorum, Hunorum quoque et Sclavorum atque Sarracenorum. Exierat autem fama victoriae et triumphorum ejus in omnes gentes, ut merito propter virtutem et prudentiam ejus cunctae circumsitae nationes amicitias illius magnis oblatis muneribus implorarent .... Ipse quoque .... pacem et amicitiam circumpositarum gentium cum maximo fervoro impetrabat.

[2]) Contin. Reginonis, Mon. Germ. SS. Tom. I. p. 615: Heinricus dux consensu Francorum, Alamannorum, Bawariorum, Thuringorum et Saxonum rex eligitur.

[3]) Res gest. Saxon., Mon. Germ. SS. Tom. III. p. 461: Crebris victoriis imperator gloriosus factus atque famosus, multorum regum ac gentium timorem pariter et favorem promeruit; unde plurimos legatos suscepit, Romanorum scilicet et Graecorum Sarracenorumque, per eosque diversi generis munera ....; omniumque circumquaque christianorum in illo res atque spes sitae.

[4]) Wir verweisen hier ein für allemal auf die betreffenden Abschnitte in Dümmler's Geschichte des Ostfränkischen Reichs Bd. II., Giesebrecht's Geschichte der deutschen Kaiserzeit Bd. I., Köpke's und Dönniges' Jahrbücher des Deutschen Reichs unter K. Otto I., Schmidt's Geschichte v. Frankreich Bd. I.

im gesammten Frankenreiche, den neustrischen Königen und ihren Rathgebern entrücken, und sie, die ostfränkischen Principes, rechtlich jenen gleichstellen kann. Das wohlbegründete Streben derselben, ihr königliches Ansehen im ganzen Umfange der fränkischen Monarchie geltend zu machen, wird zugleich dadurch als Anmaßung gestempelt, welcher sich zu erwehren die Karolinger in Ostfranken nunmehr vollauf berechtigt erscheinen. Allein nicht zufrieden, diese somit gewissermaßen in den Stand der Nothwehr den westfränkischen d. i. neustrischen Gewalthabern gegenüber versetzt zu haben, tauscht er für sie von den Ottonen noch eine fernere Berechtigung zum Einschreiten bei den Westfranken ein, so daß z. B. der mittlere Pippin, im Begriff die Waffen gegen jene zu erheben, seinen versammelten „Leuten" in einer längern Rede auseinandersetzen kann, nicht Herrschaftsgelüste veranlaßten sein Vorgehen gegen König Theuderich, sondern eine dreifache Nöthigung: die Bedrängniß der Kirche Gottes und ihrer Diener, die flehentlichen Bitten neustrischer Flüchtlinge und die seinem Gebiete drohende Kriegsgefahr, welcher besser auf feindlichem Boden zu begegnen als daheim zu warten sei[1]). So redet etwa ein Ottone, wenn er sich rüstet, den Angriff der Westfranken auf die Grenzgebiete seines Reiches abzuwenden, und gleichzeitig eine Ordnung in die verwirrten Zustände daselbst zu bringen; ist dies aber geschehen, dann kehrt er nach dem Osten zurück, wie der Verfasser der A. M. von dem mittleren Pippin sagt, „ad Franciam orientalem, imperii sui sedes", und wie er diesen Reichssitz beim Regierungsantritt Karl Martels näher bezeichnet, — nach Köln.[2])

Nun ist freilich Köln die Stadt, um die es sich nach dem Tode des mittleren Pippin in den Anfängen seines Sohnes Karl ganz besonders handelt[3]), nichts berechtigt indeß, ihr die Stellung zu geben, welche sie in den A. M. einnimmt. Deren Verfasser benutzt vielmehr nur die Handhabe, welche ihre Erwähnung in jenem Momente ihm bietet, seine Darstellung auf Kosten der Bedeutung dieser Stadt zur Zeit der Ottonen auszuschmücken. Denn sie ist die Hauptstadt Lothringens geworden, seit Otto I. seinen Bruder, Erzbischof Bruno von Köln, zugleich mit der Verwaltung dieses Herzogthums betraut, und ihm aufgegeben hat, von hier aus Westfranken wie eine Provinz des westfränkischen Reichs zu überwachen.[4])

Aber während nun das Zeitalter der Ottonen im Allgemeinen dem Verfasser der A. M. gedient hat, die karolingischen Anfänge in einen gewissen Nimbus zu hüllen, so ist es insbesondre das Walten Bruno's, aus dem er Einzelheiten herausgreift, um mit ihrer Hülfe Vorfällen jener früheren Epoche einen Anstrich zu geben, der sie in einem ganz neuen Lichte erscheinen läßt.

So ist namentlich Hugo der Große, „durch die Gnade Gottes Herzog der Franken"[5]), nach vielfachen Händeln dazu vermocht worden, Ludwig den Ueberseeischen, seinen und Otto's I. Schwager, als Oberherrn anzuerkennen, nachdem ihm zu dem Herzogthume Francien auch das Herzogthum Burgund verliehen ist; seine Söhne werden aber mit Ludwigs Wittwe, Gerberg, aus Anlaß der von ihnen beanspruchten Landestheile von Neuem in Streit verwickelt, zu dessen Schlichtung jene ihren Bruder, Erzbischof Bruno, herbeiruft. Dieser zieht mit Heeresmacht heran, und vermittelt im Jahre 960 einen Vergleich, nach welchem der älteste Sohn Hugo's, der nachmals s. g. Capet, das Herzogthum Francien, der zweite Sohn, Otto, Burgund erhält, wogegen beide dem Könige Lothar den Lehnseid leisten.

Dieses Herzogthum Burgund ist nun bekanntlich erst aus denjenigen Landestheilen des ehemaligen Königreichs dieses Namens hervorgegangen, welche auf dem rechten Ufer der Saone gelegen, durch den Vertrag von Verdun unter westfränkische Hoheit kamen, während später neben demselben aus anderen Theilen jenes alten Königreichs zwei neue burgundische Königreiche entstanden, die aber im zehnten Jahrhundert schon wieder in Eins verschmolzen wurden. Obgleich

---

[1]) Mon. Germ. SS. Tom. I. p. 318.
[2]) l. l. p. 320. 323. 324.
[3]) Gesta Francor. cap. 53.
[4]) Dönniges, Jahrbücher S. 70; Giesebrecht a. O. Bd. I. S. 412.
[5]) Bouquet SS. Tom. IX. p. 720: Hugonis Magni Charta pro Monasterio S. Martini Turonensis a. 937: Hugo, scilicet clementia omnipotentis Dei Francorum Dux.

also zur Zeit des mittleren Pippin ein Herzogthum Burgund in den Quellen
sonst nicht begegnet, und am allerwenigsten von einem solchen neben einem
Königreiche dieses Namens die Rede sein kann, so spricht der Verfasser der A. M.
dennoch zum Jahre 733 von einem Heereszuge Karl Martels nach dem Königreiche Burgund [1]), welches für ihn, nach seiner Schilderung des Jahres 741 zu
schließen [2]), kein anderes als das im zehnten Jahrhundert bestehende ist, während
er schon zuvor abweichend von den Quellen den ältern Sohn des mittleren
Pippin, Drogo, als Herzog von Burgund anstatt der Champagne bezeichnet hat.[3])
      Daß er bei dieser Angabe sich durch das Ergebniß jenes durch Bruno herbei-
geführten Vergleichs vom Jahre 960 habe leiten lassen, leuchtet nur um so mehr
ein, wenn wir uns die eigentliche Bedeutung seiner gleichzeitigen Auslassung
über die Stellung Grimoalds klar machen, welcher als Majordomus des Königs
Childebert — Rheims und Sens, sowie die übrigen „ad ipsum ducatum" gehörigen Städte erhalten haben soll [4]). Welcher Ducat, welches Herzogthum ist
hier gemeint? Zwar sind Rheims und Sens Städte der eigentlichen Champagne,
und es wäre denkbar, daß der mittlere Pippin seinem Sohne Grimoald die
Champagne, sowie dem andern, Drogo, Burgund gegeben habe. Aber da Drogo,
wie schon gesagt, nach den Quellen die Champagne erhielt, so muß die Anfüh-
rung gerade dieser Städte bei Grimoalds Bestallung etwas anderes bedeuten.
      Bedenken wir, daß wir es mit einem Schriftsteller aus dem Ende des zehn-
ten Jahrhunderts zu thun haben! Damals bestand kein Herzogthum, sondern
nur eine Grafschaft Champagne mit der Hauptstadt Troyes [5]), während jene
Städte, beide die Sitze von Erzbischöfen, welche von jeher um den Vorrang
mit einander eiferten, und namentlich auch das Recht der westfränkischen Königs-
weihe einer dem andern beneideten, von dieser Grafschaft völlig unabhängig, für
die Bewerber um die Krone der Westfranken von hoher Bedeutung waren. Bereits unmittelbar nach jener Absetzung Karls des Dicken hatte Erzbischof Walter
von Sens dem Wahlkönige Odo von Paris, Herzog von Francien, am 29. Februar 888 zu Compiegne die westfränkische Krone aufgesetzt, aber Odo's allgemeine Anerkennung war lange Zeit hauptsächlich durch eine um den Erzbischof
Fulko von Rheims sich sammelnde Partei verhindert worden. Dieselbe hatte sich
sogar im Jahr 895 unter Anderm der Stadt und ihres Erzbischofs bemächtigt,
wofür die Thäter aber vom Papste mit dem Banne belegt wurden. Doch gelang
es ihr bei dem Tode Odo's am 1. Januar 898 wieder einem Karolinger, Karl
dem Einfältigen, den ausschließlichen Besitz der westfränkischen Königswürde zu
verschaffen. Seitdem handelte es sich bei dem Ringen der letzten Karolinger
mit den kapetingischen Stammvätern wesentlich darum, auf wessen Seite sich
der Erzbischof von Rheims wendete; weshalb auch auf beiden Seiten das Streben sichtbar wird, auf den Stuhl von Rheims einen Parteigenossen zu erheben.
Zwar zeigt sich im ganzen Laufe des zehnten Jahrhunderts der Stuhl von
Rheims dem karolingischen Geschlechte vorherrschend günstig, und wird selbst
nach dem Verluste Laons, der letzten bedeutenden Besitzung der Karolinger, an
Herzog Hugo von Francien im Jahre 946 die Stadt Rheims der Sitz Königs
Ludwig des Ueberseeischen. Indeß ist es auch gerade wieder ein Erzbischof von
Rheims, Adalbero, welcher der karolingischen Dynastie den Todesstoß giebt, in-
dem auf seine Veranlassung der letzte ächte Sproß des karolingischen Stammes,
Herzog Karl von Niederlothringen, als Vasall des ostfränkischen Reiches der
Krone für unwürdig erklärt, und Hugo Capet am 3. Juli 987 zu Rheims
feierlich zum Könige gekrönt wird. Im Kampfe mit Herzog Karl Anfangs nicht
glücklich, sucht nun Hugo die ihm noch widerstrebenden Großen des Reichs, weltlichen wie geistlichen Standes, an sich zu ziehen, namentlich verspricht er für

---

[1]) Mon. Germ. SS. Tom. I. p. 325: Karolus princeps regnum Durgundiae cum valida
manu penetravit.
[2]) l. l. p. 327: Pippinus jam princeps factus, pro quibusdam causis corrigendis exercitum
in Burgundiam ducit, et ea quae emendanda fuerant in principatu gentis illius, solida gubernatione correxit.
[3]) l. l. p. 325: Drogonem, primogenitum suum, ducem posuit Burgundionum.
[4]) l. l. p. 321: Remorum vero scilicet et Senonum ceterarumque urbium ad ipsum
ducatum pertinentium Pippinus juniori filium suum, nomine Grimoaldum, majoremdomus
cum Hildiberto rege constituit.
[5]) Warnkönig und Stein, Französ. Staats- und Rechtsgeschichte, Bd. I. S. 179.

den Fall, daß er sich ihm anschließe, dem Erzbischofe Siguin von Sens, dem päpstlichen Vicar, eine der ersten Stellen in seinem Rathe. Da trifft ihn ein schwerer Schlag durch den Tod Adalbero's von Rheims am 23. Januar 988; er eilt nach Rheims und versichert sich der Stadt, als deren Erzbischof er einen unächten Karolinger, Arnulf, einsetzt, indem er sich desselben durch die fürchterlichsten Eide versichert zu haben glaubt. Trotzdem öffnet Arnulf, kaum im Besitze seiner Würde, dem Herzog Karl die Thore der Stadt; doch schon nach kurzer Frist in der Nacht nach dem Palmsonntag 991 sammt dem Herzog in die Gewalt seines Feindes, Bischofs Adalbero von Laon, gerathen und an Hugo ausgeliefert, wird Arnulf von einer Synode westfränkischer Bischöfe, welche sich am 17. Juni 991 unter dem Vorsitz des Erzbischofs Siguin von Sens zu Rheims versammelte, zur Abdankung gezwungen, während Herzog Karl im Kerker seine Tage beschließt.

Erhellt nun hieraus zur Genüge die Bedeutung der Städte Rheims und Sens in den Augen des Verfassers der A. M., so bleibt auch kein Zweifel mehr darüber, welches Herzogthum er in der betreffenden Stelle gemeint habe. Es kann nur dasjenige sein, zu dem diese Städte zu seiner Zeit in genauester Beziehung standen, das mit ihnen in engster Verbindung dann die eigentlichen westfränkischen Kronlande ausmachte[1]), und darum auch wohl vorzugsweise von ihm als „das Herzogthum selbst" ohne Nennung eines besondern Namens bezeichnet werden durfte, — das Herzogthum Francien.

Indem er aber auf diese Art ein Ereigniß des zehnten Jahrhunderts, die Begabung der Söhne Herzogs Hugo des Großen mit Burgund und Francien, anwendet, um schon am Ende des siebenten Jahrhunderts die Söhne des mittleren Pippin in gleicher Weise begaben zu lassen, bezweckt der Verfasser der A. M. offenbar eine weitere Begründung der karolingischen Ansprüche auf das westfränkische Königthum; denn haben damals zwei Karolinger, Drogo und Grimoald, diese Herzogthümer bereits aus der Hand ihres Vaters in Empfang genommen, so dürfen sie jetzt denjenigen Karolingern, in deren Personen alle Rechte und Ansprüche ihres Geschlechtes von Anfang her zusammenfließen, um so weniger vorenthalten werden. Wer aber sind diese Karolinger? Unsers Erachtens Herzog Karl von Niederlothringen und seine Kinder, namentlich sein ältester Sohn Otto, der gerade in Deutschland, als das Unglück über seinen Vater hereinbrach, nachher ebenfalls Herzog von Niederlothringen, bis zu seinem unbeerbten Ableben im Jahre 1005 in dieser Würde verblieb, und eine Tochter, Gerberg, die mit dem Vater in die Hände der Gegner gefallen, dann aber aus der Gefangenschaft entlassen mit ihrer Hand einen Theil karolingischer Erbansprüche an den mächtigen Grafen Lambert von Löwen, den Stammvater der späteren Herzoge von Lothringen und Brabant, übertrug.[2])

Denn daß gerade zu diesen letzten Karolingern, Karl, Otto und Gerberg, der Verfasser der A. M. in besonders enger Beziehung gestanden habe, darf man wohl annehmen; es spricht mancherlei dafür, vor allen Dingen aber der Umstand, daß er neben jenem Principat über die Ostfranken, welches wie dasjenige der Ottonen halb auf Wahl, halb auf Erbfolge beruhen sollte, eine zweite Herrschaft, erblich in der Familie der Pippiniden, zwischen dem Koblenzwalde, der Maas und den friesischen Inseln kennt, und dieselbe von dem älteren Pippin, der angeblich ohne männliche Erben stirbt, durch dessen Tochter Begga auf seinen gleichnamigen Enkel und damit auf die Karolinger übergehen läßt[3]). Die Grenzen, welche er dieser Herrschaft giebt, setzen es außer Zweifel, daß er das Herzogthum Niederlothringen, ein Erzeugniß der zweiten Hälfte des zehnten Jahrhunderts im Auge hat, aus dem das spätere Herzogthum Brabant hervorgeht. Otto II. hatte dasselbe im Anfang seiner Regierung dem jüngeren Sohne Ludwigs des Ueberseeischen, Karl, verliehen, um dadurch dessen Bruder, den Westfrankenkönig Lothar, der Lothringen als ein Erbe seines Geschlechts betrach-

[1]) Warnkönig und Stein a. O. Bd. I. S. 191. 344.
[2]) Hirsch, Jahrbücher des deutschen Reichs unter Heinrich II. Bd. I. S. 328 ff.
[3]) Mon. Germ. SS. Tom. I. p. 316: Begga, filia Pippini praecellentissimi quondam principis, qui populum inter Carbonariam silvam et Mosam fluvium, et usque ad Fresionum fines vastis limitibus gubernabat. Sane quia huic masculi sexus proles defuerat, nepoti suo Pippino superstiti nomen cum principatu dereliquit.

tete und in Anspruch zu nehmen Miene machte, von einem Angriff darauf abzuhalten. Es war ihm dies zwar nicht völlig gelungen, doch behauptete sich
Karl in seinem Herzogthum nicht nur, sondern gewann auch darüber hinaus
der karolingischen Macht wiederum einigen Boden, bis ihn Bischof Adalbero
von Laon, wie wir schon sahen, an König Hugo Capet verrieth. Von diesem
Augenblicke an beschränkte sich der Rest karolingischer Hoheit auf Niederlothringen, dessen Herzog Karls Sohn Otto wurde; es erwuchs indeß gleichzeitig
gerade in dessen Grenzen, zum Theil auf Grund der von den Karolingern durch
Karls Tochter Gerberg vererbten Ansprüche ein neues Geschlecht zu Macht und
Ansehn, welches später Jahrhunderte hindurch den Herzogstitel von Niederlothringen und Brabant führen sollte, die Nachkommen des Grafen Lambert
des Bärtigen von Löwen. Sie zählten unter ihre Stammväter natürlich auch
die Pippiniden, und daß an die Spitze einer langen Reihe von Herzogen, welche
ihrer Familie angehörten, nun der ältere Pippin als erster Herzog von Brabant gestellt werden konnte, vermittelte eben durch jene dessen Geschlechte beige-
legte Herrschaft innerhalb der Grenzen des späteren Herzogthums Brabant der
Verfasser der A. M.[1]), allerdings ganz etwas Anderes als er mit seiner Aufstellung bezweckte. Denn durch diese wollte er ohne Zweifel weit Größerem
dienen, und die denn siebenten Jahrhundert angehörende Erbtochter seiner Erfindung, welche dem aus ihrem Schooß erwachsenden Geschlecht der Karolinger
das Land zwischen dem s. g. Kohlenwalde, der Maas und den friesischen Inseln
zubrachte, sollte offenbar dem Gedanken Eingang schaffen, daß dieses Land, welches seither Jahrhunderte hindurch jenem Geschlechte erb- und eigenthümlich zu-
gestanden habe, jetzt im Beginn des eilften Jahrhunderts durch eine Erbtochter,
die karolingische Gerberg, nachdem ihr Bruder Otto ohne Leibeserben gestorben,
in gleicher Weise wie damals weiter vererbt und von Neuem der Ausgangspunkt eines Geschlechtes werden dürfte, in jeder Hinsicht vollberechtigt, den
Platz des karolingischen einzunehmen. —

Solche Bemühungen des Verfassers der A. M. um die letzten Karolinger
lassen nun aber auch wenigstens annähernd einen Schluß ziehen, wo sein Werk
entstanden sei. Denn daß dies zu Metz nicht geschehen, haben wir keinen Augenblick gezweifelt; es fehlt jedwede Andeutung einer Beziehung zwischen diesem
Erzbisthum oder einem seiner Klöster und dem Verfasser der Annalen. Eben
sowenig ist letzterer indeß ein Insasse des von den Karolingern so sehr geförderten Klosters Prüm gewesen; eine dahin zielende Bemerkung zum Jahre 835[2])
ist wohl weniger in Folge einer Absichtlichkeit als vielmehr gedankenlosen Ab-
schreibens aus Regino's Chronik hinübergekommen, und bezieht sich auf dessen
Verhältniß im Kloster Prüm, welches dem Verfasser der A. M. im Gegentheil
so wenig am Herzen gelegen hat, daß er die sonstigen auf die Angelegenheiten
dieses Klosters bezüglichen Mittheilungen des hier meist wörtlich ausgeschriebenen
Regino in der Regel ausließ.[3])

Fassen wir dafür lieber die Gegenden ins Auge, in denen die karolingische
Macht ihren letzten Halt hatte, so werden wir sogleich nach dem Hauptsitz derselben, auf Laon, hingewiesen, wenn wir die Schilderung der Schlacht bei Amblef in den A. M.[4]) lesen. Es ist uns, als hörten wir einen Augenzeugen,

---

[1]) Dies ergiebt z. B. folgende Zusammenstellung (vgl. damit die vorige Anmerkung!): Historia
S. Gertrudis p. 2: Pipinus nobilissimi quondam Karlomanni principis filius, qui cum b.
Arnulpho, sub Lothario et Dagoberto regibus, populum inter Carbonariam silvam et Sturium
Mosam et Mosellam, usque ad Frisonum fines vastis limitibus habitantem justis legibus
gubernavit. — V. S. Beggae, Ghesqu. Tom. V. p. 112: Karlomannus siquidem princeps quondam nobilis avus fuit hujus s. mulieris, genitor vero Pipinus . . . . potentia sui principatus,
sub Lothario et Dagoberto regibus, una cum b. Arnulpho nostra imperavit finibus: his
scilicet quos Mosae et Mosellae decursus, Frisonum quoque mare et Carbonariae silvae
praecingendo circumdat terminus. — V. S. Evermari, Ghesqu. Tom. V. p. 278: Germaniae
monarchiam, a silva Carbonaria usque Rhenum, et a Mosa usque Mosellam, tenente mediano
Pippino, ex S. Begga Ansigisi ducis filia. — Vita Pippini a Surio edita: Venerabilis Pippinus
dux Brabantiae ex patre Carlomanno principe et matre Emegarde, fuit Majordomus Fraucine
sub Clotario rege Francorum et Dagoberto ejus filio.

[2]) Mon. Germ. SS. Tom. I. p. 595: Novissime temporibus Zwentibolchi regis in Prumia
monasterio manu mea attonsus est. Eram enim tunc temporis in eodem loco dominici ovilis,
quamvis non idoneus, tamen custos.

[3]) Z. B. a. 836., Mon. Germ. SS. Tom. I. p. 596; a. 802. ib. p. 604; a. 890. ib. 608.

[4]) l. l. p. 323.

nicht jedoch jener Schlacht, welche Karl Martel im Jahre 716 bei Amblef
gegen den neustrischen König Chilperich und dessen Majordomus Raginfried siegreich kämpfte, sondern des Ausfalls, welchen die Bürger der Stadt Laon im
Sommer 987 thaten, als Herzog Karl von Niederlothringen dieselbe wieder-
gewonnen hatte, und König Hugo Capet ihn daselbst belagerte [1]). Wein und
Schlaf hielten einst in der Mittagsstunde die Belagerer gefesselt, da geschah
der Ausfall, und nöthigte Hugo zur Aufhebung der Belagerung. So berichtet
ein Brief des Erzbischofs Adalbero von Rheims [2]), und ähnlich schreibt der
Verfasser der A. M. [3]), wie es Sommerhitze mit sich bringe, habe das neustrische
Heer zur Mittagszeit sich in den Zelten und an schattigen Plätzen geruht, als
es zuerst durch einen kühnen Einzelangriff aufgeschreckt, dann durch Karls gesammte Mannschaft in die Flucht geschlagen sei. Die Kenntniß des Verfassers
von der Regel des heiligen Benedict hat, wie wir oben schon bemerkten [4]),
ihren Einfluß auf die Färbung des Dargestellten geübt, sonst aber jedenfalls
jenes Ereigniß des Jahres 987 den Inhalt des Schlachtgemäldes geliefert,
welches durchaus den Charakter des zehnten und eilften Jahrhunderts athmet.

Dürfen wir indeß hieraus auch nicht gerade eine Anwesenheit des Verfassers der A. M. zu Laon im Momente der Belagerung folgern, so findet doch die
Annahme, er sei diesem karolingischen Hauptsitze jener Zeit nicht fern gewesen, an-
derweitige Unterstützung. Während er nämlich des östlichen und westlichen Frankenreichs in einer Weise erwähnt, aus der man noch nicht auf seine Angehörigkeit
an eines oder das andere von beiden schließen kann [5]), so ergiebt sich doch gleichzeitig, daß er den Grenzen beider Reiche nicht fern und zwar in den Gegenden
gelebt haben müsse, wo dieselben mit dem Hennegau und der Grafschaft Vermandois aneinanderstießen, d. h. also auch unweit Laon. Er scheint dies sogar
selber durch die genaue Zeichnung der Oertlichkeit in seiner ausführlichen
Schilderung der Schlacht bei Tertry bekunden zu wollen.

Durch den s. g. Kohlenwald zieht ihm zufolge [6]) der mittlere Pippin heran
gegen das in der Nähe des Städtchens Vermand — nicht St. Quentin — gleich
diesem am rechten Ufer des heut s. g. Flüßchens Omignon [7]) gelegene Tertry.
Hier lagert er auf der nördlichen, auf der andern südlichen Seite des Flüßchens
aber König Theuderich. Ihn umgeht Pippin, indem er am frühen Morgen
seine Leute über den Omignon führt, und sie östlich von des Königs Lager aufstellt, dessen geschlagenes Heer theils in das Schottenkloster des heiligen Furseus
zu Peronne, größtentheils aber „ad beati Quintini martyris limina", d. h.
wohl nicht nach dem im Rücken Pippins liegenden St. Quentin an der Somme, sondern nach der dicht hinter Peronne, nördlich von dieser Stadt gelegenen
Abtei Mont St. Quentin flieht. [8])

Hatte sich der Verfasser der A. M., nachdem er dem Herzog Karl von
Niederlothringen sei es mit dem Schwerte sei es mit der Feder gedient, etwa
in eins dieser Klöster zurückgezogen? Oder lebte er vielleicht nur wenig nördlicher, dafür aber um so näher den Besitzungen des Grafen Lambert von

---

[1]) Giesebrecht, Gesch. d. deut. Kaiserzt. Th. I. S. 613. 614.
[2]) Epist. 38. Migne Patrolog. curs. Ser. II. (patr. lat.) Tom. 137. p. 516: post meridiem
occupatis militibus regiis vino et somno, oppidani totis viribus eruptionem fecerunt, nostris-
que resistentibus ac eos repellentibus, a mendicis cremata sunt castra.
[3]) l. l. p. 323: Erat autem hora prandii, et exercitus Chilperici, aesturam ut suadebat
tempus, in tentoriis et umbraculis reficiebat corpora sua.
[4]) Oben S. 163 Anm. 4.
[5]) Mon. Germ. SS. Tom. I. p. 317: orientalium Francorum, quos illi propria lingua
Osterlindos vocant; occidentalium Francorum, quos illi Niustrios dicunt.
[6]) l. l. p. 318. 319: Carbonariam silvam transeunt . . . . haud procul ab oppido Viro-
mandorum juxta villam cui vocabulum est Textricium castra posuerunt. Theodericus . . . .
ex alia parte villae castra ponit. Inter quos modicus quidem fluvius sed difficili trajecto
defluebat, qui ab incolis Dalmannio nuncupatur. Pippinus itaque ab aquilone, ejusdem
fluminis Theodericus ab austro consederat . . . . Pippinus inlucescente aurora copias ex castris
educit, et magno silentio Dalmanionis fluvium transiit, itaque ab orientali parte castrorum
Theoderici, ... aciem ordinat . . . . victor castra hostium invadens, spolia ampla . . . . suis
fidelibus impertitur, ... maxima turba ad beati Quintini martyris limina, nonnulli ad Per-
ronam Scotorum monasterium, in quo beatus Furseus corpore requiescit, confugium fecerunt.
[7]) Dalmannio, Daumignon, Aumignon, Omignon, rechter Nebenfluß der Somme, entspringt
NW. bei St. Quentin, fließt gegen W., und mündet S. bei Peronne.
[8]) Ueber das Schottenkloster zu Peronne und die Abtei Mont St. Quentin vergl. Mabillon,
AA. SS. Ord. S. Ben. sec. II. p. 786 ss.

Löwen, des Gemahls jener Erbtochter Karls? Denn so wenige Spuren einer Benutzung der A. M. sich in Schriftwerken des Mittelalters finden, sie führen insgesammt tiefer in den von dem Annalisten verhältnißmäßig oft erwähnten s. g. Kohlenwald, hier nach Gemblour und Nivelles, dort nach dem Kloster der heiligen Rictrud oder Rotrud, Marchiennes an der Scarpe, zwischen Valenciennes und Douai.

Wir haben bereits auf die Verwandschaft der A. M. mit der Biographie der heiligen Gertrud von Nivelles, welche der Abt Geldolph von Ryckel herausgab[1]), hingewiesen, und in der Chronik Sigberts von Gemblour hat man längst Anzeichen einer Benutzung der A. M. entdecken wollen[2]), noch nirgends aber ist, soviel wir wissen, die Rede davon gewesen, in wie unzweifelhafter Weise die A. M. in jenem Kloster der heiligen Rotrud nebst Anderem als Quelle für des Andreas Silvius Chronik der Frankenkönige gedient haben.

Dieser Andreas Silvius, eigentlich Du Bos oder Du Bois geheißen, Erzprior zu Marchiennes, schrieb nämlich eine solche Chronik in drei Büchern[3]), die mit seinem muthmaßlichen Todesjahre 1194 schließt. Der Hauptsache nach ein wörtlicher Auszug aus Sigbert von Gemblour ist sie in ihren zwei ersten Büchern durch Einschaltungen aus der fränkischen Geschichte Gregors von Tours, der fredegarianischen Chronik, der Historia regum Francorum Monasterii S. Dionysii[4]), der Historia Francorum Senonensis[5]), dem Chronicon Sithiense S. Bertini[6]), den Annales Vedastini[7]) und Mettenses, sowie einigen Biographien von Heiligen erweitert. In der Regel sind diese Einschaltungen den genannten Quellen wörtlich entnommen, und nur die Biographien, Gregor von Tours und die A. M., wie dies bei ihrer größeren Ausführlichkeit nicht anders sein konnte, für den Zweck der Chronik des Andreas gekürzt, doch immer noch deutlich genug erkennbar wiedergegeben. Namentlich ist Letzteres hinsichtlich der Stellen der Fall, welche, den A. M. eigenthümlich, in gleicher Weise wie bei Andreas Silvius höchstens noch in der Chronik des Magister Edmund de Dynter wiederkehren, der im fünfzehnten Jahrhundert wieder das Werk des Andreas ansehnlich erweiterte[8]). Wir erachten es darum auch für zweckmäßig, sämmtliche Anklänge an die A. M., welche wir bei Andreas finden, am gegenwärtigen Schlusse unserer Betrachtung derselben mitzutheilen. Sie reichen von den Anfängen des mittleren Pippin, mit einer Unterbrechung zwischen den Jahren 714 und 742, bis zum Jahre 759, erstrecken sich also, freilich springend, über den ganzen ersten Theil der A. M., verlieren sich dann aber so durchaus, daß Andreas und die A. M., nicht einmal in einer von beiden ausgeschriebenen Quelle, mit etwaiger Ausnahme der fredegarianischen Chronik, wieder zusammentreffen. Denn diese ist überhaupt die einzige beiden gemeinsame Quelle, doch mit der wesentlichen Verschiedenheit, daß sie bei Andreas eine untergeordnete Stelle einnimmt, bei den A. M. lange in erster Linie steht.

Andr. Silv. Synops. lib. I cap. 22: Praedicti Ebroini rabiem quamplurimi Francorum declinantes, confugium ad dominum Pipinum Austrasiorum ducem fecerunt in urbe Colonia. Verum cum Dei vera dispositio tam injusti persecutoris munus reddere decrevisset actionis, Ermenfrido in discrimine mortis involuto, se in veritate invocanti velox praebuit auxilium .... Qui .... unoque ictu infelicis Ebroini animam excutiens ad sibi digna inferiora direxit .... Post haec timens regem Theodericum confugium fecit ad gloriosum regem Pipinum. Hic Pipinus régio stemmate ortus fuit patre Ansigiso rege .... Genitrix vero ejus dicta est Begga

---

[1]) S. Excurs V: die Annales Xantenses u. s. w.
[2]) Mon. Germ. SS. Tom. VI. p. 329 ss.
[3]) Oben S. 160 Anm. 7.
[4]) Mon. Germ. SS. Tom. IX. p. 395 ss.
[5]) l. l. p. 364 ss.
[6]) Bouquet Scriptor. Tom. IX. p. 70 ss.
[7]) Mon. Germ. SS. Tom. II. p. 196 ss.
[8]) Oben S. 57 Anm. 2.

filia Pipini principis, qui ab Sylva quae vocatur Carbonaria ad fines usque Fresonum justo moderamine cunctum infra regebat populum. Hic quia masculini[1]) sexus proles defuit domnum Pipinum nominis sui aequivocum filioe suae filium, haeredem sui regni statuit. Profugi igitur Francorum, qui iussentione praedicti Ebroini ad domnum Pipinum confugerant, audita interfectione praedicti Ebroini, adeunt, postulantes legationem dirigi ad Theodericum regem Francorum, quatenus, ipsius adjutorio, parentibus, adjunctis, terrisque amissis reddi mererentur. Praefatus dux, prudenti legatione directa, non quae pacis fuere, repererunt. Verum suadente Bertario, Theoderici regis consiliario, bellum indicitur. Profugos quoque Francorum, vi repetita recepturos minatur. Legatio coram duce Pipino et optimatibus ejus, quod acceperat, refert. In commune placuit arma corripi: profugis et viduis subveniri. Plebiscitum acclamatur, ab utrisque partibus in Carbonaria convenitur; bellum initur, sed non aequo proventu finitur. Nam Francorum multi Theoderici regis partium bello se subtrahentes, caussa parentum, quaquaversum delituerunt. Certaminis erat, ab utroque nolle vinci et a neutro horum velle superari. Theodericus bello fugatur; Parisios usque a Pipino profugisque Francorum insequitur, sed Sequana fluvius imminens, malum determinavit.

Anno sequenti Pipinus dux, Rabodoni, Frisonum duci, bellum indicit, et gravi proelio devictum tributarium facit.

Cap. 24. Anno Theoderici regis 10. Pipinus, major filius Ansigisi ducis, victo in bello Theoderico principatum gerit in utraque Francia annis 28 .... Theodericus rex moritur.

Cap. 25. Pipinus Drogonem primogenitum suum majoremdomus constituit in regno Clodovei, tradens illi uxorem Austrudem filiam Waratonis quondam Majorisdomus regis Hilderici. Ex qua idem Drogo filium suscepit, nomine Hugonem ....

. Rursus Frisones duce Rabodone pagano rebellantes regiones usque ad Rhenum devastant, ecclesias subvertunt. Quibus Pipinus dux hostiliter concurrens, eos gravi strage proterit et ut solitus erat, victor exstitit et suae ditioni subegit.

Cap. 26. A. D. 714. aegrotante Pipino in Jopila villa, quae sita est super fluvium Mosacum, quum ad visitandum eum Grimoaldus filius ejus properasset, in basilica beati Lamberti martyris, dum jacens oraret, perfossus gladio a quodam Ragnario milite Rabbodi ducis Frisonum, instinctu uxoris ejus filiae ejusdem Rabbodi occubuit. Domnus Pipinus de infirmitate non plene convalescens, omnes filii interfectores peremit, sed eodem anno iterum molestia corporis oppressus 17. Kal. Jan. obiit, anno principatus sui 27., relinquens filium elegantem parvulum nomine Carolum, qui postea Tudites sive Martellus vocatus est.

(Im Folgenden bis zum Jahre 742 beschränkt sich Andreas fast durchaus auf Eigbert, und unterbricht seinen Auszug aus demselben wesentlich höchstens durch die ausführliche Erzählung der Todesart des gegen Karl Martel zum Majordomus gewählten Raginfried. Da die uns bekannten Quellen sich mit der einfachen Aufzeichnung „Ragenfridus moritur" begnügen, so scheint es wohl am Orte, jene Erzählung des Andreas (cap. 31) hier einzuschalten:

De morte hujus Ragenfridi in quibusdam chronicis scriptum invenimus. Karolus Francorum rex, commovens exercitum Chilpericique et Ragenfridi desideram extinguere contumaciam, bellum adversum cos iterat, et auspice Christo stragem occisorum permaximam eis reddidit ad Ablavam, Karoli Ducis strenui industria. Unde Chilpericus cum suo compari fugatus, eodem se tutatus est anno. Sed sequenti anno domini 21. capitur ab invicto duce Karolo. Raginfridus vero timore perterritus, cupiens se liberare a Karoli manibus fugam arripuit, quam potuit citius, et relinquens arvorum plana et sui globum exercitus, per loca aquosa et saltus, pervenire contendit, munitionis gratia ad quendam locum qui dicitur Theoderi-

[1]) Hier liest Du Chesne in den Ann. Mett. ebenfalls masculini, die Mon. Germ. masculi.

12*

cimansus, qui beatae et gloriosae Rictrudis est fundus. Namque in ipso dignoscitur loco per prata et uberrimos saltus quondam rex degisse Theodericus. Verum fugae dum intenderet, mortis timore perculsus, haud procul milliari uno a villa quae Marcianas dicitur, aquis est involutus. — Haben wir es hierin, sowie in den Gesta abbatum Fontanellensium, Mon. Germ. SS. Tom. II. p. 277, welche gleichfalls Ragenfriebs Flucht, nicht aber seinen Tod erzählen, und in ähnlicher Weise, wie Andreas das Kloster Marchiennes, dasjenige des h. Wandregifil — St. Wandrille — in das Interesse ziehen, etwa nur mit der Sucht der Bewohner dieser Klöster zu thun, historische Thatsachen zu benselben in irgend eine Beziehung zu bringen, oder weisen und solche Erzählungen auf alte Sagen, Volkslieder u. dgl. hin?)

Cap. 32. A. D. 742. Eodem anno Karolus dum ea quae pacis erant infra fines disponeret regni, bis legatos beati papae Gregorii quarti ab apostolica sede suscepit. Qui sepulchri apostolorum principis claves, pretiosa vincula detulerunt, cum muneribus magnis. Qui honor nemini Francorum principi ab apostolico viro directus fuit. Eodem anno perspiciens se aegrotare, in unum optimatibus congregatis, filiis aequa lance principatum divisit. Primogenito suo Karlemanno Alemanniam, Thoringiam et Austriam subjugavit, et juniori Pipino Neustriam, Burgundiam et Provinciam concessit. His aeque compositis Pipinus in Burgundiam exercitum duxit et ibi plura quae emendanda fuerant, cujus rei ivit gratia, correxit. Praeterea princeps et vir regalis progenici Karolus Parisius advenieus sancti ac totius Galliae capitis Dionysio magni adiit sepulchrum; magna post orationem cui devote munera contulit. Eo et anno febre correptus in pace obiit 15. Kal. Octobris, et positus est in basilica S. Dionysii. Is armis strenuus, levis in humilibus, in inimicis asperrimus. Gentem Francorum 26 annis rexit et 6 mensibus. Karolus adhuc vivens Griphoni aliquam partem Neustriae, Austriae et Burgundiae, regnum genitis dum divideret, concubina sua Sonichilde, pueri genitrice suadente, concessit. Quare Franci commoti consilio inito principibus suis secum sumptis, Pipino et Karlomanno, exercitum congregant, Griphonem adversus eunt. Gripho haec audiens cum sua genitrice fuga lapsus Lauduno Clavato se adscondit. Verum illic insecutus ab inimicis, dum se minime evadere posse cerneret ab eisdem, in fiduciam fratrum suorum venit. Quem arripiens Karlomannus in Novo-Castello misit custodiendum.... Haec dum agerentur Huvaldus dux Aquitaniae Ligerim transivit et Carnotum igne concremavit.... Anno tertio Pippinus et Karlomannus contra Huvaldum vadunt. Qui eis non valens resistere omne eorum placitum se spopondit facturum. Eodem anno Theodericum regem Saxonum sibi perfidum et rebellem capiunt et eum exulaturum in Franciam secum adducunt. Huvaldus Attonem fratrem suum ad se dolose convocatum excaecavit. Ipse vero coma abscissa monachalem habitum sumpsit; Waifero filio suo principatum relinquens ....[1])

Anno 4. Pipini Karolomannus frater ejus cum manu valida Saxoniam ingreditur et captis habitatoribus absque belli discrimine sacramentum baptismi consequuntur.

Anno 5. Karolomannus Alemannos sibi infidos superavit: et quod alienari a seculo vellet, indicavit Pipino suo fratri ....

Anno igitur 6. Pipini Karlomannus, frater Pipini, ... caducam respuens seculi dignitatem, Romae a beato papa Zacharia clericatus habitum sumpsit, capitis coma sibi dempta. Sed non multo post tempore Montem Cassinum adiens, spopondit se vivere sub regula patris S. Benedicti, professionem illic regularem faciens Optato abbati. Ejusdem vero spacio anni

---

[1]) Diese Blendung Hatto's und der durch Gewissensbisse darüber veranlaßte Eintritt Hunalds in ein Kloster (auf der Insel Rhe) wird uns in einer Weise, die mehr an die Worte des Andreas Silvius als an die A. M. anklingt, erzählt in der V. SS. Bertarii et Ataleni MM. prope Faverniacum apud Sequanos (Bolland. Jul. 6. p. 316ss.) p. 318: germanum suum Hattonem ad se callide convocans, oculos ei evulit atque his suffultus meritis monasterium intravit. Ob indeß diese Vita, die sich mit sich selbst und mit andern Quellen in Widerspruch befindet, wirklich Glauben verdient, und die Aussagen der A. M. in Betreff jenes angeblichen Bruders Hunalds zu unterstützen im Stande ist?

Pipinus Griffonem fratrem suum, e custodia, in qua eum Karlomannus dimiserat, liberavit.

Lib. II. cap. 2. Anno primo regni sui Pipinus rex contra Saxones pugnat; Gripho dum confugium facere voluisset, a Theodino viro illustri interfectus est. Huic Theodino montes Alpini in custodia erant commissi. Exinde omnis terra Francorum Pipini sub juge admissa est. — Anno 2. Pipinus rex exercitum duxit in Gotiam: Narbonam civitatem sub custodia directa, post triennium obtinuit; Saracenis expulsis a Gotia, christianos ab eorum dominio liberavit. — Anno 3. Pipinus rex Saxoniam adiit civitatesque omnium cum firmitatibus destruxit. Inde revertens suosque versus Britanniam ducens, Veneris castrum conquirit, Britanniamque Francis subjugavit.

Cap. 4. Constantinus Imperator Pipino organum misit, inter multa: id quod antea non visum in Francia. Quo anno placitum agens in Compendio villa publica Tassilonem regno Francorum sacramentis conciliat, spondentem, se fidelem esse ipsi regi per cuncta tempora. — Anno 9. Saxones Pipinus adiens eorum destruxit firmitates. Castra metatus est in loco qui dicitur Sitinia. Quo multi Saxones ceciderunt, reliqui vero ipsorum quotannis vectigal 300 equorum polliciti sunt solvere. Eodem anno natus est filius, cui nomen suum imposuit: qui vivens duobus annis, in tertio obiit.

Excurs VIII.

Einiges über die Altersverhältnisse der Arnulfinger und Pippiniden, namentlich des mittleren Pippin.

Wir haben schon[1] darauf hingewiesen, daß als die früheste Grenze für das Erscheinen der Gemahlin und Töchter des älteren Pippin kaum das Jahr 1000 angenommen werden dürfte, daher auch den Namen Bezga's hinweg zu lassen vorgezogen, als wir[2] die Vermählung einer Tochter des älteren Pippin mit dem Sohne seines Freundes Arnulf berührten, und sind selbst nicht abgeneigt, jenen Namen für einen später — vielleicht gar vom Verfasser der A. M. — erdichteten zu erklären, wenn wir auch die behauptete Vermählung selber nicht antasten wollen. Denn der mittlere Pippin heißt bei seinem ersten Erscheinen in dem Werke eines ungefähr gleichzeitigen Schriftstellers[3] ein Sohn Ansegisils, und dieser war der jüngere der beiden Söhne des heiligen Arnulf, von denen sein älterer Biograph[4] ohne sie zu nennen spricht, deren Namen aber ergänzend Paulus Warnefridi[5] zugleich mit dem Bemerken uns mittheilt, daß Karl der Große ihres Vaters als seines Ahnherrn sich gerühmt habe. Nimmt man hinzu daß der Enkel Arnulfs gleich dem Freunde desselben Pippin geheißen, so darf man auf diese Gründe hin wohl die Eheverbindung zwischen dem Sohne Arnulfs und einer Tochter des älteren Pippin gelten lassen, wenn gleich auch ihrer ausdrücklich erst in den A. M. gedacht wird.

Ihre Schließung haben wir oben[6] in die Zeit gesetzt, da die Uebersiedlung des königlichen Hofes von Auster nach Neuster dem älteren Pippin den Boden entzog, in welchem sein und seiner Familie Ansehn wurzelte, etwa ins Jahr 630; sie sollte damals offenbar dazu dienen, die Interessen beider Häuser, Arnulfs und Pippins, noch inniger mit einander zu verketten, als durch langjährige Freundschaft und gemeinsames Wirken der Väter bisher geschehen war. Und sie konnte auch füglich früher nicht stattgefunden haben! Das läßt sich aus den Altersverhältnissen der betreffenden Personen erweisen, soweit eben auch hier die Mangelhaftigkeit der uns zur Verfügung stehenden Schriftstücke gestattet, sie zum Beweise heranzuziehen.[7]

Der ältere Pippin war so eben im Jahre 639 gestorben, als angeblich eine seiner Töchter, Gertrud, vierzehnjährig, ihrer Mutter Itta in das Kloster Nivelles

---

[1] S. 64 f. 68 f. und Excurs V.: die Annales Xantenses u. s. w.
[2] S. 106.
[3] Gesta Francor. cap. 46.
[4] Mabill. sec. II. p. 151: duorum filiorum gaudia.
[5] Gesta Episc. Mettens., Mon. Germ. SS. Tom. II. p. 264: major filius, id est Chlodulfus minor filius id est Anschisus. — Vgl. oben S. 48.
[6] S. 106.
[7] Vgl. oben Anm. 1.

folgte, zu deſſen Aebtiſin ſie nach dem Abſcheiden Itta's, zwölf Jahre nach dem Tode Pippins, alſo im Jahre 651, erwählt wurde. Itta ſoll damals im ſechzigſten Lebensjahre geſtanden haben, während Gertrud nach einer kurzen Amtsführung, erſt dreiunddreißigjährig, am 17. März 659, einem Sonntage, ſtarb, ihre Schweſter Begga aber noch etwa fünfunddreißig Jahre nach dem Tode Gertruds lebte, bis ſie — im Jahre 694 — hochbetagt das Zeitliche ſegnete.

Soweit das Ergebniß aus den Anführungen unſrer Gewährsmänner, welches ſo mangelhaft es an ſich iſt, doch unſere Anſicht eher fördert als ihr irgendwie entgegentritt. Denn Begga muß nun die ältere Tochter Pippins geweſen ſein, da es nicht zuläſſig iſt, anzunehmen, ſie ſei jünger als die bei des Vaters Tode vierzehnjährige Gertrud von der Mutter allein, etwa unter der Obhut ihres Bruders Grimoald, in der Welt zurückgelaſſen worden, als jene mit der ältern Tochter deren Treiben entfloh; und zwar muß ſie ungefähr um ein Jahrzehnt der Schweſter, deren Geburt ums Jahr 625 zu ſetzen wäre, an Alter vorausgeweſen, alſo vielleicht um 615 geboren ſein, was mit dem Jahre 591 als dem der Geburt ihrer Mutter Itta ſtimmen würde.

Für das Alter des älteren Pippin, für welches wir weiter keinen Anhalt haben, ließe ſich hiernach wenigſtens ſoviel entnehmen, daß er vor dem Jahre 590 geboren ſei; er würde dann auch nur wenig jünger als ſein Freund Arnulf geweſen ſein, für deſſen Geburt die Bollandiſten[1] das Jahr 582 berechnet haben, weil ſeine ſpätere Biographie[2] ausſagt, er ſei zur Zeit des Kaiſers Mauricius geboren worden, deſſen Regierung mit dem Jahre 582 anhebt[3]. Arnulfs ältere Biographie giebt bekanntlich über dergleichen keine Auskunft[4]. und die Angaben derjenigen ſeines Sohnes Chlodulf, ſo reichlich ſie auch gerade[5] in Rückſicht der Altersverhältniſſe dieſes letztern fließen, und dadurch wenigſtens Rückſchlüſſe auf das Alter ſeines Vaters geſtatten, ſind doch einmal höchſt zweifelhafter Herkunft, und weichen überdies im Einzelnen von den Beſtimmungen des Katalogs der Biſchöfe von Metz ebenſo ab, wie ſie in ihrem Ergebniß jener Ausſage der ſpätern Biographie Arnulfs widerſprechen. Denn demzufolge wäre Chlodulf, der am 8. Juni 696 ſtirbt, im Jahre 584, alſo zwei Jahre nach ſeinem Vater geboren, und 112 Jahre alt geworden. Doch kommen wir hier eher ins Reine, wenn wir annehmen, in der Biographie Chlodulfs ſei Arnulfs Amtsantritt mit ſeinem Rücktritt verwechſelt und Chlodulf, nicht im Augenblicke des erſtern, wie angenommen wird, ſondern als letzterer ſtattfand, etwa dreißigjährig geweſen. Dadurch gewinnen wir für Chlodulf ein Alter von etwa 97 Jahren und das Geburtsjahr 599, jenes zu der ſchließlichen Schätzung gegen hundert Jahre in der Biographie, dieſes allenfalls ſelbſt zu obigem Geburtsjahre Arnulfs paſſend.

Anſegiſil mag nun einige Jahre jünger als ſein Bruder Chlodulf geweſen ſein, ſodaß er zur Zeit ſeiner Vermählung in dem oben von uns aufgeſtellten Jahre 630 etwa die Mitte der zwanziger Jahre erreicht, zur Zeit ſeines Todes, wenn derſelbe wirklich im Jahre 685 erfolgte[6], ungefähr achtzig Lebensjahre gezählt haben würde. Aber die Quelle für das Jahr 685 als Todesjahr Anſegiſils können nur die Annalen von Metz ſein, deren Erzählung von deſſen Ermordung am Eingange ihres Panegyricus auf den mittleren Pippin Sigbert von Gemblour veranlaſſen mußte, dieſelbe möglichſt nahe vor den Auftreten dieſes letztern einzuſchalten, da die Annalen beide Ereigniſſe ja in die unmittelbarſte Beziehung zu einander ſetzen.[7]

Es iſt aber der mittlere Pippin nicht erſt, wie Sigbert — wohl auch verleitet durch die A. M. — fälſchlich angiebt, im Jahre 687[8], ſondern bald nach dem Untergange Wulfoalds in Auſter ums Jahr 678[9] aufgetreten; er müßte

[1] Jul. 18. p. 426.
[2] Jul. 18. p. 441.
[3] Lebeau, Histoire du Bas-Empire. Nouv. édit. Tom. X. p. 196.
[4] Oben S. 47. 48.
[5] Mabill. sec. II. p. 1047. 1048.
[6] Sigib. Gembl. chron., Mon. Germ. SS. Tom. VI. p. 327.
[7] Daß die Xantener Annalen dem Vorgange Sigberts folgen, zeigen wir im Excurs V.
[8] Mon. Germ. SS. Tom. VI. p. 327.
[9] Oben S. 117.

also schon vor dem Jahre 678, und sogar lange vorher, Gelegenheit gehabt haben, die Ermordung seines Vaters zu rächen, da er bei seinem Erscheinen an der Spitze der Austrasier offenbar ein Mann an Jahren ist, und doch, als er den Vater rächte, noch ein Knabe gewesen sein soll, bedürftig des Beistandes und der Unterweisungen seines Großvaters Arnulf, seiner Mutter und deren Schwester Gertrud. Abgesehen nun davon, daß Gertrud ihre letzten Lebensjahre zu Nivelles den Pflichten einer Aebtissin gewidmet haben soll[1]), und der heilige Arnulf seit dem Jahre 627 in das Kloster Habendum bei Remiremont sich zurückgezogen hatte[2]), müßten wir, um jener die ihr zugesprochene Einwirkung auf ihren Neffen wenigstens in Hinsicht der Zeit zu ermöglichen, dessen Kindheit vor das Jahr 659, ihr vermuthliches Todesjahr[3]), zurückverlegen, während Arnulfs Betheiligung an des Enkels Erziehung sogar nur bis zum Jahre 641 hätte stattfinden können, an dessen 16. August er starb.[4])

Der mittlere Pippin müßte dann aber schon bald nach dem Jahre 630 geboren worden sein, wäre bei dem Tode seines Großvaters Arnulf ein etwa zehnjähriger Knabe, bei seinem ersten Auftreten in der Geschichte also ein Mann gewesen, der die Mitte der vierziger Jahre überschritten. Das wären Altersverhältnisse, die auch den Söhnen Pippins zu Statten kommen würden, denken wir uns doch die thatkräftigen Männer aus Arnulfs und seines Freundes Stamme gern von Anfang als gereifte Männer neben den unreifen Knaben aus merowingischem Blute.

---

[1]) V. S. Gertr., Mabill. sec. II. p. 467.
[2]) Oben S. 98.
[3]) S. Excurs V.
[4]) S. Excurs IX: Die Bischöfe von Metz.

Excurs IX.

Die Bischöfe von Metz nach den Gesta Episcoporum Mettensium

(ed. Geo. Waitz, Mon. Germ. hist. SS. Tom. X. p. 531 ss.).

Außer des Paulus Warnefridi liber de Episcopis Mettensibus und dem sich anschließenden Catalogus Episcoporum[1]) liegen uns noch spätere, dem zwölften Jahrhundert angehörige Gesta Episcoporum Mettensium vor. Für die ersten Anfänge der Karolinger, für die Ermittlung ihres Stammbaums und die Feststellung einiger wesentlichen Daten namentlich jener frühesten Periode ihres Wirkens, und hin und wieder selbst der spätern Epochen ihrer Geschichte nicht unwichtig, möchten sie zugleich neben der engeren Sphäre des Bisthums Metz auch für weitere Kreise nicht ohne historisches Interesse sein. Daß wir auf Fabeln und Irrthümer stoßen, sobald wir nur einen Blick hineinwerfen, dürfen wir ihnen nicht zum Vorwurf machen; dergleichen haben sie mit den besten Quellen gemein, denen wir sie zwar nicht im Entferntesten gleichstellen, doch wenigstens als nicht gar zu wegwerfender Behandlung werth in gewissem Abstande anreihen wollen.

Denn halten wir auch die angeblichen Bischöfe der ersten Jahrhunderte nach Christo trotz der genauesten Berechnung ihrer Sitzungszeit durch den Verfasser der Gesta noch lange nicht ausreichend beglaubigt, so müssen wir doch der großen Geschicklichkeit und den umfassenden Kenntnissen, welche diese wunderbar in sich und mit dem Folgenden zusammenstimmende Berechnung ermöglichten, unsere Anerkennung zollen, und sie in Anrechnung bringen, wenn wir, allmählich auf historischen Boden gelangt, finden, daß in der That, wenn auch nicht immer mit Glück, Quellen benutzt sind, welche der Verfasser für die zuverläßigsten halten mußte. Darunter sind freilich solche wie die Biographien der Bischöfe Arnulf, Chlodulf, Goerich, und andere nicht minder unbedeutende[2]), aber auch die Aufzeichnungen des Liber pontificalis, die Briefe der Päpste und die Verhandlungen der Concilien aus der Redaction des im neunten Jahrhundert lebenden Anastasius Bibliothecarias.

Der Verfasser der Gesta ergreift gern die Gelegenheit, in seine Arbeit Ausführungen einzuflechten, welche streng genommen nicht hineingehören. Obgleich daher Bischof Angelramn von Metz mit der Uebertragung der Kaiserwürde von den Griechen auf die Könige der Franken nichts zu schaffen hatte, so wird doch seine Zeitgenossenschaft mit Karl dem Großen und die Bekleidung der Würde eines Archicapellanus palatii durch ihn der Anlaß, jene Uebertragung hier zu

---

[1]) Monum. Germ. hist. SS. Tom. II. p. 261—270.
[2]) ib. Tom. X. p. 531. 532.

erzählen. Nun hießen bekanntlich die bilderstürmenden Kaiser, gegen welche die römischen Bischöfe bei den Fürsten der Franken Schutz suchten und fanden, Leo; Leo hieß aber auch der Papst, welcher die dem oströmischen Herrscher gebührende Krone dem fränkischen Könige aufsetzte, und war noch dazu ebenso der Dritte seines Namens, wie jener Isaurier, unter dem der Bildersturm anhob. Es liegt also bei dieser Häufung des Namens Leo auf dem kaiserlichen Throne zu Konstantinopel, sowie auf dem päpstlichen Stuhle zu Rom die Möglichkeit einer Verwechselung zu nahe, als daß sie nicht entschuldbar gefunden werden sollte. Aber so wirr die Erzählung der Gesta hier auch ist, eine nähere Betrachtung überzeugt uns gerade an dieser Stelle, daß der Verfasser eingehendere Studien gemacht hat, und vielleicht weniger durch eigene Schuld als durch Nachlässigkeit der Abschreiber um die Frucht seines Fleißes gebracht ist.

Er beginnt seine Auseinandersetzung ganz richtig mit Kaiser Leo III., gegen dessen Verfahren er nicht etwa sich begnügt, seine eigenen Bedenken auszusprechen, sondern sich auf eine höchste Autorität stützend, ohne sie freilich namhaft zu machen, Aeußerungen aus dem Briefe des Papstes Hadrian I. an Kaiser Konstantin VI. und dessen Mutter Irene seinen Worten zum Grunde legt[1]). Indem er dann aber fortfährt, und von einer Verdammung durch eine allgemeine Kirchenversammlung, von Schändung des Antlitzes und Verstoßung in ein Kloster nach dreijähriger Herrschaft[2]) redet, springt er plötzlich zu dem nach dem Tode Pauls I. auf ungehörige Weise in die päpstliche Würde eingedrungenen Konstantin II. über, welchen er zuvor[3]) in seiner Reihe der Päpste gar nicht angeführt hat, und auch hier nicht namhaft macht. Daß er am Schlusse dem Ungenannten eine Herrschaft von drei Jahren wie etwa einem Kaiser zuspricht, darf uns nicht irren. Denn wenn auch der Nachfolger Leo's III., ebenfalls ein Konstantin, der fünfte Kaiser dieses Namens war, so hat er doch einmal nicht drei, sondern vierunddreißig Jahr geherrscht, und ist dann, wenn gleich als Bilderstürmer den Gläubigen ein Gräuel, doch auch weder von einem Concil verdammt in ein Kloster gesteckt worden, noch hat er das Loos so vieler seiner Vorgänger und Nachfolger auf dem Kaiserthrone getheilt, welche geblendet, welchen Zunge und Nase abgeschnitten wurden. Es findet sich in der That weder unter den Kaisern noch unter den Päpsten einer, auf den sich all das Gesagte beziehen ließe, außer jenem Eindringling Konstantin II., von dem es die Vita Stephani III. (IV.) mittheilt[4]). Und ebenso unvermittelt, wie der Uebergang von Kaiser Leo III. zu diesem Konstantin II. war, reiht sich jetzt wieder an den von diesem handelnden Satz die Erzählung von der Mißhandlung des Papstes Leo III., von dessen Flucht zu Karl dem Großen, seiner Wiederherstellung durch denselben und der Uebertragung der Kaiserkrone auf Karl, entnommen der Vita Leonis III.[5])

Indeß trotz dieser jeweiligen Verwirrung gleichnamiger Kaiser und Päpste, und trotz der Verschiebung bei den einzelnen Bischöfen, außer den schon im altern Kataloge enthaltenen Angaben der Jahre, Monate und Tage ihrer jedesmaligen Sitzungszeit, durch den Verfasser der Gesta beigefügten Namen der gleichzeitig thronenden Kaiser schon im siebenten, der Päpste dann auch im neunten Jahrhundert: führen uns die Gesta gerade damit doch über die den meisten Zweifeln unterworfene Periode bis zum heiligen Arnulf hinweg, indem sie den Vortheil bieten, daß bei den wiederholten starken Schwankungen der die Sitzungsjahre der Bischöfe betreffenden Lesarten mit einiger Zuversicht die zu jenen Namen der Kaiser und Päpste passendsten ausgewählt werden können; jene Zweifel lösen sich dadurch fast sämmtlich. Aber auch die seitdem eintretende Verschiebung der Namen der Kaiser thut der Möglichkeit, die Jahre der folgenden Bischöfe zu bestimmen, keinen wesentlichen Eintrag, da vorläufig noch

---

[1]) Gesta l. l. p. 540: Sicut enim idola gentium pro memoria nefandorum execrabilia, sic sanctorum imagines ob eorum memoriam venerabiles.

Hadriani Epist.: Etenim idola gentium, quia imagines fuerunt daemonum, Deus deposuit et condemnavit ea. Nos autem ad memoriam sanctorum imagines facimus. (Mansi, Sacrorum Conciliorum nova et amplissima collectio Tom. XII. p. 1069.)

[2]) Gesta p. 540: Hinc generali concilio condemnatus, invisus fidelibus factus, deformatus decore vultus, monasterio intruditur, cum tribus annis imperasset.

[3]) p. 540.

[4]) Mansi Tom. XII. p. 680ss.

[5]) ib. Tom. XIII. p. 929ss.

die Namen der Päpste der Hauptsache nach richtig fortgeführt werden, und im Laufe der Zeit auch andere Hülfsmittel, darunter vor Allem die Festsetzungen in Hinsicht der Ordination, hinzutreten, durch welche sich die Richtigkeit der nach den Angaben der Sitzungsjahre und Todestage der einzelnen Bischöfe und der etwa länger dauernden Vacanzen aufgestellten Berechnung prüfen läßt.

Anfangs waren nämlich in dem mit der Adventszeit beginnenden Kirchenjahre Decemberordinationen beliebt worden[1]), und haben wir darauf auch bei der Bestimmung des Amtsantrittes Arnulfs und einiger andern Bischöfe gerücksichtigt. Seit dem vierten Jahrhundert war dann der Sonntag als Ordinationstag in Gebrauch gekommen, ohne indeß sobald allgemein zu werden. Namentlich auch im Bisthum Metz hatte man auf diese Neuerung kein Gewicht gelegt, bis im achten Jahrhundert Bischof Chrodegang, ein Zeitgenosse des Königs Pippin, nebst anderen Gebräuchen, welche er während seiner wiederholten Anwesenheit in Rom kennen gelernt hatte, auch seiner Kirche die dort übliche Weise der Ordination von Bischöfen, Priestern, Diakonen und sonstigen Geistlichen mittheilte[2]). War es daher bis zu diesem Bischof schwierig, den Tag der Ordination eines seiner Vorgänger und seiner selbst zu bestimmen, so mußte bei seinen Nachfolgern streng darauf gesehen werden, daß ihr Amtsantritt auf einen Sonntag fiel; und freuen wir uns, bestätigen zu können, daß bei unsrer bis auf Adalbero II. fortgesetzten Berechnung Sonntage, darunter auch Oster- und Pfingstsonntage, sich fast überall von selbst ergaben[3]), während wir freilich bei genauem Festhalten an den verzeichneten Sitzungsperioden einige Male, darunter besonders auch bei Ansetzung der Jahre für den Amtsantritt Drego's und den Tod Walo's von der sonst beliebten Annahme abweichen mußten.

Doch lassen wir hier unsre mit dem angeblichen ersten Bischof Clemens beginnende Berechnung folgen, und bemerken vorläufig nur noch, daß wo eine runde Summe für eine Sitzungszeit verzeichnet war, durchweg eine Ueberschreitung derselben um einige Tage oder Monate angenommen wurde, und daß ferner für die Regierungsjahre der Kaiser die Annalen von Zumpt und später Lebeau, Histoire du bas-empire, für diejenigen der Päpste das verdienstvolle Werk von Jaffé, Regesta Pontificum; zum Grunde gelegt ist. Was zu den einzelnen Posten unsrer Berechnung dann noch zu bemerken sein wird, namentlich auch was zur Begründung der im Laufe unsrer Untersuchung in Betreff der beiden Bischöfe Arnulf und Chlodulf aufgestellten Behauptungen noch zu sagen ist, wird sich dieser Berechnung anschließen.

---

[1]) Augusti, Handbuch der christlichen Archäologie. Bd. III. S. 226 ff.

[2]) Pauli Gesta Episc. Mett., l. l. p. 268: consecravit episcopos quam plurimos per diversas civitates, presbiteros nihilominus ac diaconos, ceterosque ecclesiasticos ordines, sicut moris est romanae ecclesiae, in diebus sabbatorum quaternis temporibus anni. Es ist dies so zu verstehen, daß am Abend des Sabbat die Feier begann, am Sonntag früh beendet wurde; die vier Quatembertermine sollen — nach Augusti a. O. Bd. III. S. 227 — „zunächst nur für die ordines inferiores und auf keinen Fall für die Bischofsweihe gelten", sodaß also für letztere jeder Sonntag geeignet gewesen wäre.

[3]) Mit Meurisse, Histoire des Evesques de l'Eglise de Metz. (Metz 1634), der noch lange nach Chrodegang auf Sonntage keine Rücksicht nimmt, stimmen wir ganz und gar nicht.

Laufende Nr.	Namen der Bischöfe.	J.	M.	T.	Anfang.	Ende.	Todestag.
					Sitzungszeit.		
1	Clemens	25	4		Juli 45.	23. Nov. 70.	9. Kal. Decbr.
2	Cölestis	15			? 72.	14. Oct. 87.	pr. Id. Octobr.
3	Felix	42	6		Aug. 68.	21. Febr. 131.	9. Kal. Mart.
4	Patiens	14			? 131.	9. Jan. 146.	5. Id. Jan.
5	Victor I.	9	2		Juli 146.		10. Kal. Octobr.
6	Victor II.	3	2			22.(23.) Sept. 155.	9. Kal. Octobr.
7	Symeon	30			Dez. ? 155.	16. Febr. 186.	14. Kal. Mart.
8	Sambatius	18			? 186.	14. Sept. 204.	18. Kal. Octobr.
9	Rufus	28 (20)			? 204.	7. Nov. 233.	7. Id. Nov.
10	Adelfus	17			? 233.	29. Aug. 251.	4. Kal. Sept.
11	Firminus	45			? 251.	18. Aug. 296.	15. Kal. Sept.
12	Legontius	34	6		Aug. 296.	18. Aug. 331.	12. Kal. Mart.
13	Auctor	19 (29, 49)			? 331.	10. Aug. 380.	4. Id. Aug.
14	Aepletius	16			? 380.	30. Jul. 397.	3. Kal. Aug.
15	Urbitius	19 (29, 49)			Dez. ? 397.	20. März 417.	13. Kal. Apr.
16	Bonolus	3	6		April 417.	9.(8.) Oct. 420.	7.(8.) Id. Octobr.
17	Terentius	20			Dez. 420 ob. Ostern 421?	29. Oct. 441.	4. Kal. Nov.
18	Consolinus	18			Dez. 441 ob. Ostern 442?	31. Jul. 460.	pr. Kal. Aug.
19	Romanus	36			Dez. ? 460.	13. Apr. 497.	Id. Apr.
20	Fronimus	8			? 497.	27. Juli 505.	6. Kal. Aug.
21	Gramatius	15 (25)			Dez. ? 505.	26.(25.) Apr. 521.	6.(7.) Kal. Maj.
22	Agatimber	12	6		Nov. 521.	12. Mai 534.	4. Kal. Maj.
23	Eperus (Hesperius?)	17			? 534.	23. Aug. (22. Nov.) 551.	10. Kal. Sept. (Dec. ?)
24	Vilicus	25	2		Febr. 552.	22.(17.) Apr. 577.	10.(13.) Kal. Maj.
25	Petrus	10			? 577.	27. Sept. 587.	5. Kal. Octobr.
26	Aigulfus	20 (12)			? 587.	22. Nov. 609.	10. Kal. Dec.
27	Arnoaldus	8	1		Sept. 600.	9. Oct. 608.	7. Id. Octobr.
28	Pappolus	27 (34) [2	7	30 30?]	22. März 609.	21. Spt. (Nov.) 611.	11. Kal. Octobr. (Dec. ?)
29	Arnulf	15		10	Weihn. 611 ob. Ostern 612.	? 627.	17. Kal. Sept. (16. Aug. 641.)
30	Goerich-Abbo	18 (17)			? 627.	19. Sept. 644.	13.(18.) Kal. Octb.
31	Godo	10			März 645.	8. Mai 655.	8. Id. Maj.
32	Chlodulf	40		20 (25)	19. (14.) Mai 656.	8. Juni 696.	6. Id. Jun.
33	Abbo	10	1	26	21. Febr. 697.	15. Apr. 707.	17. Kal. Maj.
34	Aptatus	7 (13)	2		Nov. 707.	21. Jan. 715.	12. Kal. Febr.
35	Felix		9		März 715.	27. Dez. 715.	11. Kal. Jan.
36	Sigibald	25			? 716.	26. Oct. 741.	7. Kal. Nov.
37	Chrodegang	23	5	5	1. Oct. 742.	6. März 766.	pr. Non. Mart.
	Bacat	2	6	19	6. März 766.	25. Sept. 768.	
38	Angelramn	23		28	25. Sept. 768. S.	23. ob. (25.) 26. Oct. 791.	7.(8.) Kal. Nov.
	Bacat	27 [25	4 2	4?]	23. ob. (25.) 26. Oct. 791.	? Dez. 816.	
39	Gunbulf	6 (34)	8	7	26. ? Dez. 816. S.	7. Sept. 823.	7. Id. Sept.
40	Drogo	32	5	7	12. Juni 824. Pf. S.	8. [19.] Nov. (Dez.) 856.	6. Id. Nov. (Dec.)
41	Adventius	17		24 (25)	5. Sept. 857. S.	30. Sept. 874.	2. Kal. Octobr.
42	Walo	6		5 (15)	27. März 875. Pf. S.	11. Apr. 881.	4.(8.) Id. Apr.
43	Rotbert	33 (34)	7	12	21. Mai 881. S.	2. Jan. 915 (916).	4. Non. Jan.
44	Wigericus [Benno	10 2		30	21. Jan. 916. S.	19. Febr. 926. ? 926.	19. (11.) Kal. Mart.
						? 927.]	
45	Adalbero I.	35	9	25	1. Jul. 927. S.	26. Apr. 963.	6. Kal. Maj.
46	Dietrich				5. März 965. S.	7. Sept. 984.	7. Id. Sept.
47	Adalbero II.	28 (217?)			28. Dez. 984. S.	15. Dez. 1005.	18. Kal. Jan.

Zu Cölestis. Die genaue Angabe der Gesta von 7 Jahren unter Vespasian und zwei unter Titus nöthigt zur Annahme einer längern Vacanz zwischen seinem Vorgänger und ihm als gewöhnlich.

Zu Victor I. und II. Vermuthlich sind diese beiden unmittelbar auf einander folgenden Bischöfe desselben Namens aus einer Verdoppelung entstanden. Darauf weist sowohl die Uebereinstimmung des Todestages — 9. und 10. Kal. Octbr. — und eine gewisse Aehnlichkeit der Ziffern — IX. an. II. m. und III. an. II. m. — in den die Sitzungszeit bestimmenden Zahlen, als auch der Ausspruch der Gesta (p. 535): Horum duorum pontificum sicut de translatione, sic et de actuum relatione siletur; und übrigens füllen auch die dem ersten Victor zugeschriebenen 9 Jahr 2 Monat die Lücke zwischen Patiens und Symeon vollkommen aus.

Zu Auctor. Die Schwierigkeit, welche die verschiedenen Angaben von 19, 29, 49 Jahren für seine Sitzungszeit verursachen zu wollen scheinen, löst sich augenblicklich bei Betrachtung der daneben stehenden Kaisernamen. Dieselben erweisen aber auch die Unmöglichkeit, daß Auctor mit Attila in Berührung gekommen sei, wie Paulus (p. 262) sowohl, als auch sein Nachfolger in den Gesta (p. 536) erzählt. Beide müssen irgend welche gemeinsame Quelle benutzt haben, welche auf die Einfälle der Barbaren im vierten Jahrhundert etwa die Worte anwandte: Accepit ...... Auctor gubernandam ecclesiam, ea tempestate, quando non solum Gallia sed universus pene occidens barbarorum saevitiam perpessus est. Diese brachte ohne Zweifel des Paulus Vorliebe für Gregor von Tours mit dessen Erzählung (hist. lib. II. cap. 6) in Verbindung, und der Verfasser der Gesta schrieb ihm nach.

Zu Sperus. Bischof Hesperius von Metz nahm am Concil zu Clermont im Jahre 535 Theil (Mansi l. l. Tom. VIII. p. 863).

Zu Arnoald. Hier ist in der Reihe der Päpste durch ein Versehen, das nicht dem Verfasser der Gesta zur Last zu fallen scheint, Bonifacius IV. ausgefallen; gleich darauf wird ganz richtig Bonifacius V. genannt.

Zu Pappolus. Dieser hat viele Schwierigkeiten verursacht; man hat ihm bald jene oben angeführten Jahre, bald nur drei gegeben, bald ihn ganz fortgelassen. Wir glauben am Besten über Alles hinwegzukommen, wenn wir annehmen, statt der 27 Jahre 30 Tage sei zu lesen: 2 Jahr 7 Monat 30 Tage. Vgl. Gallia Christiana Tom. XIII. p. 690 ss.

Zu Arnulf. Die Frage, wann Arnulf sein Amt angetreten, wann niedergelegt habe, ist vielfach abweichend beantwortet worden. Hauptsächlich hat man dabei zwischen den Jahren 610 und 612, und entsprechend 625 und 627 geschwankt. (Vgl. Commentarius praevius ad Vit. S. Arn., Bolland. Jul. 18. p. 428 ss.) Aber vollkommen genügt zur Feststellung der Jahre des Antritts und der Niederlegung seines Amtes nicht nur, sondern auch seines Todes die Angabe der Gesta p. 539: Praefuit ecclesiae Mettensi 15 annis, sub apostolis Johanne, Theodoro, Martino et Eugenio, imperantibus Eraclio cum Eraclona matre et Constantino ejus filio. Obiit 17. Kalend. Septembris sub Constantino, filio Eraclii. Die Namen der Päpste sind hier freilich nicht zu gebrauchen, da der zuerstgenannte Johannes den päpstlichen Stuhl erst am 25. Dezember 640 besteigt, am Ende des Jahres, in das man gewöhnlich den Tod Arnulfs setzt. Desto mehr erlangen wir indeß mit Hülfe der Kaisernamen, sobald der sehr verzeihliche, den Sinn verdunkelnde Fehler „cum Eraclona matre“ durch Umstellung gehoben ist, und „Heraclona cum matre“ gelesen wird. Kaiser Heraclius regierte nämlich vom September 610 bis zum 11. Februar 641. Aber schon Arnulfs Vorgänger hatte unter diesem Kaiser gesessen, er war am 21. September 611 gestorben, und da wir nur eine Vacanz von einigen Monaten annehmen dürfen, so wäre ihm Arnulf etwa im Beginn des folgenden Kirchenjahres, um Weihnachten 611, oder Ostern 612 in der Bischofswürde gefolgt. Er war dann fünfzehn Jahr zehn Tage Bischof, mithin bis zum Jahre 627, trat sein Amt darauf an Goerich ab, und zog sich in die Einsamkeit zurück, wo er am 16. August des Jahres starb, in welchem Constantin schon früher beseitigt war, weshalb also nicht eigentlich von einem ersten Jahre desselben die Rede sein kann wie in der jüngern Biographie Arnulfs, welche hier offenbar die beiden auf einander folgenden gleichnamigen Kaiser, Vater und Sohn vermischt, deren

letzterer als Constans II. bekannter geworden ist. (Lebeau Tom. XI. p. 291
— 293.) Die Gesta haben, wie wir bemerken, jenen Irrthum des ersten Jahres
glücklich vermieden, und sagen auch bei dem Nachfolger Arnulfs, dem heiligen
Goerich, ausdrücklich, er habe den Bischofsstuhl inne gehabt: imperante Constantino filio Constantini superioris regis. Ein Zweifel kann füglich hiernach nicht mehr walten; der heilige Arnulf starb am 16. August 641.

Einige Unterstützung unserer Annahme des Jahres 611/12 für Arnulfs
Amtsantritt gewähren übrigens die allerdings im Allgemeinen sehr unzuverlässigen Biographien Chlodulfs und Goerichs (Mabill. sec. II. p. 1044; Bolland. Sept. 19. p. 48), welche übereinstimmend König Theudebert als denjenigen
nennen, unter dessen Regierung Arnulf zum Bisthum berufen worden sei.
Allerdings war Theudebert im Beginne des Jahres 612 noch König in demjenigen Theile des Frankenreichs, zu welchem Metz gehörte; erst im Mai dieses
Jahres (Fredeg. chron. cap. 38) rüstete sich Theuderich in Burgund zu dem
Kampfe, der dem Bruder dann in kurzer Frist Reich und Freiheit raubte. Es
läßt sich also wohl annehmen, daß Theudebert, noch kurz bevor die Gefahr von
Burgund aus über ihn hereinbrach, den wichtigsten Bischofssitz in seinem Reiche
einem Manne der Partei anvertraut habe, auf deren Veranstalten einst Brunhild verjagt und er, der König, von dem beschränkenden Einfluß seiner herrsch-
süchtigen Großmutter frei geworden war. (Oben S. 95.)

Merkwürdig ist jedoch, daß die Bollandisten, welche abweichend von Mabillon in der Vita S. Chlodulfi (Jun. 8. p. 128) Theuderich lesen, im Comment.
praev. zu derselben (§. 3) sich für Theudebert erklären, während Mabillon seine
Lesart verwirft und Chlothar II. annimmt. (Mab. sec. II. p. 1040, vgl. p. 151.)

Zu Chlodulf. Dessen Sitzungszeit haben die Bollandisten (Jun. 8. comm.
praev. §. 3) benutzt, um daraus diejenige seines Vaters Arnulf zu berechnen.
Ein Sonntag, sagen sie, sei zur Ordination damals bereits erforderlich gewesen;
der heilige Chlodulf sei am 8. Mai gestorben, nachdem er 40 Jahr 20 Tage
auf dem Bischofsstuhl gesessen; zähle man vom 8. Mai nun zwanzig Tage rückwärts, so erhalte man den 19. April als den Ordinationstag Chlodulfs; da aber
der 19. April in der ganzen Folge der Jahre, innerhalb welcher Chlodulf ordi-
nirt sein müsse, nur im Jahre 655 ein Sonntag gewesen sei, müsse also dieses
Jahr als das seiner Ordination angesehen werden; und gehe man dann von
ihm aus, nach Anleitung des Katalogs der Bischöfe von Metz weiter zurück, so
falle man auf den Monat September 610 als die Zeit, in der Arnulf Bischof
geworden.

Nun ist zwar richtig, daß der 19. April 655 ein Sonntag war, aber ein
solcher, wie wir oben zeigten, zur Ordination Chlodulfs nicht nothwendig, und
überdies der 8. Mai gar nicht einmal der Todestag desselben. Der Katalog der
Bischöfe giebt zwar diesen Tag an, wiederholt aber vermuthlich
irriger Weise damit den Todestag Godo's, des Vorgängers Chlodulfs, der ebenfalls am 8. Mai gestorben sein soll. Richtiger erscheint daher die Angabe der
Gesta p. 539: „6. Idus Junii", der 8. Juni, den auch Mabillon (sec. II. p. 1047
n. a.) dafür annimmt.

Zu Chrodegang. Das Datum des Amtsantritts ergiebt die Vita (Mon.
Germ. hist. SS. Tom. X. p. 564). Rechnet man von da 23 Jahr 5 Monat
5 Tage weiter, so trifft man genau auf den 6. März, welchen Katalog und
Gesta als Todestag angeben. (Vergl. auch Annal. Lauresham., Mon. Germ.
hist. SS. Tom. I. p. 28: A. 706. transivit domnus Hrodegangus archiepiscopus pridie Non. Mart.) — Eine ebenso bemerkenswerthe Genauigkeit zeigt
sich bei der darauf folgenden Vacanz, welche gerade auf einen Sonntag als
Antrittstag Angelramns ausgeht, von dem dann weiter gerechnet ein Unterschied
von nur zwei oder drei Tagen bei den auf den Todestag Angelramns bezüglichen
Angaben sich herausstellt.

Zu der Vacanz nach Angelramns Tode. Die nach Angelramn eintretende lange Vacanz von mehr als 20 Jahren ist ebenso wie die kürzere
zwischen ihm und seinem Vorgänger von den Gesta nicht angegeben. Aber
auch die 27 Jahr 4 Monat des Katalogs können nicht richtig sein. Vielleicht
ist die Lesart annos XXVII et menses IV zu ändern in annos XXV menses II et dies IV. Dann fiele der Schluß der Vacanz bei dem Schwanken

des Todestages Angelramns etwa um den 28. Dezember 816, einen Sonntag, den wir als Ordinationstag Gundulfs annehmen müßten, was für die Sitzungszeit desselben wiederum einen Unterschied von nur drei Tagen gäbe.

Zu Drogo. Diesem Stiefbruder Ludwigs des Frommen sei das Bisthum Metz bei Gelegenheit eines in Frankfurt gehaltenen Maifeldes übergeben worden, berichten übereinstimmend unsere Quellen. (Einhardi Annal., Mon. Germ. hist. SS. Tom. I. p. 210; Chronic. Moissiac. l. l. p. 313; Annal. Besnens., l. l. Tom. II. p. 248; Vita Hludow. Imp. l. l. Tom. II. p. 627.) Aber indem sie meist das Jahr 823 nennen, widersprechen sie nicht allein der von uns aufgestellten Rechnung, sondern auch der bestimmten Angabe der Ann. Besnens., daß Drogo am 12. Juni (prid. Idus Junii) 824 zum Priester geweiht, und ihm das Bisthum Metz gegeben sei. Der 12. Juni 824 war der Pfingstsonntag; und veranlaßt uns dies, der Angabe der Ann. Besnens., ohne Einsetzung des Jahres 823 für die Lesart des Coder, wie in den Monum. German. geschehen ist, unbedingt den Vorzug zu geben. Daburch entwickelt sich freilich der Uebelstand, daß 32 Jahr 5 Monat 7 Tage vom 12. Juni 824 weitergerechnet der 19. November 856 als Todestag Drogo's herauskommt, während doch der Katalog den 8. Dezember, die Gesta den 8. November verlangen. Von letzterem Datum rückwärts treffen wir indeß auf den 1. Juni, der im Jahre 822 der Pfingstsonntag war; was zwar zu der Variante, welche Drogo's Sitzungszeit auf 34 Jahre angiebt, doch nicht zu dem Todestage des Vorgängers stimmen würde. (Dümmler Jahrbücher Bd. I. S. 383 setzt Drogo's Tod auf den 8. Dez. 855.)

Zu Adventius. Bei dem Schwanken der Codices zwischen 24 und 25 Tagen verdient letztere Lesart den Vorzug; wir erhalten dadurch einen Sonntag als Antrittstag des Bischofs Adventius.

Zu Walo. Abgesehen davon, daß die Sitzungszeit Walo's verschieden auf 6 Jahr 5 Tage oder 6 Jahr 15 Tage und als sein Todestag bald 4. (3.) Idus bald 3. Nonas Aprilis angegeben wird, bereitet uns dieser Bischof ganz besondere Schwierigkeiten. In Regino's Chronicon (Mon. Germ. hist. SS. Tom. I. p. 593) lesen wir: A. 882. Nordmanni audita morte regis (Hludowici) exultant tripudio, et jam non de conflictu sed de praeda cogitant. Igitur cum omnibus viribus a munitione exiliunt, et Trevirorum nobilissimam civitatem Galliarum, Nonis Aprilis, die sacratissimae coenae Domini occupant, in qua usque sancto die paschae fessa ab itinere corpora recreantes, omne territorium urbis circumquaque usque ad solum demoliti sunt; deinde civitatem flammis exurentes, Mediomatricos dirigunt aciem. Quod cum comperisset ejusdem urbis antistes Walo, adjuncto sibi Bertulfo episcopo et Adalhardo comite, ultro illis obviam ad pugnam procedit.... Isdem Wala episcopus in proelio cecidit...... A. 883. Hludowicus rex, frater Carlomanni moritur .... Carlomannus frater regnum illius obtinuit. Eodem tempore Bertulfus, Trevirorum episcopus, migravit ad Dominum 4. Idus Februar. (al. lect. Idus Septembr.), cui successit in pontificali cathedra per electionem cleri et totius plebis Rathodus reverendissimus antistes, 6. Idus Aprilis (al. lect. 7. Idus Apr.). His etiam diebus Ruodbertus praesul ab eodem episcopo Ratbodo in Mettensi ecclesia consecratur, 10. Kal. Maji. — Diese Erzählung Regino's wird nun mit mehr oder weniger Kürzungen fast überall zum Jahre 882 wiedergefunden, nur der Annalista Saxo (Mon. Germ. hist. SS. Tom. VI. p. 585) setzt dieselbe ins Jahr 883, die dem Regino sonst fast wörtlich nacherzählenden Gesta Treverorum (Mon. Germ. hist. SS. Tom. VIII. p. 167) aber in das Jahr 880. Doch nach unserer Berechnung trifft Walo's Tod in das Jahr 881 Zwar fiel das Osterfest des Jahres 882 auf den 8. April und könnte somit die Schlacht, in welcher Walo den Tod gefunden haben soll, am 10. oder 11. April 882 geschlagen worden sein. Rechnen wir jedoch von einem dieser Tage 6 Jahr 5 oder 15 Tage, die Sitzungszeit Walo's, rückwärts, so erhalten wir nirgends einen Sonntag, während sich sofort der Ostersonntag, 27. März 875, als Antrittstag Walo's ergiebt, wenn wir den 11. April 881 als Todestag annehmen. Daß wir dadurch mit Regino und andern Gewährsmännern in Widerspruch gerathen, irrt uns nicht, da wir namentlich jenem leicht nachweisen werden, daß seine Zeitbestimmungen keineswegs die zuverlässigsten find. (Vgl. darüber auch Wattenbach Geschichtsqu. S. 140). Er sagt, die Normannen hätten auf die Nachricht vom Tode des Königs Ludwig ihren Einfall in das verwaiste Reich im Frühjahr 882 unternommen, und doch hat er soeben erst den Tod des Königs als am 20. August (13. Kal. Sept.) erfolgt angegeben, im Widerspruch mit der ohne Zweifel richtigeren Lesart der Ann. Fuldens. (Mon. Germ. hist. SS. Tom. I. p. 395): 13. Kal. Febr., d. i. 20. Januar, und der Angabe der Ann. Vedast. (l. l. Tom. I. p. 520), welche letztern den Tod dieses ältern Ludwig sogar in das Jahr 881 hinaufrücken. Diese Annalen widersprechen auch dem von Regino in das Jahr 883 gesetzten Tode des jüngern Ludwig, des Bruders Karlmanns, und lassen ihn, indem sie umständlich die Todesart erzählen, am 5. August 882 geschehen. Mit ihnen stimmen Hinkmars von Rheims Annales (Mon. Germ. hist. SS. Tom. I. p. 513), indem sie den Monat August 882 nennen. Es nehmen solche Widersprüche um so mehr Wunder, als Regino, ein Zeitgenosse dieser Ereignisse, am Schlusse des neunten Jahrhunderts Abt des Klosters Prüm in der Eifel war, also auch dem Raume nach denselben nahe stand. Daß er namentlich bei seinem Verhältniß zum Erzbischof Ratbod von Trier (Mon. Germ. hist. SS. Tom. I. p. 537) nähere Kenntniß von dessen Amtsantritt und seiner Thätigkeit haben müßte, ließe sich mit Bestimmtheit voraussetzen, und doch möchten wir auch hier seine Angaben in Hinsicht der Jahreszahlen in Zweifel ziehen. Wenn er nämlich den Amtsantritt Ratbods am 8. April, die durch denselben vollzogene Weihe Rotberts, des Nachfolgers Walo's, am 22. April geschehen läßt, so müssen wir annehmen, diese Tage seien im Jahre 883, in welches er beide Ereignisse setzt, Sonntage gewesen. Dem ist aber nicht so; sie waren es vielmehr im Jahre 882, und damals noch dazu der 8. April der Ostersonntag. Wären das nun auch an sich ganz geeignete Termine für die Ordination beider Bischöfe, so genügt uns doch weder das Jahr 882, noch auch der 22. April für die Ordination Rotberts. Denn als dessen Todestag wird der 2. Januar angegeben, zu welchem wir den 21. Mai als Antrittstag erhalten, wenn wir 7 Monate 12 Tage rückwärts zählen. Der 21. Mai war aber im Jahre 881 ein Sonntag.

Zu Wigericus. Der Angabe von 10 Jahren 30 Tagen für seine Sitzungszeit entspricht der 1. März (Kal. Mart.) als Todestag deshalb nicht, weil um des Februar willen ein Monat zwei Tage an Stelle jener 30 Tage zu erwarten gewesen wären. Es ist daher die Lesart „XI. Kal. Mart." vorzuziehen, welche den 19. Febr. als Todestag und den 21. Jan., der im Jahre 916 ein Sonntag war, als Ordinationstag ergiebt.

Zu Benno. Weder im Katalog der Bischöfe noch in den Gesta berücksichtigt, ist Benno dem ersteren von späterer Hand eingefügt, und soll zwei Jahre gesessen haben. Wir haben für ihn nun hier einen, wenn auch nicht voll zweijährigen Zeitraum in den Jahren 926 und 927 frei, und stimmen darin wenigstens insoweit mit dem Continuator Reginonis (l. l. p. 616), daß derselbe, nachdem er zum Jahre 925 den Tod des Wigericus oder Witger und die Wahl Benno's oder Benedicts erwähnt hat, zum Jahre 927 des letzteren Blendung und Adalberos Einsetzung nebst der Bestrafung der Uebelthäter an Benno mittheilt. (Vergl. Waitz Jahrbücher. 1863. S. 120. 139, wo für Benno die Jahre 927—929 bestimmt werden.)

Zu den letzten Bischöfen, bis zu denen wir unsere Berechnung ausdehnten, weil wir an ihnen den bestimmten Gebrauch der Sonntage zur Ordination deutlich zeigen konnten, haben wir nun auch eigentlich keine weitere Bemerkung hinzuzufügen, als daß die beiden Daten, welche die Biographen der Bischöfe Dietrich (Mon. Germ. hist. SS. Tom. IV. p. 465) und Adalbero II. (l. l. p. 660) als Ordinationstage angeben, Sonntage sind, und des letzten Biograph überdies nochmals ausdrücklich den Brauch der Sonntagsordinationen bestätigt. Die Gesta können wir hier leider nicht vergleichen, da sie sich zwar über beide Bischöfe auslassen, aber indem sie auf die vorhandenen Biographien hinweisen, bei dem ersteren kein uns angehendes Datum, bei dem zweiten nur Todestag und Sitzungszeit in runder Summe, letztere freilich auch nicht in Uebereinstimmung mit andern Nachrichten geben. (Vergl. auch Hirsch Jahrb. Bd. I. S. 359 über den Tod Adalberos II.)

Beilage.

Die Theilungen des Frankenreichs unter den Merowingern.

Ueber die wiederholten Theilungen des Frankenreiches sind die verschiedensten und seltsamsten Ansichten laut geworden. Bald soll eine Theilung nicht des Landes sondern nur der königlichen Würde, bald nicht der Regierungsgewalt sondern der Einkünfte, der Güter und dergleichen stattgefunden haben, bald die Zahl der Franken in jedem Antheile berücksichtigt, bald die Verschiedenheit der Gebiete im Auge behalten worden sein, welche Chlodwig eines nach dem andern eroberte, bald überhaupt kein Princip gegolten haben[1]). Es beruht das gewiß zu einem nicht geringen Theile darauf, daß die geographischen Verhältnisse dieser Theilungen noch nicht zweifellos festgestellt sind[2]), hat zugleich aber auch darin seinen Grund, daß die einzelnen Theilungsfälle nicht streng genug von einander geschieden werden. Denn nicht allein jene Haupttheilungen, welche zweimal nach dem Tode eines Alleinherrschers unter je vier Söhne desselben geschahen, wollen jede für sich berücksichtigt werden, sondern auch die Zwischentheilungen, welche entweder die Ausdehnung der fränkischen Herrschaft durch Eroberung über das bereits getheilte Reichsgebiet hinaus oder die Verschiebung der Grenzen und gleichzeitige Verminderung der Zahl jener anfänglichen Theilreiche aus Anlaß des Todes eines oder des andern Theilkönigs bedingte.

Betrachten wir zunächst die Theilung der Söhne Chlodwigs im Jahre 511! Was haben sie zu theilen, und in welchem Verhältniß stehen die Theilenden zu einander?

Nachdem Chlodwig salische und ripuarische Franken unter seiner Botmäßigkeit vereinigt, die Alamannen besiegt und größtentheils unterworfen, die zwischen Somme, Seine, Loire und Mosel in nicht ganz genau zu bestimmenden Grenzen sich erstreckende Herrschaft des Syagrius[3]) vernichtet, die Armoriker[4]) weniger durch Waffengewalt als durch Freundschaftsvertrag seinem Reiche einverleibt[5]), und endlich die Westgothen von den Ufern der Loire[6]) bis südlich über die Garonne hinaus zurückgedrängt hatte[7]): erstreckte sich die Gesammtheit seiner Besitzungen von dem s. g. Kohlenwalde im Norden, an den atlantischen Küsten und den burgundischen Grenzen[8]) hinab, nach dem südlichen Gallien, wo sie von

---

[1]) Vgl. darüber Waitz, Verfassungsgesch. Bd. II. S. 94 ff., und Roth, Beneficialwesen S. 55 ff.

[2]) Roth a. O. S. 56.

[3]) Ueber die Erstreckung derselben: Roth a. O. S. 55; Junghans, die Geschichte der fränkischen Könige Childerich und Chlodovech S. 23.

[4]) Ueber die Benennung „Armorici": Cellarius, Notitia Orbis Antiqui tom. I. p. 158 ss.; Zeuss, die Deutschen und die Nachbarstämme S. 204. 205.

[5]) v. Sybel, Entstehung des deutschen Königthums S. 182 ff.; Loebell, Gregor v. Tours u. s. Zeit S. 122 ff.; Junghans a. O. S. 31 ff.

[6]) Aschbach, Geschichte der Westgothen S. 150; Junghans a. O. S. 74 ff.

[7]) Gregor. Turon. Histor. lib. II. cap. 37.

[8]) Gregor. Turon. Histor. lib. II. cap. 37: (Theudericus) urbes illas, a finibus Gotthorum usque Burgundionum terminum patris sui ditionibus subjugavit. Diese Grenze der Burgunder wurde ihrerseits gebildet durch das Bivarais, Lyonnais, Beaujolais, Maçonnais, Nivernois, Bassigny, die Franche-Comté und den Aargau; soviel geht wenigstens aus den Unterschriften der im Jahre 517 zu dem vom Könige Sigmund von Burgund berufenen Concilium Epaonense versammelten Bischöfe hervor. (Concilia studio Ph. Labbei, Tom. IV. p. 1574 ss.)

13*

den Resten der gothischen Macht dießeits der Pyrenäen namentlich auch durch das kleine Flüßchen Leyre getrennt wurde, welches im Süden des Bazadois und Bourdalais entlang fließend in das Bassin d'Arcachon mündet.

Daß wir hier den Kohlenwald als die nördliche, das Flüßchen Leyre als die südliche Grenze ausdrücklich betonen, hat seinen Grund in der von namhaften Gelehrten vertretenen Ansicht über die in den salischen (Gesetzbuche enthaltenen Fristbestimmungen von vierzig Nächten für diejenigen, welche dießeits, von achtzig Nächten für diejenigen, welche jenseits jenes Waldes und des Flusses Legere oder Ligere weilten[1]). So wollen namentlich auch Eichborn[2] und Waitz[3] in diesem Flusse Legere oder Ligere die bei Gent in die Schelde mündende Leye wiedererkennen, und bestimmen darnach sowohl die Zeit der Abfassung des Gesetzbuches als auch die Ausdehnung des Gebietes der Salier.

Ganz abgesehen nun von den Beweisgründen, durch welche besonders Waitz in scharfsinniger Weise seine Ansicht über den letzteren Punkt sonst noch zu bekräftigen sucht, halten wir uns hier nur an die etwas gewagte Aufstellung desselben[4], es sei doch wohl zu denken, daß neben dem alten Namen für jenen Fluß, Legia, später Leia, eine Form Legeris, Ligeris bestanden habe, und bilde derselbe allerdings eine Grenze salischen Landes, aber nicht die welche dem Kohlenwalde entgegengesetzt sei, und mit diesem zusammen den ganzen Umfang des Gebiets bezeichne, sondern wie der Gebirgswald die Südgrenze östlich der Schelde so der Leyefluß auf der anderen westlichen Seite, beide das wirklich von Saliern bewohnte Land von den Eroberungen scheidend, welche Chlojo machte, als er hier Cambray dort das Land bis zur Somme einnahm.

Suchen wir uns den also gezeichneten überaus winzigen Landstrich einmal auf der Karte auf, und vergleichen ihn mit dem späteren ripuarischen Herzogthume, in Bezug auf welches wir in dem ripuarischen Gesetzbuche ähnliche Fristbestimmungen finden, so überzeugen wir uns sehr bald zur Genüge, daß jene Fristen des salischen Gesetzbuches von vierzig und achtzig Nächten sich unmöglich auf das Gebiet zwischen dem Kohlenwalde und der Leye beziehen können, sondern bei ihrer Festsetzung auf eine weit größere Ausdehnung Rücksicht genommen ist. Denn das ripuarische Gesetzbuch drückt sich bei einer Gelegenheit deutlich dahin aus, daß bei einem Aufenthalte innerhalb des Herzogthums vierzehn Nächte, außerhalb desselben vierzig, außerhalb des Reiches aber achtzig als Frist gelten sollten[5].

Wurden aber nach ripuarischem Rechte, das doch zu einem großen Theile aus dem salischen geflossen ist[6], für jene größeren Entfernungen die erwähnten Fristen ausreichend befunden, warum sollen wir uns dieselben nach salischem Rechte auf so äußerst enge Grenzen angewendet denken? Ueberdies hat bereits Sybel[7] mit größter Wahrscheinlichkeit dargethan, daß die nach der Vorrede des salischen Gesetzbuches dem Könige Chlodwig zugeschriebene Verbesserung desselben in die Jahre 508 bis 511 falle, also nach Besiegung der Westgothen und Ausdehnung der fränkischen Macht über die Garonne hinaus — wie wir nun hinzufügen — bis an das Flüßchen Leyre.

Dieses an sich freilich unbedeutende Gewässer, in welchem man den Sigmanus des Ptolemäus wiedererkennen will[8], ist, um zur Grenzbestimmung im vorliegenden Falle zu dienen, mindestens ebenso berechtigt wie der keineswegs be-

[1] Tit. XLVII. De alltortis qui legem Salicam vivant. 1. Si quis servum aut ancillam, caballum vel bovem aut qualibet rem cum alterum agnoverit, mittat eum in tertia manu, et illa apud quem cognoscitur debeat adramire, et si citra Ligere aut Carbonaria ambo manent et qui agnoscit et apud quem agnoscitur, in noctes 40 puletum faciant .... 4. Quod si trans Legere aut Carbonaria manent cum quibus agnoscitur, in 80 noctes lex ista custodiatur. — Waitz, das alte Recht der Salischen Franken S. 256. 257.
[2] Deutsche Staats- und Rechtsgesch. 5. Ausg. Th. 1. § 35. No. g.
[3] Das alte Recht S. 59 ff. 75 ff.
[4] a. O. S. 61.
[5] Tit. LXXII. (74.) De homine intertiato vel pecore mortuo. II. Si autem ei fuga lapsus fuerit, si infra ducentum, super quatuordecim noctes; si extra ducatum, super quadraginta noctes; quod si extra regnum, super octuaginta placitus ei coneedatur. — Corpus juris germanici antiqui ed. Ferd. Walter. Tom. I. p. 188.
[6] Eichborn a. O. S. 249.
[7] Jahrbücher des Vereins von Alterthumsfreunden im Rheinlande IV. p. 79—87: Wann veranstaltete Chlodovech die verbesserte Redaction der Lex Salica?
[8] Mannert, Geographie der Griechen und Römer. Th. II Bd. 1. 2. Aufl. S. 117.

deutendere Leyrfluß, während sein heutiger Name Leyre weit mehr jenem des salischen Gesetzbuches entspricht als der für die Leye gebräuchliche alte Name Legia, neben dem erst eine Form Legeris, Ligeris gedacht werden muß, um die Brücke zwischen ihm und dem Gesetzbuche schlagen zu können.

Weiter aber geht aus übereinstimmenden Zeugnissen hervor, daß wirklich das Flüßchen Leyre an seinem Platze die Südgrenze des Reiches Chlodwigs gebildet habe. Denn einmal berichtet Gregor von Tours[1]), nach der Schlacht bei Vouillé habe Chlodwig seinen Sohn Theuderich durch das Albigeois und die Rouergue nach der Auvergne entsendet, um diese Landschaften bis an die burgundischen Grenzen zu erobern, er selbst indeß sei den Winter über in dem Bourdalais stehen geblieben, habe dann die Schätze des Westgothenkönigs aus dessen bisheriger Residenz Toulouse entführt und sich von dort rückwärts gegen Angoulême gewendet; im Bourdalais und in Saintonge, sagt ergänzend eine andere Quelle[2]), habe er Mannschaften zurückgelassen, dazu bestimmt, die Gothen fortgesetzt zu bedrängen. Gelang es nun jenen, weiter vorzudringen, oder gingen schon Chlodwigs eigene Eroberungen über die von Gregor von Tours namhaft gemachten Landschaften hinaus, genug, wir erfahren ferner aus der Anwesenheit der Bischöfe von Bazas, Eause und Auch auf dem von Chlodwig im Jahre 511 nach Orleans berufenen Concil[3]), daß im Anschluß an das Bourdalais auch die weiteren Landschaften am linken Ufer der Garonne, das Bazadois, Condomais und Armagnac, dem fränkischen Reiche einverleibt sein müssen, wogegen das Tolosain nach Plünderung der Hauptstadt von den Franken wieder verlassen sein mag.[4])

Gegenüber der also durch das Flüßchen Leyre bestimmten Südgrenze finden wir nun den s. g. Kohlenwald, jene bedeutende nordwestliche Abdachung der Ardennen, als die Nordgrenze genannt; denn als solche und nicht als „die Südgrenze östlich der Schelde" muß dieser Wald angesehen werden. Es ist zwar wahr und wird hier eingeworfen werden, daß die salischen Franken ursprünglich nördlich über dem Kohlenwalde wohnten und erst von dort aus durch denselben sich gegen Südwesten hinabzogen. Allein ohne Zweifel geschah dies mehr gezwungen als aus eignem Antriebe, und wenn damals nicht ein gänzliches Zurückweichen der salischen Franken vor ihren Drängern aus den bisherigen Wohnsitzen im Norden des Kohlenwaldes erfolgte,[5]) so ging doch ohne Zweifel die Oberhoheit der fränkischen Könige über jenen Landstrich verloren, sodaß wir ihn noch zu den Zeiten der ersten Karolinger in der Gewalt der Friesenfürsten eher als der Frankenherrscher vermuthen müssen. Der Kohlenwald selbst mag dagegen ganz in der Gewalt der Franken gewesen sein, wenn auch ihre Ansiedlungen in dem Gebiete desselben lange Zeit spärlich blieben und sich etwa gar nur auf die Uferstriche an Maas und Schelde beschränkten, von denen erstere die Ripuarier[6]), letztere die Salier[7]) innehatten.

Das innerhalb der besprochenen Grenzen sich erstreckende Gesammtreich Chlodwigs umfaßte aber nun eine Mehrheit kleinerer Gebiete, welche, noch vor Kurzem in ihrer Selbständigkeit sehr verschiedenartigen Bedingungen unterworfen, in den wenigen Jahren der Vereinigung unter Einem Herrscher gewiß nicht zu einem solchen Einheitsbewußtsein gelangt waren, daß sie nicht eine

---

[1]) Histor. lib. II. cap. 37.
[2]) Gesta Francor. cap. 17.
[3]) Concilia sind. Ph. Labbei Tom. IV. p. 1403 ss. — Vgl. Fauriel, Histoire de la Gaule méridionale Tom. II. p. 72. 73. Junghans a. O. S. 106. 107.
[4]) Aschbach a. O. S. 177 sagt dies geradezu, und allerdings wissen wir auch die fehlende Unterschrift des Bischofs von Toulouse unter den Akten des Concils von Orleans nicht anders zu deuten.
[5]) Dergleichen anzunehmen ist auch Waitz, das alte Recht S. 51, geneigt. Indem er aber die von Chlodwig besiegten Thüringer (a. O. S. 49) hierher versetzt, unterwirft er diesen Landstrich von Neuem der fränkischen Gewalt. Freilich gründet sich seine Annahme, diese Thüringer seien Anwohner des Meeres gewesen, zumeist auf die Rede der Basina bei Gregor. Turon. Histor. lib. II. cap. 12: Si in transmarinis partibus aliquem cognovissem utiliorem te, expetissem utique cohabitationem ejus. Junghans a. O. S. 38 folgt ihm hierin, ungeachtet die Historia Francorum epitomata cap. 12 gewiß die richtigere Erklärung dieser Rede wiedergiebt in der Wendung: Si utiliorem sub coelo scissem . . . .
[6]) Waitz, Verfassungsgesch. Bd. II. S. 41; Rettberg, Kirchengeschichte Deutschlands Bd. I. S. 264. 245.
[7]) Waitz, das alte Recht S. 52 ff.

Theilung des Gesammtreiches, der ihre Bestände zum Grunde gelegt wurden, begünstigt hätten. Und so geschah wohl darum hauptsächlich die Theilung unter die vier Söhne Chlodwigs in Anlehnung an diese einst gesonderten Gebiete der Salier und Ripuarier, der Armoriker und der unter westgothischer Herrschaft gestandenen Gallier, während das ehemalige Reich des Syagrius, in Ermangelung eines fünften Theilhabers und weil so inmitten der damaligen fränkischen Lande gelegen, daß bei einer Theilung der gesammten Masse derselben in vier Gebiete ein Zusammenbleiben dieses Mittelstücks nicht füglich statthaben konnte, einer Zersplitterung seines Bestandes zu Gunsten der vier ringsum entstehenden Theilreiche unterlag. Mitwirken mochte dabei freilich auch der Umstand, daß gerade in diesem letzten Reste römischer Herrschaft in Gallien noch einige ansehnliche Städte sich fanden, die sich zu Königssitzen am Füglichsten eigneten, und da sie überdies nicht weit von einander lagen, die ideale Einheit der Monarchie Chlodwigs doch einigermaßen vergegenwärtigen konnten, wo die wirkliche Einheit bereits wieder im Verschwinden begriffen war. Paris, Soissons, Orleans, Rheims [1]), sämmtlich, wie zu vermuthen, solche Städte, erscheinen als die Residenzen der vier Theilkönige nach Chlodwig.

Letzterer hatte nämlich, als er die burgundische Königstochter Chrodechilde, die Mutter seiner drei Söhne Chlodomer, Childebert und Chlothar, heimführte [2]), bereits von einer Beischläferin einen Sohn Theuderich [3]). Dieser um Vieles älter als die Söhne Chrodechildens, da er zur Zeit von Chlodwigs Tode selber schon Vater eines stattlichen und wackern Sohnes war [4]), stand nun als Stiefbruder den andern Söhnen seines Vaters gegenüber, und es war wohl natürlich, daß er eine bevorzugte Stellung einnahm, um so mehr als er allein — soviel wir wissen — von den Söhnen Chlodwigs diesen auf seinen Kriegszügen begleitet hatte, und einen Theil des ehemals gothischen Galliens seine eigenste Eroberung nennen konnte [5]). Daher auch wohl seine spätere innigste Beziehung zu diesem Gebiete, das ihm vielleicht schon auf Grund der Eroberung vom Vater in gewisser Selbständigkeit überlassen worden war, und wenn auch noch einmal von den Gothen überrannt [6]) doch nach deren Wiederverjagung ihm, seinem Sohne und Enkel neben ihrem Hauptreiche verblieb, trotzdem daß es an sich schon den Theilreichen der drei Söhne Chrodechildens an Ausdehnung fast gleich war.

Denn außer der Rouergue, dem Albigeois, Gevaudan und Velay, welche wir vorzugsweise als den von den Gothen nach Chlodwigs Tode wieder in Anspruch genommenen Landstrich bezeichnen müssen, da wir noch gegen das Ende der Regierung Theuderichs seinen Sohn Theudebert in Begleitung eines Sohnes Chlothars, mit Namen Gunthar, thätig finden, denselben unter fränkische Botmäßigkeit zurückzuführen [7]), — gehörten zu Theuderichs ursprünglichem Theilreiche noch die westlich und nördlich benachbarten Landschaften Quercy und Auvergne [8]) mit dem Bourbonnais [9]), während das nordwestlich an diese sich anschließende Limousin, wie wir noch sehen werden, aus der Erbschaft Chlodomers dazukam. Es umfaßte also das Gebiet, welches der sterbende Theuderich im Jahre 534 [10]) seinem Sohne Theudebert in dem ehemals westgothischen Gallien

---

[1]) In Hinsicht der Städte Soissons und Rheims ergiebt sich dies aus Gregor. Turon. Hist. lib. II. cap. 27 vgl. mit Historia epitomata cap. 15. 16; auf Paris zu schließen gestattet der Umstand, daß augenscheinlich die Carnutes und Cenomannici hier gegen den armorikanischen Bund die Grenze bildeten; für Orleans endlich scheint der Kampf zu sprechen, welcher zwischen Römern und Gothen bei dieser Stadt vorfiel, und ohne Nennung derselben auch bei Gregor. Turon. Hist. lib. II. cap. 18 erwähnt wird. Vgl. Junghans a. O. S. 13, wo noch andere Quellen citirt werden, aber darnach wohl nicht mit Recht Orleans zur armorikanischen Provinz gezählt wird.

[2]) Gregor. Turon. Hist. lib. II. cap. 29; lib. III. cap. 1. 6. 18.

[3]) id. lib. II. cap. 28.

[4]) Bei Gelegenheit der Reichstheilung im Jahre 511 heißt es bei Gregor. Turon. Hist. lib. III. cap. 1: habebat jam tunc Theudoricus filium nomine Theudebertum, elegantem atque utilem, während der älteste von Chrodechildens Söhnen selbst erst im Jahre 495 geboren war (id. lib. II. cap. 29).

[5]) Gregor. Turon. Hist. lib. II. cap. 37.

[6]) id. lib. III. cap. 21.

[7]) id. lib. III. cap. 21; vgl. Aschbach a. O. S. 180; Manso, Geschichte des Ost-Gothischen Reiches in Italien S. 67.

[8]) id. lib. III. cap. 9. 11. 12.

[9]) Dies ergiebt sich aus Gregor. Turon. Hist. lib. II. cap. 37.

[10]) id. lib. III. cap. 23.

hinterlassen konnte, eine zusammenhängende Masse, fast die ganze östliche Hälfte Aquitaniens.

Allein das war ja eigentlich nur ein Nebenreich Theuderichs, dessen Hauptreich durch einen dazwischen geschobenen Keil burgundischen Landes davon getrennt den ganzen Nordosten des fränkischen Gesammtgebiets umfaßte. Städte wie Zülpich[1]), Trier[2]), Metz[3]), Verdun[4]), Rheims[5]) und Sens[6]) werden uns gelegentlich als unter der Botmäßigkeit Theuderichs, Theudeberts, Theudebalds stehend genannt, wir können also gewiß unbedenklich das ganze Gebiet von der Nonne oder vielleicht besser von den Grenzen des Gastinois-Orleanais und des östlich daranstoßenden burgundischen Reiches[7]) her gegen Nordosten, d. h. das alte Ripuarierland nebst der sich südwestlich an dasselbe anreihenden, ehemals dem Syagrius unterworfenen, seither sogenannten Champagne zu Theuderichs Theilreich rechnen und zwischen seinen und seines Bruders Chlothar Landen die Scheide ebendort suchen, wo der Kohlenwald Ripuarier und Salier von einander schied, und wo wir sie finden werden, wenn bei der Theilung unter die Söhne Chlothars von der Abgrenzung des Gebietes Sigberts gegen dasjenige Chilperichs die Rede sein wird; der jetzt zu Theuderichs Antheil geschlagene Landstrich am linken Seineufer dagegen ist dann, wie wir sehen werden, mit den alten burgundischen Landen verbunden, ein Theil von Guntrams Reich geworden, dessen Hauptbestandtheil indeß, nämlich eben Burgund, erst durch die vereinigten Kräfte der Söhne Chlodwigs erobert werden sollte.

Einer dieser Söhne aber — und zwar der älteste den Chrodechilde ihrem Gemahl geboren, Chlodomer — fällt aus Anlaß eines der Feldzüge[8]), welche zur Eroberung Burgunds unternommen werden, zu frühzeitig als daß viel Gelegenheit gewesen wäre, uns über den ihm zugefallenen Antheil am väterlichen Erbe genügend aufzuklären. Wohl bleibt sein Reich anfänglich noch beisammen, indem, wie es scheint, die Großmutter dasselbe für die Enkel verwaltet[9]), bis die Oheime, Childebert und Chlothar — und warum nicht auch Theuderich? — nach Ermordung ihrer Brudersöhne es zu gleichen Theilen unter sich theilen[10]). Allein bis dahin sind uns nur Orleans[11]) und Tours[12]) als dem Theilreiche Chlodomers einverleibt genannt worden, und wenn wir ihnen Poitiers hinzufügen, so geschieht dies auf Grund des Verhältnisses, in welchem die Städte Tours und Poitiers überall zu einander stehen. Gewöhnlich zu demselben Reichsverbande gehörig, haben sie denselben Herzog und werden überhaupt stets zusammengenannt.[13])

Nächst diesen Städten und ihren Gebieten, also nächst dem eigentlichen Orleanais, Touraine und Poitou, gehörten nun vermuthlich auch Berry und Limousin zu Chlodomers Theilreiche. Als nämlich im Jahre 531 der gerade im Thüringerlande kriegende Theuderich todt gesagt wurde, riefen die Auvergnaten sofort dessen Bruder Childebert zu ihrem Könige aus, weshalb sie dann von Theuderich schwer gezüchtigt wurden[14]). Damals, sagt der Berichterstatter[15]), also eben im Jahre 531, nachdem kurz zuvor das Reich des zuerst ver-

---

[1]) Gregor. Turon. Hist. lib. III. cap. 8: Theuderichs.
[2]) id. lib. X. cap. 20: Theudeberts.
[3]) id. lib. IV. cap. 7: Theudebalds.
[4]) id. lib. III. cap. 33. 34: Theuderichs, Theudebalds.
[5]) id. lib. IV. cap. 22: Theuderichs.
[6]) Epistola Leonis Ep. Senon., Migne Patrologiae tom. 71. p. 1158: Theudeberts.
[7]) S. oben S. 195. Anm. 8.
[8]) Gregor. Turon. Hist. lib. III. cap. 6.
[9]) id. lib. III. cap. 17: Theodorus et Proculus episcopi, qui de partibus Burgundiae advenerant, ordinante Chrotechilde regina, tribus annis Turonicam rexerunt ecclesiam.
[10]) id. lib. III. cap. 18: aequa lance diviserant.
[11]) id. lib. III. cap. 6; lib. IV. cap. 22.
[12]) id. lib. III. cap. 17.
[13]) id. lib. IV. cap. 46. 48; lib. VI. cap. 31; lib. VII. cap. 12; lib. VIII. cap. 26; lib. IX. cap. 7. 9. 19. u. a. O.
[14]) id. lib. III. cap. 12.
[15]) L l.: Bituricas urbem petiit. Erat autem tunc temporis urbs illa in regno Childeberti regis. — Damit widerlegt sich auch die Nachricht der Vita S. Fidoli Abb. Treconn., AA. SS. O. S. Ben. od. Mabillon sec. I. p. 198, die Auvergne und Berry hätten den Zorn Theuderichs auf sich geladen, wenn das nicht etwa heißen soll, Theuderich habe den Einwohnern von Berry gezürnt, weil sie seinen Aufständischen in der Auvergne Vorschub geleistet und Zuflucht ge-

storbenen Chlodomer von den überlebenden Brüdern getheilt worden war[1]), damals gehörte Berry zu Childeberts Reiche; es hatte also wohl bis dahin nicht dazu, vielmehr zu dem benachbarten Theilreiche Chlodomers gehört, und war durch jene Theilung an Childebert, ebenso wie das gleichfalls Chlodomer zuzuschreibende[2]) Limousin an Theuderich gefallen. Die Erklärung dieses Ueberganges von Limousin an Theuderich, dessen Theilnahme an der Ermordung der Söhne Chlodomers nirgends erwähnt wird, dürfte sich etwa darin finden, daß der zwar bei dem Morde nicht gegenwärtige Theuderich doch bei der Theilung Ansprüche erhoben habe und, weil er übermächtig, von Childebert und Chlothar durch Ueberlassung dieser an seine sonstigen aquitanischen Besitzungen gren- zenden Landschaft beschwichtigt worden sei. Vielleicht erhielt er gar auch die südwestlich vom Limousin sich erstreckenden Gebiete bis zur Garonne und über dieselbe hinaus Angoumois, Saintonge und Agenois, Bourdalais, Baza- dois, Condomais und Armagnac, welche sämmtlich wohl kaum zu einem anderen Theilreiche gehört haben können als zu Chlodomers.

Denn die Lage bedingt oft die Zugehörigkeit; unbeirrt darf man daher gewiß von jener auf diese schließen, sobald es gilt, eine Landschaft dem einen oder dem anderen Verbande zuzuweisen, wenn nicht besondre Gründe dawider sind, oder, wie das ja gerade in Bezug auf diese merowingischen Theilungen geschehen ist, jedes Princip hinweggeläugnet werden soll. Nun steht aber zu den oben genannten Landschaften in einem geradezu nothwendigen Zusammen- hange auch das Blaisois, eingeengt zwischen dem eigentlichen Orleanais, Tou- raine und Berry, und fast nicht minder das Gastinois-Orleanais, der größere etwa bis zur Issonne herabreichende südöstliche Theil des Gastinois, eine der Landschaften, welche das Orleanais im weiteren Sinne bilden, und viel wahr- scheinlicher das Grenzgebiet von Chlodomers Theilreich gegen dasjenige Theude- richs als umgekehrt; später theilt es das Schicksal der ihm östlich zunächst ge- legenen, jetzt Theuderich gehörigen Gaue, und des ihm westlich benachbarten eigentlichen Orleanais, indem es mit ihnen an Guntram fällt. Anjou, das man aus Gründen, welche uns unzureichend erscheinen[3]), endlich auch noch zu Chlodomers Theilreich zählen will, scheiden wir aus, und gewinnen damit für Chlodomer einen Antheil am Erbe seines Vaters, der an Umfang den Theilreichen seiner Brüder Childebert und Chlothar wenig überlegen, das frän- kische Aquitanien in ähnlicher Weise wie Theuderichs Hauptreich das gesammte Ripuarierland in sich faßte, soweit jenes nicht von Theuderich selbst erobert war; dazu kam dann eben auch wie bei Theuderich ein Theil vom Reiche des Syagrius, zu welchem wir vermuthlich das eigentliche Orleanais, das Gastinois- Orleanais und das Blaisois zu zählen haben, mit der Residenz Chlodomers, Orleans.

Von dem Nordrande dieses Theilreiches Chlodomers zum Meere einerseits, zur Seine und Oise anderseits erstreckte sich nun das Theilreich des dritten Theilhabers an Chlodwigs Erbe, seines zweiten Sohnes von der burgundischen Chrodechilde, Childebert. Es umfaßte den größten Theil der Normandie[4]) und

---

währt, wie z. B. dem Arcadius bei Gregor. Turon. l. l. Ueberdies aber geschieht in der Vita eine Verwechselung mit dem späteren Könige Theuderich.

[1]) Gregor. Turon. Hist. lib. III. cap. 6. 18.
[2]) vgl. Roth a. O. S. 56.
[3]) Wir begegnen nämlich in der Vita S. Mauri Abb. S. Benedicti discipuli, Mabill. sec. I. p. 274 ss. einer sehr ausführlichen Erzählung von der Gründung des Klosters S. Maur-sur-Loire in Anjou durch einen angeblich am Hofe des Königs Theudebert höchst angesehenen Mann, Namens Florus, welchen Pertz Hausmeier S. 16. 17. 152 daraufhin ohne Bedenken in die Reihe der frän- kischen Majoresdomus aufnimmt, denn es heißt von ihm (Mabill. p. 291): cum in omni regno Theodeborti regis summam obtineret potestatem ac vice comitis in Andecavensi eo tempore fungeretur pago. Aber schon Mabillon nahm Anstoß daran, daß Theudebert der König gewesen sei, dem jener Florus diente, und wirft deshalb (p. 289 not. a) ein, daß die Schriftsteller älterer Zeit geliebt hätten, das ganze Reich der Franken als Einem Könige unterworfen darzustellen, wenn es auch eben unter mehrere getheilt gewesen; doch sucht er diese „res obscura nec facili" dirimenda damit aufzuhellen, daß er annimmt, Theuderich möchte bei der Theilung des Reiches Chlodomers Anjou empfangen und also auf seinen Sohn Theudebert vererbt haben. Uns will nun bedünken, daß eine zwar von einem Genossen des h. Maurus, Faustus, dem Namen nach verfaßte, doch ein- gestandenermaßen von einem im neunten Jahrhundert lebenden Abte des Klosters, um besser Gründung es sich handelte, Odo genannt, erweiterte Biographie weiterem Kopfzerbrechen über ihre sonst unverbürgten Nachrichten nicht werth sei.
[4]) Vita S. Marculfi, Mabill. sec. I. p. 123. 129 läßt die Gebiete von Coutances und Bayeux als Childebert unterthan erkennen.

die Bretagne, soweit dieselbe überhaupt den Franken gehorchte [1]), nebst Maine [2])
und gewiß auch Anjou, also all die Völkerschaften, welche zwischen Seine,
Loire und dem Meere einst unter dem Gesammtnamen der Armoriker verstanden wurden. Zwar sind unter demselben die Andes oder Andegavi, die Bewohner des heutigen Anjou, nicht ausdrücklich mitbegriffen, allein von den Nannetes,
die im Nantois, und den Conomannici, die in Maine wohnten, in die Mitte
genommen, waren sie jedenfalls um so mehr zu diesen hingewiesen, seit nach
dem Tode des Aegidius, Vaters des Syagrius, die mit dem Beistande des Frankenkönigs Childerich gerade hier noch gegen den Sachsenführer Adovacrius aufrecht erhaltene römische Herrschaft vermuthlich aufgehört hatte [3]), und auf die
weiter östlich belegenen Gebiete beschränkt worden war. Daß sie den Westgothen,
die das benachbarte Touraine und Poitou inne hatten [4]), sich zugewendet haben
sollten, ist nicht anzunehmen, zumal sich nirgends eine Neigung der damals bereits überwiegend katholischen Bevölkerung Galliens zu den arianischen Gothen,
wohl aber ein Verlangen nach Unterwerfung unter die fränkische Herrschaft,
vor wie nach der Bekehrung der Franken zum Christenthume, dort zeigt, wo die
Römer das Land vor dem Andrängen anderer deutscher Stämme nicht mehr zu
halten im Stande sind [5]). Und überdies finden wir Anjou später gerade im
Verein mit dem Nantois und Maine die Südgrenze des Reiches Chilpericho
gegen dasjenige Charibert's bildend, ein Grund mehr, sie jetzt dem Reiche Childebert's zu gesellen, welches wir nun erst vervollständigen, indem wir, gleich zu
denen seiner vorbesprochenen Brüder, einen Bruchtheil vom Reiche des Syagrius hinzufügen. Denn noch gehörten zu ihm das Gebiet der Stadt Paris [6]),
die Brie [7]) und Valois [8]), das Gastinois-Français, das Chartrain [9]), Dunois und
Vendomois — oder, wie die vier letzteren auch mit gemeinsamem Namen heißen
die Beauce.

Was dann noch von dem Reiche Chlodwigs übrig war, der Rest der Normandie auf dem rechten Ufer der Seine [10]), die Picardie mit Soissons [11]), Vermandois [12]), Hennegau, Flandern und Brabant, in welchen letzteren bestimmt
gesonderten Gebieten man die drei salischen Gaukönigthümer Chararich's, Rag-
nachar's, Chlodwig's vielleicht nicht mit Unrecht erkennen möchte [13]), vermuthlich
bis zu den friesischen Inseln und in den Kohlenwald hinein, soweit eben die
Sitze der salischen Franken über die Schelde hinaus, etwa bis zur Dyle, sich in
denselben erstreckten oder besser verloren, — also wiederum neben einem Bruch-

---

[1]) Zufolge der Vita S. Samsonis Ep. Dolens., Mabill. saec. I. p. 170. 180 ist das Gebiet
von Dol an der Nordküste Childeberts; vgl. Vita S. Maglorii Ep. Dol. ib. p. 223. — Ueber das
Verhältniß der Bretonen im Westen der Vilaine: Loebell a. O. S. 127.
[2]) Gregor. Turon. Hist. lib. VI. cap. 9; Vita S. Carilefi Abb. Anisol., Mabill. saec. I.
p. 646.
[3]) id. lib. II. cap. 18; vgl. Junghans a. O. S. 14 ff. und Bornhak, Geschichte der Franken
unter den Merowingern. Th. I. S. 195 ff. (Greifswald 1863.)
[4]) id. lib. II. cap. 35. 37.
[5]) id. lib. II. cap. 23. 35. 36; vgl. Aschbach a. O. S. 151. 159. 168. 160, Junghans a. O
S. 17. 23.
[6]) id. lib. IV. cap. 17. 20.
[7]) Das in der Brie gelegene Melun gehört Childebert laut der Epistola Leonis Ep. Senon.,
Migne Patrolog. tom. 71. p. 1158.
[8]) Hier liegt Compiegne, wo sich nach der Vita S. Marculfi, Mabill. saec. I. p. 132, Childebert befindet, als ihm Marculf aufsucht.
[9]) Vita S. Leobini, Mabill. saec. I. p. 125 schreibt Chartres Childebert zu.
[10]) Caesar de bello gall. lib. VII. cap. 75 nennt unter den Armorikern Caletes, welche das
auf dem rechten Seineufer gelegene Pays de Caux bewohnen sollen, allein die Notitia dignitatum
(rec. Ed. Boecking Fasc. III. p. 106') hat statt dessen Aloto, was auf die Nordküste der Bretagne bei St. Malo hinweist. Sollten also etwa bei Caesar unterschieden werden müssen die
Caletes dieser Stelle von den Caleti in lib. II. cap. 4, lib. VIII. cap. 7, und unter den letzteren
die belgische Völkerschaft des Pays du Caux, unter ersterem die Umwohner von St. Malo in der
Bretagne zu verstehen sein? Wir erwähnen dies, weil in dem Falle, daß die Caletes auf dem
rechten Seineufer zu den Armorikern gehörten, entweder unsere obige Annahme, das ganze Gebiet
derselben sei zu Einem Theilreiche geschlagen worden, eine Einschränkung erfahren würde, oder aber
Childebert's Theilreich nördlich über die Seine ausgedehnt werden müßte. Freilich rechnet die
Notit. dignit. auch Rouen zum tractus Armoricanus, so daß derselbe sich also doch auf das linke
Seineufer erstreckte !?
[11]) Gregor. Turon. Hist. lib. IV. cap. 22.
[12]) Athies an der Somme und Neyen, beide zu Vermandois gehörig, sind Chlothars nach der
Vita S. Radegundis Reg. auct. Venantio Fortunato, Mabill. saec. I. p. 320. 21.
[13]) Junghans a. O. S. 21.

theile vom Reiche des Syagrius der letzte Hauptbestandtheil von Chlodwigs Monarchie, das salische Land — der verhältnißmäßig kleinste Antheil am väterlichen Erbe fiel dem jüngsten Bruder Chlothar zu.

So hätten wir die vier Theilreiche der Söhne Chlodwigs, wir meinen, mit einer Bestimmtheit umgrenzt, welche genügt, um darzuthun, wie die Theilung die vollkommenste war, die gedacht werden kann, da sie, ganz absehend von der Zahl der Franken in jedem Reichstheil, vor allem sich auf die Bevölkerungsunterschiede gründete, welche sich im Umfange des zu theilenden Gebietes herausgebildet hatten. Von einem Durcheinander der Besitzungen der verschiedenen Könige oder gar einer Betheiligung mehrerer Herrscher an dem Besitze Eines Landstrichs, Einer Stadt[1]) kommt wenigstens bei dieser Theilung nichts vor, im Gegentheil erweist sich jedes Theilreich in sich völlig abgeschlossen, ein gerundetes Ganze bildend, und wenn auch dasjenige Theuderichs nicht durchaus zusammenhängt, so zeigt doch jede seiner beiden Hälften eine zusammenhängende Masse, welche allein schon hinreicht, jedem der drei anderen Theilreiche das Gleichgewicht zu halten. Es versteht sich von selbst, daß nun auch die königliche Würde, die Regierungsgewalt, die Einkünfte völlig getheilt waren, und eine Gemeinsamkeit nur insoweit fortdauerte, als sämmtliche Theilreiche eben Reiche der Franken blieben, deren Nationalität, wenn auch keineswegs überall die vorwiegende, doch jedenfalls die herrschende war, und als sämmtliche Könige nicht allein dieser Nationalität angehörten, sondern selbst Brüder oder wenigstens nahe Blutsverwandte waren, zu gegenseitiger Erbfolge und Bevormundung[2]) berechtigt. Und Reiche der Franken blieben diese Theilreiche nicht nur solange die Merowinger, sondern auch noch als die Karolinger theilten[3]), bis endlich in weit späterer Zeit die letzte derartige Theilung dauernden Bestand gewann, und dann erst die längst in jeder Hinsicht zur Thatsache gewordene Trennung der Reiche und ihrer Angehörigen auch in der Benennung derselben ihren entschiedenen Ausdruck fand. Aber die mit der Theilung der Söhne Chlodwigs hergestellte Ordnung sollte bald wieder gestört werden.

Zunächst, indem sich eine bedeutende Erweiterung fränkischer Herrschaft durch die Zerstörung des burgundischen Reiches vorbereitete, geschah, was oben bereits berührt wurde: Chlodomer, der älteste Sohn Chlodwigs von der Chrodechilde, fiel im Jahre 524 bei Gelegenheit eines Heereszuges gegen Burgund[4]), und seine Brüder, nachdem sie ihre Neffen, die berechtigten Erben von Chlodomers Theilreich, beseitigt hatten, theilten dasselbe um 530[5]). Des Näheren darüber sind wir freilich nicht unterrichtet; wenn wir aber die ehemalige Hauptstadt Chlodomers, Orleans, nach dem in Childeberts Besitze finden[6]), so halten wir uns daraus zu der Annahme berechtigt, das Gastinois-Orleanais mit Einschluß des Blaisois sei gleich dem oben[7]) schon in dieser Hinsicht in Betracht gezogenen Berry an Childebert gefallen, während Limousin Theuderichs aquitanischen Besitzungen zugeschlagen wurde, Touraine und Poitou aber an Chlothar kamen, unter dessen Botmäßigkeit sie wenigstens ums Jahr 556[8]), also vor Childeberts Tode, stehen.

Ueber den Verbleib der übrigen zu Chlodomers Erbschaft gehörenden, namentlich der Garonne anliegenden Landschaften erfahren wir nichts. Doch scheint gerade hier in der nächstliegenden Zeit eine Erweiterung der fränkischen Macht und zwar wahrscheinlich des Theilreiches Childeberts eingetreten zu sein. Denn dieser, auf das falsche Gerücht von Theuderichs Tode durch die Auvergnaten zum Könige ausgerufen, wendete sich, nach Vereitelung seines Unternehmens gegen die Auvergne, nach dem Süden, angeblich um die üble Behandlung seiner dem Westgothenkönige vermählten Schwester zu rächen[9]). Daß er siegreich gewesen

---

[1]) Vgl. Waitz, Verfassungsgesch. Bd. II. S. 95.
[2]) In dieser letzteren Hinsicht kann kann allerdings in Betracht, was Waitz a. O. S. 99 viel zu sehr verallgemeinert.
[3]) Vgl. Dümmler, Geschichte des Ostfränkischen Reichs Bd. I. S. 104.
[4]) Gregor. Turon. Hist. lib. III. cap. 6.
[5]) id. lib. III. cap. 18.
[6]) id. Vitae patrum lib. VI. cap. 5.
[7]) S. 199.
[8]) Gregor. Turon. Hist. lib. IV. cap. 15. 10[?]
[9]) id. lib. III. cap. 10.

und die Schwester mit sich heimgeführt habe, erzählt nun zwar unser vorzüglichster Gewährsmann, Gregor von Tours, daß er aber auch eine Landerwerbung gemacht habe, davon schweigt derselbe. Eine solche scheint indeß dennoch stattgefunden, und sich in der That bis an die Pyrenäen ausgedehnt zu haben, wenn sie auch nicht das ganze Gebiet zwischen der Garonne und dem Gebirge umfaßte[1]), sondern sich nur auf den südlich des Armagnac gelegenen Landstrich beschränkte.

Wir finden wenigstens[2]) die Bischöfe von Comminges, Bigorre und Conserans als Unterzeichner der in den Jahren 533, 541 und 549 zu Orleans abgehaltenen Concilien, letzteren freilich erst, nachdem ein zweiter von Childebert und Chlothar in Begleitung dreier Söhne Chlothars unternommener Kriegszug im Jahre 543 das eigentliche Spanien bis vor die Thore von Saragossa heimgesucht hat[3]), sodaß es in Betreff seiner zweifelhaft bleibt, ob er durch jenen ersten oder diesen zweiten Zug mit seinem Sprengel der fränkischen Botmäßigkeit zugefallen ist[4]). Toulouse und das Tolosain, über welches hin das fränkische Heer das erste Mal von der Auvergne her jedenfalls sich ergossen haben muß, mögen damals ebenso fränkisch geworden sein.[5])

Der Erweiterung der fränkischen Grenzen nach dieser Seite hin folgte aber bald auf einer anderen eine viel bedeutendere durch die Gewinnung des burgundischen Reiches, ums Jahr 533.

Als Chlothar und Childebert nach dem Tode Chlodomers und der Theilung seines Reiches den Kampf gegen die Burgunder wieder aufnahmen, forderten sie auch Theuderich zur Theilnahme auf; allein dieser weigerte sich trotz des Verlangens seines eigenen Heeres, mit jenen nach Burgund zu ziehen[6]), und machte statt dessen sich daran, seine treulosen Unterthanen in der Auvergne für ihren beabsichtigten Uebertritt zu Childebert zu strafen[7]). Mochte ihm dies wichtiger erscheinen als der Burgunderzug, mochten es wirklich verwandschaftliche Rücksichten sein, welche ihn zurückhielten, denn seine Gemahlin war eine burgundische Prinzessin[8]), oder mochte er auch meinen, es könne ihm, da seine Besitzungen von mehreren Seiten das Burgunderreich umrankten, bei solcher für ihn viel günstigeren Lage als für seine Brüder im entscheidenden Augenblicke doch nicht fehlen, daß er seinen Vortheil aus der Unternehmung zöge. Wenigstens erhellt eine Betheiligung Theuderichs hier ebenso wenig[9]) wie bei der Ermordung der Söhne Chlodomers, so lange eben der Ausgang noch zweifelhaft ist; aber wie er nach geschehenem Morde bei der Theilung des Erbes jener nicht zurückstand, so hat er offenbar auch da zugegriffen, wo es galt, einen Theil des eroberten Burgund an sich zu bringen. Wir wissen zwar auch von dieser nach der fränkischen Eroberung erfolgenden Theilung von Burgund sehr wenig, doch genug, um Theuderichs Theilnahme daran zu erkennen.

Denn ehemals burgundische Städte, wie Autun und Chalons-sur-Saone[10])

---

[1]) Procopius de bello Gothico lib. I. cap. 13; vgl. Aschbach a. O. S. 185.
[2]) Concilia stud. Ph. Labbei Tom. IV. p. 1779 ss.; Tom. V. p. 380 ss. 390 ss.
[3]) Gregor. Turon. lib. III. cap. 29; vgl. Aschbach a. O. S. 188. 189.
[4]) Daß die Eroberung sich noch weiter nach Westen erstreckt habe, könnte daraus geschlossen werden, daß den Concilien von 541 und 540 je zwei Bischöfe beiwohnen, deren Namen ein „episcopus Aquensis" beigefügt ist. Einer derselben ist in jedem Falle der Bischof von Aix in der Provence, der andere mag der von Acqs oder Dax am unteren Adour sein, wenn er nicht etwa mit dem vicus Aquensis, dem heutigen Bagnères am oberen Adour im südlichen Bigorre (Walckenaer, Géographie ancienne historique et comparée des Gaules cisalp. et transalp. Tom. I. p. 293) zusammenhängt. Wir wissen zwar nicht, ob hier jemals ein Bischofsitz sich befunden hat, dürfen uns indeß dadurch allein nicht bestimmen lassen, jenen Gedanken ohne Weiteres von der Hand zu weisen!
[5]) Ferreras, Histoire d'Espagne trad. par M. d'Hermilly. Tom. II. p. 139. 143 erzählt, die drei Brüder Theuderich, Childebert und Chlothar hätten der Vermählung ihrer Schwester Chlothilde mit Amalrich Toulouse zur Mitgift gegeben, welches aber Childebert bei Gelegenheit eines Rachezuges wieder an sich genommen hätte. Die von ihm citirten Gewährsmänner haben nichts davon, und besagt doch auch offenbar daß dahin Toulouse nicht unter fränkischer Botmäßigkeit.
[6]) Gregor. Turon. Hist. lib. III. cap. 11.
[7]) id. lib. III. cap. 9—12; Vitae patr. lib. V. cap. 2.
[8]) id. Hist. lib. III. cap. 5.
[9]) Nach einer Nachricht soll Theuderich seinen Sohn Theudebert an dem Zuge gegen Burgund haben Theil nehmen lassen.
[10]) Vita S. Germani Ep. Paris., Mabill. sec. I. p. 235.

und etwa auch Dijon[1]) stehen fortan in Beziehung zu Theuderich oder seinem Sohne Theudebert, während Langres[2]) und Lyon[3]) an Childebert gefallen zu sein scheinen. Ueber Chlothars Antheil verlautet so gut wie nichts; vielleicht erhielt er Vienne[4]). Als aber mit Theuderichs Enkel, Theudebald, im Jahre 555 die von jenem ausgehende Linie des merowingischen Geschlechts erlischt[5]), tritt Chlothar als ihr Erbe in umfassender Weise auf, und noch bei Lebzeiten Childeberts besitzt er von Theuderichs ehemaligem Theilreiche und dessen und seiner Nachfolger späteren Erwerbungen Chalons-sur-Saone und Dijon in Burgund, Limousin und Auvergne in Aquitanien[6]), nebst der gesammten Ländermasse, welche von der Maas gen Osten über den Rhein hinaus und um Burgunds Nord- und Ostgrenzen in ihrer ganzen Ausdehnung herum bis nach Italien hinein sich erstreckte. [7])

Freilich blieb Chlothar nicht unangefochten in diesem ausgedehnten Besitze, indem Childebert sofort sich aufmachte und die Champagne an sich zu bringen suchte[8]), während Chlothars eigener Sohn Chramm mit Childebert im Bunde die aquitanischen und burgundischen Landschaften und Städte der Botmäßigkeit seines Vaters zu entziehen trachtete[9]). Aber es war jenes eigenmächtige Vorgehen Chlothars in Betreff der Erbschaft Theudebalds mit der offenbaren Absicht, Childebert von der Theilnahme an derselben möglichst auszuschließen, vielleicht hauptsächlich ein Entgelt für die Ränke, durch welche Childebert und Theudebert ihn zuvor[10]) übervortheilt hatten, als der Ostgothenkönig Theobad sich mit den Herrschern der Franken durch Zahlung einer bedeutenden Geldsumme und Abtretung des durch den großen Theoderich erworbenen Landstrichs im südöstlichen Gallien, namentlich der heutigen Provence, auseinanderzusetzen dachte[11]). Denn damals hatten Childebert und Theudebert das Geld unter sich getheilt, und scheint jener auch das abgetretene Land für sich in Anspruch genommen zu haben, da er sich später sowohl von Einfluß auf die Besetzung des Bisthums Arles zeigt[12]), als sonst in der Provence und selbst in

---

[1]) Gregor. Turon. Hist. lib. III. cap. 35.

[2]) Roth a. a. O. S. 57. N. 61 zählt zwar Langres zu Theuderichs Antheil, wenn aber Theuderich und Childebert nach Gregor. Turon. Hist. lib. III. cap. 15 ein Bündniß eingehen und zu dessen Bekräftigung einander Geißeln stellen, unter denen Attalus, ein Verwandter des Bischofs Gregor von Langres, einem Franken im Gebiet von Trier zur Aufsicht gegeben wird: so berechtigt dies doch wohl zu dem Schlusse, daß wie Trier bekanntlich Theuderich, so Langres Childebert gehört. — Aus der Unterschrift Gregors von Langres unter den Beschlüssen des Concils zu Clermont vom Jahre 535 (Concilia stud. Ph. Labbei Tom. IV. p. 1803 ss.) zu folgern, ist mißlich, wenn auch demselben in der That nur Bischöfe aus Theuderichs, zur Kurzem Theudeberts Theilreich beiwohnten. Da die Concilien der Regel nach noch immer allen Bischöfen in allen Theilreichen gemeinsam waren, wenigstens aber wohl die ausnahmsweise für dieses oder jenes derselben vorzüglich veranlassten auch von solchen Bischöfen aus andern Theilreichen besucht wurden, deren Sprengel in eines der benachbarten, in dem eben das Concil gehalten ward, hinüberreichte: so liefert weder in diesem besondern Falle jene Unterschrift Gregors von Langres noch überhaupt im Allgemeinen irgend eine andere einen Beweis für die Zugehörigkeit zu einem der fränkischen Theilreiche; nur wo es sich um eine solche zu der Gesammtheit der fränkischen Macht handelt, darf ein Beweis daraus entlehnt werden.

[3]) In den Acta Concilii Aurelian. a. 549 (Pardess. vol. I. p. 110 u. 147) wird ein xenodochium erwähnt, welches Childebert und seine Gemahlin in Lyon gründeten.

[4]) Charta Ausemundi und Ansloubanae uxoris ejus de condendo monasterio S. Andreae in civitate Viennensi, Pardess. vol. I. p. 107 n. 140 datirt wenigstens nach den Regierungsjahren Chlothars: a. 9. regni d. Lotario, d. h. im neunten Jahre seiner Regierung in den ihm zugefallenen Theilen Burgunds.

[5]) Gregor. Turon. Hist. lib. IV. cap. 9.

[6]) id. lib. IV. cap. 9. 13. 16. 20.

[7]) Manso a. a. O. S. 254. 205; Eichhorn, deutsche Staats- und Rechtsgeschichte. 5. Aufg. Th. 1. S. 142. 143.

[8]) Gregor. Turon. Hist. lib. IV. cap. 17.

[9]) id. lib. IV. cap. 16. 17.

[10]) id. lib. III. cap. 31.

[11]) Manso a. a. O. S. 89. 203. 204. — Aus den Unterschriften unter den Beschlüssen der Concilien zu Arles, Carpentras, Orange und Baison in den Jahren 524, 527 und 529 (Concilia stud. Th. Labbei Tom. IV. p. 1622 ss. 1663 ss. 1679 ss.) ergeben sich als unter ostgothischer Hoheit stehende Städte in Gallien: Arles, Cavaillon, Apte, Aix, Carpentras, Orange, Tricastin oder St. Paul de Trois-Chateaux, Antibes, Gap, Embrun, Baison und Toulon; nach Einigen statt Gap und Aix — Sion in Wallis und Genf.

[12]) Epistola Vigilii P. ad Aurelianum Ep. Arelat., Pardess. vol. I. p. 110 n. 145; Epist. Vigilii P. ad Aurel. Ep., Pardess. vol. I. p. 112 n. 151; Concil. Arelat. ib. p. 113 n. 155; Epist. Pelagii P. ad Childeb. R. ib. p. 114 n. 157. 158.

Marseille schaltet[1]), indeß dieser und sein Sohn Theudebald dem Uebereinkommen mit dem Ostgothenkönige zum Trotz eben um diese Zeit in Italien Fortschritte machen.[2])

Aber während diesen Fortschritten die mit der Zertrümmerung des ostgothischen Reiches freilich nur für einen kurzen Zeitraum in Italien wiederum zur Geltung kommende römische Herrschaft Einhalt thut, setzt gleichzeitig, doch eben auch nur auf kurze Zeit, das Schicksal der fortschreitenden Auflösung der einst von Chlodwigs Söhnen festgestellten Ordnung im Frankenreiche Schranken: dem sterbenden Theudebald folgt in Kurzem auch Childebert[3]), und der letztüberlebende jüngste Sohn Chlodwigs, Chlothar, vereinigt unter seinem Scepter von Neuem die gesammten der fränkischen Herrschaft unterworfenen Lande, seit dem Beginne des Jahres 559.

Die Monarchie Chlothars war nun aber bei Weitem eine andere als jene seines Vaters Chlodwig. Wo dieser nur über die Gebiete der Salier und Ripuarier, über Armorika und das Reich des Syagrius, sowie über einen Theil Aquitaniens zu verfügen gehabt hatte, gehorchten Chlothar gegenwärtig noch Burgund und die Provence, und dehnte sich seine Herrschaft ohne Zweifel in der ganzen Länge des Rheinlaufes viel tiefer in Deutschland hinein aus.

Als daher nach kurzer Alleinherrschaft auch Chlothar im Jahre 561[4]) starb, kam eine viel bedeutendere Ländermasse, als er und seine Brüder einst getheilt hatten, zur Theilung unter seine vier Söhne, und dennoch scheinen dieselben möglichst das bei der früheren Theilung beobachtete Verfahren der ihrigen zum Grunde gelegt zu haben, keineswegs aber von anderen Grundsätzen ausgegangen zu sein. Darauf deutet schon die Beibehaltung der vier Hauptstädte der älteren Theilreiche, an deren Stelle erst später andere treten, als es sich doch wohl zweckmäßiger erwiesen hatte, nicht im äußersten Winkel, sondern tiefer im Lande — wenn wir so sagen dürfen — die Regierungssitze aufzuschlagen. Da verloren denn Rheims, Orleans, Soissons ihre Bedeutung; Metz, Chalons-sur-Saone, Tournay erscheinen statt ihrer[5]); Paris aber, wie wir noch sehen werden, nahm seitdem eine ganz außergewöhnliche Stellung ein. Freilich dürfte indeß zu jenen vier Hauptstädten nicht überall dasselbe Gebiet hinzugefügt werden, welches nach der ersten Theilung zu ihnen gehört hatte; es hätten ja sonst die sämmtlichen neuen Erwerbungen noch mehr zersplittert werden müssen, als dies im Augenblicke, da sie gemacht wurden, geschah. Das lag aber offenbar durchaus nicht in der Absicht der Theilenden, welche vielmehr dahin ging, möglichst dichte Massen zu jedem der vier Reiche zu vereinigen; wir werden sehen, wie nur wenig davon abgewichen wurde.

Doch ehe wir zu den Einzelheiten der Theilung übergehen, schicken wir

---

[1]) Diploma Childeberti I. R. Fr. quo ecclesiae Parisiensi Jona confert a. 558, Pardess. vol. I. p. 115 n. 103. Darin schenkt Childebert außer einer Cella super alveum Sequanae in pago Melidunense — in Provincia locellum in pago Furidrense, cui vocabulum est Cella cum appenditiis in Aliavilla (alia villa?) super fluvio Carimio, a termino Broniolacensi usque ad fontem Campinam — et Salinas et in Massilia cum aedificio, quod super est aedificatum, omnia. — Es handelt sich hier um la Celle dicht bei Brignolle, das rechts am Caramie, einem Zuflusse des Argent, gelegen ist. Unter fons Campina ist vielleicht die Quelle der Issole zu verstehen, welches Flüßchen auch wohl Candume heißt und zwischen dem und Brignolle ein Ort Camps, SD. von la Celle, sich findet. O. neben Hyères, liegt auch ein Weiler Salins d'Hyères; wäre dies etwa das in der Urkunde genannte Salinas?
[2]) Manso a. D. S. 254. 265. 270 ff. — Vgl. Gregor. Turon. Hist. lib. III. cap. 32; lib. IV. cap. 9 und Giesebrechts Anmerkung in den Geschichtschreibern der deutschen Vorzeit. VI. Jahrh. Bd. IV. S. 144; sowie auch Epistola Floriani Abb. ad Nicetium Trevir. Ep., Pardess. vol. I. p. 111 n. 149. (Bouquet Scriptores Tom. IV. p. 67.)
[3]) Gregor. Turon. Hist. lib. IV. cap. 20: am 23. Dezember 558.
[4]) id lib. IV. cap. 21.
[5]) Schon Theudebald scheint zu Metz residirt zu haben, Gregor. Tur. Hist. lib. IV. cap. 7. Sigbert finden wir daselbst lib. IV. cap. 35, Childebert lib. VIII. cap. 36, lib. IX. cap. 20, lib. X. cap. 19. — Nach Orleans kommt Guntram nur Gregor. Tur. Hist. lib. IX. cap. 33; befindet sich dagegen fast immer zu Chalons, kehrt, wenn er ja abwesend war, immer wieder dahin zurück, und nimmt daselbst die wichtigsten Regierungsgeschäfte vor; lib. VII. cap. 21. lib. VIII. cap. 1. 11. lib. IX. cap. 3. 20. 10. 11. ꝛc. — Soissons, Chilperichs ursprüngliche Hauptstadt, geräth gleich Anfangs in Sigberts Gewalt, lib. IV. cap. 23, der auch dort stirbt und begraben wird, lib. IV. cap. 52; seitdem residirt Chilperich wieder daselbst, lib. V. cap. 2. 3. 18. 35; mit seinem Tode wird Childebert Herr der Stadt, lib. VIII. cap. 29. lib. IX. cap. 9. 32. 36. Tournay erscheint lib. IV. cap. 51. 52. lib. X. cap. 27.

wiederum, wie wir oben gethan, einige Worte über das Verhältniß der Theilenden voraus. Auch diesmal stehen, wie dies bei den Söhnen Chlodwigs der Fall war, drei Brüder von derselben Mutter, Charibert, Guntram und Sigbert, einem vierten Stiefbruder Chilperich[1]) gegenüber; aber nicht ist dieser letztere wie dort zugleich der älteste und bevorzugte, sondern der jüngste und anscheinend verkürzte, wodurch ein' Mißverhältniß zwischen ihm und den Brüdern hervorgerufen wird, welches namentlich zur Geltung kommt, als der baldige Tod Chariberts wieder die kaum zum Besten des Reiches hergestellte Ordnung löst. Denn über der Theilung von Chariberts Theilreich bricht der Bruderzwist, der bei dem Tode des Vaters durch Chilperich bereits angeregt war[2]), in erneuter Heftigkeit aus, zum Verderben des merowingischen Geschlechts noch durch den Hader herrschsüchtiger Weiber gefördert.

Zwar ist nun, ähnlich wie oben Chlodomers früher Tod, so auch hier derjenige Chariberts in mancher Hinsicht der genauesten Ergründung seines Theilreiches hinderlich, doch kommt uns dafür der nicht endende Zwist seiner Brüder zu Statten, der nicht allein dem Geschichtschreiber Anlaß giebt, noch später einmal eine oder die andere Landschaft als ehemals Charibert gehörig zu bezeichnen, sondern auch wohl Folgerungen auf das Verhältniß Chariberts zu den zwischen den Brüdern streitigen Landestheilen zuläßt.

Daß Charibert Paris als Königssitz zufiel, erfahren wir sogleich bei seinem Regierungsantritt[3]), aber wenn weiter gesagt wird, er habe damit zugleich Childeberts Reich erhalten, so ist dies doch nur zu einem Theile wahr, insofern nämlich alles dasjenige an ihn gelangte, was Childebert vom Reiche des Syagrius besessen hatte, also außer dem Gebiete von Paris Valois, die Brie und Beauce[4]), zu welcher wir auch den Perche als mit dem Chartrain zusammenhängend zählen müssen[5]). In Hinsicht dieser Landschaften sind wir wenigstens theils durch ihre Nennung als im Besitze Chariberts befindlich genau unterrichtet, theils durch Weiteres in den Stand gesetzt, ziemlich sichere Schlüsse zu ziehen. Doch zuvor haben wir die Umschreibung von Chariberts Theilreich zu Ende zu führen.

Nachweislich gehörte zu demselben zunächst im Anschluß an die Beauce noch Touraine[6]) und Poitou[7]), die Saintonge[8]) und das Bourdalais[9]), also der westliche, einst Chlodomer zugefallene Theil Aquitaniens, dann aber auch weiter die im Osten dieser Provinz gelegene Auvergne[10]), die vormals Theuderichs ge-

---

[1]) Gregor. Turon. Hist. lib. IV. cap. 3.
[2]) id. lib. IV. cap. 22, 23.
[3]) id. lib. IV. cap. 22: dediturque sors Chariberto regnum Childeberti sedemque habere Parisius. Vgl. auch die folgende Anmerkung!
[4]) id. lib. IX. cap. 20: constat fixa deliberatione finitum, ut in illam tertiam portionem de Parisiaca civitate eum terminis et populo suo, quae ad dominum Sigibertum de regno Chariberti conscripta pactione pervenerat, cum castollis Duno et Vindocino, et quidquid de pago Stampensi vel Carnoteno in pervio illo antefatus rex cum terminis et populo suo perceperat, in jure ac dominatione domini Guntchramni, cum eo quod superstite domino Sigiberto de regno Chariberti antea tenuit, debeant perpetualiter permanere.
[5]) Greg. Tur. Hist. lib. de glor. conf. cap. 99: Avitus abbas Carnoteni pagi, quem Pertensem vocant.
[6]) id lib. V. cap. 49. lib. IX. cap. 30.
[7]) id. lib. IV. cap. 46.
[8]) id. lib. IV. cap. 26.
[9]) id. lib. IV. cap. 26.
[10]) id. lib. de glor. conf. cap. 41: Tempore autem Theudechildae reginae Nunninus quidam tribunus ex Arverno de Francia post reddita reginae tributa revertens, Autisiodorensem urbem adivit, causa tantum religionis. — Wer war nun diese Königin Theudechilde, welcher aus der Auvergne Abgaben überbracht wurden? Wenn selbst, wie z. B. aus Gregor. Turon. Hist. lib. IX. cap. 20 hervorgeht, an verwittwete Königinnen und Königstöchter die Einkünfte von Städten und Landschaften überlassen wurden, so versteht sich dies um so mehr bei den Gemahlinnen regierender Könige (vgl. Waitz, Verfassungsgesch. Bd. II. S. 570), die ja nicht nur für ihren eigenen Bedarf die Abgaben aus solchen entgegen zu nehmen hatten, sondern bei der ihnen als Hausfrauen sogar noch unter den Karolingern zustehenden Sorge für gewisse Zweige des königlichen Hauswesens (Capitulare de villis imperialibus, Monum. Germ. hist. LL. Tom. I. p. 181 ss.) etwa dafür aufkommende Gelder unter ihrer Obhut haben mochten. Warum soll also nicht auch die Gemahlin Chariberts in die Lage haben kommen können, aus der Auvergne entweder für ihren Bedarf oder zum Behuf der Aufwendung für das Hauswesen ihres Gemahls Gelder zu empfangen? Und warum will man durchaus hinwegläugnen, daß die Königin Theudechilde, welcher Nunninus jene Einkünfte überbrachte, dieselbe sei, von der uns erzählt wird, sie habe nach Chariberts Tode Botschaft an Guntram gesendet und sich ihm zum Weibe angetragen.

wesen. Mit der Auvergne war nun ohne Zweifel all dasjenige Land an Charibert gekommen, welches bei der ersten Theilung als Theuderichs Eroberung diesem zugefallen war, nämlich Bourbonnais, Velay und Gevaudan, die Rouergue, Albigeois und Quercy. Besaß er aber also den ganzen Osten von Aquitanien ebenso wie den Westen, so liegt natürlich die Vermuthung nahe, er habe auch die von seinen Besitzungen fast rings eingeschlossenen mittleren Theile desselben, Berry, Limousin, Perigord, Angoumais und Agenois innegehabt; ja, wir behaupten sogar weiter, Charibert habe nicht minder auf die südlich der Garonne gelegenen, noch zwischen Franken und Westgothen streitigen Landschaften sowie auf die Abtretungen der Ostgothen im südwestlichen Gallien, namentlich in der Provence, aus der Theilung ein Anrecht erworben. [1]

Denn erfahren wir auch von den einen wie von den anderen nichts bei Lebzeiten Chariberts, dessen Tod etwa um 567, unmittelbar vor der Vermählung seiner Brüder Sigbert und Chilperich mit den Töchtern Athanagilds, des Königs der Westgothen, Brunhild und Galsvintha, erfolgt sein muß [2]: so treten doch beide gerade mit diesem Momente erst recht eigentlich und in einer Weise in die fränkische Geschichte ein, — um sie drehen sich ja die Händel und Vergleiche der Frankenkönige in den nächsten Jahrzehnten hauptsächlich, — daß wir nicht umhin können, den innigsten Zusammenhang zwischen all diesen Vorkommnissen anzunehmen.

Wenn auch fränkische Waffen bereits vor Saragossa an den Ufern des Ebro sich gezeigt hatten, so mag doch im Allgemeinen das Ansehn, welches sich auf die Heereszüge im südlichen Gallien gründete, in den Landschaften zwischen der Garonne und den Pyrenäen nicht gerade nachhaltig gewesen sein, und gewiß haben um den Besitz derselben bei Weitem mehr Kämpfe stattgefunden, als die Geschichte aufgezeichnet hat. Die inneren Wirren, welche wiederholter Königsmord und Bürgerkrieg im westgothischen Reiche hervorrief [3], mögen ihrerseits wohl dem Fortschritt der fränkischen Herrschaft Vorschub geleistet haben, allein erst da scheinen die Westgothen sich dieser Landschaften dauernd entäußert zu haben, als Athanagild, mit Hülfe kaiserlicher Waffen auf den Thron erhoben, einsehen lernte, daß es leichter sei, Fremde in sein Land zu rufen, als sie wieder los zu werden, und um sich ihrer — die bereits im Besitze dieser festen Plätze deutlich die Absicht verriethen, sich deren mehrere anzueignen [4], — mit Erfolg erwehren zu können, die von den Frankenkönigen angetragene gütliche Beilegung ihres Zwistes gewiß mit Freuden ergriff. Er genehmigte die Werbung Sigberts und Chilperichs um seine Töchter, und die endliche Abtretung des Landes zwischen Garonne und Pyrenäen an die fränkischen Herrscher erfolgte in einer die Sache mildernden Form; es ward im Verein mit anderen, schon früher dem Frankenreiche einverleibten, selbst nördlich der Garonne gelegenen Landschaften zur Mitgift und Morgengabe Galsvinthas und Brunhilds bestimmt.

Unter solchem Namen erscheint wenigstens ein Theil desselben ausdrücklich,

sei jedoch von diesem, nachdem er zuerst scheinbar auf ihren Antrag eingegangen, ihr dann aber die mitgebrachten Schätze seines Bruders abgenommen habe, in ein Kloster gesteckt worden? (Gregor. Turon. Hist. lib. IV. cap. 26. Vgl. Chdruini Valesii Rerum Francicarum Tom. I. p. 343.) Nimmt man etwa Anstoß daran, daß gesagt wird, Nunninus sei auf dem Wege von Francien nach der Auvergne rückkehrend über Auxerre gekommen, das eine Stadt Guntrams war, so giebt der Zusatz: causa tantum religionis, die Erklärung; er wollte eben am Grabe des h. Germanus beten. Ueberdies aber führte ihn der gerade Weg von Paris, das wir uns doch als den Ort vorstellen müssen, wo die Gelder abzuliefern waren, nach dem Gebiet seines Herrn über Auxerre und stand ja den Angehörigen eines der fränkischen Theilreiche der Durchgang durch ein anderes so lange frei, bis, wie allerdings wiederholt sich ereignete, ein besonderes Verbot deshalb erging. (Vgl. Gregor. Turon. Hist. lib. VI. cap. 11. lib. IX. cap. 20, 32.)

[1] Schon Warnkönig, Französische Staats- und Rechtsgeschichte. Bd. I. S. 85 behauptet Aehnliches; wenn er aber sagt, Charibert sei, eben weil er die einst ostgothischen Besitzungen zu seinem Antheil rechnete, mit Guntram in Streit gekommen, so müssen wir ihn eines Irrthums zeihen. Nicht Charibert, sondern Sigbert stritt mit Guntram über den Besitz der Provence.

[2] In Rücksicht des Todesjahres Chariberts schwankt man zwischen 567 und 570, doch entscheiden sich die meisten Stimmen für ersteres, so z. B. Pertz Hausmeier und Giesebrecht in den Geschichtschr. a. O., in den beigefügten Stammtafeln, Roth Benefbes. S. 288, Fauriel Histoire de la Gaule méridionale Tom. II. p. 169. Warnkönig a. O. S. 85, der aber sehr flüchtig gleich darauf, wie zuvor Charibert und Sigbert, so Chilperich und Childebert in einander wirrt.

[3] Aschbach, a. O. S. 100 ff.

[4] Aschbach, a. O. S. 193 ff.

während der andere die Vermuthung einer gleichen Bestimmung nicht von sich weist, in jenem berühmten Vertrage, welchen im Beisein Brunhilds, ihrer Tochter Chlodsinde und der Gemahlin Childeberts, Faileuba, dieser König und sein Oheim Guntram zu Andelot am 28. November 587 schließen[1]). Wörtlich heißt es darin: „In Betreff der Städte Bordeaux, Limoges, Cahors, Lescar und Tarbes, welche einst Galswintha, die Schwester der Frau Brunhild, wie bekannt, als sie in das Frankenreich kam, theils zum Brautschatz theils zur Morgengabe erhielt, und die dann nach der richterlichen Entscheidung des ruhmreichen Herrn Königs Guntram und der Franken bei Lebzeiten der Könige Chilperich und Sigbert bekanntermaßen Frau Brunhild erwarb, ist festgesetzt worden, daß Frau Brunhild vom gegenwärtigen Tage an die Stadt Cahors mit ihrem Gebiete und allen ihren Bewohnern zum Eigenthum empfangen, die anderen Städte aber, die in dieser Beziehung oben genannt sind, Herr Guntram, so lange er lebt, besitzen soll, doch so daß sie dereinst nach dessen Heimgang in ihrem ganzen Umfange in das Eigenthum der Frau Brunhild und ihrer Erben unter Gottes Beistand wiederum übergehen, bei Lebzeiten König Guntrams aber weder von der Frau Brunhild noch von ihrem Sohne Childebert oder dessen Söhnen auf irgend eine Weise oder zu irgend einer Zeit beansprucht werden sollen.“

Von den hier namhaft gemachten Städten gehörten, wie wir oben sahen[2]), Bordeaux, Cahors und Limoges, die Hauptstädte der drei Landschaften Bourdalais, Quercy und Limousin, unbestritten den Franken und zwar insbesondere dem Theilreiche Chariberts zu, während Tarbes und Lescar oder vielmehr die Landschaften, in denen sie gelegen, und die der Vertrag ausdrücklich nennt, Bigorre und Béarn, einen Theil des zwischen den Franken und Westgothen streitigen Gebietes bildeten, jenes bereits einmal in Beziehung zu der fränkischen Herrschaft genannt, dieses bisher noch unerwähnt, gewiß aber beide bei der Theilung unter die Söhne Chlothars demjenigen zugesprochen, mit dessen Theilreich sie unmittelbar zusammenhingen, nämlich Charibert. Wie weit derselbe ihrer mächtig war, wissen wir nicht, doch kaum war er todt, so erfolgte durch die Vermählung seines Bruders Chilperich die Sicherung dieser Landschaften in fränkischem Besitz eben durch ihre Bestellung gemeinsam mit jenen drei vorgenannten als Morgengabe und Mitgift Galswinthens. Nach deren unglücklichem Ausgange wurden sie sämmtlich ihrer Schwester Brunhild zugesprochen, und sollen auch, wenn gleich durch den Vertrag von Andelot mit Ausnahme von Quercy für jetzt dem Könige Guntram überlassen, nach dessen Tode an jene oder deren Erben zurückfallen, denen bereits die für Brunhild selbst bestellte, in der Verwirrung der letzten Jahre derselben abhanden gekommene Mitgift und Morgengabe gleichfalls wiederzugesprochen ist.

Ebenso nämlich wie in der eben angeführten Stelle des Vertrages einige nachweislich zu Chariberts früherem Theilreiche gehörige, neben zwei bis dahin zweifelhaften Landschaften genannt wurden, nur aber so ausdrücklich als Mitgift und Morgengabe für eine der Schwestern, stehen ein anderes Mal wiederum Gebiete neben einander, welche jene beiden Unterschiede auszeichnen. Neben Meaux und Senlis, neben Touraine, Poitou und Albigeois, welche als Charibert gehörig theils bereits erwiesen sind, theils noch erwiesen werden sollen, finden wir — um sie zuvörderst mit lateinischem Namen wiederzugeben — Abrincate, Vicus-Julii, Consorani und Lapurdum. Von diesen sind die drei letzten als die Vertreter von drei kleinen Landschaften in unmittelbarster Nachbarschaft östlich, nördlich und westlich von Béarn und Bigorre immerdar angesehen worden; die heutigen Namen lassen auch zum Theil noch jene Benennungen wiedererkennen, wenn gleich mancher Wandel in ihrer Bedeutung vorgegangen ist. Der Name Consorani, im Alterthum ein kleines Völkchen am Fuße der Pyrenäen bezeichnend[3]), im Anfange des Mittelalters ein Bisthum bedeutend[4]), dessen Sitz aber zerstört seitdem nur noch einen Burgflecken bildet[5]), ist der Landschaft Conserans oder Couserans geblieben. Lapurdum ist Bayonne im

[1]) Gregor. Turon. Hist. lib. IX. cap. 20; Monum. Germ. hist. LL. Tom. I. p. 7 ss.
[2]) S. 206. 207.
[3]) Plinii natur. histor. lib. IV. cap. 19 (33).
[4]) Gregor. Turon. lib. de glor. confess. cap. 84.
[5] Bruzen de la Martinière le grand Dictionnaire s. v. Conserans.

Ländchen Labour, Vicus-Julii Aire in Turfan. Die vierte jener Städte indeß, Abrincate mit dem für Avranches in der Normandie gebräuchlichen lateinischen Namen genannt, kann dies unmöglich sein.

Der Zusammenhang lehrt, daß wir es hier, wie überhaupt in dem ganzen Vertrage von Andelot, mit Städten und Landschaften zu thun haben, welche einst Charibert zugetheilt waren. „Weil Herr Guntram — so lautet die betreffende Stelle — behauptet, daß laut dem Vertrage, den er mit Herrn Sigbert seligen Angedenkens geschlossen, der ganze ihnen beiden [1]) zugefallene Theil vom Reiche Chariberts, ihm ungeschmälert zukomme, aber Herr Childebert seinerseits all dasjenige, was sein Vater besessen, zurückverlangt: so ist nach schließlicher Berathung unter ihnen abgemacht worden, daß jenes Drittheil der Stadt Paris mit seinem Gebiet und seinen Bewohnern, das von dem Reiche Chariberts nach schriftlicher Uebereinkunft an Herrn Sigbert gekommen war, sammt den Burgen Chateaudun und Vendome und Allem, was auf dem Wege dorthin von dem Gau von Etampes und dem Chartrain der gedachte König (Sigbert) erhalten, auf immer unter der Gewalt und Herrschaft des Herrn Guntram gleich demjenigen bleiben solle, was er bei Lebzeiten des Herrn Sigbert vom Reiche Chariberts bereits inne hatte; dagegen soll Herr Childebert Meaux, zwei Theile von Senlis, Tours, Poitiers, Abrincate, Aire, Conserans, Bayonne und Albi mit ihren Gebieten vom heutigen Tage an wieder in seine Gewalt bekommen.“

Sollte nun wirklich ganz gegen das sonst bei den Haupttheilungen bemerkte Princip, möglichst abgeschlossene Ganze herzustellen, mit der Stadt Avranches und dem Ländchen Avranchin, eine gänzlich alleinstehende Ausnahme gemacht, selbige aus der zusammenhängenden Masse von Chilperichs Theilreich, die wir später kennen lernen werden, herausgegriffen und Charibert zugetheilt worden sein? Welch einen Werth hätte für ihn solch verlorener Posten mitten unter den Besitzungen eines ihm noch dazu, wie anzunehmen, keineswegs freundlich gesinnten Bruders gehabt? Daß bei den Zwischentheilungen, welche einer jeden Haupttheilung auf dem Fuße folgten, vielfach ein willkürliches Durcheinander sich ergab, weil die zu solchem Geschäft berufenen über den Gegenstand desselben sich weniger vertrugen als vielmehr einer vor dem andern herstürzten, ist oben bereits deutlich geworden. Doch hat wohl kaum in einem Falle, selbst bei dem in Kurzem zu besprechenden Vorkommniß der Theilung einzelner Städte, eine derartige Vereinzelung stattgefunden, wie hier geschehen sein müßte, und ist zugleich soviel unzweifelhaft, daß die zweite Haupttheilung all die Mißstände wieder beseitigte, welche seit der ersten eben durch jene Zwischentheilungen herbeigeführt waren. Daher tritt auch der Gedanke nahe, dieselbe habe ebenso auf einer letztwilligen Bestimmung des sterbenden Chlothar beruht, wie die erste auf einer solchen Chlodwigs, und die Söhne beider hätten trotz aller Neigung zu gegenseitiger Uebervortheilung doch möglichst daran festgehalten, dieser Neigung dann aber um so mehr genügt, sobald eine Zwischentheilung nöthig wurde. Im vorliegenden Falle ist nun von einer solchen eigentlich weniger als vielmehr von der Regelung einiger im Verlauf der letzten Jahre verwirrten Besitzverhältnisse die Rede. Es läßt sich also auch nicht einmal annehmen, König Guntram habe die besondere Stellung, die er seinen Neffen Childebert und Chlothar gegenüber einnahm, und die in der väterlichen Gewalt über seine beiden Adoptivkinder, die Söhne Sigberts und Chilperichs, und der damit ähnlich seinem Vater Chlothar ihm zukommenden obersten Macht im Reiche bestand [2]), dazu benutzt, Childeberts Ansprüche auf gewisse andere Gebietstheile sei es aus seines Vaters Sigbert früherem Besitze sei es aus jener Mitgift durch ein von Chilperich auf Chlothar vererbtes Stück Landes abzufinden.

Wo aber suchen wir jetzt die Stadt und ihr Gebiet, welche wir im Vertrage von Andelot, sei es auf Grund ursprünglicher Lesart, sei es aus Anlaß

---

[1]) Giesebrecht Geschichtschr. a. O. Bd. V. S. 134 übersetzt: „daß .... ihm (Guntram) der ganze Antheil, welchen jener (Sigbert) vom Reiche Chariberts erhalten hatte, ungeschmälert zukomme“. Er liest also „illi“, wo ohne Zweifel „illis“ gelesen werden muß.

[2]) Gregor. Turon. Hist. lib. VII. cap. 13: asserentes hunc esse nunc patrem super duos alios, Sigiberti scilicet et Chilperici, qui ei fuerant adoptati: et sic tenore regni principatum ut quondam Chlotacharius rex fecerat pater ejus. Vgl. lib. V. cap. 18. lib. VIII. cap. 13.

irriger Lesung, Abrincate genannt finden? Die Reihenfolge der Namen scheint fast die Richtung weisen zu wollen, nach der wir unser Auge wenden müssen. Im Norden mit den unmittelbar benachbarten Städten Meaux und Senlis beginnend, reiht der Vertrag zunächst die den Uebergang nach Aquitanien bildenden Tours und Poitiers daran, und rückt zwischen diese und die südlich in geringen Abständen von einander gelegenen Aire, Conserans und Bayonne, an die sich dann noch das wenig entfernte, etwas östlicher liegende Albi schließt, eben jenes Abrincate ein. Es ist somit natürlich, daß wir letzteres inmitten der im Ganzen streng beobachteten Folge, etwa zwischen Poitiers und Aire, suchen. Und da möchte denn, wenn wir uns nach einem möglichst anklingenden Namen umsehen, als der geeignetste derjenige des Ländchens Auribat, westlich dem Tursan benachbart, der vermuthliche Sitz der kleinen Völkerschaft der Onobrisates [1], mit der Stadt Acqs oder Dax am Adour, erscheinen. Auribat, wohl zu unterscheiden von dem nördlich angrenzenden Albret, würde sich gleichzeitig den übrigen am Fuße der Pyrenäen gelegenen Landschaften, die im Vorstehenden zur Sprache kamen, passend anreihen, und sich somit ein Verband von sechs einander benachbarten Landschaften — Conserans, Bigorre, Bearn, Labour, Tursan und Auribat — uns bieten, welche sämmtlich, wenn auch ein noch unsicherer Besitz, im Jahre 561 Chariberts Theilreich beigezählt, erst nach dessen Tode im Jahre 567 durch die Vermählung seiner Brüder der fränkischen Herrschaft gesichert wurden. Freilich nicht für lange Zeit; denn schon drängten die von den Westgothen in ihrer Freiheit und ihrem Glauben bedrohten Basken vom Süden herauf; fränkische Waffen suchten wiederholt vergeblich ihrem weiteren Umsichgreifen nordwärts der Pyrenäen Einhalt zu thun, und bald war fast das ganze Gebiet zwischen diesen, dem Meere und der Garonne baskisch. [2]

Dauernder unter fränkischer Botmäßigkeit blieben dagegen die Erwerbungen im Südosten, welche wir oben mit den, als Morgengabe und Mitgift der Töchter des Westgothenkönigs gekennzeichneten, südwestlichen Landschaften Galliens zusammenstellten, die Abtretungen der Ostgothen.

Von diesen finden wir nun zwar den nördlicheren Theil, der von den Ostgothen erst im Jahre 523 den Burgundern abgenommen war [3], darin die Städte Embrun, Gap, St. Paul Tricastin, unangefochten in Guntrams Besitz, während der südlichere schon bei Chlodwigs Lebzeiten den Ostgothen anheimgefallene Theil, die Provence [4], eben als der Gegenstand des Haders zwischen Guntram und Sigbert so unmittelbar nach Chariberts Tode erscheint [5], daß der Gedanke sich unwillkürlich aufdrängt, es müsse jener Hader gerade aus der Erbestheilung entsprungen sein. Diese näherte überhaupt Sigbert erst durch die dabei ihm zugefallene Auvergne mit dem Velay und Gevaudan dem Südosten des Gesammtreiches, dessen Nachbar Guntram dagegen schon von Anfang durch sein ursprüngliches Theilreich war. Jetzt erhielt er wiederum die an dasselbe grenzende Nordhälfte der Provence und namentlich die an Durance und Rhone gelegenen Städte Riez [6], Cavaillon [7] und Arles [8], Sigbert und nach ihm sein Sohn Childebert den durch die Vogge [9] an ihre übrigen aquitanischen Besitzungen sich anschließenden Küstenstrich mit Aix [10] und Vence [11] nebst dem nördlicher an der Rhone liegenden Avignon. [12]

Was Marseille betrifft, so will zwar eine Quelle [13] wissen, es sei bereits

---

[1] Plinii natur. histor. lib. IV. cap. 19 (33). Sickler, Handbuch der alten Geographie. Th. I. 2. Aufl. S. 88. — Unwesentlich abweichend bestimmt die Lage der Onobrisates: Walckenaer, Géographie ancienne des Gaules Tom. II. p. 240. 241.
[2] Gregor. Turon. Histor. lib. VI. cap. 12. lib. IX. cap. 7. Vgl. Aschbach a. D. S. 207.
[3] Manso a. D. S. 68.
[4] Manso a. D. S. 66.
[5] Gregor. Turon. Hist. lib. IV. cap. 26—30.
[6] id. lib. IV. cap. 42. lib. IX. cap. 41.
[7] id. lib. VIII. cap. 31. lib. IX. cap. 41.
[8] id. lib. IV. cap. 30.
[9] id. lib. VIII. cap. 18. 42.
[10] id. lib. de glor. conf. cap. 71.
[11] id. Hist. lib. IX. cap. 24.
[12] id. lib. IV. cap. 30.
[13] Vita S. Consortiae Virg. auct. Anonymo, Mabill. sec. 1. p. 248 ss.; p. 250: Non post multos dies mortuo rege Chlothario, inissus est unus ex primoribus palatii Hecca nomine a Sigiberto, qui patri suo in regnum successerat, ut provinciam Massiliae disponeret.

mit Chlothars Tode an Sigbert übergegangen. Allein dem scheint denn doch nicht so zu sein; vielmehr müssen wir annehmen, dasselbe sei in dem Vertrage der überlebenden Brüder nach Chariberts Ableben[1]) zwischen Guntram und Sigbert getheilt worden[2]). Sigberts Antheil wußte sich, als auch dieser starb, Guntram ebenfalls anzueignen[3]), und es entstanden darüber Mißhelligkeiten zwischen ihm und Sigberts Sohne Childebert, welche die Herausgabe jenes Antheils[4]), der wohl die Hälfte des Stadtgebietes betrug[5]), kaum beizulegen vermochte.

Es befand sich also, wie wir gleich sehen werden, die Provence und vor Allem Marseille in einer ähnlichen Lage wie Paris und andere Städte in dem nördlichsten Theile von Chariberts Theilreich, der uns jetzt noch zu besprechen übrig ist, nur mit dem Unterschiede, daß Chilperich, der Stiefbruder der Theilenden, von der Provence durch fremdes Gebiet entfernt gehalten, hier ohne Weiteres ausgeschlossen werden konnte, dort im Norden aber als unmittelbarer Nachbar des Theilungsgegenstandes Berücksichtigung forderte.

Ueber keinen Theil von Chariberts Nachlaß scheinen sich nun die theilenden Brüder schwieriger vertragen zu haben als über die Hauptstadt Paris und die derselben zunächst gelegenen Städte und Gebiete. Das bekundet der auffällige Ausweg der Dreitheilung nicht nur der Hauptstadt selber, sondern auch einiger der letzteren, welche wir eben darum hauptsächlich zu Chariberts Theilreich rechnen zu müssen meinen. Denn was lag für ein Grund vor, etwa Senlis ebenso zu theilen wie Paris, wenn nicht der, daß Senlis gleich Paris Charibert gehört hatte? Mit Senlis war aber ohne Zweifel auch ganz Valois, in dem es gelegen, dereinst Chariberts gewesen und vielleicht bei dessen Tode gleichfalls unter die drei Brüder getheilt worden, mag nun das in dem Vertrage von Andelot neben Senlis genannte, gegen diese Stadt eingetauschte, ebenso in drei Theile getheilte territorium Rossontense wirklich Resson-le-Long zwischen Soissons und Blc-sur-Aisne[6]) gewesen sein, mithin auch in Valois und zwar in dessen dem Gebiete von Senlis entgegengesetzter nordöstlichen Ecke gelegen haben, oder mag darunter das Gebiet von Rosoy oder Rossay in der benachbarten Brie verstanden werden sollen. Wir möchten Letzteres vorziehen; einmal ergäbe sich daraus die Zugehörigkeit der Brie zu Chariberts Theilreich noch deutlicher als bloß aus dem Umstande, daß sie einst in demselben Zusammenhange gestanden und mit Valois, Paris und der Beauce Childeberts I. gewesen, dann aber böte der Tausch, den Childebert II. und Guntram hier vornehmen, einen ferneren Beweis für das Streben der Theilkönige, sich in der Weise auseinander zu setzen, daß eines Jeden Gebiet möglichst ein Ganzes, wenigstens größere zusammenhängende Massen bilde. Indem nämlich das Abkommen getroffen wird, daß Childebert Senlis, von dem er bereits zwei Drittheile d. h. die ehemaligen Antheile Sigberts und Chilperichs inne hat, ungetheilt besitzen, und soviel das Drittheil Guntrams daran beträgt, diesem dafür von dem Drittheil, das Childebert an dem territorium Rossontense zusteht, zu den Antheilen d. h. dem eigenen und demjenigen Chilperichs, welche Guntram dort schon besitzt, als Entschädigung gegeben werden soll: wird der durch die Uneinigkeit der theilenden Brüder Guntram, Sigbert und Chilperich geförderten unnatürlichen Zerstückelung ein Damm gesetzt. Childebert, der bereits Chilperichs frühere Hauptstadt Soissons in seiner Gewalt hat[7]), erhält das an sein Theilreich angrenzende Land zwischen Oise und Marne mit Einschluß des Valois, Guntram dagegen zwischen Marne und Seine fast die ganze Brie, im Anschluß an sein Theilreich, vorausgesetzt eben, daß wir es in dem Vertrage von Andelot mit Rosoy in der Brie zu thun haben.[8])

---

[1]) Gregor. Turon. Hist. lib. IX. cap. 20 weist auf solchen Vertrag hin in den Worten: quae ad domnum Sigibertum de regno Chariberti conscripta pactione pervenerat.

[2]) id. lib. VI. cap. 11. 31.

[3]) id. lib. VI. cap. 31: Chilpericus rex legatos nepotis sui Childeberti suscepit ..... quibus intromissis ad regem .... dixerunt .... Pacem .... cum fratre tuo .... habere non potest (Childeb.) quia partem Massiliae ei post mortem abstulit patris.

[4]) id. lib. VI. cap. 33: partem Massiliae Guntchramnus rex ipsi nepoti suo refudit.

[5]) id. lib. VI. cap. 11: medietatem Massiliae, quam ei post obitum patris sui dederat.

[6]) An Rosson in der Gegend von Beauvais kann wohl füglich hier nicht gedacht werden.

[7]) Gregor. Turon. Hist. lib. IX. cap. 9. 32.

[8]) Rosoy bildet später eine der sechs Electionen der Brie; Bruzen de la Martinière, le grand Dictionnaire, s. v. Rosay ou Rosoy und Brie.

Wir sind indeß somit an das Ziel unserer Untersuchung über die Ausdehnung von Chariberts Theilreich gelangt, dessen am meisten abgerundete Hauptmasse also Aquitanien vom Fuße der Pyrenäen und dem westgothischen Septimanien im Süden bis zu den burgundischen Grenzen im Osten und fast zur
Loire im Nordwesten sich erstreckte, im Südosten durch das Vivarais und die
Uzège über die Rhone hinaus mit seinem dortigen Anhang, der Provence, in
Verbindung gesetzt ward, im Norden dagegen mit Touraine die Loire überschritt,
wo sich ihm dann die Beauce gleich wie an den Rumpf der Hals anschloß, um
die Vermittlung zwischen jenem und dem Haupte, der Stadt Paris und den ihr
benachbarten Gebieten Valois und Brie, zu übernehmen. Möglich wäre es
nun freilich, daß auch das Blaisois noch zu Chariberts Theilreiche gehört hätte,
und somit der Zusammenhang zwischen seinen aquitanischen Besitzungen, dem
einst westgothischen Lande, und seinem Antheile an der ehemaligen Herrschaft
des Syagrius ein weniger beschränkter gewesen wäre. Allein wir haben Gründe,
das Blaisois zu dem Theilreiche des zweiten Bruders Guntram zu rechnen, zu
dessen Besprechung wir jetzt übergehen.

Guntram habe — so wird uns berichtet[1] — das Reich und die Hauptstadt seines Oheims Chlodomer empfangen. Zutreffend ist dies nur in Hinsicht
des Antheiles, den wir Chlodomer am Reiche des Syagrius zugesprochen haben;
das eigentliche Orleanais, das Gastinois-Orleanais und das Blaisois gehörten
ihm, und finden wir sowohl Orleans wiederholt als eine Stadt Guntrams
bezeichnet[2], als auch die von Blois mit denen von Orleans im Dienste Guntrams gegenüber den benachbarten, einst Charibert gehörigen Städten verbunden[3], während das Gastinois-Orleanais nach dem oben ausgesprochenen Grundsatze schon um seiner Lage willen nur Guntram unterworfen gewesen sein kann.
Denn weiter war diesem der dem Gastinois-Orleanais östlich benachbarte südliche
Zipfel der Champagne mit den Städten Troyes[4], Sens[5], Auxerre[6], einst
gleichfalls syagrisches Gebiet, anheimgefallen, und endlich bildete die Hauptmasse
seines Theilreichs alles Land, welches mit Ausschluß der Provence einst zum
Burgunderreiche vereinigt gewesen war; soweit uns im ganzen Umfange dieses
Reiches im Laufe der Regierung der Söhne Chlothars I. Städte namhaft gemacht werden, sind sie als in Guntrams Gewalt befindlich, in Guntrams Reiche
gelegen bezeichnet, wie Langres[7] im Norden, Autun[8] und Nevers[9] im Nordwesten, Chalons-sur-Saone[10], Maçon[11], Lyon[12], Valence[13] an Saone und
Rhone, Grenoble[14], Die[15], St. Paul Tricastin[16], Gap[17] und Embrun[18] an
den übrigen Nebenflüssen der letzteren sowie im Süden bis zur Grenze der
Provence.

Zu diesem ursprünglichen Bestande von Guntrams Reiche traten nun, wie
wir schon sahen, später noch einzelne Theile aus Chariberts Erbschaft hinzu,
bei deren Auswahl, wenn auch nicht überall ein Zusammenhang mit Guntrams
Hauptreiche bewahrt werden konnte, so doch wenigstens auf einen solchen unter

---

[1] Gregor. Turon. Hist. lib. IV. cap. 22.
[2] id. lib. VII. cap. 24. lib. IX. cap. 33; de mirac. S. Mart. lib. IV. cap. 37.
[3] id. Hist. lib. VII. cap. 2: Aurelianenses cum Blesensibus juncti super Dunenses
irruunt eosque inopinantes proterunt .... Quibus discedantibus conjuncti Dunenses cum re-
liquis Carnotenis de vestigio subsequuntur, simili sorte eos afficientes qua ipsi affecti fuerant. — Vgl. lib. VII. cap. 21.
[4] id. Hist. lib. VIII. cap. 13. 31.
[5] id. Hist. lib. VIII. cap. 31.
[6] id. Hist. lib. IV. cap. 42. lib. V. cap. 14.
[7] id. Hist. lib. V. cap. 5.
[8] id. Hist. lib. V. cap. 5. lib. IX. cap. 23. 41.
[9] id. Hist. lib. VIII. cap. 1. lib. IX. cap. 41.
[10] id. Hist. lib. V. cap. 46. lib. VII. cap. 21. lib. VIII. cap. 1. 11. lib. IX. cap. 3. 20.
lib. X. cap. 10. 11. 28.
[11] id. Hist. lib. VIII. cap. 12. 20.
[12] id. Hist. lib. V. cap. 21.
[13] id. Hist. lib. IV. cap. 45.
[14] id. Hist. lib. IV. cap. 45.
[15] id. Hist. lib. IV. cap. 45.
[16] im Tricastinois unfern der Rhone unterhalb Valence gelegen, auch S. Paul de trois
chateaux genannt; id. Hist. lib. V. cap. 21.
[17] id. lib. V. cap. 21.
[18] id. lib. IV. cap. 42. 45. Ueber die drei letzteren Städte vgl. S. 210!

ihnen selbst gesehen worden zu sein scheint. So erhielt Guntram das an sein Theilreich sich unmittelbar anschließende Berry[1]) und, wie wir oben vermutheten, einen
Antheil an der Brie, namentlich auch den an das Gastinois-Orleanais grenzenden Theil derselben mit Melun[2]), der gewissermaßen die Brücke zu seinen Antheilen an Paris und Valois bildete. Dazu kamen dann noch einige aquitanische
Landschaften, wie das Tolosain[3]), Agenois[4]) und Perigord[5]), deren zwei
letztere unmittelbar zusammenhängend von dem ersteren nur durch ein dazwischen
fallendes unbedeutendes Stückchen des Quercy getrennt wurden, und endlich die
den Lauf der Durance entlang gelegenen provençalischen Städte nebst Arles und
einem Antheil an Marseille.

Während aber das anfängliche Theilreich Guntrams im Nordwesten, Westen
und Süden gegen Chariberts oben umschriebene Besitzungen grenzte, und im
Osten jenseits der Alpenpässe mit stetem Angriff drohende Nachbarn in den
Langobarden hatte, ward es von dem Theilreiche des dritten Bruders Sigbert
durch eine Linie geschieden, welche, beginnend wo die Seine, wenig unterhalb der
Aubemündung, in die Brie und damit in das Gebiet Chariberts eintrat, zuvörderst an deren Ufer entlang, dann östlich an Troyes und nördlich an Langres
vorüber, zwischen den Quellen der Maas und Mosel hier, der Saone dort hindurch, endlich unfern der Krümmung des Doubs nächst der Grenze des Elsaß
gegen den Rhein sich hinzog, den sie etwa bei Basel erreichte.[6])

Nördlich von dieser Linie erstreckte sich dann das Theilreich Sigberts einerseits tief nach Deutschland hinein, anderseits über das alte Ripuarierland und
einen Theil der spagrischen Champagne bis zur Ostgrenze der Brie und bis
zu Chilperichs Theilreich gehörenden Soissonnais. Straßburg[7]), Köln[8]), Coblenz[9]), Trier[10]) und Metz[11]) am Rhein und an der Mosel, Verdun[12]) und
Mouzon[13]) an der Maas, Chalons-sur-Marne[14]), Rheims[15]) und Laon[16]) bezeichnen die Ausdehnung desselben. Laon, der am Weitesten gegen Nordwesten
vorgeschobene Posten, ist zugleich der nördlichste Punkt in diesem Theile von
Sigberts Gebiet, welcher ausdrücklich namhaft gemacht wird, während nur
wenige Meilen westlich davon entfernt bereits die Hauptstadt des vierten
Theilreichs Soissons liegt; Laon erscheint aber auch später in den Kämpfen der
Majoresdomus gegeneinander als eine Grenzfeste des östlichen Reiches gegen
das westliche[17]), wogegen das ihm ebenfalls unmittelbar anliegende Vermandois
einst, wie wir sahen, zu dem Theilreiche Chlothars II. gehörig, wiederum das
Grenzgebiet des westlichen gegen das östliche Reich bildet[18]), mithin wohl bei der
Theilung der Söhne Chlothars I. ebenso dem Westen zugetheilt blieb.

Die Grenze von Sigberts Theilreich zog sich darnach hier etwa von der
Aisne im Westen Laons in einem Bogen um diese Stadt herum gegen Nordosten am Rande des Vermandois entlang bis zur Quelle der Oise, darauf nord-

---

[1]) Gregor. Turon. Hist. lib. VI. cap. 12. 31. 39. lib. VII. cap. 24. 38. lib. VIII. cap. 30.
[2]) id. lib. VI. cap. 31. Der Zusammenhang ergiebt, daß Melun zu Guntrams Reich gehört.
[3]) id. lib. VI. cap. 12. lib. VIII. cap. 30. lib. IX. cap. 31.
[4]) id. lib. VI. cap. 12. lib. IX. cap. 19. 31.
[5]) id. lib. VI. cap. 12. 22.
[6]) Der hier am südlichen Ufer des Bodensees sich erstreckende, den Zürichgau mit umfassende
Thurgau (Dümmler, Geschichte des Ostfränkischen Reichs, Bd. I. Abth. 1. S. 194) gehörte wohl
zu Guntrams Reich sogut wie früher zum burgundischen Reiche. Letzteres bezeugt die Unterschrift
des Bischofs von Windisch auf dem Concilium Epaonense vom Jahre 517. (Concilia stud. Ph.
Labbei Tom. IV. p. 1574ss.)
[7]) Gregor. Turon. Hist. lib. IX. cap. 36.
[8]) id. lib. VI. cap. 24.
[9]) id. lib. VIII. cap. 13.
[10]) id. lib. VIII. cap. 37; vit. patr. cap. 17 n. 3.
[11]) id. Hist. lib. IV. cap. 35. lib. VIII. cap. 36. lib. IX. cap. 20.
[12]) id. lib. VIII. cap. 8. lib. X. cap. 19.
[13]) id. lib. IX. cap. 29.
[14]) id. lib. V. cap. 41.
[15]) id. lib. IV. cap. 23. 51. lib. VI. cap. 3. 31.
[16]) id. lib. VI. cap. 4. Der hier und anderwärts (lib. IV. cap. 46. lib. IX. cap. 9—14) erwähnte
Herzog der Champagne, Lupus mit Namen, wird auch von dem Dichter Venantius Fortunatus
(lib. VII. carm. 7—9) wegen seiner treuen Anhänglichkeit an König Sigbert gefeiert.
[17]) Gesta Francorum cap. 46.
[18]) Die Schlacht bei Testry im Vermandois im Jahre 687 (Gesta Francorum cap. 48) deute
darauf hin. Vgl. über dieselbe S. 125. 177.

wärts über die Sambre hinweg im Osten des Hennegau und Bracbant hin,
wo sie sich in dem s. g. Kohlenwalde verlor.

Vergegenwärtigen wir uns aber jetzt das eben [1]) über die Theilung der Söhne
Chlodwigs Gesagte, soweit es den Antheil Theuderichs am Reiche seines Vaters
betraf, so erkennen wir in dem bisher über das Theilreich Sigberts Ermittelten
das Hauptreich Theuderichs mit geringer Einbuße im Südwesten wieder, wo
namentlich die Städte Troyes, Sens, Auxerre abgelöst und dem burgundischen
Lande Guntrams zugelegt sind [2]). Es hat also unser Gewährsmann [3]) nicht
gar zu sehr geirrt, wenn er angab, Sigbert habe Theuderichs Reich empfangen.
Allein nicht nur in Rücksicht des Hauptreiches trifft diese Angabe im Ganzen
zu, sondern auch auf das aquitanische Nebenreich Theuderichs, welches bekanntlich aus der Auvergne mit dem Bourbonnais, dem Gevaudan und Velay, der
Rouergue, dem Albigeois und Quercy bestand [4]), erwarb Sigbert gerechte Ansprüche neben einer ansehnlichen Anzahl anderer Landschaften aus Charibits
Erbestheilung. Denn noch wurden ihm einerseits das Gebiet von Meaux [5]) d. h.
der nördlichere Theil der Brie, Antheile am territorium Rossontenao, an Senlis und selbst an Paris [6]), die ganze Beauce, Touraine und Poitou [7]), also ein
theilweise zwar eng eingeschnürter, doch in sich und sogar auch mit dem ursprünglichen Theilreiche zusammenhängender Landstrich, andererseits, wie wir schon bemerkten [8]), die durch die Uzège wiederum an seine übrigen aquitanischen Besitzungen sich anreihende Küste der Provence mit Avignon und der Hälfte von
Marseille, sowie endlich noch einige der am Fuße der Pyrenäen sich erstreckenden
kleineren Landschaften überwiesen. [9])

Die Macht Sigberts wäre somit eine ausgedehnte geworden, wenn er alle
diese ihm nunmehr gebührenden und dazu bald darauf noch die aus der Mitgift
und Morgengabe Galsvinthens seiner Gemahlin Brunhild zugesprochenen Gebiete [10]) thatsächlich unter seiner Botmäßigkeit vereinigt hätte. Allein wir
werden sehen, welche Beeinträchtigungen er und sein Nachfolger Childebert er-
fuhren, wenn wir zuvörderst das nun noch der Besprechung zu unterbreitende
Theilreich des vierten Bruders Chilperich behandelt haben werden.

Dieser habe das Reich Chlothars erhalten, wird uns berichtet [11]); und in der
That verhält es sich so, wenn wir unter dem Reiche Chlothars eben sein ur-
sprüngliches Theilreich verstehen, in dessen Umfang [12]) nächst der Hauptstadt
Soissons [13], die freilich bald genug verloren geht [14]), noch Cambray [15]) und
Tournay [16]), letzteres die zweite Residenz, an der Scheide, Therouanne an der
Leye [17], Rouen [18]) am rechten Seineuser als Städte Chilperichs erscheinen.

Aber mit diesem Umfange des einstigen Theilreiches Chlothars ist dasjenige
Chilperichs doch nicht erschöpft, wenn es auch das kleinste der aus der zweiten
Haupttheilung hervorgegangenen ist. Denn neben dem alten Salierlande und
jenem einstigen Mittelpuncte der Macht des Syagrius beherrschte Chilperich
noch von dem ehemaligen Theilreiche Childeberts die Hauptmasse [19]), das Land
der Armoriker, Anjou und Maine, in denen Lisieux [20]), Bayeux [21]) und Coutances [22])

---

[1]) S. 198. 199.
[2]) S. 212.
[3]) Gregor. Turon. Hist. lib. IV. cap. 22.
[4]) Oben S. 198.
[5]) Ausführlicher über Meaux S. 215.
[6]) Oben S. 211. 212.
[7]) Gregor. Turon. Hist. lib. IX. cap. 20, und S. 217.
[8]) Oben S. 210.
[9]) Oben S. 208.
[10]) Gregor. Turon. Hist. lib. IX. cap. 20.
[11]) id. lib. IV. cap. 22.
[12]) Oben S. 201.
[13]) Gregor. Turon. Hist. lib. IV. cap. 22.
[14]) id. lib. IV. cap. 23.
[15]) id. lib. VI. cap. 41.
[16]) id. lib. V. cap. 10.
[17]) id. lib. IV. cap. 52. lib. V. cap. 1. lib. VI. cap. 31. lib. VII. cap. 16. lib. VIII. cap. 31.
[18]) id. lib. IV. cap. 51. 52. lib. V. cap. 23. lib. X. cap. 27.
[19]) Oben S. 200. 201.
[20]) Gregor. Turon. Hist. lib. VI. cap. 36.
[21]) id. lib. VI. cap. 3. lib. VIII. cap. 31. lib. IX. cap. 18. lib. X. cap. 9.
[22]) id. lib. V. cap. 19.

nebst der nahe liegenden Insel Jersey, Rennes [1]), Vannes [2]) und Nantes [3]),
Angers [4]), le Mans [5]) und das Kloster St. Calais in Maine [6]) unter Chilperichs
Botmäßigkeit genannt werden.

Also von den friesischen Inseln bis zu den Ufern der unteren Loire über
Flandern, Brabant und Hennegau, Artois, die Picardie mit Soissons, die Nor-
mandie und den größten Theil der Bretagne, Anjou und Maine erstreckte sich
Chilperichs ursprüngliches Theilreich.

Aber bald änderte sich die Physiognomie desselben.

Kaum hatten die theilenden Brüder ihre Herrschaft angetreten, so erneute
Chilperich die schon vor der Theilung begonnenen [7]) Zwistigkeiten, brach in das
Theilreich Sigberts ein [8]), der eben mit feindlichen Anfällen im Osten seines
Reiches zu schaffen hatte, und nahm ihm seine Hauptstadt Rheims und andere
Städte. Sigbert, als Sieger aus dem Osten heimkehrend, vergalt Chilperichs
unbrüderliches Verfahren damit, daß er sich nicht mit der Wiedergewinnung
seiner eigenen, ihm von jenem entrissenen Städte begnügte, sondern auch
dessen Hauptstadt Soissons sich aneignete. Vermuthlich blieb dieselbe seit-
dem in Sigberts Gewalt, wenigstens wird nach dessen Tode und Beisetzung in
der Kirche des heiligen Medardus zu Soissons [9]), deren Bau von seinem Vater
Chlothar begonnen, durch ihn vollendet worden war [10]), ausdrücklich die Rückkehr
Chilperichs nach Soissons berichtet [11]). Seit dem Tode Chilperichs ist die Stadt
in Childeberts Gewalt, dessen Herzoge anfänglich sie und ihr Gebiet, das
Soissonnais, verwalten [12]), bis die Insassen desselben gemeinsam mit denen von
Meaux, d. h. von dem nördlichen an das Soissonnais südlich anlehnenden Theile
der Brie, den König um Herübersendung eines seiner Söhne bitten, um sie zu
regieren [13]). Meaux, bereinst aus Charberts Erbschaft an Sigbert gefallen [14]),
war dann von Chilperich in Besitz genommen [15]); als dieser gestorben, hatte
Guntram einen übelgeratheneu Versuch gemacht, einen Grafen über Meaux zu
setzen [16]), der Vertrag von Andelot hatte endlich die Stadt ihrem rechtmäßigen
Herrn zurückgegeben. [17])

Ueberhaupt war nun dieser Vertrag eine Nothwendigkeit, um wieder einmal
Ordnung in die Besitzverhältnisse zu bringen, die besonders durch Chilperich
durchaus verwirrt worden waren. Er mochte allerdings bei der Theilung von
Charberts Erbe bei Weitem den Kürzeren gezogen haben. Außer seinem Drittheil an dessen Hauptstadt Paris und ihrem Gebiet, an Valois und an der
Brie [18]), scheint er nur Limousin, Quercy, Béarn, Bigorre und Bourdalais [19])
erhalten zu haben, welche sämmtlich als Mitgift und Morgengabe seiner Gemahlin dienen sollten. Möglicher Weise waren ihm auch noch Saintonge [20]),
Angoumais [21]) und Bazadois [22]) zugefallen, doch läßt sich hierüber um so weniger

[1]) Gregor. Turon. Hist. lib. VIII. cap. 42.
[2]) id. lib. V. cap. 27. 41.
[3]) id. lib. VI. cap. 31. lib. VIII. cap. 43.
[4]) id. lib. IV. cap. 48. lib. V. cap. 41.
[5]) id. lib. V. cap. 1. 4; de glor. mart. cap. 5; de mirac. S. Martini lib. II. cap. 27.
[6]) id. Hist. lib. V. cap. 14.
[7]) id. lib. IV. cap. 22.
[8]) id. lib. IV. cap. 23.
[9]) id. lib. IV. cap. 52.
[10]) id. lib. IV. cap. 19.
[11]) id. lib. V. cap. 2.
[12]) id. lib. VIII. cap. 20. lib. IX. cap. 0.
[13]) id. lib. IX. cap. 32. 36.
[14]) id. lib. IX. cap. 20.
[15]) id. lib. V. cap. 1.
[16]) Ueber die Vorwände, welche Guntram geltend machte, wenn es sich darum handelte, Landestheile in Besitz zu nehmen, auf welche einer oder der andere seiner Neffen glaubte Ansprüche
zu haben, werden wir sogleich reden. Hier indeß haben wir es mit einer etwas dunkeln Stelle zu
thun. Es heißt nämlich Gregor. Turon. Hist. lib. VIII. cap. 18: Guntramnus vero rex volens
regnum nepotis sui Chlotharii, filii scilicet Chilperici, regere, Theodulfum Andegavis comitem
esse decrevit .... Gundobaldus autem comitatum Meldensem, super Guerpinum accipiens ....
Bezieht sich hier die Absicht Guntrams, das Reich Chlothars zu regieren, auch auf Meaux?
[17]) Gregor. Turon. Hist. lib. IX. cap. 20; vgl. lib. VII. cap. 4. lib. IX. cap. 36.
[18]) Dies geht aus der Dreitheilung dieser Gebiete hervor.
[19]) Gregor. Turon. Hist. lib. IX. cap. 20.
[20]) id. lib. V. cap. 13. lib. VI. cap. 43.
[21]) id. lib. IV. cap. 51.
[22]) id. lib. VII. cap. 31. lib. VIII. cap. 20.

etwas Beſtimmtes ſagen, als dieſe Landſchaften erſt zu einer Zeit in Beziehung zu Chilperich ſtehend erwähnt werden, da faſt aller Beſitz, den Chilperich in Aquitanien hatte, ein unrechtmäßiger geworden war.

Denn nach dem ſchnellen Tode ſeiner Gemahlin Galſvintha ward ihm
durch förmliches Urtheil[1] all dasjenige abgeſprochen, was als Mitgift und
Morgengabe jener gedient hatte; es ſollte an deren Schweſter Brunhild fallen.
Allein Chilperich wußte nicht nur die dazu gehörigen Landſchaften zu behaupten,
ſondern auch noch weitere in Aquitanien ſowohl als in dem nördlichen Ausläufer des ehemaligen Theilreichs Chariberts an ſich zu bringen; ſelbſt Paris ver-
ſchonte er nicht trotz des über denjenigen verhängten Fluches, der ohne Vorwiſſen
der andern Könige jene Stadt betreten würde[2]. So finden wir denn Chilperich im Beſitze nicht nur des ſchon erwähnten Meaux, ſondern auch von Compiegne[3] im nördlichen Valois, von Chelles[4], Nogent[5], Noiſy[6] und Melun[7]
im Oſten und Südoſten von Paris, davon eines oder das andere vielleicht gleich
jenem Drittheil von Senlis bei der Theilung von Chariberts Erbe an ihn gefallen war, das Meiſte aber wohl wie Melun von ihm widerrechtlich behauptet
wurde. Ein Gleiches ſcheint mit der Beauce der Fall geweſen zu ſein.[8]

Beſonders iſt indeß Aquitanien der Schauplatz von Chilperichs willkür-
lichem Vorgehen, ſodaß vorübergehend und auch wohl wiederholt, — wenn es
nämlich dem eigentlichen Herrn gelang, dieſe oder jene Landſchaft ihm einmal
abzujagen — Touraine und Poitou[9], Berry[10], Limouſin[11], Angoumais[12],
Saintonge[13], Perigord[14], Agenois[15], Quercy[16], Bourdalais[17], Auribat, Tur-
ſan[18], Béarn und Bigorre[19] in einer Weiſe genannt werden, welche, wenn ſie
auch nicht überall deutliche Gewißheit giebt, ſo doch zu dem Schluſſe nöthigt,
Chilperich ſei in dem Augenblicke, da die Erwähnung geſchieht, der Gebieter.

Aber auch mit Chilperichs Tode im Jahre 584 traten keineswegs normale
Verhältniſſe ein. Quercy, das zu den von Theuderich einſt eroberten Landſchaften gehörte[20], war, wie wir ſchon[21], bei der Theilung von Chariberts
Hinterlaſſenſchaft aus jenen ausgeſondert und der Mitgift Galſvinthens beigefügt, doch bei deren Tode ſogleich wieder in ſeinen früheren Verband zurückge-
wieſen, und hätte ſomit ſchon damals an Brunhild und alſo auch an ihren Gemahl Sigbert fallen müſſen. Indeß von Chilperich feſtgehalten, konnte es erſt
ſeit dem Tage des Vertrages von Andelot, wie es ausdrücklich heißt, die von jener
in Beſitz genommen werden, alſo erſt drei Jahr nach Chilperichs Tode. Im
Limouſin dagegen, jenem wichtigen Mittelgliede zwiſchen den beiden Complexen
von Sigberts aquitaniſchen Beſitzungen, konnte ſein inzwiſchen an ſeine Stelle
getretener Sohn Childebert im Augenblicke des Todes Chilperichs wenigſtens
den Eid der Treue entgegennehmen[22]; und ſchon bereiteten ſich auch die im Nord-

---

[1] Gregor. Turon. Hist. lib. IX. cap. 20: per judicium gloriosissimi domni Guntchramni
regis vel Francorum, superstitibus Chilperico et Sigiberto regibus, domna Brunichildis no-
scitur acquisisse....
[2] id. lib. VI. cap. 27. lib. VII. cap. 6.
[3] id. lib. VI. cap. 35.
[4] id. lib. V. cap. 40. lib. VI. cap. 46.
[5] id. lib. VI. cap. 2.
[6] id. lib. V. cap. 40.
[7] id. lib. VI. cap. 31.
[8] ib. lib. IV. cap. 50 hält Chilperich die Ufer der Seine beſetzt, weicht aber vor ſeinen Brüdern nach Alluye im Chartrain zurück; die lib. VII. cap. 2 fallen, als Chilperich ſtirbt, die von Orleans und Blois über die von Chateaudun her; vermuthlich hatte jener daſſelbe in ſeiner Gewalt
gehalten.
[9] id. lib. IV. cap. 46. 48. lib. V. cap. 1. 2. 4. 13. 49. lib. VI. cap. 12. 31.
[10] id. lib. V. cap. 40. lib. VI. cap. 31.
[11] id. lib. IV. cap. 48. lib. V. cap. 13. 29. lib. VI. cap. 22. lib. VII. cap. 13.
[12] id. lib. IV. cap. 51.
[13] id. lib. IV. cap. 13.
[14] id. lib. VI. cap. 12.
[15] id. lib. VI. cap. 12.
[16] id. lib. IV. cap. 48.
[17] id. lib. IV. cap. 48. lib. VI. cap. 10. 35. lib. IX. cap. 20.
[18] id. lib. VII. cap. 31.
[19] id. lib. IX. cap. 20. Ueber Bigorre vgl. noch lib IX. cap. 6.
[20] Vgl. oben S. 198.
[21] Oben S. 207. 208.
[22] Gregor. Turon. Hist. lib. VII. cap. 13.

westen demselben anliegenden Landschaften, Touraine und Poitou, dem Vorgange des Limousin zu folgen[1]). Allein jetzt trat Guntram dazwischen, indem er Ansprüche auf Alles zu haben behauptete, was einst aus Chariberts Erbschaft an seine Brüder gekommen war. Denn einmal hatten sowohl Chilperich als auch Sigbert gegen die vertragsmäßige Bestimmung Paris betreten und damit ihre Reiche, soweit sie eben aus ehemaligen Gebietstheilen Chariberts bestanden, verwirkt, Guntram nahm sie daher nach Recht und Gesetz in Anspruch[2]), und meinte davon nur soviel als ihm beliebte an jene oder ihre Erben wieder herauszugeben zu müssen; dann aber waren auch diese Erben Chilperichs und Sigberts unmündig oder minderjährig, nach dem Herkommen also Guntram der zunächst berechtigte vormundschaftliche Verwalter des fränkischen Gesammtreiches[3]). Er nöthigte zunächst Touraine dazu, ihm zu huldigen[4]); Poitou versuchte Widerstand zu leisten, fügte sich dann aber doch namentlich der überzeugenden Gründen des Bischofs der benachbarten Sprengels, unseres Gregor von Tours[5]), und ergab sich für jetzt der Willkür Guntrams. Vielleicht theilte Limousin trotz des bereits an Childebert geleisteten Eides das Schicksal jener beiden, die endlich der Vertrag von Andelot Poitou und Touraine an Childebert zurückgab, Limousin aber auf Lebenszeit Guntram sicherte, und erst nach seinem Tode dessen Heimfall an Brunhild und deren Erben in Aussicht stellte: ein Gleiches, wissen wir, wurde über das Bourdalais, Béarn und Bigorre verabredet[6]). Dafür jedoch führte derselbe Vertrag endlich auch das Albigeois nebst Conserans, Labour, Tursan und Auribat aus Guntrams Gewalt dem rechtmäßigen Besitzer wieder zu. Die übrigen aquitanischen Landschaften dagegen, mochten sie wie z. B. Berry und Perigord von Chilperich seinem Bruder Guntram entrissen sein[7]), oder wirklich jenem von Anfang gehört haben wie etwa Saintonge und Angoumois, hatte Guntram offenbar sogleich bei Chilperichs Tode in Beschlag genommen[8]), während das Tolosain ihm unangefochten alle Zeit verblieben zu sein scheint, und über einige wenige Gebiete südlich der Garonne wie das Bazadois, Armagnac u. a., uns nur die Vermuthung gegönnt ist, sie seien dem Schicksal der benachbarten Landschaften gefolgt, sodaß denn auch Armagnac ums Jahr 590 Childeberts[9]), das Bazadois vielleicht Guntrams ist[10]).

Ueber die nördlich an Aquitanien sich anschließenden Landschaften, die hier in Frage kommen, die Beauce, Brie, Valois und das Gebiet von Paris, fand, wie auch schon[11]) theilweise erörtert worden ist, gleichfalls eine Einigung durch den Vertrag von Andelot statt. Die Beauce, welche allem Anschein nach in ihrem ganzen Umfange einst Sigbert gehört hatte, und ihm auch wohl hauptsächlich aus dem Grunde gegeben war, damit er von seinem ursprünglichen

---

[1]) Gregor. Turon. Hist. lib. VII. cap. 12. 13.

[2]) ib. lib. VII. cap. 6 sagt Guntram zu den Gesandten Childeberts: Ecce pactiones quae inter nos factae sunt, ut quisquis sine fratris voluntate Parisios urbem ingrederetur, amitteret partem suam, essetque Polyoctus martyr cum Hilario atque Martino confessoribus, judex ac retributor ejus. Posthaec ingressus est in eam germanus meus Sigibertus, qui judicio Dei interiens, amisit partem suam. Similiter et Chilpericus gessit. Per has ergo transgressiones amiserunt partes suas: ideoque quia illi juxta Dei judicium et maledictiones pactionum defecerunt, omne regnum Chariberti cum thesauris ejus, meis dittionibus, lege opitulante, subjiciam: nec exinde alicui quidquam nisi spontanea voluntate indulgeam.   Vgl. lib. VI. cap. 27; lib. VII. cap. 14.

[3]) id. lib. VII. cap. 8. 11.

[4]) id. lib. VII. cap. 12.

[5]) id. lib. VII. cap. 13: quod nisi se ad tempus Guntchramno regi subderent, similia paterentur (nämlich Verwüstung ihres G biets, wie solche Tours erfahren), asseruntes hunc esse nunc patrem super duos filios, Sigiberti scilicet et Chilperici, qui ei fuerant adoptati: et sic tenere regni principatum, ut quondam Chlothacharius rex fecerat pater ejus. Geht schon hieraus hervor, daß nach Gregors Ansicht Guntram zu weit ging, so bestätigt dies noch eine zweite Stelle (lib. IX. cap. 30), wo er die rechtmäßigen Herren von Tours nach einander so aufzählt: Chlothachar, Charibert, Sigbert, Childebert.

[6]) Oben S. 208.

[7]) Gregor. Turon. Hist. lib. VI. cap. 12. 22. 31.

[8]) id. lib. VIII. cap. 22. 43.

[9]) id. lib. X. cap. 22, wonach auch im Armagnac Childeberts zu sein scheint.

[10]) id. lib. VIII. cap. 20 ließe sich allenfalls schließen, allein die Unterschriften der zu Macon versammelten Bischöfe unter den dort gefaßten Beschlüssen lehren, daß daselbst nicht ausschließlich aus Guntrams Reich Bischöfe zusammen waren. (Concilia stud. Ph. Labbei Tom. V. p. 979.)

[11]) S. 211.

Theilreiche einen Zugang zu seinen aquitanischen Erwerbungen erhalte[1]), fiel jetzt durchaus an Guntram, dessen Besitzungen sie unmittelbar anlag. Desgleichen geschah mit der sich daranschließenden Brie, indessen Valois, durch das aus Chilperichs Erbe an Sigberts Sohn gekommene Soissonnais mit dessen Theilreich in Verbindung gesetzt, von Childebert erworben ward, eine Anordnung, welche, wie wir früher schon[2]) bemerkt haben, das Streben der Theilkönige bestätigt, den thunlichsten Zusammenhang zwischen den Besitzungen jedes Einzelnen von ihnen herzustellen.

Paris, welches Guntram längst als ihm verfallen betrachtete[3]) und dessen einst Sigbert zugetheiltes Drittheil er sich im Vertrage von Andelot nochmals ausdrücklich zusagen ließ, hütete derselbe nun zwar eifersüchtig vor Childebert[4]), obwohl er diesem doch bereits sein gesammtes Erbe mit Ausnahme freilich einiger Städte versprochen hatte, welche es ihm etwa belieben würde, seinem anderen Neffen Chlothar zu geben[5]). Indeß gegenüber dieser entschiedensten Abwehr Childeberts von Paris — welche sogar soweit ging, daß jene schon erwähnte Sendung des jungen Theudebert auf Bitten derer von Soissons und Meaux[6]) ebendahin von Guntram also ausgelegt wurde, als hege Childebert Absichten nicht allein auf Paris, sondern selbst auf sein übriges Reich, — bemerken wir um so auffälliger die wiederholte, wenn nicht dauernde Anwesenheit Fredegunds mit dem kleinen Chlothar zu Paris selbst, zu dessen Hauptkirche sie sogleich nach dem Tode ihres Gemahls ihre Zuflucht genommen hatte[7]), und gar die Einladung dahin, welche sie an den noch immer die Aechtheit ihres Kindes anzweifelnden[8]) Guntram zu dessen Anerkennung und Taufe ergehen läßt[9]). Ist doch in dem Vertrage von Andelot mit keinem Worte des von Chilperich hinterlassenen Sohnes Erwähnung geschehen, wenn gleich es sich dabei um einen Theil seines väterlichen Reiches handelte, der damit für immer in andere Hände übergegangen wäre, wenn nicht gerade dieser jetzt sosehr bei Seite geschobene Knabe einst, wie sein gleichnamiger Großvater, Herr des Gesammtreiches geworden wäre.[10])

Ehe dies geschehen konnte, trat freilich noch mancher Wechsel in den fränkischen Reichsverbänden ein. Zunächst beerbte im Jahre 593 Childebert seinen Oheim Guntram[11]), und es standen sich für einen Augenblick zwei fränkische Reiche gegenüber, ein überwiegendes östliches, zu dem der ganze Süden von der Loire ein gehört haben muß, und ein kleines westliches, eben das Reich Chlothars, kaum mehr als die Küstenlandschaften von den friesischen Inseln und der Westseite des s. g. Kohlenwaldes aus bis zu der Mündung der Loire umfassend, und seit dem Tode Gunthrams wie es scheint durch Eroberung auch wieder über das Soissonnais ausgedehnt[12]), d. h. das ursprüngliche Theilreich Chilperichs.[13])

Aber nur für kurze Zeit bestand diese Zweitheilung; mit Childeberts schon im Jahre 596 erfolgendem Tode traten dessen beide Söhne in seinem wiedergetheilten Reiche die Herrschaft an.[14])

---

[1]) Greg. Tur. Hist. lib. IX, cap. 20: cum castellis Duno et Vindocino, et quidquid de pago Stamponsi vel Carnoteno in pervio illo antefatus rex cum terminis et populo suo perceperat....

[2]) Oben S. 211.

[3]) Gregor. Turon. Hist. lib. VII, cap. 6.

[4]) id. lib. VII, cap. 5. 6; lib. IX, cap. 32.

[5]) id. lib. VII, cap. 33: Tu enim haeres in omni regno meo succede, caeteris exhaeredibus factis. — lib. IX, cap. 20: Dabo enim Chlothario, si eum nepotem meum esse cognovero, aut duas aut tres in parte aliqua civitates, ut nec hic videatur exhaeredari de regno meo, nec huic inquietudinem praepararent quae isti reliquero.

[6]) id. lib. IX, cap. 32: Quia in hoc filium suum nepos meus Suessionas dirigit, ut Parisius ingredi faciat, regnum meum auferre cupiat.

[7]) id. lib. VII, cap. 4. 5; lib. IX, cap. 12; lib. X, cap. 11. 28.

[8]) id. lib. IX, cap. 32; vgl. lib. VIII, cap. 9: Germanus meus Chilpericus moriens dicitur filium reliquisse.... sed ut credo alicujus ex leudibus nostris sit filius; nam si de stirpe nostra fuisset, in parte aliqua fuisset deportatus. Ideoque noveritis, quia a me non suscipitur nisi certa de eo cognoscam indicia.

[9]) id. lib. VIII, cap. 1. 9; lib. X, cap. 28.

[10]) Fredegarii Chronic. cap. 42.

[11]) id. cap. 14.

[12]) Gesta reg. Francor. cap. 36.

[13]) Oben S. 214. 215.

[14]) Fredeg. Chron. cap. 16.

Waren wir nun bisher gewöhnt, jedes fränkische Theilreich nach seinem Könige[1]), seine Insassen in der Regel als Unterthanen dieses oder jenes Herrn[2]) oder allenfalls nach ihrem engeren Verbande in Gau und Stadt[3]) genannt zu sehen, so treten uns bei der Theilung der Söhne Childeberts zuerst zwei Namen entgegen, deren einer von dem einstigen Reiche der Burgunder entlehnt, der andere für uns so gut wie neu ist, da wir ihn zuvor nur vorübergehend einmal vernommen haben. Denn nach Fredegars[4]) Bericht erhält der ältere Bruder Theudebert Auster mit der Hauptstadt Metz, der jüngere Theuderich das Reich Guntrams in Burgund mit Orleans.

Gregor von Tours, der natürlich den burgundischen Namen kannte, doch nur insofern derselbe an dem Gebiete haften geblieben war, welches einst der Burgunderkönig Gundobad in seiner Gewalt hatte[5]), zeigt durch gelegentliche Erwähnung der Austrasier und Auster selbst[6]) zwar seine Bekanntschaft auch mit letzterem Namen, hätte indeß in seiner Weise ohne Zweifel einfach mitgetheilt, daß Theudebert seines Vaters Childebert, Theuderich seines Oheims Guntram Reich erhalten habe. Lassen wir daher die durch Fredegars Bericht uns nahe gelegte Frage nach der Bedeutung jenes Namens Auster noch so lange unerörtert, bis ihm einige Zeit später der Name Neuster zur Seite tritt, und betrachten zuvor erst die Wechselfälle, denen auch jetzt wieder die drei neben einander bestehenden Theilreiche ausgesetzt sind.

Anzunehmen ist nun, die Theilung zwischen Theudebert und Theuderich habe nach Maßgabe der durch den Vertrag von Andelot gutgeheißenen Umgestaltung der Besitzverhältnisse mit der einzigen Ausnahme etwa stattgefunden, daß der eigentlich Theudebert zukommende Elsaß aus seinem ursprünglichen Verbande ausgeschieden, und weil Theuderich daselbst erzogen worden, ihm überwiesen wurde.[7])

[1]) Gregor. Turon. Hist. lib. V. cap. 25: usque Pictavis civitatem, qui erat Childeberti regia; cap. 42: per Pictavum terminum, quem tunc Childericus rex tenebat; lib. VI. cap. 1: Mummolus a regno Guntchramni fuga dilabitur; cap. 11: cum non auderet ambulare jam per Guntchramni regnum; cap. 12: civitates quae in parte illa (in Aquitania) ad regnum Guntchramni aspiciebant abstulit et ditionibus regis Chilperici subegit; cap. 19: Chilpericus rex custodes posuerat, ut insidiatores de regno fratris sui ne nocerent aliquid arcerentur; vgl. cap. 22. 31; lib. VIII. cap. 4. 33; lib. VIII. cap. 42: accepta potestate ducatus super civitates illas, quae ad Chlotharium Chilperici regis filium pertinebant; lib. IX. cap. 32.

[2]) id. lib. IV. cap. 52: Franci qui quondam ad Childebertum aspexerant seniorem; lib. V. cap. 1: collectis gentibus super quas pater ejus regnum tenuerat; vergl. lib. VI. cap. 12. 22; lib. VII. cap. 7: priores de regno Chilperici — civitates quae ad Chilpericum prius aspexerant — omnia quae fideles regis Chilperici non recte diversis abstulerant; cap. 33. 35. lib. VIII. cap. 42; lib. IX. cap. 9.

[3]) id. lib. V. cap. 1: Roccolenus cum Cenomannicis Turonis venit; vgl. lib. V. cap. 5; de mirac. S. Mart. lib. II. cap. 27; lib. V. cap. 19: Meroveus dum in Rhemensi Campania latitaret, nec palam se Austrasiis crederet, a Tarabannensibus circumventus est; cap. 29: Turonici, Pictavi, Bajocassini, Cenomannici, Andegavi cum aliis multis in Britanniam ex jussu Chilperici regis abierunt; lib. VI. cap. 31: Berulfus dux cum Turonicis, Pictavis, Andegavisque atque Namneticis ad terminum Bituricum venit; lib. VII. cap. 2. 12; lib. VIII. cap. 30.

[4]) Fredeg. chron. cap. 16: Theudebertus sortitus est Auster sedem habens Mettensem, Theudericus accepit regnum Guntchramni in Burgundia, sedem habens Aurelianis.

[5]) Gregor. Tur. Hist. lib. II. cap. 33: Gundobadus regionem omnem, quae nunc Burgundia dicitur, in suo dominio restauravit.

[6]) Hist. lib. V. cap. 14: Merovechus fugam init et ad Brunichildem reginam usque pervenit: sed ab Austrasiis non est collectus: vergl. dazu lib. V. cap. 19, oben in Anm. 3. — De mirac. S. Mart. lib. IV. cap. 37: Venerabilis vero Agnes, Pictavarum sanctimonialium abbatissa, relatam sibi ab ipso ani contigit, Treverico scilicet negotiatore, rem miraculi provenisse, sic retulit: Dum, inquit, Mettis accessimus, interrogavit me quidam negotiator, unde venirem, Dixi: de Pictavis. Dixit mihi: si aliquando ad basilicam b. Martini Turonis occurrissem. Dixi, quod quomodo in Austria ambularem, sic ibi me praesentassem. Die Lesart „Austria" ist hier jedenfalls der des Cod. Colb. „Neustria" vorzuziehen, und der Sinn daher: „als ich von Poitiers nach Auster reiste, habe ich die Kirche des h. Martin zu Tours besucht".

[7]) Fredeg. chron. cap. 37: cum Alsaciores, ubi fuerat enutritus, praecepto patris sui Childeberti tenebat . . . . coactus atque compulsus Theudericus, timore perterritus, per jusjurationis vinculum Alsacios ad partem Theudeberti firmavit; etiam et Sugcentenses et Turonses et Campanenses, quos saepius repetebat, idemque amisisse visus est. — Ueber die Bedeutung der letzteren Benennungen gehen die Ansichten sehr auseinander. Schöpflin (Alsatia illustrata Tom. I. §§ 25, 39. 40) weiß indeß mit vielem Scharfsinn nach, daß es sich hier überall nur um den Elsaß mit dem Sundgau handle; wie jener von dem Flusse Alsa, der Ell oder Ill, den Namen trage, so habe es einst auch einen Thurgau und einen Kembgau, jenen nach dem Flüßchen Thuren diesen nach dem Dorfe Kembs so genannt, in den Grenzen des späteren Sundgaues gegeben, der ursprünglich von beschränkter Ausdehnung mit der Zeit über jene beiden Gaue sich erstreckt habe.

Doch kaum war dies geschehen, als Fredegund und Chlothar Paris und eine Reihe anderer Städte in Besitz nahmen, und die hierüber gegen sie vereinigten Brüder aufs Haupt schlugen[1]). Gelang ihnen auch somit die augenblickliche Behauptung des besetzten Landstrichs, so ermannten sich die Gegner doch bald und gewannen durch eine Schlacht bei Dormelles an der Orvanne[2]) nicht nur das zuvor verlorene Gebiet wieder, sondern nöthigten Chlothar, dessen Mutter Fredegund inzwischen gestorben war[3]), sogar zu weiteren so bedeutenden Abtretungen, daß er auf einen kleinen Theil seines väterlichen Erbes beschränkt ward. Nur zwölf Gaue zwischen Oise, Seine und Meer verblieben ihm, während Theuderich alles Land zwischen der Seine und Loire bis an das Meer und an die Grenzscheide gegen die Bretonen seinem Reiche einverleibte, dessen unmittelbare westliche Fortsetzung es bildete, Theudebert dagegen das Gebiet an Seine und Oise entlang, angeblich bis zum Ocean, in Anspruch nahm.[4])

Wollte man nun hierunter das Land westlich der Oise bis zur Meeresküste verstehen, so würde sich Theudeberts Erwerbung wenigstens theilweise mit den zwölf Gauen decken, welche eben dort Chlothar verblieben sein sollen[5]). Aber wie dies schon an sich unmöglich ist, so widerstreitet auch der weitere Lauf der Begebenheiten solcher Annahme. Denn als auf Brunhilds Betrieb zur Feststellung der königlichen Einkünfte in den an Theuderich gefallenen Gebietstheilen dessen Majordomus Bertoald an den Ufern der Seine etwa Rouen gegenüber erscheint, entsendet Chlothar sofort seinen Sohn Merwich in Begleitung des Majordomus Landerich mit bewaffneter Mannschaft, um jenen aufzuheben, und als derselbe vor diesen zurückweicht, durchziehen sie plündernd eine große Strecke von Theuderichs Gebiet, bis Theuderich selbst endlich bei Stampes ihnen entgegentritt, Merwich gefangen nimmt, und Landerich in die Flucht schlägt.[6])

Theudebert, der doch sogleich ernstlich hätte einschreiten müssen, wenn Chlothars Heerschaar, um in Theuderichs Gebiet zu gelangen, sein Land berührt oder gar durchzogen hätte, ist indeß offenbar nicht weiter feindlich durch dessen Unternehmen betroffen worden, und hat sich begnügt, an der Oise eine Heeresabtheilung aufzustellen, für den Fall daß auch seine Grenze gefährdet werden sollte. Darum verträgt er sich auch, während Theuderich als Sieger seinen

---

[1]) Fredeg. chron. cap. 17.

[2]) Wie sehr im Argen die Kenntniß der Geographie des früheren Mittelalters liegt, haben wir hier passende Gelegenheit an einem treffenden Beispiele nachzuweisen. Die Ortsangabe in Fredeg. chron. cap. 20: super fluvium Aroannam nec procul a Doromello vico erläutert Kulmart durch folgende Anmerkung, welche wörtlich in die Ausgaben dieser Chronik von Bouquet und Migne übergegangen ist, und unsering Luden, Gesch. des teutschen Volkes. Bd. III. S. 529 (und nach ihm Müller, Die Deutschen Stämme Th. II. S. 234) als auch den neueren Uebersetzern in den Geschichtschreibern der deutschen Vorzeit zum Anhalt gedient hat: Vix incolis notus, vulgo Ouaine. Lustrat Senonum fines, et in Ligerim (le Loin) immergitur prope Murittam. Doromellum, vulgo Dormeille, appellatur. Aroannam tamen Cointius ex Faucheto ait oriri prope Trecas, ac prope Senonum urbem in Icaunam labi. In diesen wenigen Worten werden aber nicht mehr als drei Flüsse durcheinander geworfen. Erstens die Ouaine oder Ouanne, welche bei dem gleichnamigen Orte unfern der Yonne südwestlich von Auxerre entspringend in ungefähr nordwestlicher Richtung ihren Lauf zurücklegt, um sie wenig oberhalb Montargis erreicht. Zweitens die Banne, deren Quelle in einiger Entfernung westlich von Troyes sich findet, von wo sie gerade gegen Westen der Yonne bei Sens sich zuwendet. Drittens die Orvanne; sie entspringt westlich von Sens unweit St. Vallerien und richtet ihren Lauf ziemlich parallel der Yonne gegen Nordwesten dem Loing zu, in den sie Moret gegenüber kurz vor seiner Mündung in die Seine einmündet. An ihr liegt Dormelles, auf älterer Karte einmal Dromeilles geschrieben, südöstlich von Moret. In neuester Zeit geben das Richtige Alfr. Jacobs, Géographie de Grégoire de Tours, de Frédégaire et de leurs continuateurs. 2. édit. Paris 1861. p. 210, und nach ihm zwei Werke über die Geschichte Austrasiens: Huguenin, Histoire du Royaume Mérovingien d'Austrasie. Paris 1862. p. 275, und Digot Histoire du Royaume d'Austrasie Tom. II. Nancy 1863. p. 114.

[3]) Fredeg. chron. cap. 17.

[4]) id. cap. 20: Chlotharius oppressus vellet nollet per pactionis vinculum firmavit, ut inter Sigonam et Ligerem usque mare Oceanum et Britanorum limitem pars Theuderici haberet; et per Sigonam et Isaram Ducatum integrum Dentelini usque Oceanum mare Theudebertus reciperet. Duodecim tantam pagi inter Isaram et Sigonam et mare littoris Oceani Chlothario remanserant.

[5]) Spruner, Atlas Nr. 23 deutet die Lage des Ducatus Dentelini, von dem hier die Rede ist, in solcher Weise an. Auch Digot l. l. zählt in einer eigenen Note „Sur le Ducatus Dentelini" (Tom. II. p. 383—25.) außer Soissons und Senlis, Meaux und Paris, noch die weite Diözese von Rouen am rechten Seineufer bis ans Meer dazu. Richtiger vermuthet Huguenin p. 276.

[6]) Fredeg. chron. cap. 24 ss.

Einzug in Paris hält, ohne Schwertschlag von Neuem mit Chlothar zu Compiegne am linken Ufer der Oise.[1]

Wir kennen bereits die Schwankungen, welchen seit der Theilung der Söhne Chlothars I. im Jahre 561[2] die Besitzverhältnisse gerade des Landstrichs, der an diesem linken Ufer der Oise bis zur Seine hinab sich erstreckend außer dem Gebiete der Stadt Paris die Brie, das Soissonnais und Valois umfaßt, theils in Folge gegenseitiger Beeinträchtigungen der hier benachbarten Könige theils auf Grund des Vorzugs unterworfen gewesen, den seine Einwohner einem derselben vor dem andern gaben; wir erinnern uns aber zugleich, wie dieser letztere Grund die Veranlassung ward, daß namentlich die Brie und das Soissonnais schon frühzeitig für Theudebert besondere Bedeutung gewannen[3], indem sein Vater Childebert ihn auf Bitten derer von Meaux und Soissons gewissermaßen als seinen Stellvertreter dorthin entsandte. Chlothar II. indeß, nicht gewillt die von seinem Vater Chilperich ihm überkommenen Ansprüche auf diese Landschaften aufzugeben, bemächtigte sich ihrer bei erster Gelegenheit wieder, wie wir das soeben sahen, mußte sie jedoch in Folge der Schlacht bei Dormelles abermals an Theudebert abtreten. Als dann später Theuderich gegen seinen Bruder ins Feld zog, bediente er sich ihrer als Lockspeise für Chlothar, indem er ihm als Preis für sein ruhiges Verhalten während des Kampfes, im Falle er als Sieger aus demselben hervorginge, deren Wiedererwerbung anheimgab.[4]

Was aber die Bezeichnung, ducatus Dentelini bedeuten soll, unter der diese Landschaften hier und später[5] zusammengefaßt erscheinen, will uns nicht klar werden. Nach seinem Verwalter ein Herzogthum zu benennen, war nicht Sitte; und im vorliegenden Falle kann um so weniger an ein Vorkommniß der Art gedacht werden, als bei dem vielfachen Wechsel der Herrschaft, dem das in Rede stehende Gebiet unterworfen war, gewiß eben so oft der Verwalter desselben wechselte. Indem wir also die Ansicht derer nicht theilen können, welche[6] von einem Herzogthum des Dentelinus fabeln, der später zu der Ehre der Heiligkeit gelangt ist[7], vermögen wir uns dagegen des Gedankens nicht zu erwehren, es liege hier eine der Bezeichnungen vor, wie sie in Schriftstücken jener Periode wiederholt auftauchend von dem Charakter und den Eigenschaften der in Rede stehenden Oertlichkeit entnommen sind[8]. Der Zusatz „bis zum Ocean" jedoch, der sich bei Gelegenheit der ersten Erwähnung des ducatus Dentelini findet, unseres Erachtens nicht so zu deuten als solle damit die Erstreckung desselben an Seine und Oise entlang bis zur Meeresküste ausgesprochen werden, ist vielmehr jedenfalls von dem ducatus Dentelini zu trennen, sodaß zwar nicht dieses insbesondre, wohl aber im Allgemeinen das Gebiet, welches Theudebert damals zufiel, bis ans Meer, also etwa in nördlicher Fortsetzung des ducatus am rechten Scheldeufer hinab bis zu den friesischen Inseln sich erstreckt habe[9]. Wir be-

---

[1] Fredeg. chron. cap. 26: Theudericus victor Parisius ingreditur, Theudebertus pacem cum Chlothario Compendio villa inivit; et uterque exercitus eorum illaesus rediit ad propria.

[2] Oben S. 213.

[3] Oben S. 215.

[4] Fredeg. chron. cap. 37: si Chlotharius in solatio Theudeberti non esset, ducatum Dentelini, quem contra Theudebertum cassaverat (welches Chlothar an Theudebert verloren hatte), si Theudericus Theudebertum superaret, Chlotharius supra memoratum Dentelini ducatum in suam ditionem reciperet.

[5] id. cap. 76.

[6] Auch der Uebersetzer Fredegars in den Geschichtschr. d. deut. Vorzeit glaubt an einen Herzog Dentelinus.

[7] Denn offenbar nur dem ducatus Dentelini verdankt der heilige Dentelinus seinen Ursprung, von dem die AA. SS. Belg. sel. ed. Ghesqu. tom. IV. p. 34. 55 handeln, und der auch unter den auf Veranlassung Maximilians I. zusammengestellten Images de Saints et Saintes (s. S. 4) als St. Denthelinus aufgenommen ist. (Vergl. noch oben S. 52 Anm. 1.)

[8] Wie z. B. Carbonaria silva (Kohlenwald), Buchonia silva (Buchenwald), Lucus fagi (Buchenholz) u. a. — Eine Vita S. Dentlini (Ghesqu. tom. IV. p. 35) erklärt den Namen: surculus scilicet felicis arboris quasi d'Ente, et diminutive d'Entien vel d'Entlin. — Alfr. Jacobs l. l. p. 204 will den Namen auf ein „fait topographique" zurückführen. Der weitläufigen Begründung seiner Ansicht (p. 190—210) über Lage u. s. w. des Ducatus Dentelini können wir indeß nicht beistimmen.

[9] Fredeg. chron. cap. 20; l. vorb. Seite Anm. 4. — Sollte hier vielleicht der Zusatz „usque Oceanum mare" hinter „Dentelini" eine irrthümliche Wiederholung sein? Andreas Silvius Synopeeos Franco-Merovingicae lib. l. cap. 14 giebt dasselbe nach Fredegar also wieder: Lotharius Parisiis inclusus, coactus per pactionis vinculum firmavit, ut inter Ligerem atque Sequanam

schränken daher den ducatus Dentelini auf das Soissonnais, Valois und die
Brie; Paris hinzuzurechnen, in das wir soeben Theuderich als Sieger haben
einziehen sehen, nehmen wir dagegen Anstand, wir möchten ihm lieber die
Stellung, welche es unter den früheren Königen einnahm[1]), noch solange wahren,
bis es mit der Wiedervereinigung des ganzen Frankenreiches durch Chlothar II.
im Jahre 613 mehr als je zuvor der Mittelpunkt der fränkischen Monarchie
wird.

Diese Wiedervereinigung war aber offenbar auch der Zeitpunkt, von dem
an es erst möglich wurde, zu den beiden schon erwähnten Bezeichnungen der zuletzt unter Theudebert und Theuderich bestandenen Theilreiche, Auster und Burgund, als dritte Neuster hinzuzufügen. Denn von den drei fränkischen Reichen,
deren Entstehen durch die immer wiederkehrende Dreitheilung des Gesammtreiches wesentlich begünstigt wurde, ist das neustrische dasjenige jüngsten Da-
tums, und gewann seine Bedeutung frühestens mit der Alleinherrschaft des zweiten
Chlothar. Seit der Zeit blieben wenigstens diejenigen Landschaften, welche dann
unter dem Namen Neuster begriffen wurden, auf die Dauer unverkürzt beisammen, was bisher höchstens einmal vorübergehend der Fall gewesen. Zwar
hatte Chilperich den größten Theil jener Landschaften als sein ursprüngliches
Theilreich erhalten[2]), und den Rest gewaltsam dazu vereinigt, sich aber doch
nicht in dessen Besitz behaupten können; und nicht besser war es damit anfänglich seinem Sohne Chlothar ergangen. [3])

Lange bevor also hier im Westen ein geschlossener Landschaftsverband sich
herausbilden konnte, welcher auf eine so bestimmt auszeichnende Benennung hätte
Anspruch erheben dürfen, geschah dies im Süden und Osten, wo, wie wir gesehen haben, einerseits der Kern des ehemaligen Reiches der Burgunder eigentlich niemals aufgehört hatte als solcher auch für das auf dessen Trümmern er-
standene fränkische Theilreich Bedeutung zu haben, anderseits von Anfang der
fränkischen Herrschaft ein in seinem Hauptbestande gesichertes, höchstens in seinen
Grenzgebieten einigem Wechsel unterworfenes Ganze sich geltend gemacht hatte.
Verstand es sich nun dort von selbst, daß das neue fränkische Reich den alten
Namen Burgund von dem ehemaligen Reiche der Burgunder auf sich hinüber-
nahm, und bedarf derselbe keiner weitern Erklärung, so ist dagegen hier die
Frage zu beantworten, woher die Namen Auster und Neuster für die beiden an-
dern fränkischen Reiche im Osten und im Westen?

Offizielle Namen waren es ohne Zweifel nicht: sie würden in den Urkunden
der Zeit dann öfter und nicht blos in einzelnen meist sehr verdächtigen Akten-
stücken[4]) an Stelle der sonst überall für jedes der drei Reiche üblichen Bezeichnung als eines fränkischen uns begegnen; ebenso wenig dürfen wir sie aber
auch als eine Erfindung der Geschichtschreiber ansehen, deren Bedürfniß einer
bequemeren und zugleich deutlicheren Unterscheidung der nunmehr zu einer be-
stimmteren Abrundung gelangenden drei größeren Landschaftsverbände darin
seinen Ausdruck gefunden habe; vielmehr haben wir es hier jedenfalls mit Namen
zu thun, welche dem Munde des Volks ihr Dasein verdankten, und daher viel
früher Aufnahme in die Geschichtbücher fanden als staatsrechtliche Bedeutung
gewannen.

---

usque ad mare Oceanum et Britannorum limitem Theudericus reciperet; Ducatum omnem
inter Sequanam et Isaram Theodebertus haberet. Haec occidentalis pars ab Isara et Summa
fluviis usque ad mare Lothario relicto. — Ueber Andreas Silvius vgl. Excurs VII: Die Annales Mettenses. (Oben S. 178.)

[1]) Digot Tom. II. p. 325 will aus einer Stelle der Vita S. Columbani auct. Jona Monacho
Bobiensi, Mabill. sec. II. p. 24. 25 entnehmen, daß Paris ebenso wie Meaux ums Jahr 610
Theudebert II. gehört habe. Doch ergiebt dies keineswegs der Wortlaut: coegit Chlotharium
vir Dei ut sibi aliquam largiretur, atque per Theodeberti regnum, si valeret, ad Italiam
Alpium juga transcendens perveniret. Datum ergo comitibus qui eum usque ad Theodebertum
perducerent, itinere arrepto ad Parisius urbem pervenit: quo cum venisset, occurrit ei homo
in porta habens spiritum immundum. . . . Deinde ad Meldense oppidum properat; quo cum
venisset, quidam vir nobilis Hagnericus Theodeberti conviva, vir sapiens, et consiliis Regis
gratus, virum Dei miro gaudio recepit, seque habere curam ejus spopondit, qualiter ad Theo-
berti accederet aulam, et non esse necesse alios comites e regio latere habere.

[2]) Oben S. 214.
[3]) Oben S. 220.
[4]) So in den Diplomen Theuderichs III. bei Brequigny Tom. I. p. 283. 284. 292 n. 188.
190. 197. — Ueber einige frühere Vorkommnisse vgl. Waitz, Verfassungsgesch. Bd. II. S. 67. No. 1.

Denn wie die Franken bekanntlich der am Weitesten vom Osten in den Westen hinein vorgedrungene deutsche Volksstamm waren, so trugen auch gerade die fränkischen Eigennamen vor allen andern dem Umstande Rechnung, daß unter ihnen so viele aus Osten eingewanderte sich befanden[1]. Aber wenn man nun schon die einzelnen Individuen auf solche Weise kennzeichnete, daß ihr Name gewissermaßen ihre Herkunft wiederspiegelte, wie sollte da nicht auch die Gesammtheit der Insassen in demjenigen Landschaftsverbande, der in unbestimmte Weite nach Osten zurückreichend[2] zugleich das Ursprungsland des fränkischen Volkes, das eigentliche alte Franken, in sich faßte, sich in der Benennung gefallen haben, welche ihren und ihres Landes Vorrang vor den übrigen Bestandtheilen des Frankenreiches gleichsam von Weitem verkündete, während das Land, das man von hier aus im Westen in Besitz genommen, das Reich, das dort soeben erst Bestand gewann, im Gegensatze zu dem ursprünglichen, alten Franken im Osten — dem Austurrike? — so neu und jung erschien, daß die Benennung Neufranken oder Jungfranken, das neue Reich, Neustria — Neptria — oder Neuster ihm darum fast von selbst zufiel?[3]

---

[1] Förstemann, Altdeutsches namenbuch Bd. 1. S. 184 ff.

[2] Es erscheint nicht ungeeignet, hier folgende Stelle aus Joh. Voigt's Geschichte Preußens Bd. 1. S. 196. 197. mitzutheilen: „In der nordischen Sprache hieß die Ostsee Oster-salt, auch Austurweg, und man begriff darunter, wie schon der Name bezeichnet, besonders denjenigen Theil der See, welcher die östlich gelegenen Länder bespület, etwa von der Mündung des Weichselstromes bis an den Busen von Finnland. Die sämmtlichen Küstenländer des östlichen Theiles der Ostsee wurden deßhalb auch das Austur-Land — das Ost-land — oder das Austur-Rike — das Ost-Reich — genannt .... Nach Osten aber zog sich dieses Austurreich in unbestimmter Weise in die Länder hinein, indem man gerne alles unter diesem Namen zusammenfaßte, was man im fernen Osten kennen lernte."

[3] Jac. Grimm, „Frauennamen auf niwi" in Aufrecht u. Kuhn, Zeitschr. f. vergleich. Sprachforsch. Bd. 1. Berlin 1852. S. 420 ff. findet, daß das nivia, niwi, niu, ny in Frauennamen zu unserm neu, altd. niwi, niwi, altn. nyr, goth. niujis, novus gehöre; da aber das griech. νέος nicht bloß neu, sondern auch jung bedeute, daß dem nivia, niwi, niu vor Alters ebenso der Begriff der Jugend beigewohnt habe. — Warum könnte nun dieser Begriff nicht auch in dem niwi, niu des (Niwistria?) Niustria, Niuster stecken, und demselben die Benennung des neuen, jungen Reiches geben? Auch Neptria, Neptricum (Frodeg. chron. cap. 42. 57) würde dann nichts Anderes sagen, da der Uebergang des niw in nib und nep bei Eigennamen etwas sehr Gewöhnliches ist, vgl. Förstemann namenbuch Bd. 1. S. 959 ff. s. v. Niw. Ueberdies finden wir in einer unserer Quellen, in des Monachi Sangallensis Gesta Karoli lib. I. cap. 21, Mon. Germ. hist. SS. Tom. II. p. 740 geradezu eine Francia nova genannt, welche im übrigen lib. II. cap. 11. p. 754 eine Francia antiqua in solcher Weise gegenübersteht, daß nur auf das freilich damals officiell beschränkte Auster geschlossen werden kann: Hludowicus rex vel imperator totius Germaniae, Rhetiarumque et antiquae Franciae nec non Saxoniae, Turingiae, Norici, Pannoniarum atque omnium septentrionalium nationum. Pertz erklärt diese Francia antiqua ohne Bedenken für Auster, jene nova für Neuster; Andere freilich deuten anders, wie z. B. Rettberg, Kirchengeschichte Deutschlands Bd. II. S. 286; vgl. indeß auch Dümmler, Gesch. des ostfränk. Reichs Bd. I. S. 194. Die Francia media der Divisio Imperii a. 830, Mon. Germ. hist. LL. Tom. 1. p. 359, zu der die Gaue Warensis, Ungoais, Castrensis, Portianus, Remegensis, Laudunensis, Mosellis, Treveris gehören, kann aber doch wohl nur zwischen jenen beiden Francia nova und Francia antiqua gelegen haben? Eigenthümlich ist die Ansicht, welche Digot Tom. 1. p. 223 ss. nach dem Vorgange des Abbé de Bouf entwickelt, die beiden königreiche der Salier und Ripuarier hätten eigentlich Neptricum und Austricum geheißen; in ersterem Namen liege das deutsche Wort nept oder nempt, franz. principal, auster aber bedeute tres-digne; ricum oder ric, reich sei royaume, also Neptricum le royaume principal, Austricum le premier royaume, dignissimum regnum. Noch zu vgl. über die Bedeutung von Auster und Neuster Zeuss, die Deutschen S. 349. 350 und Müller, die deutschen Stämme Th. II. S. 82 ff.

Berichtigungen und Zusätze.

S.   8 Anm. 2 statt 271 lies 21.
»   8 »   3 » 60 » 760.
»   31 Zeile 15 st. welchem l. welchen.
»   50 Anm. 3 st. 418 l. 518.
»   52 »   1 a. E. st. 306. 59 l. 369 ss.
»   53 »   st. Nolanus l. Molanus.
»   54 »   4 st. 1489 l. 1498.
»   55 Zeile 22 st. 1398 l. 1393.
»   56 Anm. 3 st. 142 l. 143.
»   57 Zeile 12 st. vorausgeschickt l. vorausschickt.
»   60 Anm. 3 st. 186 l. 185.
»   60 »   6 st. 189 l. 188.
»   64 Zeile 11 st. Pipin l. Pippin.
» 112 Anm. 6 st. 410 l. 417.
» 116 Zeile 23 st. überall l. nicht überall.
» 117 und 120 st. der Jahreszahl 676 l. 678.
» 117 Anm. 1 st. 35 l. 45.
» 117 »   3 st. 44 l. 45.
» 119 »   2 st. Sache l. Rache u. st. 315 l. 316.
» 128 »   6 st. 261 l. 271.
» 144 »   2 st. 658 l. 758.
» 150 »   1 hinter „p. 363,“ füge hinzu: „wo der Tod Rabbods, zu 720
              und 728 Mabillon p. 364“.
» 158 Anm. 2 a. E. st. adipisci posse suffragium l. Theodericum exoravi.
» 159 » ·10 st. 515 l. 595.
» 162 Zeile 11 st. welcher l. welche.
» 167 »   36 st. mittissimus l. mitissimus.
» 167 Anm. 2 st. 797 l. 497.
» 168 »   1 st. 225 l. 325.
» 170 »   6 st. 755 l. 756.
» 176 »   2 st. 595 l. 596.
» 190 Zeile 49 st. 706 l. 766.

Druck von Franz Duncker's Buchdruckerei in Berlin.